中国社会科学院马克思主义理论
学科建设与理论研究系列丛书

马克思主义基本原理研究

第3辑

本卷主编　侯惠勤

中国社会科学出版社

图书在版编目(CIP)数据

马克思主义基本原理研究(第3辑·2013)/侯惠勤主编.—北京：中国社会科学出版社，2014.3

(中国社会科学院马克思主义理论学科建设与理论研究系列丛书)

ISBN 978-7-5161-3984-4

Ⅰ.①马… Ⅱ.①侯… Ⅲ.①马克思主义理论—理论研究 Ⅳ.①A81

中国版本图书馆 CIP 数据核字(2014)第 036910 号

出 版 人	赵剑英
责任编辑	徐　申
责任校对	李　莉
责任印制	李　建

出　　版	中国社会科学出版社
社　　址	北京鼓楼西大街甲 158 号（邮编 100720）
网　　址	http://www.csspw.cn
	中文域名：中国社科网　　010－64070619
发 行 部	010－84083685
门 市 部	010－84029450
经　　销	新华书店及其他书店

印刷装订	北京七彩京通数码快印有限公司
版　　次	2014 年 3 月第 1 版
印　　次	2014 年 3 月第 1 次印刷

开　　本	710×1000　1/16
印　　张	27.25
插　　页	2
字　　数	456 千字
定　　价	75.00 元

凡购买中国社会科学出版社图书，如有质量问题请与本社联系调换

电话:010－64009791

前　　言

　　以毛泽东、邓小平、江泽民为核心的党的三代领导集体和以胡锦涛同志为总书记的党中央始终高度重视党的理论工作，重视全党对马克思主义理论的学习和研究工作。

　　2004 年 1 月，《中共中央关于进一步繁荣发展哲学社会科学的意见》下发，并决定实施马克思主义理论研究和建设工程。

　　为贯彻落实党中央关于把中国社会科学院努力建设成为马克思主义坚强阵地、党和国家的思想库智囊团、哲学社会科学的最高殿堂的要求，中国社会科学院采取了一系列重要措施。2009 年初决定把加强马克思主义理论学科建设与理论研究作为一项重要工作来抓，并成立中国社会科学院马克思主义理论学科建设与理论研究工作领导小组。领导小组成立后，一方面注重抓好马克思主义理论学科组织机构的建设，设立马克思主义理论类别的研究室和中心等；同时又注重马克思主义基础理论研究。

　　为了推进马克思主义基础理论研究，决定从 2011 年开始编辑出版"马克思主义专题研究文丛"，每年收录全国范围内相关学科领域具有代表性的文章。

中国社会科学院马克思主义理论学科建设

与理论研究工作领导小组

2011 年 9 月

目　录

总　论

方法论

基本原理研究

热点问题讨论

经典著作研读

论文札记

时评集萃

总　　论

走共同富裕之路是发展中国特色社会主义的战略选择

王伟光

一 共同富裕是社会主义的重要本质,是社会主义与资本主义的不同特点,是社会主义制度不能动摇的基本原则

什么是社会主义,社会主义的本质是什么? 邓小平同志一针见血地指出:"社会主义的本质,是解放生产力,发展生产力,消灭剥削,消除两极分化,最终达到共同富裕。"① 社会主义最基本的特征有两条,一条是解放和发展生产力,一条是不搞两极分化,共同富裕。这两条是一致的,可以归结为共同富裕,从而也可以说,社会主义的本质是共同富裕。共同富裕有两层内涵:一是要解放和发展生产力,富起来,贫穷不是社会主义;二是要共同富起来,两极分化也不是社会主义。邓小平同志明确指出:"社会主义的特点不是穷,而是富,但这种富是人民共同富裕"②,"社会主义与资本主义不同的特点是共同富裕,不搞两极分化"③。"社会主义不是少数人富起来、大多数人穷,不是那个样子。社会主义最大的优越性就是共同富裕,这是体现社会主义本质的东西。"④ 社会主义制度优于资本主义制度,说到底是要创造远远高于资本主义的生产率,创造丰富的物质财富和精神财富。然而,社会主义与资本主义都要发展生产力,不能简单地

---

① 《邓小平文选》第 3 卷,人民出版社 1993 年版,第 373 页。
② 同上书,第 265 页。
③ 同上书,第 123 页。
④ 同上书,第 364 页。

说，社会主义发展生产力，资本主义不发展生产力。相对封建制度来说，资本主义已较大限度地解放和发展了生产力。只是资本主义发展到一定程度，其阻碍生产力发展的制度弊端逐步显现出来，"一战"前的自由竞争资本主义、"二战"前的垄断资本主义，弊端明显，几近崩溃。苏东前期发展生产力的成绩，新中国成立以来，特别是改革开放以来，发展生产力的成绩，恰恰说明社会主义在解放和发展生产力方面优于资本主义。苏东剧变又恰恰说明不发展生产力，忘掉了发展生产力这一根本任务，社会主义制度的优越性就发挥不出来。同时也说明，社会主义在发展进程中也要吸收资本主义发展成功的经验，不断地改革不适应的体制机制。正是从以上意义上说，解放与发展生产力是社会主义本质的重要内涵。社会主义不排斥富裕，但要的是共同富裕，解放和发展生产力是为了共同富裕。共同富裕是社会主义追求的目的，达到这一目的的手段是解放和发展生产力。

社会主义与资本主义发展生产力的目的不同。资本主义的历史告诉我们，它们的富是两极分化的富，贫者愈贫，富者愈富，穷国与富国、穷人与富人两极分化。资本主义几百年的发展历史，包括现代资本主义的现状，都说明这一点。而社会主义则要消灭剥削、消除两极分化，实现共同富裕。是共同富裕，还是两极分化，这是社会主义与资本主义的显著区别。走共同富裕之路是社会主义不同于资本主义的发展道路。资本主义搞了几百年，"二战"前，阶级对立、阶级矛盾激化，发生了两次世界大战，几乎要把资本主义毁掉。"二战"后，资本主义也注意到社会主义公平正义的主张，做了重要的体制改进、政策调整，主要是在控制两极分化上进行体制、政策修补，一定程度上缓和了阶级对立和阶级矛盾，创造了相对和平的发展局面。这次国际金融危机的爆发再次证明，资本主义制度无法从根本上避免两极分化，靠体制、政策调整不能从根本上解决问题。

二 社会主义制度是实现共同富裕的根本保证，毫不动摇地坚持公有制的主体地位是实现共同富裕的经济基础，是社会主义必须坚持的根本原则

采取什么样的经济制度，生产资料归谁所有，即所有制问题，是判断社会性质的重要标准。在经济基础上实行公有制，或以公有制为主体，这

是社会主义的根本经济制度，是社会主义的重要标志。马克思主义告诉我们，生产力决定生产关系，同时生产关系也反作用于生产力。重视生产力的决定性作用，同时也要重视生产关系对生产力的反作用。所有制关系、财产关系决定分配关系，生产资料、财产占有的差别，是分配差别决定性的影响要素；所有制结构存在的问题和财产占有存在的问题，是贫富差距拉大的根本原因。所有制决定分配制度，生产资料归谁所有决定财富如何分配，收入的两极分化由生产资料占有的两极分化所决定。社会主义不同于资本主义的制度差别根本在于公有制或以公有制为主体，坚持公有制为主体的根本经济制度，是解决分配不公、防止两极分化的根本性举措，只有坚持公有制为主体毫不动摇，才能从经济基础上保证共同富裕。解决分配问题的其他措施也是必要的，但要从属于根本举措，单靠一个措施是不够的，要搞全面的配套措施，才能防止和避免两极分化，实现共同富裕。当然，公有制的实现形式是多种多样的，公有制也有一个从体制机制上不断探索，使之更为成熟的过程。如果公有制的具体形式、具体体制不适当，也会影响公有制的效率和作用，甚至使公有制变样，起不到应有的作用。然而，这样的问题决不能成为否定公有制的理由。

上层建筑对经济基础也有反作用，好的会促进经济基础巩固，不好的会破坏经济基础。如果任由落后的上层建筑发展，就会破坏社会主义经济基础。党的领导、依法治国、人民当家作主的政治制度是实现共同富裕的政治保证。是否真正实行人民民主，即人民当家作主，是社会主义政治制度的核心问题，人民代表大会制度是我国社会主义根本政治制度。邓小平同志说："只有社会主义，才能有凝聚力，才能解决大家的困难，才能避免两极分化逐步实现共同富裕。"[①] "中国搞资本主义行不通，只有搞社会主义，实现共同富裕，社会才能稳定，才能发展。"[②] 实现共同富裕，只有靠社会主义制度。当然，在体制机制上，在基层、在企业（特别是国有企业），在各个层面、各个领域，如何落实人民民主，还需要进行创造性的实践，还需要不断发展与完善。

---

① 《邓小平文选》第 3 卷，人民出版社 1993 年版，第 357 页。
② 《邓小平年谱（1975—1997）》（下），中央文献出版社 2004 年版，第 1312 页。

三 如果导致两极分化,出现新的剥削阶级,就不是社会主义,就会走到资本主义邪路上去

人类社会历史告诉我们,私有制是产生两极分化、阶级剥削、阶级对立的根源,而与私有制相结合的市场经济则是两极分化的重要条件。在资本主义之前的奴隶社会、封建社会都是私有制社会,而资本主义社会也是私有制社会,资本主义与其他私有制社会不同的是,它是把私有制与市场经济相结合,一方面充分发挥了市场经济资源优化配置和调动生产积极性的作用,创造了资本主义现代文明;另一方面与私有制相结合的市场经济也有负面消极作用,导致贫富差距、两极分化。我国处于社会主义初级阶段的基本国情决定,要允许、鼓励私有制经济的发展,排斥私有经济的单一的公有制,排斥市场经济的计划经济,不适合现阶段基本国情。在我国,总体上是社会主义公有制与市场经济相结合,但也有一定范围的私有经济与市场经济的结合,这就导致一方面调动了积极性,另一方面也有可能引起两极分化。在邓小平同志看来,所有制问题、财产占有问题解决不好,分配问题就解决不好,贫富差距就会拉大,势必影响大多数劳动群众的积极性。其最终结果会影响乃至破坏生产力,出现严重的两极分化,以致产生尖锐的社会矛盾,冲击现代化和改革开放所必需的稳定局面,会从根本上动摇政权的基础、执政党的地位,改变国家的社会主义性质。因此,我们在社会主义初级阶段毫不动摇地鼓励、支持、引导发展非公有制经济、发展市场经济,就必须在制度、体制、政策导向上采取一切措施防止和避免两极分化,引导大家走共同富裕之路。所以,一定要坚持社会主义制度与市场经济相结合,坚持占主体的公有制与市场经济相结合,既要发挥市场经济的长处,又要避免市场经济的短处和反面影响;既要积极引导非公有制经济发挥积极作用,又要限制其消极的负面作用。在分配问题上,要坚持按劳分配为主的分配方式,这也是共同富裕的基本制度保证。

四 富裕起来后,财富怎样分配,怎样防止两极分化, 实现共同富裕,这是必须利用各种手段、各种方 案、各种方法加以解决的中心课题

改革开放 30 多年我们最显著的成绩,就是实现了经济的快速发展,成功地抵御了国际金融危机,在经济总量上成为世界第二,使得全世界对中国的经济奇迹刮目相看,这是成绩方面。但另一方面,实事求是地讲,也面临十分尖锐的矛盾与问题。就是我国正处于既是发展的黄金期,又是矛盾的凸显期的阶段。矛盾凸显期的出现,使改革开放、中国特色社会主义的发展、中华民族的振兴,遇到了严峻的挑战。如果不解决当前在改革开放中所遇到的一系列重大问题,改革开放所取得的大好成就有可能付诸东流。中心的问题是什么?就是分配不公,其导致两极分化的趋势还在蔓延。我们党执政要担负两大任务:一大任务是做大蛋糕,就是解放和发展生产力,让国家尽快地富起来、强起来,这是社会主义共同富裕的物质基础。再一个大任务,就是要分好蛋糕,解决好分配问题,防止和避免两极分化,让全体人民共同富裕。发展生产力是社会主义的根本任务,共同富裕、和谐公正是社会主义的本质要求,就是既要做大蛋糕,又要分好蛋糕,解决好发展和公平这两大问题。分配是个大问题,在发展起来以后要解决好分配问题,如果分配问题解决不好,不能共同富裕,就不是社会主义。现在看来,如何分好蛋糕,解决好社会公正问题,是必须面对的严峻现实问题。共同富裕的问题已经非常急迫地摆在全党和全国人民面前。发展起来后遇到的问题比发展问题更难解决,所有这些问题集中到一点上,就是一个分好蛋糕的问题。目前贫富差距已经出现明显加大的趋势,各地群体性事件的发生从根源上来说与之有关。世界各地出现的动荡,实际上也是因为贫富悬殊、两极分化所致。解决好共同富裕的问题,就是解决中国特色社会主义发展的中心问题,解决好这个问题有助于巩固和发展党的领导和社会主义制度。要利用各种手段、各种方案、各种方法解决好分配问题,坚定不移地走共同富裕之路,这是推进中国特色社会主义发展的重大战略抉择。

五 坚持马克思主义主流意识形态的指导地位,坚持核心价值观的主导地位,坚持共产主义远大理想和中国特色社会主义共同理想的主心骨地位,是坚持社会主义共同富裕的思想基础

怎样落实邓小平同志交给全党的要着手解决并解决好分配问题这个大题目,怎样统一全党认识,像抓经济建设那样齐心协力、全力以赴去解决好这个重大问题呢?首先有一个统一认识、统一思想问题。有人认为现在还应当坚持"效率优先,兼顾公平"的提法,认为两极分化不可怕,贫富悬殊、拉开距离有利于发展。当然也有好心人认为,分配不公、两极分化没有什么了不起的,只要把经济搞上去了,这个问题会自然解决。对于如何解决分配问题,有各式各样的解决方案,莫衷一是。因此,解决认识问题,统一思想,是解决好分配问题的前提。

理论搞对头了,思想搞对头了,认识统一了,步调才能一致。贫富差距拉大、分配不公现象背后隐藏着思想领域的某些混乱问题。必须有一股精神力量统一凝聚党心、民心,这就是坚持主流意识形态的指导问题、核心价值观的主导问题、理想信念的主心骨问题。只有解决好精神力量的指南问题,凝结人心,才能统一全党、全国人民的思想和意志,才能解决好社会分配、社会公正和持续发展问题。譬如,要不要坚持公有制的主体地位,要不要坚持党的领导,要不要坚持人民民主,要不要坚持社会主义制度,要不要走共同富裕之路……靠什么凝聚人心,提高人的精神支撑力量?要靠马克思主义,靠理想信念。统一、凝聚全党、全国人民思想分两个层次:一个层次,就是党的各级干部,特别是高级干部要靠学习、信仰、坚持和发展马克思主义来凝聚、来统一;另一个层次,就是广大人民群众要靠社会主义核心价值观来凝聚。最后都可以归结到靠正确的思想理论,从而树立正确的理想信念来凝聚。无论对领导干部来讲,还是对普通群众来讲,都要靠马克思主义正确的道理固化、强化理想信念,凝聚精神。理想信念包括两个层面,一是共产主义的远大理想,一是中国特色社会主义的共同理想。这是党的最高纲领和最低纲领的结合,没有远大理想,最高纲领就会失去方向;没有共同理想,最低纲领就会失去群众支持。高级干部的理想信念要靠读马克思主义的著作、毛泽东同志的著作、

当代中国化马克思主义的著作、党的重要文献来解决，人民群众的理想信念靠各级干部的思想政治工作、理论教育工作、实实在在的群众工作来解决。全党在重大问题上靠什么统一认识？靠马克思主义的精神力量来统一。丢了根本性的马克思主义指导地位，共同富裕问题就解决不了，也解决不好，那就要出大问题。苏联解体，根本问题是垮在把马克思主义丢掉了，把社会主义理论信仰和理想信念全都丢掉了。当然，苏联解体也不是只有一个原因，有多方面的原因，有体制上的问题，也有生产力没发展、人民群众消费品供应不足等问题。但根本原因还是出在指导思想、精神力量上。

物质决定精神，精神反作用于物质，可以转化为物质力量，这是辩证唯物主义的基本观点。发展中国特色社会主义，不仅要有先进的生产力，还要有先进的文化，要有正确的意识形态、理论指导和精神力量。在这个问题上，应该说，我们党在社会主义建设的过程中犯过错误，物质与精神只抓一方面，留下了教训，搞了一些主观唯心主义的东西，把精神的反作用无限地扩大了，宣扬脱离客观实际的主观主义，背离了辩证法唯物主义的物质决定精神的基本原理。反之，忽略了精神的反作用也不对。毛泽东同志在 20 世纪 60 年代写了一篇著名的文章《人的正确思想是从哪里来的》，提出物质变精神，精神变物质，这就是物质与精神的同一性问题，就是精神对物质有反作用问题。好的精神力量指导人民、激励人民、鼓舞人民、凝聚人民；不好的精神力量让人委靡不振，走歪路，走邪路，让社会乱起来。如果只重视发展生产力，不重视精神、社会意识的反作用，不重视思想理论的作用，不重视思想政治工作，一手硬一手软，照样出问题。解决共同富裕问题，除了从经济建设入手之外，还必须加强思想理论战线、意识形态工作的战斗力。今天，面对着这么多矛盾问题，有些问题已经积累到一定程度了，如果精神凝聚的力量苍白无力和软弱，那么势必要出大乱子、大问题。在重视发展生产力的同时，如何注重精神的反作用，如何重视理论的指导作用，如何重视解决马克思主义在意识形态领域的指导，如何重视核心价值观和理想信念问题，也是一项与解决共同富裕问题密不可分的根本任务。

（原载《红旗文稿》2012 年第 1 期）

国际金融危机再次证明马克思主义政治经济学的强大生命力

李慎明

一

2008 年爆发了国际金融危机，其根源在哪？国内外的政界和学术界见仁见智，对其探讨仍在不断深化。我个人认为，只能运用马克思主义政治经济学基本原理和基本观点才可能真正说清这一问题。这场危机的直接和根本的原因，绝不仅仅是金融家的贪婪、银行监管制度的缺失和公众消费信心不足等，更不是诺贝尔经济学奖得主、美国普林斯顿大学教授保罗·克鲁格曼等所说的美国消费方式和中国汇率与外贸政策的联姻，等等。上述种种解释，都有一定的道理，但这都是在资本主义生产关系与资本主义制度框架内的道理。打破这一框架或跳出这一框架，从更深层次上来探讨和剖析这场经济危机的根源，就可能得出另外一种更反映本质的结论来。

我认为，目前这场仍未见底且在深化的国际金融危机的直接原因，是 20 世纪 90 年代初苏联解体后以美国为首的西方世界为主导的、以新自由主义为主要推力的新一轮的经济全球化。江泽民同志曾明确指出，这一轮经济全球化是由发达国家所主导的。新一轮经济全球化无疑是一柄双刃剑。它的正面效应是有力地推动了发展中国家 GDP 的高速增长和安排大量就业等。但也要看到，冷战结束后，美国一家独大，以美国为首的西方强国才能够和敢于利用其在全球的经济、政治、文化以及军事、科技等优势，特别是其中的金融霸权，放手、放肆地掠夺他国资源，污染他国环境，张着大嘴"巧吃"、"白吃"广大发展中国家普通民众以低廉工资，即血汗所生产的物美价廉的产品。正因如此，美国国内广大民众的生活必需品的价格才长期维持比较低廉状态（如在有的发展中国家生产的一件外国品牌的衬衫，在美国仅卖 9 美元，而在生产国的售价却翻了近 13 倍），加上美国利用其文化霸权对其所谓的"民主制度"的渲染，其所谓的"民主制度"才能够在本国内得到较多数民众的认可并得到维系，在国际上才能得到更多人的追捧，并由此用新的形式和方式把广大发展中国家变成事实上的殖民地和半殖民地，使广大发展中国家的劳动者仅仅处于维持能够为资本进行再生产的较低甚至是最低生活的水平，使很多丧失劳动能力者处于极度的贫困饥饿之中。从根本上说，目前这场正在深化的国际金融危机，不仅是对美国这种强权政治和霸权主义特别是其中金融霸权肆意泛滥的绝地报复，更是对美国所谓"民主制度"的根本挑战。

这场国际金融危机的根本原因是什么？马克思在《资本论》中就说过："一切真正的危机的最根本的原因，总不外乎群众的贫困和他们的有限消费，资本主义生产却不顾这种情况而力图发展生产力，好像只有社会的绝对消费力才是生产力发展的界限。"[1] 列宁也曾指出："不是生产食物更加困难，而是工人群众取得食物更为困难。"[2] 这也就是说，这场国际金融危机的根本原因是以信息革命为领衔的新的高新科技革命推动生产力极大发展和劳动生产率的极大提高，在国际垄断资本主导的经济全球化深入发展的情况下，在全球范围内使得生产社会化甚至生产全球化与生产资料私人占有之间的矛盾、生产无限扩张与社会有限需求之间的矛盾加剧的必然结果。

让我们看看以信息技术革命为主导的高新科技革命在资本主义生产关系框架内是如何引发并加剧国际金融危机的。

第一，在当今世界，以美国领衔的新的信息技术革命，使资本所雇佣的人数愈来愈少，而产品价格和质量却愈具竞争力，因而产品的市场便愈具全球性。从现代化交通通信工具、计算机软件等高科技产品到牙膏、洗衣粉等简单的生活必需品，在全球处于垄断地位的大都是少数几家国际知名品牌。高新科技的不断发展，物美价廉产品的层出不穷，就使得国际垄断资本通过超额垄断利润或薄利多销集聚大量财富。

第二，因特网的广泛使用，使国际资本流动速度以几何级数加快。国

---

[1] 《马克思恩格斯全集》第 25 卷，人民出版社 1974 年版，第 548 页。

[2] 《列宁全集》第 5 卷，人民出版社 1972 年版，第 89 页。

际资本可以脱离实物经济和生产环节，在金融及其大量的金融衍生品领域，仅仅通过小小的鼠标轻轻一点，在瞬间就能掠夺别国和他人的大量财富，从而实现自己的价值成几何级数的增长。从一定意义上讲，在资本主义生产关系占主导的情况下，当今世界上所有股票、期货、汇率、各种大宗商品等都是世界统一大赌场的有机组成部分。国际金融垄断资本操纵这一统一的大赌场，玩弄着金融魔术，把其他国家和民众的金钱巧取到自己的口袋里。

第三，以国际金融垄断资本为主导的经济全球化的过程，实质上也是国际垄断资本把全球一切实物都逐步进行商品化和货币化的过程。它们把一切实物先进行包装货币化，然后逐步纳入金融流通领域，并迫使几乎所有主权国家开放本国货币，从而实现金融的全球化，进而直接间接地控制所有国家的物质财富。让我们看看以下几组数据：1980年，美国的金融资产与GDP之比为158％，而到2010年，则猛增到420％，金融部门利润占全部企业利润的45％。如果美国金融部门的利润比重进一步升至50％以上，美国将彻底质变为一个金融化国家。近两年，美国如果实行新的量化宽松货币政策，其金融经济将从算术上彻底超过其实体经济。2009年美国GDP为14.7万亿美元，而实物经济约为2.77万亿美元，实物经济仅为GDP的1/5。

另外，美国利用贸易赤字等手段平均每小时向海外输出至少5000万美元。这样美国至少每年从国外向国内转移了价值4000亿美元的物质财富。从一定意义上讲，金融霸权是满足国际金融垄断集团疯狂掠夺全球各国财富、保持资本主义生存发展的主要手段，是保证以美国为首的西方强国繁荣富裕、调和其国内阶级矛盾的经济基础。国际金融垄断是霸权主义和强权政治发展的新的最高阶段。金融是国际垄断资本玩弄的扑朔迷离、眼花缭乱的万花筒。在经济全球化也可以叫做金融全球化的今天，美国如同是全球金融之心脏，几乎世界各国、各个城市都布满美国吞吸其血液的大小血管。股市、期货、汇率、国际大宗商品价格等总会涨涨落落，因为水位落差愈大，发电所得能量便愈多。

而其中背后的关键，是国际金融垄断大资本的操纵。现在，全球国内生产总值为70万亿美元，而债券市场则为95000万亿美元，是全球GDP的1000倍以上，各种金融衍生品的价值则达到466000万亿美元，是全球GDP的6657倍还多，世界上每2.4小时流动的资金总额就相当于一年全球 GDP 的总值[1]。如此庞大和名目繁多的金融衍生品不通过生产环节便能把其盘剥的触角伸往世界各国、各个城市的每一个角落直至各个家庭直接攫取金钱。

正是主要基于以上三点，产业产品市场的全球化、国际金融的高度垄断和实物经济的货币化吮吸穷国、穷人的"三管齐下"，使得在当今经济全球化时代里，在全球范围内，与其说必然，不如说已经出现了这样一个最基本的经济现象：穷人愈来愈多、愈来愈穷，富人愈来愈少、愈来愈富，几乎所有国家都愈来愈穷，其根本标志是几乎所有国家的主权债务都在急遽增多。2011 年美国公共债务和财政赤字占国内生产总值分别逼近 100％和达到 11％。而 2011 年欧元区 17 国的公共债务和财政赤字占国内生产总值比例的平均值分别超过 87％和 6％。截至 2012 年财年底，日本公共债务和财政赤字占国内生产总值分别为 232％和超过 10％。都远超出欧盟《稳定与增长公约》规定的 60％和 3％的红线。全世界范围内广大民众的有效需求都在急剧减少，而世界各国的货币发行量都在大增，但最终都打进了极少数人的账户。1976 年，美国最富有的家庭在全国总收入中仅占 8.9％，但到国际金融危机爆发前的 2007 年，这 1％的家庭获得了近 25％的总收入[2]。比尔·盖茨、沃伦·巴菲特、保罗·艾伦三人总资产比世界上最不发达的 43 个国家的 GDP 总量还多。

换句通俗的话讲，绝大多数穷人已经没有多少钱可以购买生产无限扩张的产品，也没有多少钱供富人再来榨取。这是生产的全球化其中包括金融产品的全球化与生产资料私人占有这一矛盾带来的必然结果。

二

胡锦涛同志多次说过，国际局势正在发生深刻的变化。应该说，全球范围内的贫富两极分化，是国际局势深刻变化中最深刻、最基础的变化；这一变化是其他变化的基础和根源，其他变化都是这一变化的派生。

从目前各资本主义国家所采取的措施看，更为严重的国际金融危机还

---

[1]　参见米格尔·希里韦茨《世界经济将在 2012 年再度爆发危机》，载西班牙《起义报》2011 年 10 月 2 日。

[2]　古拉姆·拉詹：《经济衰退的真正教训》，载美国《外交》杂志 2012 年第 5—6 期。

在后头。这是因为，各主要国家应对危机的主要举措从财政货币政策上看，要么紧缩财政开支，要么实行货币扩张；从直接增加临时性财政收入上看，出卖国有资产包括国有企业为政府还债筹款或减少必要的政府补贴；从高新技术创新上看，实现经济转型等。以上举措，在资本主义生产关系框架内，可以局部、暂时缓和矛盾，但均是在较长时段内为全球爆发更大的经济和社会危机准备条件。从紧缩财政开支看，其直接后果是减少社会有限消费，进而加重社会失业，导致更多的企业倒闭，从而进一步推高失业率，引发社会动荡。如希腊、日本等国目前采取了直接削减公务员工资等措施。从实行货币扩张看，在采取几轮货币扩张政策之后再大幅进行货币扩张，其直接后果是引发恶性通货膨胀，普通民众积累的有限财富和有限消费锐减，同样会使更多的企业倒闭，进而推高失业率，引发社会动荡。从出卖国有资产包括国有企业为政府还债筹款或减少必要的政府补贴看，其直接后果是私有资本或外国资本更多地掌握原来由国家掌控的事关国计民生的水暖电气公共交通等基础战略企业和土地、矿山等资源。

私有（国外）资本控制这些企业和资源后，将会设法从普通民众那里榨取更多的劳动和财富，进而加剧社会的两极分化。如在深陷债务危机的希腊，正在加快私有化进程，拟在 2012 年 9 月底之前，将国有天然气公司和气体供应网私有化。希腊政府制订的逾 90％ 的私有化计划包括国家土地和基础设施的租用和销售。所谓正在进行经济转型的波兰，2012 年上半年执行了 159 个私有化项目，其中 60 个已成功私有化，政府上半年获得的私有化收入达 37.6 亿兹罗提（约合 11.45 亿美元）。这将进一步加剧其国内的贫富两极分化。从高新技术创新实现经济转型看，在生产资料私人占有的以国际垄断资本为主导的经济全球化的条件下，同样是最终在全球范围内减少劳动收入、增加资本收入，进而加剧生产社会化乃至生产全球化与生产资料私人占有、生产无限扩张与社会有限需求之间这一最基本矛盾的激化。比如，2011 年富士康生产线仅有 1 万台机器人，2012 年达到 30 万台，2014 年则将高达 100 万台，相当于其目前工人的总数。等到全球主要产业工人都被机器所替代，占人口绝大多数的普通劳动民众则失去工薪来源，由谁来购买和消费充斥市场的商品？上述种种举措，非但不能解决目前世界各国严重存在的贫富两极分化这一根本问题，反而又进一步将各国乃至全世界绝大多数人推向赤贫，导致极少数人的暴富。当绝大多数普通民众濒于死亡边缘，反抗倒可能是一条生路之时，社会变革将不可避免地发生。

因此，我们应当看到，生产能力与购买力是两个完全不同的概念。而凯恩斯等经济学家却错误地认为，必须通过政府开支来支持实体生产来保持高购买力。这也如美国经济学家本杰明·安德森所说："在经济学家中广泛流行的观点——就是生产创造出消费购买力。"[①] 在资本主义生产关系的框架内，通过政府借贷刺激公共开支或货币扩张的生产性经济活动来创造就业在一段时间内增加了财富总量，但由于财富占有和收入分配关系的极不平等，只能进一步加剧其不平等。这就不得不通过无休止的政府赤字开支，继续向流通领域中注入更多的货币。这就是凯恩斯和当今世界上不少经济学家主张的经济发展模式。而经济学家亨利·黑兹利特早在1945年就指出："这不是正确的繁荣之路，而是走向了无法控制的通货膨胀。"美国坦真特资产管理公司高级董事、《货币与债务如何造就美国梦》一书的作者克里斯托弗·惠伦指出：美国"长达70年利用借贷与通胀来推动未来就业和经济增长的做法持续至今，经济机会的减少提高了美国和其他国家国内政治混乱的预期恐慌。放大到全球范围，结果就会是混乱和战争"。美国如果继续保持信用借贷与开支扩张，将不可能保持美元特殊地位。美国如果不改变其基本的经济制度，要么利用通胀和借贷来刺激其经济增长，要么利用战争让其他国家受损以实现增长。

生产力决定生产关系。这是马克思主义的最基本常识。生产关系的变化和发展，始终是从生产力的变化和发展开始的，首先是从生产工具及其技术形态的变化和发展开始的。从一定意义上讲，石器时代决定原始社会形态，青铜器时代决定奴隶社会形态，铁器时代决定封建社会形态，蒸汽机和电力时代决定资本主义社会形态。以信息技术为主导的高新科技革命即信息经济时代的迅猛发展，极有可能是在全球范围内推动新的社会形态，即社会主义和共产主义社会形态的发展。

以信息革命领衔的高新科技革命和以美国为主导的经济全球化，对于国际垄断资产阶级而言，无疑是一柄双刃剑。一方面，它在一定程度上推动了资本主义社会生产力的发展，并在一段时日内，可以使资本主义社会内部的基本矛盾得到一定程度的缓解；另一方面，我们在充分估计资本主

---

① ［美］克里斯托弗·惠伦：《美国债务文化与美元命运》，载美国《国家利益》杂志（网络版）2012年5—6月。

义生命力的同时，也更须看到：随着经济全球化和高新科技革命的进一步深入发展，不但不可能消弭反而会在全球范围内进一步加剧生产社会化与生产资料资本主义私人占有之间的矛盾。随着这一矛盾的进一步加剧，资本主义生产和消费之间的矛盾、垄断资产阶级与无产阶级和劳动人民之间的矛盾、西方发达国家与广大发展中国家的矛盾、发达资本主义国家之间的矛盾以及全球范围内生态环境的进一步恶化等世界性难题，也将进一步趋向激化。这些矛盾与难题，在资本主义制度框架内是根本不可能得到解决的。霸权主义和强权政治进一步强化，只会使这些矛盾与难题进一步加剧。这正如 156 年前马克思所指出的那样："在我们这个时代，每一种事物好像都包含自己的反面。我们看到，机器具有减少人类劳动和使劳动更有成效的神奇力量，然而却引起了饥饿和过度的疲劳"；"现代工业和科学为一方与现代贫困和衰颓为另一方的这种对抗，我们时代的生产力与社会关系之间的这种对抗，是显而易见的、不可避免的和毋庸争辩的事实"。[1]正因如此，对于资本主义社会而言，"蒸汽、电力和自动纺织机甚至是比布朗基[2]诸位公民更危险万分的革命家"[3]。

综上所述，使我们进一步加深了对马克思主义创始人所揭示的关于人类社会形态更替规律的认识。这也就是说，经济全球化和以信息技术为主导的高新科技革命的迅猛发展，在全球范围内必然造成富国、富人愈来愈富，穷国、穷人愈来愈穷这一状况的加剧，就必然会造就一批又一批对于国际垄断资本来说是"比布朗基诸位公民更危险万分"的思想家、理论家、政治家、革命家，并进而发展壮大用先进理论武装的工人阶级和劳动人民的队伍。随着资产阶级掘墓人队伍的不断发展壮大，资本主义的前途和命运则是可想而知的了。正是从这个意义上讲，从历史发展的总趋势上说，经济全球化和以信息技术为主导的高新科技革命的迅猛发展，不但不

---

① 《马克思恩格斯选集》第 1 卷，人民出版社 1995 年版，第 775 页。

② 布朗基是 19 世纪法国反对封建君主制度的伟大旗手，同时又是早期无产阶级政党的"领袖、头脑和心脏"（马克思语），坚决反对资本主义剥削制度和财产私有制度。他在 76 年的生涯中，多次领导起义，多次失败，曾两次被判为死刑，其中有 36 年在 30 所监狱中度过。布朗基主张通过政治革命推翻资产阶级统治，但其基本策略是少数人的起义或阴谋手段，这与马克思主义主张的依靠广大人民群众的力量夺取政权是根本不同的。1870 年，巴黎公社成立后，他被缺席选为公社名誉主席。1881 年 1 月 1 日布朗基去世后，巴黎 20 万群众自发为其送行。

③ 《马克思恩格斯选集》第 1 卷，人民出版社 1995 年版，第 774 页。

是距离社会主义和共产主义越来越远，而恰恰相反，应是日趋接近。当然，谁也不能否认，这是一个较为漫长的过程，其中还可能有较大甚至更大的曲折。

三

以美国为首的西方世界的经济无疑在陨落，但我们也应清醒地看到，其较为强大的经济包括金融及军事等硬实力，国际规则制定、意识形态操纵等所谓的软实力在全球范围内仍占据统治或垄断地位。其拥有多种多样的"调节"手段。以美国为首的西方世界为挽救经济颓势，在与广大第三世界国家合作、竞争、博弈中，当然会首先采用其所谓的软实力或软硬力量并用。然而，一旦采用常规手段无法解决问题时，决不排除其采用非常规手段以达到最终目的。随着国际金融危机的不断深化，世界各主要国家之间的合作、竞争、博弈背后围绕能源、粮食、金融、互联网乃至领土、海域等各方面的较量将会出现十分激烈的局面。这种较量将可能极其残酷。从马克思主义的基本观点来说，只要生产资料私有制和阶级存在这个战争根源不消除，战争就不会自行消失，和平也不会覆盖全球和持久。在这个基础上产生的不同阶级、民族和国家经济利益的矛盾冲突，仍在不断滋生新的战争条件，引发新的不同性质和规模的战争。

在世界格局中，一般来说，有两种情况最危险：一是国家间力量过分悬殊，"弱肉强食"的"丛林法则"盛行时，会出现矛盾激化的情况。二是超级大国处境极端困难，"困兽犹斗"的"垂死挣扎"情况出现时，会出现狗急跳墙的情况。历史的经验反复证明，经济危机发展的结果必然是政治危机。而战争则是政治的最高手段。必要之时，所谓的"国际社会"必然会乞求于战争，这是它们企图摆脱危机的最后也可能是最高最有效的途径。

资本主义和资产阶级把西方世界社会的稳定寄托在所谓中产阶级即中等收入阶层的不断壮大上。马克思主义和工人阶级对于社会主义必然胜利的依据建立在资产阶级国家中等收入阶层，随着国际金融危机的不断深化而必然不断出现的一次比一次更大的阶级分化，即其中必将有更多的人陷入绝对贫困的事实之上。据美联储统计，由于房价、股市等暴跌，2007—

2010 年间，美国家庭中位数净值就缩水 39%；有 50% 的"中产阶级"在经济衰退期间与原有的经济地位相比有所甚至有明显下降①。

随着贫富两极分化的不断加深，随着各国广大普通民众购买力逐渐下降到一定程度，大量企业逐渐破产到一定程度，当广大的中等收入阶层大量被抛入绝对贫困行列，当各国主权债务突破无法承受的极限之时，大规模的社会动荡、动乱就不可避免了，工人阶级队伍也必将会在斗争中不断发展壮大。更何况，这里所说的中等收入阶层绝大部分是我们通常所说的"白领阶层"。这些人年纪轻，高学历，掌握着各种高科技技术，当这些人被抛入贫困行列之时，他们与本来就处于贫困行列的"蓝领工人"阶层相结合，其斗争的反抗形式和效果便与以往经济危机有很大的不同。2011 年9 月 17 日，上千人在纽约游行示威，开展"占领华尔街"的行动，群情激昂的人们打出或喊出"现在就革命!"、"美国 99% 是穷人，1% 是富人"、"政府应当由人民管理，而不是富人"等口号，其根源就是财富占有和收入分配两极分化，其斗争形式亦可窥见一些端倪。可以断言，假若世界上其他大国都能正确应对目前仍在深化的国际金融危机的话，美国国内外债务将会进一步加重，其国内贫富两极分化仍会进一步加剧，各种深层次矛盾在今后一些年内必然还会大规模爆发。从一定意义上讲，"占领华尔街"行动才刚刚开始。2010 年以来，美国、英国、法国、意大利、德国、以色列等资本主义心脏地区的经济社会比较稳定的国家都发生了大规模的游行和骚乱，这一现象很值得我们重视和研究。

完全可以这样预言，2008 年开始的全球性的金融危机还远没有结束，并仍在演进之中，甚至可能是刚刚开始，在世界范围内的更深刻更全面的经济社会危机及社会主义国家由此所面临的更严峻的挑战极可能还在后头。毫无疑问，道路必然是曲折和艰险的，但前途也必然是光明和辉煌的。马克思和恩格斯在《共产党宣言》中所宣布的社会主义的必然胜利与资本主义的必然灭亡都是不可避免的。

（原载《马克思主义研究》2012 年第 11 期）

---

① ［美］叶·伦：《美联储说，美国人财富在 2007 年至 2010 年期间缩水 40%》，《华盛顿邮报》网站 2012 年 6 月 12 日。

"两个毫不动摇"的当前价值

——公有制是社会主义初级阶段基本经济制度的基石

刘国光

国家应控制国民经济命脉，使国有经济的控制力、影响力和竞争力得到增强，要使中国共产党的执政基础——工人阶级和农民阶级都能享受到国有经济的好处。

一 社会主义初级阶段的基本经济制度

新中国的前 30 年，曾经进行了大规模的公有制经济的建设实践。在毛泽东时代，农村集体经济、城市国营企业在国民经济中占绝对主体地位。客观地分析，当时的公有制经济既有十分成功的，也有一些失败的。在农村，既有大寨、刘庄、华西村等这样的优秀典型，也有小岗村这样因私有观念牢固而被公有制束缚了当地生产力的典型村。

与农村情况类似，当时的公有制经济中，石油有大庆、工业有鞍钢、国防有两弹一星，涌现了一大批以王进喜、钱学森等为代表的有高度觉悟的社会主义建设者，但也有相当一些国营企业管理不严、效率低下、人浮于事，影响了生产力的发展。应该说，以上这两种现象在当时都是客观存在的，用其中一种倾向去否定另一种倾向就容易犯"左"或右的错误。

毛泽东曾费尽千辛万苦想消灭中国人的私有观念和剥削阶级观念，达到"六亿神州尽舜尧"的理想境界，但最终没有成功。这充分证明，在社会主义初级阶段，由于社会主义社会机制的不成熟，旧社会遗留仍将继续存在。建立社会主义初级阶段的基本经济制度必须考虑这一现实。

邓小平在十三大召开前指出："党的十三大要阐述中国社会主义是处在一个什么阶段，就是处在初级阶段，就是初级阶段的社会主义。社会主义本身是共产主义的初级阶段，而我们中国又处在社会主义的初级阶段，就是不发达的阶段。一切都要从这个实际出发，根据这个实际来制定规划。"

在社会主义初级阶段，我国应该建立怎样的所有制结构，确立什么样的基本经济制度，党的认识也经过了一个逐步深化的过程。正式提出初级阶段基本经济制度概念的是1997年的十五大报告。报告提出："公有制为主体，多种所有制共同发展，是我国社会主义初级阶段的一项基本经济制度。"2002年党的十六大提出了两个"毫不动摇"的方针。2007年党的十七大再次重申"要坚持和完善以公有制为主体、多种所有制经济共同发展的基本经济制度"。2010年党的十七届五中全会提出坚持社会主义基本经济制度，既不能搞私有化，也不能搞单一公有制。这是针对残存的单一公有制传统观念，特别是主要针对近年来出现的私有化倾向而提出来的，十分重要，应该引起注意。

二 非公有制经济在初级阶段要有一定历史地位

基本经济制度决定社会的性质和社会的发展方向。判断社会的性质和发展方向的唯一标准就是看生产资料归谁所有。我国之所以要实行以公有制为主体、多种所有制经济共同发展的基本经济制度，是因为我国是社会主义国家，必须以公有制作为社会主义经济制度的基础。我国宪法规定："中华人民共和国的社会主义经济制度的基础是生产资料的社会主义公有制，即全民所有制和劳动群众集体所有制。"宪法接下来又讲："国家在社会主义初级阶段，坚持公有制为主体、多种所有制经济共同发展的基本经济制度。"因此，要把"社会主义经济制度"同"社会主义初级阶段的基本经济制度"区别开来。"社会主义经济制度"是"社会主义初级阶段基本经济制度"的核心。前者不包括非公有制经济，只有公有制是其基础；而初级阶段的基本经济制度中，包括非公有制经济，但公有制必须占主体地位。"社会主义经济制度"存在于社会主义初级阶段和以后的其他阶段，是不断成熟和发展的过程；而社会主义初级阶段的基本经济制度只反映初级阶段的特点。

初级阶段基本经济制度中之所以允许发展非公有制经济，是由我国生产力发展水平还不高的国情决定的。解放和发展生产力是我国社会主义的根本任务。因此，只要符合"三个有利于"标准的经济成分就应该允许其存在和鼓励其发展。

私有经济是非公有制经济的一部分。非公有制经济在促进我国经济发展，增加就业、增加财政收入和满足社会需要方面，不仅在当前而且在整个社会主义初级阶段的历史时期内，都有不可缺少的重要积极作用。所以，党和政府对非公有制包括私有制经济非常重视，对它们的评价，从十三大、十四大的"公有制经济的补充"，到九届人大二次会议的"社会主义市场经济的重要组成部分"，十六大党还提出了"两个毫不动摇"，足见中央充分肯定非公有制包括私有制经济的重要作用。

对私有经济，我们要继续毫不动摇地发展它，发挥其机制灵活、有利于促进社会生产力的正面作用，克服其不利于社会经济发展的负面作用。如有些私营企业偷逃税收，压低工资和劳动条件，制造假冒伪劣产品，破坏自然资源环境，借机侵害国有资产，以及其他欺诈行为，都要通过教育监督和法制，克服清除。在鼓励、支持私有经济发展的同时，还要正确引导其发展方向，规定能发展什么，不能发展什么。比如竞争性领域，要允许私有经济自由进入，尽量撤除限制其进入的藩篱，特别是允许外资进入的，也应当放开让内资进入。而对关系国民经济命脉的重要部门和关键领域，就不能允许私有经济自由进入，只能有条件、有限制地进入，不能让其操纵这些部门和行业，影响国有经济的控制力。

三　公有制的主体地位不能动摇

社会主义公有制是社会主义制度的基础。公有制为主体也是初级阶段基本经济制度的前提和基础。坚持基本经济制度，首先要巩固公有制为主体这个前提和基础。"公有制的主体地位主要体现在：公有资产在社会总资产中占优势。"

现在有不少人对公有制是否还是主体有疑虑，主要是对公有制所占的比重即量的方面有疑虑。目前，根据国家统计局的数据，我国国有经济在国民经济中的比重不断下降，宏观上并不存在所谓的"国进民退"；微观上国有经济"有进有退"，但更多的是"国退民进"；个别案例中的所谓"国进民退"，多半属于资源优化重组，并非没有道理。我们党一贯强调，"公有制比重的减少也是有限制、有前提的，那就是不能影响公有制的主体地位"。解除人们疑虑的办法之一，就是用统计数字来说明，坚定人们对社会主义初级阶段基本经济制度的信心。

公有资产占优势，更重要的表现为质的优势，即关键性的涉及经济命脉、战略全局和国民经济发展方向的生产资料占优势，先进的、具有导向性、控制性的生产资料占优势，并且不断提高、发展壮大。这样它才能控制经济命脉，对国民经济起主导作用，有强大的控制力、决定力、示范力和促进力。

同时，要从"以人为本"的高度去看待"公有制占主体"、"公有资产占优势"。要重视有多大比例的工人阶级在公有制经济中劳动。如果中国大部分工人阶级（包括农民工）受私营企业主雇佣、在私有制经济中劳动，那么很难说公有制还占主体地位。这样，工人阶级必然收入低下，没有享受到社会主义的优越性，很难说他们是社会主人，还是私营企业主是社会主人；而中国必然两极分化，中国也很难说是一个社会主义国家。

所以，初级阶段基本制度不但要求公有制经济占主体地位，而且要求国有经济对国民经济起主导作用。国家应控制国民经济命脉，使有经济的控制力、影响力和竞争力得到增强，要使中国共产党的执政基础——工人阶级和农民阶级都能享受到国有经济的好处。在社会主义经济中，国有经济不是像在资本主义制度下那样，主要补充私人企业和市场机制的不足，而是为了实现国民经济的持续、稳定、协调发展，巩固和完善社会主义制度。为了实现国民经济的持续、稳定、协调发展，国有经济应主要集中于能源、交通、通信、金融等基础设施和支柱产业中。这些都是关系国民经济命脉的重要行业和关键领域。在这些行业和领域，中国国有经济应该有"绝对的控制力"、"较强的控制力"，"国有资本要保持独资或绝对控股"或"有条件的相对控股"。这些都是中央文件所规定和强调的。国有经济对这些部门保持控制力，是为了对国民经济有计划地进行调控，以利于它持续、稳定、协调发展。

四 社会主义初级阶段国有经济的作用远大于资本主义国家的"国有经济"

关于国有经济控制力应包括的范围，有一种意见是值得注意和研究的。这种意见把国有经济的社会责任分为两种，一是帮助政府调控经济，一是保证社会正义和公平的经济基础。前一个作用普遍适用于社会主义国家和现代资本主义市场经济国家，而后一个作用则是社会主义国家独有的。社会正义和公平，"是高度私有化的经济和以私有化为主的混合经济解决不了的老大难问题"。

基于国有经济负有保证社会正义和公平的经济基础的社会责任，国家要保障在公益服务、基础设施、重要产业的有效投资，并不排除为解决就业问题在劳动密集领域进行多种形式的投资和运营。在保障垄断性领域国有企业健康发展的同时，还要保障在竞争性领域国有企业的发展，发挥他们在稳定和增加就业、保障社会福利和提供公共服务上的作用，增强国家再分配和转移支付的经济实力。中央对竞争性领域的国有经济一向坚持"有进有退"，发挥其竞争力的政策，而绝不是"完全退出"竞争性领域的政策。我国这样一个社会主义大国，国有经济的数量底线，不能以资本主义国家私有化的"国际经验"为依据。确定国有经济的比重，理应包括保障、实现和发展社会公平和社会稳定的内容，所以国家对国有经济控制力的范围，有进一步研究的必要。

总之，国有企业的利益与大众利益、国家利益是一致的。国有企业急国家所急，想国家所想，在国家需要的时候，有条件要上，没有条件创造条件也要上。在抗震救灾的一线，在航空航天的一线，在自主创新的一线，在走出去为国家获取资源、拓展市场的一线，在一切高风险、低回报的一线，在其他性质的企业瞻前顾后的一线，都能看到国有企业的身影，没有国有企业，国家利益就无法得到有效保障。当然国有企业内部管理也有问题，比如一些国企的领导自定薪酬，几十万、几百万年薪的高工资，而普通职工月薪只有几百、几千元。这就需要我们继续深化国有企业改革，解决国企当前发展中存在的问题。

（原载《人民论坛》2012年第15期）

中国特色社会主义道路是
人类文明史上的伟大创举

徐崇温

自以邓小平为代表的中国共产党人开辟了中国特色社会主义道路以来，我国经济社会的发展取得了举世瞩目的巨大成就。面对着这种超过了资本主义国家工业化时期和第二次世界大战以后资本主义 20 年黄金发展时期发展速度的人间奇迹，国际舆论对中国的发展道路给予了越来越密集的关注，提出了破解"中国之谜"的无数答案，但其中有一些由于刻意回避乃至抹杀了中国道路的社会主义性质，以致无法准确地阐明事情的真相，因为中国道路恰恰就是中国特色社会主义道路。

一 中国特色社会主义道路的基本内涵和主要特征

什么是中国特色社会主义道路？中国特色社会主义道路就是当今中国实现社会主义现代化的道路。它包含四个方面不可或缺的基本内涵：一是中国共产党的领导；二是"一个中心、两个基本点"的社会主义初级阶段的基本路线；三是中国特色社会主义经济、政治、文化、社会四位一体的总体布局；四是把我国建设成为富强、民主、文明、和谐的社会主义现代化国家的目标。

关于中国共产党的领导。在革命时代，没有一个革命的党，没有一个像中国共产党这样按照马克思列宁主义的革命理论和革命风格建立起来的革命党，就不可能领导工人阶级和广大人民群众战胜帝国主义和反动的统治阶级，夺取革命的胜利；在建设和改革时期，在社会主义现代化建设极其艰巨复杂的任务面前，我国人民的团结，社会的安定，民主的发展，国家的统一，同样都要靠中国共产党的领导。中国特色社会主义道路本身就是由中国共产党倡导和带领全国各族人民走出来的。

关于"一个中心、两个基本点"的社会主义初级阶段基本路线。中国共产党领导中国人民进行革命、建设、改革的历史经验反复说明，党领导社会主义现代化建设，必须立足基本国情，而中国最大的国情就是中国社会现在处于并将长期处于社会主义初级阶段，是初级阶段的社会主义。邓小平指出："社会主义本身是共产主义的初级阶段，而我们中国又处在社会主义的初级阶段，就是不发达的阶段。一切都要从这个实际出发，根据这个实际来制订规划。"①根据这个阶段的主要矛盾即人民日益增长的物质文化需要同落后的社会生产之间的矛盾，我们党制定了"以经济建设为中心，以坚持四项基本原则、坚持改革开放为两个基本点"的社会主义初级阶段基本路线。这是我们党建立中国特色社会主义理论和实践的总纲，是我们事业胜利前进最可靠的保证。

关于中国特色社会主义四位一体的总体布局。这就是在党的社会主义初级阶段基本路线的指引下，中国特色社会主义解放和发展社会生产力，巩固和完善社会主义制度，建设社会主义市场经济、社会主义民主政治、社会主义先进文化、社会主义和谐社会。

关于建设富强、民主、文明、和谐的社会主义现代化国家，这就是中国特色社会主义道路所要实现的全面的社会主义现代化目标。

中国特色社会主义道路的主要特征，则是坚持以经济建设为中心，大力促进经济发展和社会进步；坚持以人为本，全面协调可持续发展；坚持社会公平正义，以维护社会的和谐稳定；保障人民的民主权利，促进人的全面发展，以进一步调动人民的积极性和创造性。

中国特色社会主义道路的基本内涵和主要特征说明了，由于这条道路既坚持了科学社会主义的基本原则，又根据我国的具体实际和时代特征赋予其以鲜明的中国特色，因而是在中国实现社会主义现代化的必由之路，是创造人民美好生活的必由之路。

二 中国特色社会主义道路的形成和发展历程

中国特色社会主义道路是从党的十一届三中全会开始开辟的，但却又

---

① 《邓小平文选》第 3 卷，人民出版社 1993 年版，第 252 页。

是由毛泽东领导中国人民取得的新民主主义革命的胜利和社会主义基本制度的建立，为它奠定根本政治前提和制度基础的；毛泽东在以马克思主义基本原理同中国具体实际的第二次结合为目标的艰辛探索，虽然因为在后来步入歧途而未能达到预期的目标，但在这个过程中所收获和积累的积极成果，却是尔后中国特色社会主义道路的思想来源或给它提供了思想启示。

在结束"文化大革命"以后，于1978年12月召开的党的十一届三中全会，党中央果断地停止使用"以阶级斗争为纲"的错误口号，确定把党和国家的工作重点转移到社会主义现代化建设上来，并提出了改革开放的战略决策。这标志着我们党开始找到了建设有中国特色社会主义的新道路。

邓小平认为，新中国成立到1978年的30年间的成绩很大，我们建立的社会主义制度更是个必须坚持的好制度，但做的事情却不能说都是成功的，这主要是因为不完全懂社会主义，因此提出了什么是社会主义、如何建设社会主义的问题。他指出："我们的经验教训有许多条，最重要的一条，就是要搞清楚这个问题。"① 在经过多年的探索之后，邓小平在1982年9月党的十二大的开幕词中明确提出了建设中国特色社会主义的指导思想。他说："我们的现代化建设，必须从中国的实际出发。无论是革命还是建设，都要注意学习和借鉴外国经验。但是，照抄照搬别国经验、别国模式，从来不能得到成功。这方面我们有过不少教训。把马克思主义的普遍真理同我国的实际结合起来，走自己的道路，建设有中国特色的社会主义，这就是我们总结长期历史经验得出的基本结论。"②

1987年10月召开的党的十三大，阐述了我们党在对社会主义再认识的过程中发展了的科学理论观点，其中包括：关于在经济文化落后的条件下，建设社会主义必须有一个很长的初级阶段的观点；关于社会主义社会的根本任务是发展生产力，集中力量实现现代化的观点；关于改革是社会主义社会发展的重要动力，对外开放是实现社会主义现代化的必要条件的观点；关于坚持四项基本原则同坚持改革开放的总方针这两个基本点相互结合、缺一不可的观点；关于和平与发展是当代世界的主题的观点，等等。这些观点构成了建设有中国特色的社会主义理论的轮廓，初步回答了

---

① 《邓小平文选》第3卷，人民出版社1993年版，第116页。
② 同上书，第2页。

我国社会主义建设的阶段、任务、动力、条件、布局和国际环境等基本问题，规划了中国特色社会主义前进的科学轨道。

在 20 年前发表的南方谈话中，邓小平又进而把我们党对于为解决什么是社会主义、怎样建设社会主义问题所作创造性探索以及所找到的解决办法集中起来，提到中国特色社会主义的新的高度来加以展开：他提出了"社会主义的本质，是解放生产力，发展生产力，消灭剥削，消除两极分化，最终达到共同富裕"①；强调社会主义初级阶段基本路线"要管一百年，动摇不得"；提出"社会主义基本制度确立以后，还要从根本上改变束缚生产力发展的经济体制，建立起充满生机和活力的社会主义经济体制，促进生产力的发展，这是改革，所以改革也是解放生产力"②；"社会主义要赢得与资本主义相比较的优势，就必须大胆吸收和借鉴人类社会创造的一切文明成果，吸收和借鉴当今世界各国包括资本主义发达国家的一切反映现代社会化生产规律的先进经营方式、管理方法"③；"计划经济不等于社会主义，资本主义也有计划；市场经济不等于资本主义，社会主义也有市场。计划和市场都是经济手段"④。

在党的十三届四中全会以后，以江泽民为核心的中央第三代领导集体，先是根据邓小平关于社会主义也可以搞市场经济的科学论断，在 1992 年 9 月召开的党的十四大上提出要以社会主义市场经济作为我国经济体制改革的目标模式；在 1997 年 9 月党的十五大上提出要坚持和完善社会主义公有制为主体、多种所有制经济共同发展的基本经济制度；提出要在中国共产党的领导下和人民群众当家作主的基础上，依法治国，发展社会主义民主政治；随后，他又提出要坚持法治和德治相结合，建设社会主义法治国家。在世纪之交，江泽民提出"三个代表"的重要思想，创造性地回答"建设什么样的党，怎样建设党"的问题；并在经济全球化的大趋势下，提出以趋利避害为方针，既积极参与经济全球化、加入世界贸易组织，又坚持独立自主、努力维护国家经济安全的战略方针。这些进一步拓宽了中国特色社会主义道路。

---

① 《邓小平文选》第 3 卷，人民出版社 1993 年版，第 373 页。
② 同上书，第 370 页。
③ 同上书，第 373 页。
④ 同上。

在党的十六大以后担任党的总书记的胡锦涛，在新世纪新阶段，面对前所未有的机遇和挑战，先是在 2003 年 10 月召开的党的十六届三中全会上，提出树立和落实作为 20 多年来改革开放实践的经验总结的科学发展观的问题，他指出要坚持以人为本，树立全面、协调、可持续的发展观，促进经济社会和人的全面发展。接着，在 2004 年 8 月 22 日纪念邓小平诞辰 100 周年大会上，胡锦涛提出了"坚持走和平发展的道路"这一中国特色社会主义的政策宣示。他指出，中国政府和人民作出的走和平发展道路这一战略抉择"立足中国国情，顺应时代潮流，体现了中国对内政策与对外政策的统一，中国人民根本利益与世界人民共同利益的统一，是中华民族伟大复兴的必由之路"。在 2005 年 2 月省部级主要领导干部专题研讨班上，他要求全党同志在建设中国特色社会主义的伟大实践中，更加自觉地加强社会主义和谐社会建设，使社会主义物质文明、政治文明、精神文明建设与和谐社会建设全面发展。并指出，我们所要建设的社会主义和谐社会，应该是民主法治、公平正义、诚信友爱、充满活力、安定有序、人与自然和谐相处的社会。胡锦涛提出的这些思想观点和战略举措，不仅创造性地回答了"实现什么样的发展，怎样发展"的问题，而且又进一步拓宽、深化和提升了中国特色社会主义道路。在 2011 年庆祝中国共产党成立 90 周年大会上，胡锦涛总结说：经过 90 年的奋斗、创造、积累，党和人民必须倍加珍惜、长期坚持、不断发展的成就是：开辟了中国特色社会道路，形成了中国特色社会理论体系，确立了中国特色社会主义制度。

可见，这条道路之所以能够在实践中获得巨大的成功，不断创造出人间奇迹，其根本原因在于，它既坚持了马克思主义的基本原理，又坚持了把马克思主义基本理论同中国的具体实际和时代特征紧密结合起来，不断推进马克思主义的中国化、时代化、大众化；它既努力学习、借鉴世界各国发展的有益经验，又坚持从我国社会主义初级阶段的基本国情出发来制定自己的方针政策，决不照抄照搬任何外国的经验、模式；它既坚持我们党作为马克思主义政党的革命传统，又坚持解放思想、实事求是、与时俱进，大力推进实践基础上的理论创新，并用它来指导新的实践，从而不断深化对共产党执政规律、社会主义建设规律、人类社会发展规律的认识。

三 中国特色社会主义超越了资本主义现代化道路，通过和平发展来实现社会主义现代化

中国特色社会主义道路不仅使中国的经济社会发展不断创造出人间奇迹，而且其本身就是人类追求文明进步的一条新路，是人类文明历史上的伟大创举。

文明是人类改造自然和社会的物质、精神成果的总和，是社会进步和经济发展状况的标志。自从人类走出蒙昧和野蛮时代进入文明这种开化状态以后，先后经历了原始文明、封建文明、资本主义文明等文明形态。这几种建立在生产资料私有制基础上的文明形态的演进，一方面标志着物质文明和精神文明的发展进步，另一方面，又都是在级别、等级、阶级的对抗中，在积累的劳动和直接的劳动的对抗中演进的。从 15 世纪直到当代，西方发达资本主义国家的文明就都是建立在剥削和掠夺的基础上面的，它们的资本主义现代化都是通过对内剥夺农民、剥削工人，对外掠夺、扩张、海外殖民乃至发动侵略战争来实现的。例如，英国的工业化，对内始于"羊吃人"的圈地运动，对外则靠掠夺和殖民地扩张来为其提供巨额货币财富和国外市场；而在美国的现代化过程中，西方殖民者把 7000 多万北美土著印第安人杀戮得只剩几十万人。所以，资本主义工业化的历史，就是资本对劳动者剥夺的历史，正如马克思所指出的，它是用血和火的文字载入人类编年史的，"资本来到世间，从头到脚，每个毛孔都滴着血和肮脏的东西"①。

之所以说中国特色社会主义道路是人类文明史上的伟大创举，首先因为它超越了资本主义现代化，而是一条通过和平发展来实现社会主义现代化的道路。和平发展是贯穿中国特色社会主义内外的标志性特征，它既是由我国实行社会主义制度的本质决定的，也是由和平与发展这一当今的时代主题促使其得到实现的。中国特色社会主义的和平发展，在国际上表现为中国通过和平的国际环境来发展自己，又以自己的发展来维护世界和平、促进共同发展，反对霸权主义和强权政治，也严格约束自己即使在发

---

① 《马克思恩格斯文集》第 5 卷，人民出版社 2009 年版，第 871 页。

展起来以后也永不称霸；表现为中国坚持实行与其他国家和民族互利共赢的开放战略，遵循联合国宪章和国际关系准则，在国际事务中弘扬民主、和睦、协作、共赢精神，倡导国与国之间在政治上相互尊重、平等协商，在经济上相互合作、优势互补，在文化上相互借鉴、求同存异，在安全上相互信任、加强帮助、协力推进。香港《亚洲时报在线》在《中国，世界经济的灵丹妙药》一文中指出，一个正在崛起的中国将使整个世界而不仅中国自身受益，中国只能与全世界共同分享其进步，这与过去截然不同。欧洲以往向全球扩张，导致产生了几十个殖民地，并让欧洲以外成千上万的人民痛苦不堪。过去，日本和德国的兴起，引起了血腥的战争，但发展中的中国却为全世界提供了机遇。而俄罗斯科学院院士季塔连科则评论说，中国在对待现代文明方面的态度、实施社会政策方面的经验，客观上成为历史末日及文明冲突等自由化思潮的有力替代者，从而推动历史发展，防止文明之间的冲突，推动全球的共同发展。

中国特色社会主义的和平发展道路，在国内则表现为科学发展、和谐发展。它把发展作为主题，把结构调整作为主线，把改革开放和科技进步作为动力，把提高人民生活水平作为根本出发点，把可持续发展、人的全面发展以及社会和谐作为追求目标。这样，事情就正如德国的贝特霍尔德所说，中国特色社会主义给人们指出了一条摆脱全球资本统治的破坏性进程的出路。当今的资本主义越来越明显地暴露出其无能，它已无法解决日益严重的全球性问题，例如越来越多的国家发生社会劫难，暴力和战争频仍，南北之间的鸿沟加深，环境遭到破坏，对地球资源不负责任的随意开采，现在世界越来越明确地要求塑造一个资本主义的对立面，中华人民共和国的重要意义以及今天所发生的一切，其意义也正在于此。

四　中国特色社会主义道路超越了苏联模式，使社会主义朝着与本国国情、时代特征紧密结合起来的更健康的方向发展

由马克思使之由空想变成科学、列宁使之由理想成为现实的社会主义，是一种高于资本主义并必将全面取代资本主义的、更高级的文明形态。1917 年俄罗斯的十月革命开辟了人类由资本主义过渡到社会主义的新纪元，新生的苏联社会主义制度也确实在同资本主义的竞赛中，初步显示

出了它的优越性。但事情正如邓小平所说的："社会主义究竟是个什么样子，苏联搞了很多年，也并没有完全搞清楚。可能列宁的思路比较好，搞了个新经济政策，但是后来苏联的模式僵化了。"①

为什么说苏联对什么是社会主义的问题也并没有完全搞清楚？那是因为苏联的社会主义是在经济文化比较落后的资本主义俄国的基础上建立起来的，它和马克思恩格斯原先设想在资本主义充分发达的基础上经过革命而产生的社会主义相比，显然有许多区别。苏联本应该在马克思主义基本理论的指导下，从自己的具体实际出发去规划社会主义建设纲领，但他们却习惯于照搬马克思恩格斯原先针对发达资本主义国家在革命胜利后如何建设社会主义所提出的某些论断，削足适履地搞社会主义建设。

为什么说列宁新经济政策的思路可能比较好？那是因为列宁在总结了战时共产主义作为直接过渡到社会主义的生产和分配方法的失败教训之后，得出结论说，在一个生产力不发达、小农经济占优势的国家，不能实现从小生产到社会主义的直接过渡。从而就从原先的基本上是把马克思、恩格斯关于社会主义社会的设想应用于俄国的思路，转变为从俄国的实际出发，以马克思主义的基本原理为指导，提出和实行向社会主义迂回过渡、逐渐过渡的思路，这就是新经济政策。列宁说，实行新经济政策意味着我们"对社会主义的整个看法根本改变了"②。

为什么说后来苏联的模式僵化了？在第一次世界大战以后，在资本主义包围的特定历史条件下形成的苏联模式，是一种适应于以战争与革命为时代主题的战备模式。在那样的环境里它能够有效地调动人力、财力和物力去从事建设和战争，但在同时，它又包含一系列的缺陷和弊端，然而列宁以后的苏联领导人却思想僵化，把这种在特定的历史条件下形成起来的苏联模式加以绝对化和凝固化，甚至在时代主题已经由战争与革命转换为和平与发展以后，还把它当成社会主义建设的普遍规律，这就使它的缺陷和弊端更加凸显出来：就经济结构来说，苏联模式的经济，是一种片面强调发展重工业和国防工业，造成国民经济比例失调，农业、轻工业落后，人民生活必需品长期短缺的经济。就发展战略来说，苏联模式所实行的是一种高投入、低产出，靠不断增加投入来增产的粗放经营，它重速度而轻

---

① 《邓小平文选》第 3 卷，人民出版社 1993 年版，第 139 页。

② 《列宁选集》第 4 卷，人民出版社 1995 年版，第 773 页。

效益，效率低下，浪费惊人。就经济体制来说，苏联模式不顾生产力在不同部门、层次上参差不齐的发展水平，过早地推行单一的生产资料公有制结构，而消灭其他经济成分。它还实行高度集中的指令性计划经济和统一的决策机制，而排斥市场，限制商品货币关系的发展，注重行政命令而忽视物质利益，这就削弱了推动其发展的内部经济动因。就政治体制来说，苏联模式以权力高度集中和行政强制为特征，忽视社会主义民主建设，乃至出现个人专断，用专政手段去解决党内意见分歧，导致严重破坏社会主义法制。就对外关系来说，苏联领导人推行大党大国霸权主义，又在同资本帝国主义的军备竞赛上耗费巨额资金，给国民经济带来难以忍受的沉重负担，如此等等。苏联模式的这些缺陷和弊端后来也成了戈尔巴乔夫改旗易帜、背离社会主义根本制度的借口。

中国特色社会主义道路已经超越了僵化的苏联模式，它自觉地把对社会主义的认识从那些不合时宜的观念、做法、体制的束缚中解放出来，从对马克思主义的错误的和教条式的理解中解放出来，从主观主义和形而上学的桎梏中解放出来，既坚持社会主义根本制度，又坚持改革开放，把社会主义同中国还处在社会主义初级阶段的基本国情紧密结合起来，把社会主义同已经由战争与革命转换为和平与发展的时代主题紧密结合起来，从而使社会主义向着更健康的方向发展。

中国特色社会主义道路超越了西方资本主义国家现代化的发展道路，又超越了苏联模式，从本国的具体实际和当今时代特征出发，践行着一条人类追求文明进步的新路，这就把它的世界意义凸显了出来：一是它在发展经济、摆脱贫困上，给占世界总人口 3/4 的第三世界走出了一条路，指出了奋斗方向；二是更重要的，随着中国特色社会主义道路到 21 世纪中叶中国成为中等发达国家的进一步发展，我们将以发展生产力和科学技术的实践，用精神文明、物质文明、政治文明和生态文明建设的实践，证明社会主义制度优于资本主义制度，让发达资本主义国家的人民也认识到社会主义确实比资本主义好，认识到社会主义是人类社会发展的必由之路。

（原载《马克思主义研究》2012 年第 4 期）

从"根本成就"上把握中国特色社会主义

侯惠勤

党的十八大报告明确指出："中国特色社会主义道路，中国特色社会主义理论体系，中国特色社会主义制度，是党和人民九十多年奋斗、创造、积累的根本成就，必须倍加珍惜、始终坚持、不断发展。"这是我们需要深刻领会并加以阐发的。

一 深刻认识中国特色社会主义来之不易，要倍加珍惜

这里，要把中国共产党领导中国人民艰苦奋斗的"九十多年"作为一个整体，从近代以来中国历史的主题、任务及其实践方式的内在联系上去把握。鸦片战争以后，中国逐步沦为半封建半殖民地社会，因而争取民族独立、人民解放，实现国家富强、人民富裕，成为中国人民必须完成的历史任务。完成这一历史任务，从实践上看包括革命、建设和改革三个阶段，从理论上说即马克思主义中国化的两大成果，包括毛泽东思想和中国特色社会主义理论体系。上述两个方面统一于"中国共产党和中国人民"这一历史主体。把"九十多年"作为一个整体去把握，其理论意义在于：一是强调社会主义、马克思主义和中华民族伟大复兴的内在一致；二是强调革命和建设、推翻旧中国和建设新中国的内在一致；三是强调改革开放和发展中国、发展社会主义、发展马克思主义的内在一致。强调内在一致性，充分说明中国特色社会主义经历了极其艰难的长期探索、具有深厚的实践基础和历史依据，的确来之不易，需要倍加珍惜。

在这里，还有必要特别就俄国十月革命和中国特色社会主义的关系问题做点说明。十月革命对于中国的意义，不仅在于"给我们送来了马克思

列宁主义"，从此把中华民族的命运和社会主义、马克思主义紧紧连在一起，而且决定了中国革命胜利以后社会主义建设道路的方向。"十月革命"开创的建设道路，最为重要的是宣告资本主义现代化的终结、社会主义现代化成为必然的历史选择。进入帝国主义时代以后，对于后发展国家，尤其如中国这样的后发展大国，在资本主义主导的世界格局中步履维艰，各种矛盾错综复杂。同时，资本主义利用与其经济政治实力相应的思想文化上的优势，不断地制造落后是因为没有实行资本主义的神话，加剧了发展中国家的混乱和分裂。因此，中国现代化之路必须在社会自觉力量的领导下，先取得政治独立和民族解放，继而取得经济独立和国家发展，再借此参与国际竞争，全面走向世界，实现现代化目标。在这一过程中，贯穿始终、起领导核心作用的自觉社会力量，就是中国共产党。从一定意义上说，正是人类历史活动走向自觉成为可能，才诞生了马克思主义，诞生了以马克思主义为理论基础的无产阶级政党，才确立了中国共产党的历史地位和活动空间。承认历史发展的规律性以及自觉利用历史规律的可能性，形成领导中华民族伟大复兴的政治核心力量，是中国特色社会主义形成的历史和理论前提。就此而言，中国特色社会主义是十月革命所开创的社会主义现代化道路的继承者。

也要看到，十月革命及其后的一个时期，时代主题是战争与和平，"准备打仗"和"支持革命"使得新生的社会主义国家并不能一心一意搞建设。而对资本主义"总崩溃"的乐观预期和把"革命"视为终结资本主义统治的更为有效的方式，也使得社会主义国家不能始终以现代化建设为中心。然而当代资本主义进一步演变的新特征，恰恰在于其减少了对于外围地区进行硬性资本输出的依赖，而主要通过科技创新上的支配、金融和信息以及话语权的垄断、国际游戏规则的操纵等软控制，维护资本的活力。这样，通过资本主义外围的政治独立以及随后经济独立的方式，已不可能直接导致资本主义的总危机，根本动摇资本主义的全球统治。社会主义取代资本主义的主战场已从政治转向经济、从革命转向发展，相应地，时代特征也就从战争与和平转向和平与发展。中国特色社会主义就是在不断地回应时代的挑战中，科学地总结十月革命以来社会主义的历史经验的基础上，通过富有创造性的实践而开拓的。结合新的时代特征和历史条件，把和平与发展作为必须面对的时代主题，重新思考社会主义的历史命运和未来发展，正是中国特色社会主义道路、理论体系和制度的生长点与创新源泉。不难看出，中国特色社会主义本质上是在马克思主义的指导下，在不断地总结国际形势和时代特征的变化中，结合中国的具体国情，走自己的路。

二 既不走僵化封闭的老路，也不走改旗易帜的邪路

由于30多年高速发展所造成的矛盾"叠加"，我们今天在前进道路上必然面临一些突出问题和困难，容易因畏难而产生动摇、怀疑以至悲观情绪；以美国为首的西方国家依据其经济、科技和文化上的优势理论，软硬兼备、以"制华软实力"的使用为主，长期对我进行"西化"、"分化"，容易出现以西方标准和话语评价中国发展的偏向。所谓近年来中国的"改革停滞"，所谓"只有经济体制改革，没有政治、社会、文化体制的改革"等判断，就是明显的例证。在中国特色社会主义的发展过程中，最为矛盾的一个认识和理论现象，莫过于不能理直气壮地把我们所取得的伟大成就归功于党所领导的伟大事业；我们许多被实践证明是行之有效的做法、经验似乎没有理论上、政治上的"合法性"。在西方的话语尺度和语汇中，社会主义市场经济不是市场经济，而是"国家操纵"的非市场经济国家；中国特色社会主义民主政治不叫民主，而是专制政治；社会主义先进文化建设不是繁荣文化，而是意识形态操纵，等等。这些偏见不仅支配着海外舆论，而且在国内也有不容忽视的回响。当我们强调道路自信、理论自信和制度自信的时候，就向世界发出了具有重大意义的明确信息，即中国特色社会主义虽然还要探索和推进，但中国特色社会主义是党和人民在长期实践中对社会主义根本规律的把握，是否有利于坚持和发展中国特色社会主义，已经成为我们衡量道路选择、理论是非和制度设计的根本依据。

中国特色社会主义的自信建立在对待马克思主义的科学态度上，这就是在坚持马克思主义基本原理的同时，不断推进马克思主义中国化、时代化、大众化。就共产党从革命党向执政党的角色转换来说，如何在扩大党的群众基础且向全社会开放的同时，保持自身工人阶级先锋队的性质不变，就是一个使许多国家共产党迈不过去的难题。如原苏东地区的一些共产党，当其为了扩大自身的群众基础时，就不得不有意无意地改变其工人阶级性质，并最后蜕变为资产阶级政党；而当它们努力坚持自身的工人阶级政党性质时，却也往往因窄化了自身的群众基础而被边缘化，从而丧失

自身的活力。问题在于,虽然工人阶级的历史使命没有变,马克思主义的基本原理没有过时,但从以战争、革命为主题向以和平、发展为主题的时代特征的变化,表明出现了新的历史条件;虽然工人阶级政党的历史使命没有变,但作为革命党和作为执政党的历史地位却有所改变。看不到"发展",难免封闭僵化;做不到"坚持",则必然蜕化变质。也就是说,党的阶级性质不能变,马克思主义的指导地位不能丢,但党的群众基础必须扩大,党的理论创新必须引领党的自身建设。

造成人们非此即彼片面性的思想障碍在于:坚持阶级性的党必然不能向全社会开放,故而必然封闭孤立;坚持指导思想的党必然不能在思想上自由包容,故而难免僵化教条。实际上这并不成立。中国共产党的成功在于:可以在坚持党的阶级基础的同时扩大党的群众基础,党可以在向全体人民开放的同时保持工人阶级先锋队的性质;可以在坚持指导思想、共同理想的同时不断解放思想、与时俱进,可以在广泛吸纳各种思想资源和文化成果的同时坚持工人阶级的阶级意识和党性立场。这里的马克思主义方法论依据是,不存在抽象的"人民性",只有先进阶级才能最大限度地代表广大人民,工人阶级的阶级性和先进性在今天依然是人民性的基础。

中国共产党在这方面有两大贡献:一是党对于"工人阶级"的把握不是拘泥于其产业特征(如"机器大工业"一类)和职业身份(如"蓝领工人"一类),而是注重其"社会特征"(社会化大生产的代表、资产阶级社会以及阶级社会解体的内在根据)及历史使命(社会主义和共产主义社会的建设者),因而着重从历史的先进性上把握其阶级性。"三个代表"重要思想实际上就是新的历史条件下中国工人阶级阶级性的一种新概括,同样,科学发展观也是中国工人阶级对于"发展"这一时代问题的科学回应,因而是马克思主义关于发展的世界观的集中体现。它们都是阶级性和人民性相统一的重大理论成果。二是在坚持统一的指导思想的同时,推动指导思想的不断创新,保持党在思想上的先进性,坚持"思想建党"。一脉相承的是立场、观点、方法,是马克思主义基本原理,但同时要依据国情的变化、时代特征的变化不断地回答重大实践问题,创新和发展理论,不断开创马克思主义发展的新境界。这就是坚持马克思主义基本原理和坚持推进马克思主义中国化、时代化和大众化相结合,毛泽东思想、邓小平理论、"三个代表"重要思想和科学发展观就是这一结合的重大理论创新成果。

对于中国特色社会主义的自信，使得我们能够有效地排斥各种干扰，既不走封闭僵化的老路，也不走改旗易帜的邪路。但是需要指出，封闭僵化的老路在这里不是对历史的评价（不是针对毛泽东那一代人对社会主义的艰辛探索），而是针对现实的选择，相对于今天的改革开放、坚持和发展中国特色社会主义而言。当时代主题已经转变，时代特征已经变化，改革开放成为唯一的出路，否定这一选择企图走回头路，就是封闭僵化的路。从这个意义上说，封闭僵化的路也可以说就是邓小平所说的"回头路"，其实质是思想落后于现实。邓小平指出："不搞改革开放就不能继续发展，经济要滑坡。走回头路，人民生活要下降。改革的趋势是改变不了的。"①

不容否认，毛泽东时期的社会主义建设确实在一定程度上是封闭的，这种封闭不只是思想上的僵化封闭，也是客观环境的封闭，即资本主义世界对于社会主义国家的封锁政策。社会主义中国是爱好和平的，但帝国主义却往往把战争强加给我们。正如列宁在回答美国记者卡尔·维干德时指出：实行和平"我们这方面没有任何障碍。美国的（还有其他各国的）资本家奉行的帝国主义才是障碍"②。社会主义中国是希望与西方平等交往的，但西方总是处心积虑地要搞掉中国，这就是问题的实质。

三　坚守中国特色社会主义的共同信念

夺取中国特色社会主义的新胜利，首先在于坚定全党全国各族人民的共同信念。这一共同信念从结构上看，就是道路、理论、制度"三个自信"；而从内涵上说，就是作为基本要求的"八个必须"，即必须坚持人民主体地位，必须坚持解放和发展社会生产力，必须坚持推进改革开放，必须坚持维护社会公平正义，必须坚持走共同富裕道路，必须坚持促进社会和谐，必须坚持和平发展，必须坚持党的领导。"八个必须"都是中国特色社会主义的根本价值追求，要毫不动摇地长期坚持下来。

坚持人民主体地位和坚持党的领导是内在一致的。毫无疑问，人民是历史的创造者，是历史活动的主体，离开了人民，党不仅不能成为历史的

---

① 《邓小平文选》第3卷，人民出版社1993年版，第332页。
② 《列宁全集》第38卷，人民出版社1986年版，第159页。

创造者，而且没有存在的历史价值；但是，没有党的领导，人民就不是有机的历史主体，就不能摆脱少数剥削者的统治而成为真正的社会多数主宰自己的命运。这就是说，党不是利益主体，其全部价值就是为人民谋利益，离开这点，党就会变质而被人民抛弃。而如果没有一个用马克思主义武装的、全心全意为人民服务的党，人民就会是一盘散沙、各自为战，就不能成为自觉的利益主体，其当家作主就不能实现。因此，加强党自身的建设和坚持人民的主体地位具有内在一致性，把党摆在人民之上和把党排除在人民之外同样是错误的。用所谓的"还政于民"消解党的领导，值得警惕。

改革开放之所以成为发展的根本动力，就在于它能够不断促进生产力的发展、改善广大人民的生活、增进社会主义国家的综合实力。这样，改革的活力就在于它是能够满足"三个有利于"的有效方式和必由之路。从根本上说，以马克思主义的广阔眼界，不断发掘社会主义的优越性，广泛吸取世界一切优秀成果发展自己，充分利用资本主义发展社会主义，这就是改革开放能够成为当代中国发展的不竭动力的根本所在，也是改革开放和四项基本原则作为党在新时期的基本路线"两个基本点"的内在根据。可见，改革作为推动当代中国发展的根本动力，就在于它能够最大限度地调动积极性，激发人民群众的历史创造性，具有鲜明的社会主义属性。就改革自身的活力而言，它不是一成不变的。如果说，改革开放之初，在我国经济社会发展十分落后、社会主义还不"够格"、其优越性难以体现的情况下，我们主要是通过改革去学习、利用资本主义来发展社会主义的话，那么，在我国全方位开放的格局已经形成、资本主义的弊端集中爆发、收入分配差距过大等突出矛盾已成为制约发展的瓶颈时，改革的活力就主要来自不断地完善和发展中国特色社会主义制度。从这一视角看，我们的改革不仅没有停滞、没有动力枯竭，而且正在生气勃勃地深入开展，出现的新鲜经验和创造也层出不穷。可见，把改革的活力固定在学习资本主义上，甚至认为改革就是革社会主义的命，是作出当前中国的改革处于停滞这一误判的根本原因。

坚定不移地走共同富裕的道路决定了我国必然选择和平发展的道路。从根本上说，历史上资本主义大国的崛起之所以总是伴随着对外扩张、侵略，最终走上霸权主义、帝国主义的道路，就是为了减缓和转移国内日益严重的"两极分化"矛盾。"两极分化"导致国内市场日益萎缩，因而亟须不择手段地开拓海外市场；"两极分化"导致国内社会矛盾尖锐，因而亟须转移民众视线；"两极分化"导致资源匮乏，因而亟须掠夺海外资源。因此，共同富裕不仅是社会和谐之路，也是和平发展之路，因而是中国特色社会主义的根本原则和根本价值追求，也是社会主义和资本主义的本质区别。

（原载《红旗文稿》2012 年第 22 期）

坚定中国特色社会主义道路自信、理论自信、制度自信

杨　河

胡锦涛同志在党的十八大报告中，科学地总结了中国共产党 90 多年来的奋斗历程，对中国特色社会主义新的实践经验作出了理论概括，要求全党坚定中国特色社会主义的道路自信、理论自信、制度自信。这对于我们正确把握中国未来的发展方向和前进路线具有重要的指导意义。

一

对于一个政党来讲，自信是对于自身存在和发展的历史必然性和前途命运的自我意识、肯定信念、坚定意志和实践信心，中国共产党对于中国特色社会主义的道路自信、理论自信、制度自信首先来自对中国近代以来历史发展主题和任务的自觉认识和把握。

1840 年第一次鸦片战争以后，中国逐渐成为半殖民地半封建社会，改变贫穷和落后的民族复兴作为中国各族人民的共同愿望成为中国社会近代史的主题和任务。从此以后，中国一切社会政治力量和政党派别，其社会作用的进步与否，都要在实践民族复兴的问题上接受检验。

民族复兴的时代含义是指：解决帝国主义和中华民族、封建主义和人民大众的矛盾，走出半殖民地半封建社会的困境，使中华民族重新以强大的地位和形象屹立于世界民族之林。为此，必须完成三个历史性的转型：一是在文明形态上，完成从农业文明向工业文明的转型；二是在制度安排上，完成从封建专制向民主制的转型；三是在社会生活上，完成从古代向近现代的转型。

那么，通过什么道路去实现民族复兴？鸦片战争的教训首先启示先进

中国人的就是：向西方学习，走西方强国之路——资本主义。在帝国主义和封建主义的双重遏制下，这条路走得极其艰难，先有"师夷长技"、"中体西用"的洋务运动；继之有"君主立宪"、"中西会通"的戊戌变法；最后在"推翻帝制"、"民主共和"的辛亥革命中作了总结，其间，还发生过轰轰烈烈的太平天国运动。然而，这些试图走资本主义道路的努力都失败了。

辛亥革命是中国人致力于民族复兴事业的一次重要历史性总结。一方面，它终结了统治中国几千年的君主专制制度，为中国未来的新发展开启了可能性；另一方面，它又以自身的历史局限性和最后的流产，说明了西方式的资本主义道路已经不适用于中国的国情。

辛亥革命的最后结局，使中国人在民族复兴的道路问题上陷入了困惑，正是在这个过程中，发生了第一次世界大战和俄国十月革命。第一次世界大战使中国人更加清楚地看到了资本主义发展到帝国主义阶段暴露出的剥削与掠夺的本质。毛泽东指出，十月革命一声炮响，给我们送来了马克思列宁主义。十月革命帮助了全世界的也帮助了中国的先进分子，用无产阶级的宇宙观作为观察国家命运的工具，重新考虑自己的问题。走俄国人的路——这就是结论。

这个结论通过五四运动开始付诸实践。

五四运动促进了马克思主义与中国工人运动的结合，为1921年中国共产党的成立做了思想上和干部上的准备。在中国共产党的领导下，经过28年的艰苦斗争和浴血奋战，建立了中华人民共和国，取得了新民主主义革命的伟大胜利。

新民主主义革命的胜利是中国人致力于民族复兴事业的另一次重要历史性总结。一方面，它以实践的结果证明了辛亥革命以后，中国人民在十月革命的影响下，选择马克思主义的指导、选择中国共产党的领导、选择社会主义的前途是正确的；另一方面，新民主主义革命的胜利，也标志着自1840年以来，民族复兴第一阶段任务的基本完成，这就是国家的独立，人民的解放，民族复兴第二阶段任务的开始，这就是国家的富强，人民的幸福。

以毛泽东同志为核心的党的第一代中央领导集体在带领全党全国各族人民完成了新民主主义革命后，不失时机地进行了社会主义改造，确立了社会主义基本制度，成功实现了中国历史上最深刻最伟大的社会变革，在社会主义建设中取得了独创性理论成果和巨大成就，为当代中国一切发展进步奠定了根本政治前提和制度基础，为新的历史时期开创中国特色社会主义提供了宝贵经验、理论准备和物质基础。

"文化大革命"结束以后，通过恢复和发扬党的实事求是思想路线，以邓小平同志为核心的党的第二代中央领导集体带领全党全国各族人民深刻总结我国社会主义建设正反两方面经验，借鉴世界社会主义历史经验，作出把党和国家工作中心转移到经济建设上来、实行改革开放的历史性决策，成功开创了中国特色社会主义。

世纪之交，我国进入全面建设小康社会，加快社会主义现代化的新的发展阶段，面对国际形势、中国社会和党的历史方位的深刻变化，以江泽民同志为核心的党的第三代中央领导集体带领全党全国各族人民坚持党的基本理论、基本路线，在国内外形势十分复杂、世界社会主义出现严重曲折的严峻考验面前捍卫了中国特色社会主义，成功把中国特色社会主义推向 21 世纪。

新世纪新阶段，世界经济、政治、文化和科学技术的发展呈现新的态势，以胡锦涛同志为总书记的党中央抓住重要战略机遇期，在全面建设小康社会进程中推进实践创新、理论创新、制度创新，成功地在新的历史起点上坚持和发展了中国特色社会主义。

90 多年的历程中，中国共产党在团结、带领人民完成和推进新民主主义革命、社会主义革命和改革开放新的伟大革命三件大事中，形成了中国特色社会主义道路、中国特色社会主义理论体系、中国特色社会主义制度，实现了中国历史上翻天覆地的变化，从根本上改变了中国人民和中华民族的前途命运，使具有 5000 多年文明历史的中国面貌焕然一新，中华民族伟大复兴展现出前所未有的光明前景。这是中国共产党确立道路自信、理论自信、制度自信最深厚的历史根据。

二

中国共产党对于中国特色社会主义的道路自信、理论自信、制度自信还来自在实践中对历史经验教训的正确概括和总结。

在新民主主义革命中，中国共产党围绕"什么是民主主义革命，怎样搞民主主义革命"的问题，将马克思主义的基本原理与中国的实际相结合，进行了艰苦的探索。在几次重大危急关头，及时总结了经验教训，纠正了来自"左"和右的错误，最终形成了党的新民主主义理论、路线和纲领，带领中国人民取得了胜利。

新民主主义革命胜利后，"什么是社会主义，怎样建设社会主义"的问题摆在了党的面前。在借鉴苏联经验的过程中，毛泽东发现了一些问题，强调要坚持独立自主，调查研究，摸清国情，把马克思列宁主义的基本原理同中国革命和建设的实际结合起来，制定我们自己的路线、方针、政策。他说："不可能设想，社会主义制度在各国的具体发展过程和表现形式，只能有一个千篇一律的格式。我国是一个东方国家，又是一个大国。因此，我国不但在民主革命过程中有自己的许多特点，在社会主义改造和社会主义建设的过程中也带有自己的许多特点，而且在将来建成社会主义社会以后还会继续存在自己的许多特点。"① 在讨论苏共20大问题时，他提出要继新民主主义革命以后，进行马列主义的基本原理同中国实际的"第二次结合"，找出在中国怎样建设社会主义的道路。

毛泽东的这些看法，实质上提出了中国特色社会主义道路问题，代表着中国共产党对这一重大问题最初的自觉意识，是探索和建设中国特色社会主义的开篇宣言。但是由于缺乏客观条件、历史经验和思想准备特别是党的"八大"以后，由于对形势的判断出现失误，党的工作的指导思想发生了"左"的倾向，偏离了"八大"的正确路线，使建设中国特色社会主义的探索经历了严重曲折，直到22年后党的十一届三中全会以后，这个具有极其重要意义的开篇才有了在实践中开创性的发展。

在中国共产党自己纠正"文化大革命"错误的过程中，邓小平指出："现在的方针政策，就是对'文化大革命'进行总结的结果。最根本的一条经验教训，就是要弄清什么叫社会主义和共产主义，怎样搞社会主义。"② 这是在国际共产主义历史上第一次明确提出"什么是社会主义，怎样建设社会主义"的问题。

160多年以前，马克思、恩格斯创立了科学社会主义理论，在谈到这个理论时，他们一方面指出，社会主义是工人运动的价值目标，这个价值目标是通过一定特征的制度和体制实现的，他们按照唯物史观，对未来社

---

① 《建国以来毛泽东文稿》第6册，中央文献出版社1992年版，第143页。

② 《邓小平文选》第3卷，人民出版社1993年版，第223页。

会主义社会基本制度和体制的特征提出了科学的设想；另一方面又告诫人们：未来社会是不断发展的，我们的理论不是教条，而是对包含着一连串互相衔接的阶段的发展过程的阐明。"所谓'社会主义社会'不是一种一成不变的东西，而应当和任何其他社会制度一样，把它看成是经常变化和改革的社会。"[1]

历史的确是复杂的，欧洲社会主义革命没有在英、法、德等典型的资本主义国家实现，而是首先出现在俄国。当列宁在生产力发展水平远不及欧美发达资本主义国家的俄国搞社会主义革命和建设时，情况与马克思恩格斯关于社会主义社会的设想有很大的不同。落后的经济政治文化状况，复杂的多样性的经济成分并存，残酷的阶级斗争现实使列宁清醒地看到："对俄国来说，根据书本争论社会主义纲领的时代也已经过去了，我深信已经一去不复返了。今天只能根据经验来谈论社会主义。"[2] "现在一切都在于实践，现在已经到了这样一个历史关头：理论在变为实践，理论由实践赋予活力，由实践来修正，由实践来检验。"[3] 列宁的这些看法，蕴涵着对"什么是社会主义，怎样建设社会主义"的发问。

列宁去世以后，斯大林领导苏联人民继续列宁开创的事业，对社会主义革命和社会主义建设所面临的一系列重大问题进行了分析和判断，形成了比较系统的观点和看法，在实践中建立起了以高度集权和计划经济为主要特征的"苏联模式"。

邓小平后来说："社会主义究竟是个什么样子，苏联搞了很多年，也并没有完全搞清楚。可能列宁的思路比较好，搞了个新经济政策，但是后来苏联的模式僵化了。"[4] 这个看法，是很中肯的。

在中国共产党带领中国人民进行改革开放的过程中，邓小平一直在探索、思考和回答"什么是社会主义，怎样建设社会主义"这个问题。它的重要性，正如江泽民所指出的那样："我国社会主义在改革开放前所经历的曲折和失败，改革开放以来在前进中遇到的一些困惑，归根到底都在于

---

① 《马克思恩格斯选集》第 4 卷，人民出版社 1995 年版，第 693 页。
② 《列宁全集》第 34 卷，人民出版社 1985 年版，第 466 页。
③ 《列宁选集》第 3 卷，人民出版社 1995 年版，第 381 页。
④ 《邓小平文选》第 3 卷，人民出版社 1993 年版，第 139 页。

对这个问题没有完全搞清楚。"① 2002 年在党的十二大开幕式的讲话中，邓小平第一次明确提出要把马克思主义的普遍真理同我国的具体实际结合起来，走自己的道路，建设有中国特色的社会主义。1992 年，邓小平在南方谈话中，总结改革开放以来的经验和苏东剧变的教训，将社会主义的本质概括为：解放生产力，发展生产力，消灭剥削，消除两极分化，最终达到共同富裕。这标志着我们党对社会主义的认识提高到了一个新的科学水平。

"三个代表"重要思想和科学发展观的相继提出，从推进党的建设伟大工程和实现我国经济社会又好又快发展上进一步深化了对"什么是社会主义，怎样建设社会主义"问题的认识。

党的十八大总结了 10 年来党和人民在实践中对"什么是社会主义，怎样建设社会主义"新的经验，对中国特色社会主义作出了新的概括：即建设中国特色社会主义，总依据是社会主义初级阶段，总布局是五位一体，总任务是实现社会主义现代化和中华民族伟大复兴。中国特色社会主义，既坚持了科学社会主义基本原则，又根据时代条件赋予其鲜明的中国特色，以全新的视野深化了对共产党执政规律、社会主义建设规律、人类社会发展规律的认识，从理论和实践结合上系统回答了在中国这样人口多底子薄的东方大国建设什么样的社会主义、怎样建设社会主义这个根本问题。

报告还从新的历史条件下夺取中国特色社会主义新胜利必须牢牢把握基本要求上，更加明确地提出了关于社会主义的八个基本特征：

第一，在社会主义事业的主体问题上，提出了必须坚持人民主体地位；第二，在社会主义的根本任务问题上，提出必须坚持解放和发展社会生产力；第三，在社会主义的发展道路问题上，提出必须坚持推进改革开放；第四，在社会主义的内在要求问题上，提出必须坚持维护社会公平正义；第五，在社会主义的根本原则问题上，提出必须坚持走共同富裕道路；第六，在社会主义本的质属性问题上，提出必须坚持促进社会和谐；第七，在社会主义的国际关系问题上，提出必须坚持和平发展；第八，在社会主义的领导核心问题上，提出必须坚持党的领导。

这八个论断，将中国共产党对"什么是社会主义，怎样建设社会主

---

① 《江泽民论有中国特色社会主义（专题摘编）》，中央文献出版社 2002 年版，第 7 页。

义"的认识提高到了一个新的历史水平和时代高度，是对社会主义道路、理论、制度的根本原则和根本价值的高度概括，与新中国成立以来特别是改革开放 30 多年以来中国共产党对"什么是社会主义，怎样建设社会主义"这一重大问题的认识既是一脉相承，又是接力探索的结果。

90 多年来，中国共产党在致力于马克思主义与中国实际相结合、推进马克思主义中国化的过程中，已经在警惕右、更要防止"左"的问题上，从国际共产主义运动和中国革命、建设的实践中积累了丰富的经验教训，对于举什么旗帜、走什么道路、以什么样的精神状态、朝着什么样的目标继续前进有了更加清晰的认识。强调既不走封闭僵化的老路、也不走改旗易帜的邪路；强调党的基本路线是党和国家的生命线，必须坚持把以经济建设为中心同四项基本原则、改革开放这两个基本点统一于中国特色社会主义伟大实践。这是中国共产党坚定道路自信、理论自信、制度自信的深厚实践根据。

三

中国共产党对于中国特色社会主义的道路自信、理论自信、制度自信，也是依据对时代大势和历史发展机遇与挑战的清醒判断和全面把握。

中国特色社会主义的开创，是在和平和发展已经成为世界新的时代主题、马克思所肯定的"世界历史"过程在全球化中深入展开、改革开放已经成为中国的大势所趋、中国共产党的历史方位必将发生重大变化的历史条件下发生，又是对这些历史条件的正确认识、判断和把握。

改革开放 30 多年来，中国社会发生了巨大的变化。党的十六大在综合分析进入新世纪后国际国内形势发展的基础上，作出了 21 世纪头 20 年是我国必须抓住并且可以大有作为的战略机遇期的重大判断。十六大以来，由于积极抓住和用好发展机遇期，认真应对各种挑战，改革开放和现代化建设取得了举世瞩目的伟大成就。我国经济总量从世界第六位上升到第二位，国家面貌发生新的历史性变化，是经济持续发展、民主不断健全、文化日益繁荣、社会保持稳定的时期。英国广播公司网站近日刊文说，中国过去 30 年来的经济腾飞，是自英国工业革命在 18 世纪末开始后，世界见证过的最令人惊奇的经济变革，世界正越来越多地被中国改变。

10年过去了，世情、国情、党情都在继续发生深刻变化，党的十八大报告指出，纵观国际国内大势，我国发展仍然处于可以大有作为的重要战略机遇期，我们要准确判断重要战略机遇期的内涵和条件的变化，全面把握机遇，沉着应对挑战，赢得主动，赢得优势，赢得未来。

战略机遇期是由一系列复杂的国内外历史、现实因素和条件构成的，从国际大局上看，近年来发生的国际金融危机影响深远，世界经济政治发展不稳定、不确定、不平衡的因素和现象增多，霸权主义、强权政治和新干涉主义有所上升，粮食安全、能源资源安全、网络安全等全球性问题更加突出，世界仍然很不安宁。但是时代主题没有变，和平、发展、合作仍是国际动态的基本趋势，世界多极化、经济全球化、文化多样化和社会信息化深入发展和持续推进，科技革命孕育新突破，国际力量对比朝着有利于维护世界和平方向发展，保持国际形势总体稳定具备更多有利条件。从国内大局上看，随着改革开放的深入和社会转型的展开，我国发展中的不平衡、不协调、不可持续问题突出，社会矛盾增多，保障和改善民生任务繁重，资源环境约束加剧，反腐败斗争形势严峻，改革发展稳定的压力仍然很大。但是我国正处于工业化、信息化、城镇化、农业现代化工业化发展阶段，国内市场潜力巨大，科技创新能力逐渐增强，转变经济增长方式和调整经济结构步伐加快，各方面体制机制不断完善，经济长期向好的发展趋势和社会政治稳定是基本的、主导的方面。

综合研判国内外形势，虽然发展机遇和风险挑战前所未有，但是机遇大于挑战这个我国发展的重要战略机遇期存在的基本条件没有发生根本的变化。我们完全有可能继续实现经济社会又好又快发展，在中国共产党成立一百年时全面建成小康社会，在新中国成立一百年时建成富强、民主、文明、和谐的社会主义现代化国家。这是中国共产党坚定道路自信、理论自信、制度自信的深厚时代根据。

四

办好中国的事情，解决好中国的问题，关键在党；加强和改进党的领导，关键在为民。中国共产党对于中国特色社会主义的道路自信、理论自信、制度自信，最终取决于自身建设。

新中国成立以后，特别是改革开放以来，随着党的历史方位的变化，党的建设出现了一系列新的情况、新的问题。党面临的执政考验、改革开放考验、市场经济考验、外部环境考验是长期的、复杂的、严峻的。党赖以生存的最大政治优势是密切联系人民群众，党随时警惕的最大危险是脱离人民群众。新时期，这个最大优势和最大危险同时存在是党的建设面临的基本情况。在党的建设新的伟大工程中，坚持马克思主义的群众观点和群众路线，不断提高党的领导水平和执政水平、提高拒腐防变和抵御风险能力，是党巩固执政地位、实现执政使命必须解决好的重大课题。

中国共产党是来自人民、依靠人民、代表人民、服务人民的政党，除了工人阶级和最广大人民群众的利益，没有自己特殊的利益。习近平总书记在中外记者见面会上指出：人民对美好生活的向往，就是我们的奋斗目标。这是对中国共产党执政理念的朴实表达。坚持为人民服务的宗旨，立党为公，执政为民，紧紧依靠人民群众，是中国共产党坚定道路自信、理论自信、制度自信的深厚力量根据。

面对人民的信任和重托，面对新的历史条件和考验，中国共产党只有植根人民、造福人民，才能始终立于不败之地；只有居安思危、勇于进取，才能始终走在时代前列；只有求真务实，艰苦奋斗，才能团结带领人民全面建成小康社会、推进社会主义现代化、实现中华民族伟大复兴。

（原载《红旗文稿》2012 年第 23 期）

马克思为什么是对的？

——马克思思想的学术评估

胡大平

2011 年，伊格尔顿出了一本书——《马克思为什么是对的》，当年就出版了它的中译本①。我想，原因不在于作者是知名的国际马克思主义者，而是他在某种意义上恰巧完成了我国马克思主义理论研究和建设工程的一个子项目。该工程是我国近年国家意识形态建设的最重要举措之一，它的目标是认真地面对那些常悬在我们心中的问题，例如，马克思为什么是对的？我们是否正确地理解了马克思？马克思是否可能错？如果错，错在哪些地方？等等。客观地讲，从 1891 年德国社会民主党爱尔福特大会之后这些问题就开始了。正是在此次大会上，马克思主义战胜了各种非无产阶级的以及工人阶级内部的各种错误思潮，成为工人阶级追求解放的单一意识形态。在其之后产生那些问题，也是自然的。马克思、恩格斯自己强调过，他们的学说不是教条，而是历史研究的指南，是对具体社会历史条件的科学分析，因此是根据条件转移而灵活运用的原则。马克思主义的科学意义无非如此。这意味着，对于马克思主义的理解和运用都必须与时俱进，马克思主义在理论上也必须不断发展。这也就提出一个更深层的要求，即如何在时代风云变幻中始终正确地审视马克思本人的学说。我们做国家工程，表明了对问题理解的成熟姿态，但同时也需要明确，不可能有一劳永逸的答案。因为，问题不只是学术的、理论的、思想的，而且更重要的是政治的。我们看到，伊格尔顿的回答，是作为一个西方人对自己的时代问题和意识形态作出的反应，他并没有直接触及那个更深层的问题：

---

① ［英］伊格尔顿：《马克思为什么是对的》，新星出版社 2011 年版。

考虑到政治过程中的党派立场冲突,我们不可能指望全球产生统一的对马克思主义的看法。也就是说,从党派的立场来看,"马克思是否对的"这个问题都不能达成共识,更不必说"为什么"了。但,我们能否从学术的、理论的角度来回答,并且亦由此说明政治过程中党派冲突的意义?我想这是有可能的。本文的基本任务也就是从学术和思想的角度尝试性地探讨如何来回答马克思为什么是对的。

一　从学术角度评估马克思思想的必要性及其意义

既然是以一种学术的方式来回答这个问题,那么我们就按照标准的学术套路来进行。第一个重要的步骤就是审理学术史,把自己的讨论建立在学术共同体建立的共识基础之上。在此,我以一个重要例子来说明。这个例子的重要性在于,它来自非马克思主义阵营,然而马克思主义的研究却没有充分重视它。

例子来自汉娜·阿伦特,她是 20 世纪美国非常著名的女性政治哲学家。1953 年的时候,她曾经留下一个非常重要的对马克思的评论。阿伦特是海德格尔的学生,而在海德格尔的学生中,关注过马克思的又不止她一个人,卡尔·洛维特等人,甚至海德格尔本人,都留下过对马克思的不少评论,这是非常有趣的。为什么?下面,我将以阿伦特的回答来说明。为了把握这个例子的特殊的重要性,我希望关注一下阿伦特讨论问题的年份。1953—1956 年这个阶段,应该引起人们的警觉,因为它和马克思主义有着非常复杂的相关性。那是美国麦卡锡白色恐怖终结前的最疯狂时期,海德格尔的学生在这种氛围之中去讨论马克思具有特殊的意义。

在这样一个语境中,阿伦特非常明确地说:"思考和评论马克思都绝非易事。"① 不过,阿伦特并没有直接谈论自己的舆论环境之影响。简述马克思的政治和思想影响以及思想界对他的认识起落之后,她强调了这个问题:

> 无论如何,与今天我们面对的困难相比,过去对待马克思的困难

---

① Hannah Arendt, "Kark Marx and the Tradition of Western Political Thought", *Scocial Research*, Vol. 69, No. 2 (Summer 2002), pp. 273—319.

主要是一种学术问题①。

　　这个问题的提法有点怪。因为，这与我们的理解以及今天的流行看法正好相反。这个提法当然具有麦卡锡主义背景（在那背景中政治造成了理论的困难），这个背景使得过去的困难倒是学术上的了。但是，如果这个判断成立，那么将带来一个新的问题，即过去的思想史研究并没有认真地从学术的角度对待马克思。当然，这个提问是针对西方主流学术的，但我们不妨也回顾一下主流的马克思主义经验，这将是有好处的。

　　前面我们已经提到 1891 年德国社会民主党爱尔福特大会的历史意义，从此以后，马克思主义不仅仅是作为工人阶级的意识形态，而且作为一种非常重要的政治思想——在现代社会政治过程中具有直接作用的政治思想——开始得到诠释。正是在这种背景之中，对马克思主义的诠释一直都是在政治意义上来进行的，而很少有人严格地从学术的角度把马克思的问题说清楚。尽管 20 世纪 20 年代开始的马克思主义东西方分野产生了后来所称"西方马克思主义"的理论动态，这一动态为从理论和学术角度客观地面对马克思作出了极大贡献，但是问题并没有真正地解决，即"是否能够根据特定时期的公认学术标准说清楚马克思主义"这个问题没有得到回答。

　　阿伦特当然不是从我们这个角度来说的。她在强调学术视角重要性的时候，是基于如下两个方面的理由（我把她的讨论顺序颠倒了一下）。一是政治的，无论赞成还是反对，最终都涉及政治或党派立场的冲突。在这个问题上，矛盾是无法解决的。由于马克思的使命是造资产阶级社会的反，要资产阶级和痛恨革命的人喜欢他，这是不可能的。二是思想史的。思想史上的大师没有一个不引发争论的，这是常态。她提到了尼采和克尔凯郭尔的例子，我们补充两个更激烈的例子，马基雅维利和卢梭，几乎其后所有的思想家都会提出对他们的独立解释，几乎每隔一段时间争论都会风云再起，以至于整个解释史在表面上陷入了绝望状态：似乎不可能达成任何共识，建立某种稳定的理论形象。

　　阿伦特强调学术，主要是针对第二个方面的，也正是这一方面对我们的研究具有直接而重大的启示。在阿伦特看来，前后不一致，甚至明显的

---

　　① 　Ibid.，p. 274.

矛盾，正是伟大思想家著作的特色。因为，在那些不一致中，恰恰隐藏着理解他们的最有效线索。二流的思想家就不会产生此类问题。基于此，她回应了人们对马克思的攻击，强调：正是马克思直接回应了在他那个时代日益突出而其后构成全部现代性的基本问题——劳动和历史问题，并且，只要我们仍然生活在对马克思所提出的劳动和历史问题困惑之中——同时由于缺乏在理论上的澄清，它们也就变得更加尖锐了——我们就仍然是马克思的同时代人①。

简单地说，伟大的思想家恰恰因为他们著作中的矛盾而更加伟大，原因在于他们比其他人更忠实地切入一个时代。因此，伟大思想家们著作中的矛盾正是现实的矛盾，他们提出的问题绝不是杜撰②。

在第二个理由上，我们已经看到了说明马克思正确性的一种必要视野：一个思想家提出的问题，其真实性与可靠性。这种可靠性，按照哈贝马斯的说法，也体现了真诚性。19世纪80年代以来，赞成和反对马克思的斗争如此激烈，在争论中产生的各种误解如此巨大，以至于很难精确地描述争论的每一方到底在想什么，究竟在谈论谁。然而，只要仍然存在着评论历史思想家的必要，就需要我们提出评价的标准，而这个标准，不仅是学术研究的目标，而且也只有它能够提供不受政治立场左右的共识性结论。

从学术的角度看，如果说马克思那样伟大的先贤比我们更深刻地触及了时代的问题，那么我们就必须追问，我们的时代问题是什么？它们是如何产生的？在整个人类社会发展的进程当中，它们又是如何一步一步变化并且影响着人类自身命运的？阿伦特强调这些问题是构成我们进入马克思思想的基础，如果对这些问题不加以认真研究，我们就无法触摸到马克思的脉搏。阿伦特的这段表述其实也是我们在马克思主义理论研究和教学中一贯强调的观点，如果不真正理解历史，就不可能理解作为历史科学的马克思主义。这是一个严肃的学术问题。

---

① Hannah Arendt, "Kark Marx and the Tradition of Western Political Thought", *Scocial Research*, Vol. 69, No. 2 (Summer 2002), p. 280.

② 越是清晰的似乎就越不可能成为一流的思想著作。这看起来很荒谬，然而却是事实。水至清则无鱼。从这一角度来说，试图通过澄清概念就能够达及对马克思主义的理解显然倒是肤浅的做法。

今天，我们的许多研究都希望把马克思当成一个客观的对象，在学术上突出马克思的文本和表述（作为证据）及其解释技术（作为逻辑）的重要性。这本是一种进步，但恰恰在这个过程中，有一些研究者似乎太执着于"科学"，反而忘记了科学得以发生的基础——历史。他们提出了许多漂亮的命题，但实际上和马克思的思考却没有多大关联。原因就在于他们没有用马克思的方式去面对马克思曾经面对过的问题。特别是许多在常识意义上就能够理解的命题在专家的解读中反而成为不可理解的思想密码。其结果是，马克思似乎是不食人间烟火的圣人。与这些理解相比，阿伦特是十分深刻的，因为她是从人类命运的高度来思考马克思曾经讨论的问题的。理解这一点，就理解这了阿伦特这个例子的意义。阿伦特强调：

> 马克思是那样一个伟大的先贤，他不仅已经关注到我们至今仍陷于其中的困境，他的思想亦可能为某种形式的极权主义运用或滥用。因此，马克思似乎为我们提供了一种回到传统的可靠中介，因为他本人比我们曾经能做的要更深地根扎于传统（甚至在这一时候，他认为自己正在反叛传统、颠覆它或从理论的—解释的分析之优先性逃离进入历史的—政治的行动）。对于我们来说，极权主义必然成为这个时代的中心事件，并因此，传统确凿无疑地中断了。因为马克思注意到一些新的基本事实，传统本身并没有为这些事实提供范畴框架，因此，无论他的成败，我们自己都必须根据这些新的事实来判断传统的成败，即便是在传统道德、法律、理论、实际标准以及政治制度和组织形式轰然倒塌之前。马克思在我们当前世界仍然如此突出，这实际上正是其伟大的证明。他能够被极权主义所用（尽管我们确实绝不能说他是极权主义的"原因"），这表明他的思想与极权主义实际上是有关系的，即便这同时也证明他最终会失败。马克思生活在一个变化中的世界，而他的伟大正在于精确地把握了这种变化的核心①。

马克思的伟大是因为在那个时代他就把握了历史变化的核心，也正由于这一点，马克思可能面临着被我们滥用的危险。当然，我们都心存一个

① Hannah Arendt，"Kark Marx and the Tradition of Western Political Thought"，*Scocial Research*，Vol. 69，No. 2（Summer 2002），pp. 281－282.

善良的愿望，要把马克思主义用好，用它来创造更加美好和公正的世界，同时防止对它的滥用。正是在这一点上，学术重要性出现了，因为没有一个学术的支撑，我们就不可能保证马克思主义不被滥用。

阿伦特以及其他例子都说明：在面对马克思的时候，为了防止误读和滥用，坚持学术路线是有必要的，因为，这一路线旨在为自己奠定在理论上能够经得起检验的基础。

二　学术评估何以证明马克思仍是我们时代未能超越的地平

既然学术视角是如此重要，那么如何进行呢？或者怎样做才算是严格的学术呢？

还是让我们以伊格尔顿为例来进入讨论。伊格尔顿在他那本书中提出了十个命题，分别涉及马克思的过时论，对马克思解释过程中的反市场经济的问题，未来的宿命论，经济决定论，唯物主义，阶级斗争预言，暴力革命崇拜以及无产阶级专政和国家崇拜，最后一点就是新激进主义对马克思的超越问题。

从第一个问题问马克思是否过时，到第十个问题问今天是不是存在着比马克思更厉害的人物，这些问题，正是西方理论界流行的围绕马克思的争论所触及的最普遍和最重大的问题。当然，我们也可以再上升一步说，它们也是第二国际以来在理解马克思主义过程中所面临的基本问题，因此也是我们所面临的基本难题。伊格尔顿的回答是根据西方学术界的实际表现来进行的，我们肯定不会满足于此。因为正如前面阿伦特所暗示的那样，一种对马克思主义的有效理解，实际上是维系于对时代问题的判断。

按照学术程序进行检验，还必须做一些转换。在此，我们简要讨论四个层次的基本问题：

第一，马克思主义理论成立的时空条件是否改变了，这个改变是否大到了这样一个境地，使马克思成为了古董？在西方学术界经常会出现这样一种表述，马克思主义是 19 世纪时空条件的产物，20 世纪（特别是第二次世界大战之后）与 19 世纪有着至关重要的差别，这个差别大到足以使我们认为 19 世纪形成的西方知识和思想基本上都走到了终结点，马克思主义也不例外。例如，福柯就多次提到，马克思像古典政治经济学代表李嘉图那样是 19 世纪的人，他们的话语是属于古典知识型的[①]。沃勒斯坦也主张对 19 世纪社会科学范式进行"否思"，只是他认为马克思和布罗代尔是帮助我们摆脱 19 世纪禁锢的思想家[②]。

第二，马克思的历史科学在逻辑上是否成立。如果说我们都强调马克思主义最核心的部分是历史科学，那么这种历史科学在逻辑上与其他的——在他之前出现的他已经替代的以及在他之后出现的试图替代他的那些自称历史科学的——话语，能不能在同一逻辑上进行比较。比较的结果还是马克思更优越。

第三，马克思关于资本主义发展以及革命的预言是否有效。如果说第二条牵涉一个逻辑和理论的检验问题，那么第三条就是现实检验。学术当然要尊重事实。

第四，一个更严肃而复杂的问题。苏联东欧社会主义事业的失败是不是证明马克思是错的。说这个问题严肃，因为我们仍然处在这一事件的效果史之中；说其复杂，乃是因为涉及历史，而历史正是政治的工具之一。由于问题的这一性质，试图在其上达成共识异常困难。不过，也正是因为困难，按照学术共同体规则提供真实而有力的答案便是回答它的唯一正途。

现在，我们以通行的学术方式尝试性地回应这四个问题。

第一种方式是 SSCI（社会科学引文索引），即分析其在学术共同体中的影响力。这种检验，每个人都可以去做，我们不多论。在此需要回应的是对这种做法的反驳。或许有人会说，SSCI 最多只是重要性的证明，而重要性不等于真理性。确实如此，但我要提醒的是与之相关的两个事实。其一，无论是对孔子，还是杜威，都不能假定以单一的真理来简单证明他们的对错，相反，都是以重要性来表明其价值；其二，正如阿伦特含蓄地表明的那样，一个思想家引起的关注程度是其对真正的问题接触程度的标志。就此而言，曾有人如此为弗洛伊德辩护过，如此众多德高望重的思想家围攻他，这本身就证明了他比别人更深地触及了问题的本质。这个辩护同样可以用在达尔文、马克思等思想大师身上。简言之，通过 SSCI 体系，我们可以确定马克思在今天有影响力的社会研究中的地位，从而判定其生

---

① ［法］福柯：《词与物：人文科学考古学》，上海三联书店 2002 年版。

② 参见沃勒斯坦《否思社会科学》，生活·读书·新知三联书店 2008 年版，"导言"。

命力，以简单的和技术性的方法回答其是否过时了这类问题。在更大的范围内，我们将看到，尽管苏东社会主义阵营瓦解后马克思主义在全球亦遭遇了重大的意识形态挫折，职业马克思主义理论以及研究活动面临着前所未有的困难并因此大大萎缩了，但与时同时却存在着一个悖论性的"马克思的回归"问题，即解除了对马克思主义的意识形态限制，它反而更广泛地受到人文社会研究各个领域的更充分的重视。这就出现了一个有趣的现象，马克思似乎成为对资本主义无害的可以为不同政治派别和学术立场加以引用的全球化预言家①。这一现象让人回想起熊彼特在 60 多年前对马克思的评价，马克思的伟大与其理论的生命力是联系在一起的②。

第二种方式是思想史的评价，就是比较马克思和其他竞争者在真理性能和知识学上的优先性。说到这个问题，可能有争议。因为，有人会主张，理论的真理性或知识学上的优先性，维系于其反映的事实，不是理论家之间的相互比较，而是实践才是检验其的标准。关于这一点，我们在下文专门讨论。在这里，首先强调的是，理论有其自身逻辑，在诉诸实践检验之前，有可能且必须通过逻辑的检验。这是马克思主义传统在相当长时间遭受压抑的一个重大理论问题。

在这里，引入一个参照。托马斯·库恩在《科学革命的结构》中提出了今天十分流行的"范式"（paradigm）概念，他指认了科学共同体和科学进步之间的关联，指出常态科学和科学革命这两种不同的状态。更重要的是，他非常清晰地说明了思想史之中的变革发生的意义。简言之，范式也就是规则，科学的范式只是一群从事科学的人结成的共同体所共同定下的大家共同接受的规则而已，而科学革命就是规则的改变。如果库恩的研究为大家所接受了，并且由此产生了对思想史变革评论的一种范式，那么能不能用库恩的范式来解释马克思在欧洲思想史上所做的工作和产生的变革？

在马克思主义理论史上，有一个人作出了重要的尝试，那就是阿尔都塞。他在 1965 年出版的《保卫马克思》中，从科学发展史的结构和变迁出发，有力地说明了马克思主义是一种历史科学。当然，阿尔都塞的研究还比较粗，存在着需要进一步在细节上深化的必要。在此，我用建筑的比

---

① ［德］乌里希·贝克等：《全球化与政治》，中央编译出版社 2000 年版，第 3—4 页。
② ［美］熊彼特：《资本主义、社会主义和民主》，商务印书馆 1999 年版，第 43 页。

喻来进一步说明这种思路的意义。众所周知，无论是大楼还是桥梁，建筑越高，要求的基础就越深。最坚固的建筑基础，要穿越地表风化产生的砂岩，直接打到花岗岩岩面上去。如果用这个比喻来说明马克思历史科学，就会发现，历史科学的竞争之一就在于看谁对历史基础确定性的回答更优越。

与他之前的欧洲思想——从笛卡尔到黑格尔的近代的哲学——进行对照，我们会发现，他们都提出了一个很重要的问题，历史的叙述要从历史由以开始的那个地方开始。但究竟历史是从何时与何处开始的呢？人们在犹豫。不过，人们唯一能够接受的共同的基点就在：人之为人，他应当区别于动物，因此历史的起点与人与动物的区别是重合的。这个区别又在哪儿呢？思想家们做了一个一致性的假设，人与动物的区别就在于思想、理性，因此人的高贵性就在于人的思想。所以，与笛卡尔同时代的伟大的科学家和哲学家帕斯卡便说，人是一棵能思想的苇草。马克思是在这个文化之中成长起来的思想家，但是他在最后恰恰拒绝了这个文化传统关于人的论述。

现在，我们回忆一下《德意志意识形态》。在其中，马克思认为历史作为一个科学对象，如果它是确定的，那么这个确定性必定来自人的物质生活的生产和再生产[①]。简单地说，马克思实际上把历史发展过程中积淀下来的那些灰尘全部扫掉了，从而找到了历史的人类学前提。

如果马克思在历史的理解上非常深刻，但是马克思讨论的问题又和我们没有多大的关联，和我们这个时代的直接的需要又不一致，那我们是不是可能去追随马克思？这时学术检验的第三个问题——切近性——就出现了。切近性，就是与我们每一个人命运的联系。

这个问题，许多人都有论述。在此，我们仍然以汉娜·阿伦特为例。实际上，汉娜·阿伦特之所以要去讨论马克思，就是因为她和她的导师海德格尔一样，试图把当代人类命运说清楚。她去理解这些命运的时候，和

---

　　① 后来，我们把物质生活的生产和再生产通俗地"还原"为劳动，或者更直接地从现代经济学意义上的"生产"概念出发，还原为物质（财富）生产，也由此还原为今天的财富形态（商品）的生产，这就陷入了资产阶级的意识形态和经济决定论。这不是马克思的过失。马克思讲得很清楚，物质生活的生产和再生产，包括后来恩格斯在《家庭、私有制和国家的起源》中以通俗的方式概括的那两种生产理论，强调的都是人类物质生活构成历史内容。

她的老师一样发现，在他们之前有一个人已经把人类命运说清楚了，这就是马克思。在汉娜·阿伦特看来，马克思的学说有三个至关重要的命题：第一，劳动创造了人；第二，暴力是新社会诞生的接生婆；第三，哲学家们只是用不同的方式解释世界，而问题在于改变世界。正是这三个命题恰恰切中了现代性之中的人的基本命运：劳动的命运、社会变革的方式和思想家的使命。如果说这三者构成了现代性命运，那么所有的现代性中的人都不能逃避。马克思伟大的地方在于，在现代性刚刚开始展露的时候，就已经把这个命运给阐发出来了。当然，我们可以换一种方式来表达，这就是现代人的自由命运、现代社会的命运和现代思想活动的命运。

接下来我们讨论第四种学术评估方式，即理论预言与历史发展实际，也就是惯常所称的"实践"标准。由这个标准进行评估的时候，需要做一些辅助工作。

我们先来看理论界提出的一些问题。苏东社会主义垮台后，许多人认为，这证明了马克思主义的失败。值得注意的是，美国著名的当代哲学家理查德·罗蒂却出其不意地指出，《圣经》关于人类历史的最终未来有着非常明确的预言，这些预言到今天也没有实现，但《圣经》在西方文化中的核心和基础地位却从未动摇；《共产党宣言》正是与《圣经》类似的文本，并不能因为它的直接预言没有实现就否定它的意义①。

如果罗蒂的意思是，马克思主义在实践上的挫折并不能说明它在理论上的失败，那么在 20 世纪 30 年代，马克思主义在实践上非常活跃的时候，英国非常著名的思想史研究大家伯林则提出过相反的问题，即实践上的成功可能恰恰证明了马克思在理论上是错误的。在伯林看来，马克思的基本思想是经济决定论，但是马克思恰恰改变或者影响了其后的世界历史进程，因此这个现实否定了马克思的理论②。

为什么会产生上述两种不同的认识呢？我想关键在于检验涉及了三个层次的问题：第一，怎样看待理论预言与现实之间的关系；第二，怎样看待现实；第三，怎么样去检验。过去，我们在谈论现实检验时并没有区分这些问题以及厘清它们之间的关系。

---

① ［美］理查德·罗蒂：《后形而上学的希望》，上海译文出版社 2003 年版。

② Isaian Berlin, *Karl Marx：His life and Environment*，New York：Oxford University Press, 1959.

我们来看第一个问题，怎样看待理论预言与现实之间的关系。在这里我要提一些特别是做马克思主义研究不太关注的问题。其中十分重要的问题之一便是预言的效应。一种预言可能会产生两种效应，这两种效应的结果，一个与预言本身一致，另一个恰恰相反，但都可以证明预言的有效性。

第一种效应叫作预言的自我实现，美国著名社会学家默顿曾经谈到过[1]。它的机制，简单地说，是信则有。人们常用希腊神话中俄狄浦斯的故事来说明。用中国一个成语来描述这个故事，便是"一语成谶"，一个预言被人们相信了，它就会自我实现。在今天的金融投机中，这种现象也很多。

第二种是统计学的逆效应。这一逆效应的前提与第一种效应一样，预言都要有人信，不同的是，它的结果正好与预言相反，那是因为人们采取了有效的防范措施。在今天，许多关于经济、教育或文化的危机预言都可能会出现这种效应。历史上，最著名的例子可能是马尔萨斯的人口论。中国今天的人口控制政策的前提也是来自关于人口发展的统计学预言。

在检验马克思主义预言与现实之间的关系时，我们会同时遇到这两种效应。社会主义的产生属于第一种，资本主义"垂而不死"属于第二种。但是他们都恰恰证明了马克思预言的有效性。值得一提的是，苏联社会主义的失败虽然有多方面原因，但有一点也是说得通的。卢森堡等人早就对布尔什维克高度集中的组织原则提出过批评，并作出了预言，但这些预言在斯大林期间不仅没有得到充分重视，相反个人崇拜愈演愈烈，从而为苏联的失败埋下了复杂的历史种子。与苏联相反，美国却十分重视马克思的预言，甚至产生了臭名昭著的麦卡锡主义。在总体上，如果没有如卢卡奇所言的资产阶级意识形态专家对社会主义思想的吸取（这对资本主义在20世纪的发展产生了重要影响），我们确实很难想象资本主义如何发展到今天这种状况。简言之，在预言与现实的关系上，没有简单得像白开水那样清晰的因果逻辑，而是需要进行具体的历史分析。

我们再看第二个问题，怎样看待现实。这个问题比较好说明，我们集中于一个例子，这就是今天中国的学者喜欢重复的西方社会理论家提出的

---

[1] 参见罗伯特·K. 默顿《社会研究与社会政策》，生活·读书·新知三联书店 2001 年版，第 10 章。

一个有影响力的观点：中产阶级化。我认为，这是伪问题。因为，尽管马克思预言的劳资两大阶级简单的和直接的对抗并造成资本主义的转型并没有发生，但是劳动与资本的对立、两极分化恰恰是今天的基本现实，只是对立的方式和分化的程度及表现形式与马克思时代有很大的差异。

我们来看一组数据。具有全球影响力的美国花旗银行，在 2005 年出版了一份产业报告，它直接提出了这样一个问题：未来的世界是由财阀统治的世界。它列举的美国数据表明，在净财富、金融财富和收入这三个项目中，阶级分化程度不是减弱了而是增强了，并且随着所谓的新经济发展而日益加强[①]。通过其他机构提供的数据，我们看到，在全球水平上，大约 1％的银行支配了 40％的工业财富。在国家水平上，以美国为例，从 20 世纪 80 年代里根执政至 2000 年左右，它的生产力增长了 45％，工人的工资报酬增长了 1％，家庭债务增加了 100％多，破产的人增加了 600％，犯罪率直线上升，抗忧郁的药物的销量增加了 3 倍。在整体上，20 世纪 70 年代以来，全球贫富差距不是缩小而是扩大了。一方面是资本的高度集中，另一方面则是廉价劳动力更廉价。一般来讲，农产品、经济植物和轻纺工业品，其生产者在毛利润分配中所占比例不超过 3％，同样，以苹果 iPad 和 iPhone 产品为例，许多电子产品则不超过 2％。

正是这些经济数据说明了我们现在所处的基本格局。在这里，需要强调的是，要正确地认识现实，就要善于去读数据。做马克思主义理论研究要有点实证科学研究的精神，要善于利用实证科学的数据和它的分析工具。不能一味重复马克思的话，甚至简单地认为，资本家都是莎士比亚戏剧里面夏洛克这样的人。其实，现在我们面对的问题更复杂，因为我们面临的是比尔·盖茨和乔布斯代表的非常复杂的资本主义。

最后是检验问题。我们已经在前面强调了怎样看待预言问题，这本身就是检验问题。在此，需要强调的是，我们在检验的时候，需要考虑马克思主义的基本性质。把它视为一种现实主义的政治纲领还是一种理想主义的乌托邦预言，这两种不同的态度会带来不同的检验。我们用萨默斯的个人例子来说明。他当过克林顿政府的财政部长，也当过世行的首席顾问和哈佛大学的校长，很著名，影响力也很大。

---

① CITIgroup, *Plutonomy：Buying Luxury，Explaining Global Imbalances*，October 16，2005.

为什么要提到萨默斯？我们在前面提到，西方的主流思潮在面对马克思主义的时候都会认为它是一种乌托邦，而自己所做的是现实。所以，当另外一些理论家按照这个思路去辩护的时候就面临一个困难，好像乌托邦总是在谈不切实际的东西，而主流则总是在处理现实。在 20 世纪 80 年代，我国的经济学家也模仿西方的经济学家讨论过一个关于中国现实问题的基本看法，内容是，经济学家们的任务是如何把蛋糕做大，而乌托邦或者其他人才讨论怎么样把蛋糕分匀，因此经济学家所从事的工作是现实的，无可指责的。但，恰恰是萨默斯的例子告诉我们关于经济学家们的真相。萨默斯曾基于经济学的完美逻辑为世界银行做了一个鼓励把更多污染产业转移到欠发达国家的建议，这个建议泄密后引起轩然大波①。

这个例子说明了什么问题呢？经济学在规范这个世界的时候，它使用的是现实主义话语，但这实际上是一个完美的乌托邦逻辑。它所以表现为现实主义，是因为它获得了权力支持，从而有实践的机会去改变世界，而其他乌托邦思路则没有这种机会。

通过这个例子，我要说明的是，检验绝非拿某种理论先前作出的结论或预言与今天的现实对照一下这么简单，在其中必须考虑的事情是，理论都具有乌托邦的性质，而我们的现实究竟选择或排斥了何种乌托邦思路。同时，亦必须考虑到理论本身的适用条件，以凯恩斯主义为例，为什么它在战后是有效的，而在 20 世纪 70 年代之后又被新自由主义抛弃了？这里便存在着条件的转移问题。所以这一些都说明，正是在检验问题上，需要马克思主义更加严肃地对待社会科学研究本身。这构成今天马克思主义理论研究和发展的基本任务。如果检验并不是为了外在地证明一条永恒真理，而是为了推动理论创新，从而推动世界不断朝着更加完美和公正方向发展，那么，不只是检验问题，而且在这里讨论的所有的从社会科学角度看待马克思主义的正确性问题，都是马克思主义在理论上创新和发展所面临的基本问题。

---

① 关于这个例子，参阅哈维《正义、自然和差异地理学》，上海人民出版社 2010 年版，第13 章。

三 余论

前面我们试图在严格的学术语境中来探讨这样一个问题，如何证明马克思主义是正确的。我们认为存在着证明方法的反省问题，这是马克思主义理论发展的题中应有之义。在结论中，我想从思想跳跃到行动，试问一下：作为一个马克思主义者，今天应该如何？对于这一个问题，每个人都可能有自己的答案。这是社会历史进步的一个标志。不过，我们有一个共同的话题不得不面对：马克思主义旨在改变世界，但马克思的理论旨趣还没有实现，这个世界仍然需要我们去改变。

在承担这个使命的过程中，有两个基础性工作需要我们时时记住：第一，能不能在理论上做到充分的自信。做马克思主义研究要自信，而不是一味地退守。这依赖于马克思主义者能否真正在学术上做出让学术共同体尊重的理论创新。这正是本文讨论的现实意义所在。第二，能不能在实践上创造多样的可能性。只有创造出多样性的可能性，才能推动人们不断地积极地去改变世界，才会使这个世界更加美好。这是后话，但学术和理论将为实践创造提供可靠的保障。从这一角度说，在当代学术生态中，基于共同体逻辑认真反思马克思主义理论研究是至关重要的问题。

（原载《南京政治学院学报》2012 年第 5 期）

方 法 论

不能离开中国实际谈马克思主义

田心铭

把马克思主义基本原理同中国具体实际相结合，是中国共产党 90 年来最根本的历史经验。坚持这一"结合"原则，就要处理好马克思主义同中国实际的关系，一方面不能离开中国实际谈马克思主义，一方面不能离开马克思主义谈中国实际。本文就其中前一方面的问题作一些讨论。

一 立足中国实践看什么是马克思主义基本原理

讨论"把马克思主义基本原理同中国具体实际相结合"的原则，不能不涉及对其中"马克思主义基本原理"的理解，这里先就此谈一点认识。

在我们党的历史文献中，对于"结合"原则，有过一些不同的表述。除了其中的"马克思主义"也表述为"马克思列宁主义"、"具体实际"也表述为"具体实践"（笔者认为，这些表述本质上是相同的，此处不论）外，"结合"原则中的"基本原理"也曾表述为"普遍真理"、"普遍原理"，或直接称为"马克思主义"、"马克思列宁主义的理论"。

这一"结合"原则是 1945 年党的七大在确立毛泽东思想指导地位的同时确立的。邓小平在 1956 年回顾说："十一年前，中国共产党第七次全国代表大会确立了这样的原则，即马克思列宁主义的普遍真理与中国革命的具体实践相结合，以此来指导我国的革命，指导我国的建设。"他说："这个原则是我们党和毛泽东同志根据革命中失败和成功的经验总结起来，并在第七、第八两次党代表大会上加以肯定的。"[①]

---

① 《邓小平文选》第 1 卷，人民出版社 1989 年版，第 258 页。

从延安整风时期提出"马列主义普遍真理与中国具体实际相结合"这个口号，到 1945 年 4 月党的六届七中全会《关于若干历史问题的决议》，到党的七大，论及这一原则时的主要表述为"马克思列宁主义的普遍真理"①，或"马克思主义的普遍真理"②。在八大开幕词中，毛泽东的表述是："把马克思列宁主义的理论和中国革命的实践密切地联系起来，这是我们党的一贯的思想原则。"③ 1982 年邓小平在党的十二大开幕词中第一次提出"建设有中国特色的社会主义"这一命题时，把它同"结合"原则直接联系起来，他也是表述为"马克思主义的普遍真理"，他说："把马克思主义的普遍真理同我国的具体实际结合起来，走自己的路，建设有中国特色的社会主义，这就是我们总结长期历史经验得出的基本结论。"④ 1981 年党的十一届六中全会《关于建国以来党的若干历史问题的决议》中论述毛泽东思想是"结合"的产物时，在同一句话中用了"马克思列宁主义的基本原理"和"马克思列宁主义的普遍原理"⑤两种表述方式。改革开放新时期以来，《中国共产党章程》中论述毛泽东思想时的表述，从 1982 年的十二大到十三大，用的是"马克思列宁主义的普遍原理"，从 1992 年的十四大开始到十七大，用的是"马克思列宁主义基本原理"。2008 年 12 月，胡锦涛同志在纪念党的十一届三中全会召开 30 周年大会上的讲话中说："30 年的历史经验归结到一点，就是把马克思主义基本原理同中国具体实际相结合，走自己的路，建设中国特色社会主义。"

笔者作以上梳理，意在说明，目前通用的马克思主义的"基本原理"，同我们党以往长期使用的"普遍真理"、"普遍原理"等本质上是一致的，只是表述方式有所不同。明确这一点，对于我们理解"马克思主义"和"马克思主义基本原理"是必要的。在笔者看来，马克思主义基本原理，就是马克思主义经典著作中经过实践反复检验而确立起来的、具有普遍的真理性因而也具有普遍的实践指导作用的理论。称之为"基本原理"，是相对于关于特定对象的个别性结论或理论判断而言的。普遍的真理性和普

---

① 《关于若干历史问题的决议》，《毛泽东选集》第 3 卷，人民出版社 1991 年版，第 952 页。
② 《论党》，《刘少奇选集》上卷，人民出版社 1981 年版，第 319 页。
③ 《毛泽东文集》第 7 卷，人民出版社 1999 年版，第 116 页。
④ 《邓小平文选》第 3 卷，人民出版社 1993 年版，第 3 页。
⑤ 中共中央文献研究室：《三中全会以来重要文献选编》（下），人民出版社 1982 年版，第 825 页。

遍的指导意义，是基本原理区别于个别性理论判断的主要特征，也是判定一个思想、观点是否属于基本原理的条件或标准。正是为了强调同个别性理论判断的区别，新时期以来党的文献主要采用了"基本原理"这种表述方式。应该看到，此前从毛泽东到邓小平讲到"结合"原则时所说马克思主义"普遍真理"、或马克思主义"理论"、或"马克思主义"，本来也就是指的这种具有普遍性的理论。他们从来就反对照搬现成的结论，因而强调坚持"普遍真理"。作为我们党的指导思想的理论基础的"马克思主义"或"马克思列宁主义"，从来就是指它的基本原理或普遍真理，而不是指经典作家著作中的个别性结论。

基本原理都具有普遍性，并不意味着其适用范围都具有时空上的无限性。除了适用于整个物质世界的辩证唯物主义的基本原理外，马克思主义其他基本原理的适用范围都有其时空上的条件性，或有限性。马克思主义的三个主要组成部分哲学、政治经济学和科学社会主义的基本原理，各有不同的适用范围。同样是马克思主义哲学的基本原理，历史唯物主义关于社会发展规律的理论与自然辩证法的适用范围不同，而其中关于阶级和阶级斗争理论的适用范围又不同于社会基本矛盾理论，它不适用于社会发展中阶级尚未产生的和将来阶级消灭后的阶段，所以基本原理的普遍性不具有绝对性的意义，同时也不可能划出一个固定的普遍性大小的范围来界定什么是"基本原理"。立足于中国实践来看问题，马克思主义理论中那些已被实践证明为具有科学真理性和实践指导意义的，适用范围虽有不同但包括中国而又不限于中国的思想、观点，都是"基本原理"的某种构成因素，其中不能不包括适用范围不同、重要性也有所区别的思想理论。

马克思主义基本原理不是一些彼此独立的观点的集合体，而是具有内在层次性结构的科学思想体系。这是因为，真理都是具体的，而"具体之所以具体，因为它是许多规定的综合，因而是多样性的统一。因此它在思维中表现为综合的过程"①，所以，"真理就是由现象、现实的一切方面的总和以及它们的（相互）关系构成的"②。单个的命题难以准确地表达具体真理，因而马克思主义基本原理从实质上说不是以单个命题的形式呈现的，无论其整体或某一方面的基本原理，都是由一系列不同层次的概念、

---

① 《马克思恩格斯文集》第 8 卷，人民出版社 2009 年版，第 25 页。
② 《列宁全集》第 55 卷，人民出版社 1990 年版，第 166 页。

命题相互关联构成的体系。我们可以像《关于建国以来党的若干历史问题的决议》在论述毛泽东思想时所做的那样，用"关于"某一方面的理论而不是简单地用单一的命题去表述它们。

因此，笔者认为，马克思主义作为工人阶级的科学世界观，就是由它的各种基本原理有机构成的思想体系。我们党坚持以马克思主义为指导，从来就是指以马克思主义基本原理或普遍真理为指导，而坚持马克思主义基本原理同中国具体实际相结合，又始终是把对"基本原理"的理解同马克思主义理论的整体联系在一起而不是分离开的。基于这样的认识，本文以下讨论"马克思主义"同中国实际的关系，也就是讨论"马克思主义基本原理"同中国实际的关系。

二　离开中国实际谈马克思主义没有意义

邓小平说："离开自己国家的实际谈马克思主义，没有意义。"[①] 这是一个掷地有声的重要论断。我们应该高度重视，深入研究。他这里说的是"自己国家"，不限于中国。这是因为，正如他曾经指出的，"马克思列宁主义的普遍真理与本国的具体实际相结合，这句话本身就是普遍真理"。[②]中国共产党人确立的"结合"原则，具有超越中国范围的普遍性意义。

为什么离开本国实际谈马克思主义没有意义？这是由理论与实践的关系，特别是由马克思主义的实践性特点决定的。人的认识对实践的依赖关系，不仅表现于实践是认识的来源、认识发展的动力和认识的真理性的标准，而且在于认识以实践为目的，因而任何认识和理论离开实践就失去了价值。如毛泽东所指出的，无产阶级认识世界的目的，只是为了改造世界，此外再无别的目的。我们学习、研究马克思主义，既不是为着好看，也不是因为它有什么神秘，只是为了用它指导实践。

马克思主义按其本性来说就是实践的。它从诞生之日起就把自己当作无产阶级的精神武器。它不仅要解释世界，更要改变世界。"马克思首先是一个革命家。他毕生的真正使命，就是以这种或那种方式参加推翻资本

---

① 《邓小平文选》第 3 卷，人民出版社 1993 年版，第 191 页。
② 《邓小平文选》第 1 卷，人民出版社 1989 年版，第 258—259 页。

主义社会及其所建立的国家设施的事业，参加现代无产阶级的解放事业。"① 创立科学理论，是马克思参加无产阶级解放事业的"这种或那种方式"中的一种，因而始终是同实践的方式结合在一起而不是相分离的。《共产党宣言》就是理论与实践结合的结晶，是马克思主义理论与实践统一的生动体现。它既是马克思主义理论问世的标志，又是世界上第一个无产阶级国际组织共产主义者同盟的宣言，是它的创建工作最终完成的标志。《法兰西内战》既是马克思主义的重要理论文献，又是巴黎公社革命实践的忠实纪录和经验总结。作为科学家的马克思，发现了人类历史的发展规律，发现了资本主义生产方式和资本主义社会的运动规律；与此同时，作为革命家的马克思，满腔热情、坚韧不拔地为宣传群众、组织群众反对资本主义进行斗争，他的"全部活动的顶峰"是"创立伟大的国际工人协会"。恩格斯评价说，"协会的这位创始人即使没有别的什么建树，单凭这一成果也可以自豪"。② 对于马克思主义这一生来就是为了实践并且始终以实践为目的的科学理论，如果脱离本国人民改变世界的实践对它作纯粹学术的学院式研究，就从根本上背离了它的本性，不能真正理解它的精神实质，更不能实现它的价值。

对于中国共产党和中国人民来说，马克思主义从来就不是一种书斋里的学问，不是古董鉴赏家手中的玩物。在帝国主义和封建主义双重压迫下陷于苦难深渊的中国人民，没有那种把马克思主义当作纯学术去研究和鉴赏的闲情。中国人民是在探索救国救民之路的艰难跋涉中找到马克思主义的。在马克思主义同中国工人运动结合中诞生的中国共产党，从一开始就把它当作观察和改变国家命运的工具。党把马克思主义同中国实际相结合，领导中国人民取得新民主主义革命和社会主义改造的胜利而建立了新中国和社会主义制度，马克思主义理论也在中国伴随着实践前进的脚步实现了中国化，并成为国家的指导思想。马克思主义在中国的命运，始终同中国人民的实践结合在一起，始终同中国人民、中国共产党、中国社会主义的命运休戚与共。今天，党和国家之所以高度重视马克思主义理论工作，实施马克思主义理论研究和建设工程，设立马克思主义一级学科，建立大批马克思主义一级学科和二级学科的学科点，设立大批研究项目，大

---

① 《马克思恩格斯文集》第 3 卷，人民出版社 2009 年版，第 602 页。
② 同上。

力培养马克思主义理论人才、理论队伍，正是因为我们的实践需要马克思主义，建设中国特色社会主义、实现中华民族伟大复兴的事业需要马克思主义。13亿中国人民正致力于推动科学发展、促进社会和谐、通过全面建设小康社会推进中国特色社会主义的实践。如果远离中国实际和中国人民的实践，把对马克思著作、思想的研究纯学术化，就离开了我们研究马克思主义的根本目的。

当然，繁荣学术，发展理论，满足精神生活的需求，在相对的意义上都可以当作学术理论研究的目的之一，但它们的意义或价值最终都依存于理论对实践的价值。学术、理论之于实践，只有相对的独立性。完全脱离实践的学术繁荣只是虚假繁荣，没有真实的意义，经不住实践检验的学术理论只是虚幻的精神之花，不能真正满足人民的精神需求。理论的意义或价值归根到底是在于它能满足实践的需要。不同中国人民的实践发生关系，马克思主义理论的研究就没有意义。

邓小平关于离开自己国家实际谈马克思主义没有意义的论断，同毛泽东在延安整风中批评理论和实际分离、倡导理论和实际统一的马克思主义学风是一脉相承的。当年毛泽东把学风问题当作"第一个重要的问题"①提到全党面前。今天马克思主义理论研究的健康发展，也有赖于继续端正学风，在学术理论研究中不断进行自我审视、自我校正。当前非常需要运用邓小平关于离开本国实际谈马克思主义没有意义的思想来审视我们的理论工作。本文以下结合我国哲学界关于"什么是马克思主义哲学"的讨论谈谈这个问题。

三　离开中国实际讨论"什么是马克思主义哲学"没有意义

从20世纪80年代关于"实践唯物主义"的讨论以来，我国哲学界一直存在着有关什么是马克思主义哲学的争论。实质性的分歧，不在于马克思主义哲学是不是"实践的唯物主义"，而在于辩证唯物主义是不是马克思主义哲学。在坚持辩证唯物主义的同时，在强调马克思主义哲学实践性

---

① 《毛泽东选集》第3卷，人民出版社1991年版，第813页。

特点的意义上称之为"实践的唯物主义"并无不妥。问题在于，有些论者用"实践唯物主义"以及实践本体论、实践一元论、实践存在论、实践的人本主义等来否定辩证唯物主义。20多年前就有人提出，马克思和恩格斯的哲学"不能同构"，辩证唯物主义不是马克思的哲学，而是源自恩格斯的列宁、斯大林的哲学。类似的观点一直有人在谈论。近年来，此类观点又一次以连篇累牍地撰文批判辩证唯物主义的尖锐形式凸显出来，引起了学界的关注。有论者称，辩证唯物主义是冒牌的假的马克思主义哲学，是旧哲学的复辟，是"以物为本"而不是"以人为本"的哲学，要对它进行"彻底清算"，其论证的基本方法，是文本引证。一方面用引文来证明"辩证唯物主义"一语不是出自马克思，而是出自狄兹根、普列汉诺夫，它是列宁的失误，是斯大林的曲解，是苏联和中国的教科书哲学；一方面试图用各种引文证明，只有他们自己主张的某种哲学才是马克思的或马克思主义的哲学。他们的论证，一个明显的方法论特点是，离开中国共产党90年来的历史，离开中国共产党和中国人民的实践，去谈论什么是马克思主义哲学。

马克思主义的生命在于它同人民群众实践的结合，而党领导下的自觉的群众性社会实践，是实现这种结合的主要途径或主要方式。结合主要不是通过分散的个人的实践活动实现的，而是以马克思主义为指导建立作为工人阶级先锋队的马克思主义政党，党制定自己的路线、方针、政策，领导人民进行有纲领、有组织的斗争，来实现工人阶级和人民群众推翻旧制度、创立和建设新社会的历史使命。中国共产党就是中国人民拿起马克思主义这个武器的组织者和领导者。马克思主义在世界上人口最多的国家，在长达90年的时间里，在全国规模上同整个阶级、整个民族的实践相结合，通过亿万人民的实践变成巨大的物质力量，使中国发生了翻天覆地的变化，这是马克思主义发展史上空前的大事件，也是世界历史上的奇观。在马克思主义诞生至今160多年的历史中，中国共产党90年的历史具有极为重要的地位。马克思主义之所以是真理，不但在于马克思、恩格斯创立自己学说的时候，而且在于它为日后的实践所证实的时候，马克思主义的价值，也是在长期的实践中才得以实现、得以显现出来的。因此，在中国回答"什么是马克思主义哲学"的问题，离开了中国的实践是没有意义的。这里首先必须回答：什么是中国共产党和它领导的中国人民90年来的理论和实践中的哲学？

答案十分明确：是辩证唯物主义和历史唯物主义。

第一，在中国共产党90年来的全部重要文献中，无一例外地把马克思主义哲学称为辩证唯物主义和历史唯物主义（或辩证唯物论和历史唯物论）。"辩证唯物主义和历史唯物主义"载入了《中华人民共和国宪法》（宪法第二十四条）。当然这不只是一个简单的提法或表述方式问题，这种始终如一的表述方式向世人昭示，我们党和国家以马克思主义作为指导思想的理论基础，从哲学世界观的层面说，就是坚持以辩证唯物主义和历史唯物主义为指导；建党90年、新中国成立62年来党领导下的中国人民的实践，都是以辩证唯物主义和历史唯物主义为指导的实践。正如胡锦涛同志所概括的："毛泽东思想、邓小平理论和'三个代表'重要思想虽然形成于我国革命、建设和改革的不同历史时期，面对着不同的历史任务，但都贯穿了辩证唯物主义和历史唯物主义的世界观和方法论。"[1]

第二，辩证唯物主义和历史唯物主义通过党的思想路线贯彻于党的全部实际工作之中。党章明确规定，党的思想路线是，一切从实际出发，理论联系实际，实事求是，在实践中检验真理和发展真理。这是党在全部实际工作中遵循的路线。这条思想路线同辩证唯物主义和历史唯物主义的关系，实际上是马克思主义哲学的理论形态同它在实际工作中的表现形态的关系。邓小平阐明了这种关系，他说："马克思、恩格斯创立了辩证唯物主义和历史唯物主义的思想路线，毛泽东同志用中国语言概括为'实事求是'四个大字。"[2] "马克思主义的辩证唯物主义和历史唯物主义，也就是毛泽东同志概括的实事求是。"[3]

第三，党在各个历史时期的总路线（或称政治路线、基本路线），如中国新民主主义革命的总路线、党在过渡时期的总路线、党在社会主义初级阶段的基本路线，都是以辩证唯物主义和历史唯物主义为指导，从中国实际出发制定的。这些总路线集中概括了党在各个历史时期的奋斗目标和方针、政策，是党和人民行动的指南。正如党中央《关于若干历史问题的决议》所指出的："一切政治路线、军事路线和组织路线之正确或错误，

---

[1] 中共中央文献研究室：《十六大以来重要文献选编》（上），中央文献出版社2005年版，第644页。

[2] 《邓小平文选》第2卷，人民出版社1994年版，第278页。

[3] 《邓小平文选》第3卷，人民出版社1993年版，第118页。

其思想根源都在于它们是否从马克思列宁主义的辩证唯物论和历史唯物论出发，是否从中国革命的客观实际和中国人民的客观需要出发。"① 因此，党的总路线的贯彻实施，集中体现了辩证唯物主义和历史唯物主义同亿万中国人民群众实践的结合；这些路线指引下中国革命、建设和改革的辉煌成果，就是中国人民的实践对辩证唯物主义和历史唯物主义的科学真理性和崇高价值的证明。

因此，决不能离开建党以来中国共产党和中国人民的实践去讨论什么是马克思主义哲学的问题。在党和人民的历史和现实实践面前，那种否认辩证唯物主义是马克思主义哲学而把马克思主义哲学说成是论者自己刚刚从书本中发掘出来的某种理论的主张，面临着一系列无法回避的、不可克服的理论难题。

其一，如果马克思主义哲学自从产生之后就因被误解或曲解而同人民群众的实践相隔绝，直到今天才被这些论者从马克思的书本中解读出来，那么，马克思主义哲学经受过社会实践的检验吗？我们今天坚持马克思主义的根据是什么？对于一种从来未曾付诸实践因而未曾检验过的哲学，我们究竟为什么需要它，为什么一定要坚持它？

其二，如果辩证唯物主义不是马克思主义哲学而是某种完全要不得的旧哲学，那么应该如何解释它在中国革命、建设和改革中的成功实践？应该如何看待党和人民的历史？我们这个始终坚持以辩证唯物主义和历史唯物主义为指导的党，究竟是建立在什么样的哲学理论基础之上的呢？

其三，那些据称是马克思的哲学，但却是刚刚由论者们"发现"因而从未同人民群众的实践发生关系的理论，诸如实践本体论、实践一元论、实践存在论、实践人本主义，等等，它们靠什么来证明自己的真理性和价值？论者们凭什么理由要求党和人民接受它们？

马克思在自己的新世界观刚刚萌芽时就指出："人的思维是具有客观的真理性，这不是一个理论的问题，而是一个实践的问题。人应该在实践中证明自己思维的真理性。"② 正是立足于这一以实践为真理标准的观点，马克思轻蔑地把那些关于离开实践的思维的争论，当作不屑一顾的问题撇在一旁，他说："关于思维——离开实践的思维——的现实性或非现实性

---

① 《毛泽东选集》第 3 卷，人民出版社 1991 年版，第 987 页。

② 《马克思恩格斯文集》第 1 卷，人民出版社 2009 年版，第 500 页。

的争论，是一个纯粹经院哲学的问题。"① 讨论经院哲学的问题是没有意义的，不值得的。邓小平关于"离开本国实际谈马克思主义，没有意义"的论断，不正是马克思主义的这一实践精神在新的历史条件下的生动体现吗？

胡锦涛同志在庆祝中国共产党成立 90 周年大会上的讲话中，再次要求全党"牢固树立辩证唯物主义和历史唯物主义世界观和方法论"。他还强调指出："马克思主义，理论源泉是实践，发展依据是实践，检验标准也是实践。"② 对于那些一边批判辩证唯物主义，一边离开中国实践去谈论什么是马克思主义哲学而提出来的种种哲学理论，我们也不妨当作经院哲学的问题撇在一旁，沿着马克思主义同中国实际相结合的方向，走自己的路，在实践中坚持和发展马克思主义。

（原载《文化学刊》2012 年第 2 期）

---

① 同上。

② 胡锦涛：《在庆祝中国共产党成立 90 周年大会上的讲话》，载《人民日报》2011 年 7 月 2 日。

恩格斯的"理论思维"的辩证法[①]

孙正聿

自 20 世纪以来，恩格斯的哲学思想，特别是他的辩证法遭到来自两个方面的曲解：一是自 30 年代以来的苏联哲学原理教科书，离开恩格斯对哲学思维的理论自觉，以素朴实在论和直观反映论的经验思维描述和解释恩格斯的辩证法，在相当程度上把辩证法变成了恩格斯尖锐批评的"刻板公式"和"语录词汇"；二是西方马克思主义把恩格斯视为与马克思不同的"苏联模式马克思主义"的始作俑者，把恩格斯的辩证法归结为素朴实在论和直观反映论的经验思维，并由此指认恩格斯的哲学思想是与马克思不同的"科学主义"。

鉴此，本文认为，是否严肃地、认真地、实事求是地研究恩格斯的论著，是否以哲学思维的理论自觉和哲学史的开阔视野探索辩证法问题，将从根本上和整体上制约对恩格斯辩证法的理解、阐述和评价。

一 辩证法与理论思维

在理论思维的层面上系统阐述辩证法，是恩格斯对辩证法的重大贡献。它揭示和阐述了形而上学与辩证法这两种思维方式之间的关系，同时揭示和阐述了自发形态的辩证法与自觉形态的辩证法之间的关系。

关于形而上学，恩格斯把这种思维方式概括为"在绝对不相容的对立中思维"，其主张"是就是，不是就不是；除此以外，都是鬼话"，这就是

① 本文为教育部人文社会科学重点研究基地重大项目"马克思主义哲学的当代课题"的阶段性成果。

"形而上学"的"思维方式"。① 恩格斯首先充分地说明了它的"合理性"："初看起来，这种思维方式对我们来说是极为可信的，因为它是合乎所谓常识的"。② 在这里，形而上学思维方式的"合理性"与"局限性"均在于其"合乎所谓常识"；批判和超越形而上学的思维方式，则在于反思和超越这种"合乎所谓常识"。然而，以通行的哲学原理教科书为标志的通常解释，恰恰离开形而上学思维方式的"合理性"而批判其"荒谬性"。这就不仅曲解了形而上学的思维方式，而且必然曲解辩证法的思维方式。因此，详细地考察和阐释恩格斯关于形而上学思维方式与经验常识之间关系的论述，并进而阐述恩格斯关于形而上学思维方式与辩证法思维方式之间关系的论述，就成为研究恩格斯的理论思维的辩证法的重要内容。

在以"常识"即"共同经验"为中介的人与世界的关系中，"人"作为既定的经验主体，以"经验"的方式把握世界；"世界"作为既定的经验客体，也以"经验"的方式呈现给主体；在这种以"经验"为内容的主—客体关系中，人和世界都是既定的、稳定的、确定的存在。在这种"确定"的人与世界的关系中，"A"就是"A"，"A"不能同时又是"非A"。这就要求经验主体在思维中保持"是就是，不是就不是"的确定性。即使我们承认任何事物都存在"此一方面"与"彼一方面"的"矛盾"，也仍然是以"是就是，不是就不是"的思维方式来看待人与世界的关系、思维与存在的关系。正因如此，这种符合"常识"的形而上学的思维方式，"对我们来说似乎是极为可信的"。

然而，形而上学的思维方式虽然在相当广泛的领域中是正当的甚至必要的，"可是它每一次迟早都要达到一个界限；一超过这个界限，它就会变成片面的、狭隘的、抽象的，并且陷入无法解决的矛盾，因为它看到一个一个的事物，忘了它们互相间的联系；看到它们的存在，忘了它们的生成和消逝；看到它们的静止，忘了它们的运动；因为它只见树木，不见森林"。③ 一旦进入"研究领域"，我们就会发现，形而上学的思维方式正像恩格斯所说的那样，"遇到最惊人的变故"：例如在对人生的反思中，是非、好坏、善恶、美丑、福祸、荣辱等绝非像"形而上学"所断言的"是

---

① 《马克思恩格斯选集》第3卷，人民出版社1995年版，第360页。

② 同上。

③ 同上。

就是，不是就不是"；只有"在对事物的肯定的理解中同时包含对事物的否定的理解"，才能理解生活本身。

植根于人类生活的辩证法，不仅在对"生活"的反思中是不可或缺的，而且在科学研究中也具有特殊的重要意义。从 19 世纪初开始，人类的自然科学研究已经由主要是"搜集材料"的科学、关于"既成事物"的科学，发展为"整理材料"的科学、关于"过程"即"事物的发生和发展"以及"这些自然过程结合为一个伟大整体"的科学。正是针对自然科学的这种基本状况，恩格斯提出："经验自然科学已经积累了庞大数量的实证的知识材料，因而迫切需要在每一研究领域中系统地和依据其内在联系来整理这些材料，同样也迫切需要在各个知识领域之间确定正确的关系。于是，自然科学便进入理论领域，而在这里经验的方法不中用了，在这里只有理论思维才管用。"① 恩格斯进一步指出："辩证法恰好是最重要的思维形式，因为只有辩证法才为自然界中出现的发展过程，为各种普遍联系，为一个研究领域向另一个研究领域过渡提供类比，从而提供说明方法。"② "自然科学家们自己就感觉到，这种杂乱无章多么严重地左右着他们，并且现今流行的所谓哲学又绝不可能使他们找到出路。在这里，既然没有别的出路，既然无法找到明晰思路，也就只好以这种或那种形式从形而上学思维向辩证思维复归。"③ 在这里，恩格斯明确地把"辩证法"归结为超越经验思维的"理论思维"。

在"广阔的研究领域"即科学研究中，不仅自然科学研究离不开作为理论思维的辩证法，而且社会科学研究和思维科学研究同样离不开作为理论思维的辩证法。关于社会历史，恩格斯深刻地指出："在社会历史领域内进行活动的，是具有意识的、经过思虑或凭激情行动的、追求某种目的的人；任何事情的发生都不是没有自觉的意图，没有预期目的的。"然而，"行动的目的是预期的"，"行动实际产生的结果并不是预期的"，"历史事件似乎总的说来同样是由偶然性支配着的"。"但是，在表面上是偶然性在起作用的地方，这种偶然性始终是受内部的隐蔽着的规律支配的，而问题

---

① 《马克思恩格斯文集》第 9 卷，人民出版社 2009 年版，第 435 页。
② 同上书，第 436 页。
③ 同上书，第 438 页。

只是在于发现这些规律。"① 这表明，"研究"人的活动与历史规律、历史的偶然性与必然性、历史的进步与倒退、人类的现实与未来，离开作为理论思维的辩证法，同样"无法找到明晰思路"。关于人类思维，恩格斯作出这样的论证："思维的至上性是在一系列非常不至上地思维着的人中实现的；拥有无条件的真理权的认识是在一系列相对的谬误中实现的"；"人的思维是至上的，同样又是不至上的，它的认识能力是无限的，同样又是有限的。按它的本性、使命、可能和历史的终极目的来说，是至上的和无限的；按它的个别实现情况和每次的现实来说，又是不至上的和有限的"。② 在这里，恩格斯正是以辩证法的理论思维，深刻地揭示了人类思维的本质和人类认识的规律。

在现有对"辩证法"和"形而上学"的理解中，最为根本的问题在于，通常总是在经验常识的意义上去理解和解释二者的区别，同时又在经验常识的意义上把作为理论思维的辩证法经验化、常识化。这直接地表现在把"辩证法"解释成"认为世界上一切事物都是发展、变化的，事物发展的原因在于它的内部矛盾性"，而把"形而上学"解释成"用孤立的、静止的和片面的观点去看世界，把一切事物看成彼此孤立的和永久不变的，如果说到变化，也只是限于数量的增减和位置的变更，而不承认事物的实质的变化；并且硬说一切变化的原因在于事物外部的力量的推动"。这种解释既没有揭示形而上学思维方式的"合理性"和"局限性"，也没有揭示辩证法的思维方式对经验常识的批判、反思和超越，而是以直观反映论的思维方式和素朴实在论的哲学理念把"辩证法"和"形而上学"解释为对经验对象的两种不同的描述方式和解释方式。因此，这种关于辩证法和形而上学的思维方式的通常解释，就不是把人们的思维从常识层面上升到哲学层面，而是把哲学层面的理论思维下降为经验思维，以致误导人们总是停留在经验常识中理解"辩证法"和"形而上学"这两种思维方式。

二 辩证法与哲学基本问题

关于辩证法，人们经常引证恩格斯在《反杜林论》中的一句话，并把

---

① 《马克思恩格斯选集》第 4 卷，人民出版社 1995 年版，第 247 页。
② 《马克思恩格斯选集》第 3 卷，人民出版社 1995 年版，第 427 页。

它作为恩格斯关于马克思主义辩证法的"定义"。这句话是:"辩证法不过是关于自然、人类社会和思维的运动和发展的普遍规律的科学。"① 通行的哲学原理教科书认为,恩格斯的这个论断不仅明确了马克思主义哲学的研究对象(包括自然、社会和思维在内的"整个世界"),而且明确了马克思主义哲学的社会功能(揭示包括自然、社会和思维在内的"整个世界"的"普遍规律"),因此不仅把这一论断指认为关于马克思主义辩证法的"定义",而且将其扩大为关于马克思主义哲学的"定义"。这种理解和阐释不仅混淆了哲学与科学的研究对象(科学以"整个世界"为对象,而哲学则是对科学所提供的关于"整个世界"的"全部思想"的反思),而且曲解了哲学的特殊性质和独特功能(哲学的反思的特殊性质和批判的独特功能)。这表明,究竟如何理解和阐释恩格斯的这一论断,不仅关系到对恩格斯辩证法观的理解和评价,而且从根本上关系到对马克思主义哲学的理解和评价。

理解和阐释恩格斯所说的辩证法,离不开恩格斯对"哲学"的总体性理解。恩格斯对"哲学"的总体性理解集中表现在他对"哲学基本问题"的概括中:"全部哲学,特别是近代哲学的重大的基本问题,是思维和存在的关系问题。"② 因此,我们不仅应当从"全部哲学"理解作为哲学基本问题的"思维和存在的关系问题",而且首先应当从"近代哲学"理解作为哲学基本问题的"思维和存在的关系问题"及其所具有的"完全的意义"。需要特别指出的是,恩格斯所概括的哲学的重大的基本问题,是"思维和存在"的"关系问题",而不是"思维"和"存在"的问题。这个实质性区别表明,哲学并不是以"思维"和"存在"为对象,形成关于"思维"和"存在"的某种知识,而是把"思维和存在的关系"作为"问题"予以反思。这个实质性区别不仅标志着经验思维与理论思维的实质性区别,而且标志着科学思维与哲学思维的实质性区别,即标志着人类把握世界的两种基本方式——科学与哲学的实质性区别。这种实质性区别是在近代哲学的"认识论转向"中达到理论自觉的。

近代哲学的"认识论转向",从根本上说就是自觉到了"思维与存在"之间的矛盾,把"思维与存在的关系"当作最重要、最基本的哲学"问

---

① 《马克思恩格斯选集》第 3 卷,人民出版社 1995 年版,第 484 页。
② 《马克思恩格斯文集》第 4 卷,人民出版社 2009 年版,第 277 页。

题"进行研究，从而使研究思维与存在、主观与客观、主体与客体的矛盾关系成为哲学的根本问题。在这种"认识论转向"中，近代哲学以探寻思想的客观性为聚焦点，不仅研究了外在的世界与人的观念之间的关系，而且特别深入地考察了人的观念内部的诸种关系问题。近代哲学明确地区分了"意识外的存在"与"意识内的存在"，也就是明确地区分了"客观世界"与"意识内容"，从而清楚地提出了"对象与表象"或"对象与映象"的关系问题，也就是清楚地提出了"思维和存在"的关系问题，这就是恩格斯所说的从"内容"方面去考察思维和存在的关系问题。与此同时，近代哲学还特别地从"形式"方面去研究思维和存在的关系问题。这突出地表现在，近代哲学比较自觉地考察了"意识内容"与"意识形式"的关系问题、"对象意识"与"自我意识"的关系问题、"外延逻辑"与"内涵逻辑"的关系问题、"知性思维"与"辩证思维"的关系问题、"理论理性"与"实践理性"的关系问题等一系列"思维和存在"的"关系问题"。通过探索这些"关系问题"，近代哲学揭示出对象与经验、经验与知觉、知觉与表象、表象与观念、观念与思维、思维与想象、想象与情感、情感与意志、意志与自我、理论与实践等极为错综复杂的矛盾关系，从而使"思维和存在的关系问题"获得了"完全的意义"。

作为哲学基本问题的"思维和存在的关系问题"，最集中最深刻地表达了世界观的内在矛盾：一方面，人及其思维是自然的产物，人的思维在本质上与自然界服从于同一规律，因此，在思维和存在、精神和物质"谁为本原"的问题上，只有坚持"物质第一性、意识第二性"的唯物主义原则，才能正确地回答"本原"问题；另一方面，从自然中生成的人类及其思维，又不仅仅是按照"自然的尺度"、"物的尺度"去适应自然，而且是按照"人的目的"、"人的尺度"去改造自然，因此，在思维和存在的相互关系中，又必须承认思维的能动性，看到思维对存在的否定性统一，辩证地理解思维和存在的关系问题。

唯心主义抽象地发展思维的能动性而否认存在对思维的本原性，旧唯物主义肯定存在对思维的本原性而不理解思维对存在的能动性，因此都无法唯物地、辩证地解决思维和存在的关系问题。马克思主义哲学则既坚持存在对思维的本原性的唯物主义基础，又肯定思维对存在的能动性的辩证理解，在哲学基本问题上实现了唯物论基础与辩证法内容的统一，成为科学的世界观、认识论和方法论。由于马克思主义哲学所揭示的思维自觉反映存在运动的规律，凝聚着、积淀着人类在其前进的发展中所创建的全部科学反映世界的认识成果，因此，就其客观内容和普遍意义来说，马克思主义哲学就是关于自然、社会和思维发展的普遍规律的理论即哲学世界观；由于马克思主义哲学从认识和实践的主体与客体交互作用的丰富关系及其历史发展来研究思维自觉反映存在运动的规律，为人类的全部历史活动提供认识基础，因此，就其研究对象和理论性质来说，它就是关于思维与存在统一规律的理论即哲学认识论；由于马克思主义哲学所揭示的思维自觉反映存在运动的规律既是对思维的历史和成就的总结，又是思维自觉地向存在接近和逼近的方法，因此，就其理论价值和社会功能来说，它又是人类认识世界和改造世界的伟大工具即哲学方法论。这表明，只有在世界观、认识论和方法论相统一的意义上去理解马克思主义哲学，也就是在作为哲学基本问题的"思维和存在关系问题"的意义上去理解马克思主义哲学，才能准确而深刻地理解恩格斯关于"辩证法不过是关于自然、人类社会和思维的运动和发展的普遍规律的科学"这一论断。

三 辩证法与自然科学

在对恩格斯哲学思想，特别是恩格斯辩证法思想的批评中，对《自然辩证法》的批评是最为激烈的。在国内外的一些学者看来，马克思的辩证法是实践的辩证法、历史的辩证法、人学的辩证法，而恩格斯的辩证法则是经验的辩证法、自然的辩证法、自然科学的辩证法，因此，他们把马克思的哲学视为"人道主义"哲学，而把恩格斯的哲学指认为"科学主义"哲学。这表明，以《自然辩证法》为主要"文本"来阐释恩格斯的辩证法思想，是一项重要的理论任务。

恩格斯的《自然辩证法》是研究"自然"的"科学"，还是反思"自然科学"的"哲学"？是"叙述"关于"自然"的"科学知识"，还是探索"自然科学"的"思维理论"？如果《自然辩证法》是研究自然的科学，是叙述关于自然的科学知识，那么，它充其量只不过是普及当时的自然科学知识的"手册"或"读本"；如果《自然辩证法》是反思自然科学的哲学，是探索自然科学的理论思维，那么，它所要回答的问题就是如何以理论思维把握"自然"和"自然科学"的问题，它所构成的就是作为理论思维的辩证法。事实表明，它是后者，而不是前者。

　　关于为何要研究"自然辩证法",恩格斯本人作过明确的说明:"马克思和我,可以说是把自觉的辩证法从德国唯心主义哲学中拯救出来并用于唯物主义的自然观和历史观的唯一的人。可是要确立辩证的同时又是唯物主义的自然观,需要具备数学和自然科学的知识。马克思是精通数学的,可是对于自然科学,我们只能作零星的、时停时续的、片断的研究。因此,当我退出商界并移居伦敦,从而获得了研究时间的时候,我尽可能地使自己在数学和自然科学方面来一次彻底的——像李比希所说的——'脱毛'。八年当中,我把大部分时间用在这上面。"①

　　这个"说明"对于理解《自然辩证法》极为重要。在这个"说明"中,恩格斯既明确了研究"自然辩证法"的目的——"把自觉的辩证法""运用于唯物主义的自然观和历史观",又明确了研究"自然科学"的目的——"确立辩证的同时又是唯物主义的自然观","需要具备数学和自然科学的知识"。对此,恩格斯进一步指出:"在自然界里,正是那些在历史上支配着似乎是偶然事变的辩证法运动规律,也在无数错综复杂的变化中发生作用;这些规律也同样地贯串于人类思维的发展史中,它们逐渐被思维着的人所意识到。这些规律最初是由黑格尔全面地、不过是以神秘的形式阐发的,而剥去它们的神秘形式,并使人们清楚地意识到它们的全部的单纯性和普遍有效性,这是我们的期求之一。显然,旧的自然哲学,无论它包含多少真正好的东西和多少可以结果实的萌芽,是不能满足我们的需要的。"② 对于如何理解"辩证运动规律",恩格斯说:"事情不在于把辩证规律硬塞进自然界,而在于从自然界中找出这些规律并从自然界出发加以阐发。"③ 这是恩格斯所理解的"自然辩证法",也是恩格斯研究"自然辩证法"的出发点。

　　首先,"要确立辩证的同时又是唯物主义的自然观,需要具备数学和自然科学的知识"。这是因为,"原则不是研究的出发点,而是它的最终结果;这些原则不是被应用于自然界和人类历史,而是从它们中抽象出来的;不是自然界和人类去适应原则,而是原则只有在符合自然界和历史的

---

① 《马克思恩格斯选集》第 3 卷,人民出版社 1995 年版,第 349 页。
② 同上书,第 349—350 页。
③ 同上书,第 351 页。

情况下才是正确的。这是对事物的唯一唯物主义的观点"。① 这表明，恩格斯之所以八年当中把大部分时间用在研究和思考数学和自然科学方面，是因为他反对把"原则"当作"研究的出发点"，是因为他坚持把唯物主义的观点贯彻于自己的研究活动，是因为他自觉地要"从自然界中找出这些规律并从自然界出发加以阐发"。总之，坚持从实际出发的唯物主义原则，这是恩格斯研究"自然辩证法"的根本性的出发点。

其次，"要确立辩证的同时又是唯物主义的自然观"，不仅仅"需要具备数学和自然科学的知识"，还必须具有辩证法的理论思维。比如，"18 世纪上半叶的自然科学在知识上，甚至在材料的整理上人人超过了希腊古代。但是在以观念形式把握这些材料上，在一般的自然观上却大大低于希腊古代。在希腊哲学家看来，世界在本质上是某种从混沌中产生出来的东西、是某种发展起来的东西、某种生成的东西。在我们所探讨的这个时期的自然科学家看来，世界却是某种僵化的东西、某种不变的东西，而在他们中的大多数人看来，是某种一下子就造成的东西"。② 这表明，"自然科学家与自觉的辩证的自然科学的关系，就像空想主义者与现代共产主义的关系一样"③，"学会辩证地思维的自然科学家到现在还屈指可数"④。"现在几乎没有一本理论自然科学著作不给人以这样的印象：自然科学家们自己就感觉到，这种杂乱无章多么严重地左右着他们，并且现今流行的所谓哲学又决不可能使他们找到出路。在这里，既然没有别的出路，既然无法找到明晰思路，也就只好以这种或那种形式从形而上学思维向辩证思维复归。"⑤ "这种复归可以通过不同的道路来实现。它可以仅仅通过自然科学的发现本身所具有的力量自然而然地实现……但这是一个旷日持久的、步履艰难的过程，在这一过程中要克服大量额外的阻碍。……如果理论自然科学家愿意较为仔细地研究一下辩证哲学在历史上有过的各种形态，那么上述过程可以大大缩短。"⑥ 正是基于这种理论自觉，恩格斯力图在总结辩证法史的基础上，为自然科学提供一种建立在通晓思维的历史和成就的基

---

① 同上书，第 374 页。
② 《马克思恩格斯选集》第 3 卷，人民出版社 1995 年版，第 412 页。
③ 同上书，第 143 页。
④ 同上书，第 25 页。
⑤ 《马克思恩格斯文集》第 9 卷，人民出版社 2009 年版，第 438 页。
⑥ 同上。

础上的理论思维，推进自然科学的发展，并从对自然科学成果的理论总结中提升人类把握世界的理论思维。

再次，"要确立辩证的同时又是唯物主义的自然观"，迫切需要"理论家"与"自然科学家"的"联盟"。恩格斯说："现今的自然科学家，不论愿意与否，都不可抗拒地被迫关心理论上的一般结论，同样，每个从事理论研究的人也不可抗拒地被迫接受现代自然科学的成果。这里出现了某种相辅相成现象。如果说理论家在自然科学领域中是半通，那么今天的自然科学家在理论的领域中，在迄今为止被称为哲学的领域中，实际上也同样是半通。"① "经验的自然研究已经积累了庞大数量的实证的知识材料，因而迫切需要在每一研究领域中系统地和依据其内在联系来整理这些材料，同样也迫切需要在各个知识领域之间确立正确的关系。于是，自然科学便进入理论领域，而在这里经验的方法不中用了，在这里只有理论思维才管用。但是理论思维无非是才能方面的一种生来就有的素质。这种才能需要发展和培养，而为了进行这种培养，除了学习以往的哲学，直到现在还没有别的办法。"② "然而，在理论自然科学中，往往非常明显地显露出对哲学史缺乏认识。哲学上在几百年前就已经提出，并且在哲学界往往早已被抛弃的一些命题，在理论自然科学家那里却常常作为崭新的知识而出现，甚至在一段时间里成为时髦。"③ 另一方面，则由于"理论家在自然科学领域中是半通"，甚至是在自然科学领域中尚未"脱毛"，因而又把辩证法当作"刻板公式""硬塞进自然界"，以致造成自然科学家的反感和"拒斥"。正是基于"哲学"与"科学"联盟的迫切需要，恩格斯力图以"自然辩证法"打通"哲学"与"科学"，在理论思维的层面上"确立辩证的同时又是唯物主义的自然观"。

我之所以不厌其烦地反复引证恩格斯关于为何以及如何研究"自然辩证法"的论述，既是为了说明恩格斯的哲学思维的理论自觉，也是为了从哲学与科学的关系中深入地阐释作为理论思维的辩证法。哲学和科学是人类理论思维的两种基本方式。它们既具有高度的相关性和复杂的相似性，又表现为相互区别并相互补充的两个思想维度。对此，恩格斯作出了极为

---

① 《马克思恩格斯文集》第 9 卷，人民出版社 2009 年版，第 435 页。
② 同上。
③ 同上书，第 436 页。

深刻的揭示:一方面,"思维和存在的关系问题"是哲学的"重大的基本问题";另一方面,"我们的主观的思维和客观的世界服从同样的规律","它是我们的理论思维的不自觉的和无条件的前提"。这就是说:其一,哲学以外的全部"科学"都是把"思维和存在""服从同样的规律",作为"理论思维的不自觉的和无条件的前提",运用理论思维去研究"思维和存在",而不是反思"思维和存在的关系问题";其二,哲学则是把"理论思维的不自觉的和无条件的前提"作为自己反思的对象,从而把"思维和存在的关系问题"作为自己的"重大的基本问题";其三,全部科学都深层地蕴涵着作为"理论思维的不自觉的和无条件的前提"的"思维和存在的关系问题",而哲学则把这个"理论思维的不自觉的和无条件的前提"作为自己的"重大的基本问题",因此,哲学对科学的关系从根本上说是"反思"的关系。恩格斯的《自然辩证法》正是通过对自然科学的哲学反思而揭示自然界的运动规律,并进而阐释辩证法的理论思维的普遍意义,而不是对自然现象以及自然科学的经验层面进行描述和解释。这应当是对恩格斯《自然辩证法》的理解和阐释的根本性原则。

在对哲学与科学相互关系的理解中,能否从恩格斯所揭示的"理论思维的不自觉的和无条件的前提"出发而厘清哲学与科学的关系,是十分重要的。在现代哲学中,通常以三种方式来解释科学与哲学的关系:一是区分二者的"对象",二是剥离二者的"职能",三是划清二者的"领地"。所谓区分"对象",就是认为科学是以世界的各种不同的领域、不同的方面、不同的层次或不同的问题为对象,而哲学则以"整个世界"为对象。这是一种以"对象"的特殊性与普遍性的区分为出发点的思考方式。所谓剥离"职能",就是认为科学提供关于世界的不同领域或不同方面的"特殊规律",而哲学则提供关于整个世界的"普遍规律"。这仍然是一种以"职能"的特殊性与普遍性的区分为出发点的思考方式。所谓划清"领地",就是在恩格斯所说的哲学不断地被"驱逐"出其"世袭领地"的背景下,试图为哲学寻找一个科学无力问津的"领域"或科学无力解决的"问题",作为哲学存在的根据。这是一种以申辩哲学的现代生存权利为出发点的思考方式。

从普遍性与特殊性的关系中区分科学与哲学的"对象",以及在普遍性和特殊性的关系中剥离科学与哲学的"职能",这是对科学与哲学相互关系的最普遍的思考方式。这种思考方式表现出了长期以来存在的哲学知识论立场。哲学的知识论立场就是把哲学视为具有最高的概括性（最大的普遍性）和最高的解释性（最大的普适性）的知识，并以知识分类表的不同层次来区分哲学与科学，从而把科学视为关于各种"特殊领域"的"特殊规律"的知识，而把哲学视为关于"整个世界"的"普遍规律"的知识。这样，哲学就成了具有最大的普遍性的科学，就成了全部科学的基础。由于这种知识论立场从根本上制约着人们对哲学与科学的相互关系的理解，并从而制约着人们对哲学的理解，因此，非常有必要对"哲学的知识论立场"作出理论层面的概括与分析，从而深化对恩格斯的理论思维的辩证法的理解。

哲学的知识论立场在西方传统哲学中是根深蒂固的。从亚里士多德"寻找最高原因的基本原理"，到黑格尔构建"一切科学的逻辑"，始终是以全部科学的基础的姿态君临天下。近代以来科学的迅猛发展，不断地把哲学"驱逐"出其传统的"世袭领地"，自然、社会和思维都成为科学的研究对象。正是在这种背景下，人们开始挣脱从普遍性与特殊性的关系来区分科学与哲学的"对象"或剥离科学与哲学的"职能"的思考方式，出现了以申辩哲学的现代生存权利为出发点的思考方式，即划清哲学与科学的不同"领地"的思考方式。因此，在现代科学的背景下，更加凸显了现代哲学所面对的严峻问题：如果人类有效地解释世界的方式只能是科学，如果人类的现代世界图景只能是科学的世界图景，如果人类改造世界的实践活动只能用科学来指导，那么，人们对世界的种种哲学解释不都是"理性的狂妄"吗？人们所描绘的种种哲学图景不都是"语言的误用"吗？这样的哲学不是应当（而且必须）予以"治疗"甚至"消解"吗？哲学究竟还有什么存在的根据和存在的意义呢？

恩格斯把"全部哲学"的重大的基本问题概括为"思维和存在的关系问题"，其重大意义之一就在于深刻地揭示了哲学与科学之间的关系。从"思维和存在的关系问题"出发，我们就会明确，哲学与科学的内在联系在于，实现"思维和存在"的统一与反思"思维和存在的关系"，具有既相互区别、又相互联系的性质，而不是因为存在着研究对象的普遍性与特殊性的关系。自然、社会和思维的运动都可以用数学模型来表述，哲学界普遍关注的系统论、控制论、信息论、协同学、突变论、耗散结构论、自组织理论等，在某种意义上都是以"整个世界"为对象；与此相反，自然辩证法、认识辩证法、思维辩证法、历史辩证法等，更不用说数学哲学、天文哲学、经济哲学、管理哲学、法哲学等，在某种意义上都是以"特殊领域"为对象。那么，为什么前者属于"科学"，而后者却属于"哲学"？这就是因为，前者所提出和探索的问题是关于研究对象的运动规律的问题，也就是实现研究成果中的"思维和存在"在规律层面上的统一；而后者则专门反思各种思想活动及其思想成果中的"理论思维的不自觉的和无条件的前提"——"思维和存在的关系问题"，而不是具体地研究各种"存在"的运动规律。这表明，在哲学与科学之间存在着一条"逻辑的鸿沟"：科学的逻辑是实现"思维和存在"的统一的逻辑，哲学的逻辑是反思"思维和存在的关系"的逻辑。哲学的逻辑使科学的逻辑成为哲学反思的对象。在哲学的反思中，实现了哲学与科学的逻辑沟通。

马克思主义哲学在哲学史上的革命变革，首先就是以 19 世纪科学的巨大发展为背景，由传统哲学的在头脑中制造联系转变为从科学成果中概括和总结现实的联系，包括自然科学、社会科学和思维科学在内的全部科学才是马克思主义哲学直接的反思对象。如果把马克思主义的"自然辩证法"视为"自然哲学"，把马克思主义的"历史唯物主义"视为"历史哲学"，这就从根本上曲解和阉割了马克思主义哲学。

如果在现代科学的背景下，还企图超越科学对世界的规律性的认识而让哲学直接地研究"整个世界"，那就不仅是对哲学的历史和科学的现实的无知，而且是一种更加明显的、不可接受的倒退。与此同时，必须强调指出的是，马克思主义哲学以科学为直接的反思对象，既不是要把科学成果汇集起来以充当包罗万象的知识总汇，也不是一般地研究科学本身的问题以充当关于科学的科学，而是通过对科学的概括和总结深入地解决作为哲学基本问题的"思维和存在的关系问题"。恩格斯的《自然辩证法》正是以理论思维的辩证法反思"思维和存在的关系问题"，正是运用辩证思维概括和总结科学成果，不断地推进人类对"自然、人类社会和思维的运动和发展的普遍规律"的认识。

任何一门科学都不仅是以自己所提供的关于世界的规律性的认识去指导人类扩展和深化对世界的改造，而且历史地扩展和深化了人类用以反映世界的认识系统，历史地提供和更新了人类用以把握世界的概念之网，历史地改善和变革了人类用以理解世界的思维方式，从而历史地表现着思维向客体接近的规律。这正如恩格斯所说："每一时代的理论思维，从而我们时代的理论思维，都是一种历史的产物，它在不同的时代具有完全不同的形式，同时具有完全不同的内容。"① 思维与存在的统一是人类在实践的基础上，通过科学进步的中介而实现的。科学的历史发展为人类提供不断增加的认识成分，哲学理论的现实内容来源于科学。哲学一方面是通过对认识史的总结而深化用以概括科学成果的辩证思维方式，另一方面则是运用辩证思维去概括和总结科学自身所具有的认识论意义，自觉地使之升华为思维反映存在运动的规律，形成辩证法、认识论和逻辑学"三者一致"的世界观。这是恩格斯的"自然辩证法"的"真实意义"。因此，如果把恩格斯的《自然辩证法》视为关于自然的"自然哲学"，视为关于科学的"科学主义"，这就从根本上曲解了作为"现代唯物主义"的恩格斯的理论思维的辩证法。

（原载《哲学研究》2012 年第 11 期）

---

① 《马克思恩格斯选集》第 4 卷，人民出版社 1995 年版，第 284 页。

论马克思主义经济学
与经济学诸流派的沟通
——以演化经济学为例

胡乐明　　刘　　刚

一　引言

对于任何一个开放的、发展的理论体系来说，发展的途径之一就是与其他理论体系进行沟通借鉴。自罗宾逊夫人提出沟通马克思主义经济学与凯恩斯主义经济学以来，与经济学诸流派进行沟通借鉴，已成为发展马克思主义经济学的重要途径。马克思主义经济学与演化经济学、制度经济学、新古典经济学和数理经济学的沟通借鉴，是当前发展马克思主义经济学的重要取向。

重新审视上述发展取向，我们发现，更为深入的研究必须关注、区分三个方面的必备要素：基本禀赋的"差异性"、弥补相关不足的"补充性"、提供沟通渠道的"一致性"。之所以需要与其他体系进行沟通，首先是因为原体系存在着某些必须获得妥善解决的"不足之处"。显然，这里所说的"不足之处"不应被视为对原体系"无所不能"的"求全责备"，而应是这样一种发展：在原体系自身的"理论定位"当中，本应具备某些功能或特性，但是原体系却因缺失了一些必要的禀赋，未能符合这一要求。而只有当其他体系具备能够弥补原体系这些"不足之处"的"差异性"禀赋时，沟通借鉴才是"必要的"。当然，要将这些差异性禀赋引入原体系，也是有条件的，只有原体系与其他体系的"差异性"禀赋在某些方面存在一致性和融洽性时，把这些"差异性"禀赋"引入"到这一体系之中弥补原体系的不足，才是"可行的"。因此，要点有三：原体系的不足在何处；其他体系能够弥补这种不足的"他山之石"是什么；原体系的哪些地方与"差异性"禀赋存在"一致性",能够提供将新禀赋嫁接成活的"切入点"。此外,要评价这种"沟通"合理与否还需要回答:原体系通过沟通借鉴所发生的"转变",是在保持原体系根本属性基础上的"发展",还是已经脱离了原体系的"背离"?要判定"转变程度"适度与否的原则必须明晰:哪些特性是原体系的"根本属性",即坚持(或抛弃)了哪些特性才能构成对原体系的坚守(或背离)。因此,通过沟通借鉴对原体系进行发展,关键就在"三点一度"四要素:"不足点"、"借鉴点"、"切入点"和"转变程度"。遗漏四要素的任何一个方面,或将其中的某些方面混为一谈,都会导致有关沟通借鉴的研究陷入误区。例如,如果从其他体系引入到马克思主义经济学的"禀赋",在马克思主义经济学中原本就已经具备,就会形成不必要的"重复建设"和"盲目替代";如果把已经被马克思主义经济学本身摒弃、排除在"理论定位"之外的特性,视为马克思主义经济学的"不足之处",则可能导致"削足适履"的错误;如果只注意到某些"差异性"禀赋的"长处",而忽略了将其引入到马克思主义经济学中所需的"一致性"条件,则可能会引发"盲目粘贴",进而导致引入之后的体系面临"两张皮"的尴尬。

相反,如果沿着"三点一度"四要素的框架展开分析,则不仅有助于沟通借鉴研究的"有序推进",而且有助于将研究推向深入,揭示出一些原本未能注意到的重要方面。本文就尝试以上述"三点一度"框架为逻辑脉络,首先界定马克思主义经济学的"根本属性",以阐明"发展"与"背离"的判定标尺,然后以马克思主义经济学与演化经济学的沟通取向为例展开"四要素分析"[①],以期为马克思主义经济学与经济学诸流派的沟通借鉴提供一个引入纵深的分析路径。

二 马克思主义经济学的根本属性: "发展"与"背离"的评判标尺

要具体评析马克思主义经济学与其他学派的沟通借鉴的各种取向是

---

① 这种取向,在国外以美国的社会积累结构学派和法国的调节学派为代表,在国内以贾根良教授和孟捷教授等人的努力最为引人关注。本文主要以国内学者的工作为研究对象。

对马克思主义经济学的"发展"还是"背离",关键在于必须明确马克思主义经济学的根本属性,即阐明坚持(或抛弃)了哪些特性才能构成对马克思主义经济学的坚守(或背离)。显然,一个理论体系的根本属性不在于具体的理论细节,而在于方法和立场。正如恩格斯所言,"马克思的整个世界观不是教义,而是方法。它提供的不是现成的教条,而是进一步研究的出发点和供这种研究使用的方法"。虽然不同学者对于马克思主义经济学具体理论的理解可能存在分歧,但是,在马克思主义经济学的方法、立场和"进一步研究的出发点"方面却也存在许多共识。对于这些共识,已有的概括包括以下三个方面:一是生产力决定生产关系和经济基础决定上层建筑,这是马克思主义经济学的基本方法论原则,放弃这一原则必然背离马克思主义经济学的分析范式;二是劳动价值论和剩余价值论,这是马克思主义经济学大厦的重要支柱,推翻这一支柱必然使马克思主义经济学整个大厦崩溃;三是社会主义公有制和按劳分配必然取代资本主义私有制和剥削,这是马克思通过分析资本主义生产方式固有的矛盾而得出的基本结论,放弃这一结论等于否定整个马克思主义。

具体而言,我们认为,马克思主义经济学的"根本属性"至少表现为以下四个方面,每个方面都构成评判"发展"与"背离"的评价标尺。为了更为准确地体现这种"标尺"的意义,每个方面我们都概括了它的"基本要求"和"违背表现"。

1. 标尺一:"历史性和动态性"研究方法

基本要求:任何经济范畴、经济规律都有其历史与逻辑的起点和终点,都有其存在条件,这是马克思主义历史分析方法的关键特征。基于这一点,在具体分析方法上,只有运用动态分析方法才能科学解释经济范畴和经济规律的"产生—消亡"过程;在动态分析框架中,只有存在条件具备时,范畴和规律才是"有效"、"适用"的。也就是说,如果理论研究以某些范畴和规律"有效"、"适用"为前提,就必须在动态分析中实现这些范畴和规律存在条件的"存续"或"循环再生"。

违背表现:脱离历史条件,将经济范畴和经济规律视为永恒;无法解释范畴和规律从起源到终结的变迁过程;把没有"再生条件"的范畴和规律视为"先验性"的前提假设,不能解释、兼容其适用范畴和规律存在条件的"存续"或"循环再生",或者在范畴和规律适用的场合下,没有排除导致这些范畴和规律"存在条件"永久消亡的单向的动态趋势①。

2. 标尺二："实践性和二重性"研究方法

基本要求：人是经济范畴的承担者和经济规律的践行者，是经济行为的主体，一切经济规律的成立和作用发挥都是实践性的。人们在彼此联结获取和消耗经济资源的过程中形成了人与自然的关系（生产力）和人与人的关系（生产关系），经济范畴和经济观念是这些关系的外在反映，经济规律是这个过程遵循的动态法则。研究经济范畴和经济规律必须同时兼顾生产力和生产关系的二重性，通过二者的矛盾运动解析经济范畴和经济社会的动态变迁。

违背表现：对于经济观念和经济制度（上层建筑）进行表面的、孤立的、形而上学的研究，脱离其背后的社会关系和物质基础；无视经济范畴和规律的实践性，夸大观念和制度的地位，颠倒它们与社会关系和物质基础之间的决定关系；无视生产力与生产关系的二重性，仅从人与自然或人与人的关系出发解读经济社会的发展规律，或否认生产力条件对经济社会发展的物质约束和"归根到底"的决定性作用。

3. 标尺三："整体性和复杂性"研究方法

基本要求：社会不是个人的简单相加，而是复杂的有机整体，不能通过"分解"、"加总"的简单逻辑，将这个复杂的有机整体进行简化处理，整体层面的法则是不能还原为个体层面的规律的。个人作为社会整体的一部分，其观念和行为需要从社会整体的运行法则上获得解释。对社会整体运行的把握，没必要、也不可能建立在对每个人观念和行为细节"全知全觉"的基础上，通过提取"平均"状态来分析个体之间的差异和把握整体特性。

违背表现：个人主义方法论对社会、组织和群体行为的还原论分析；先验性地认为不能分散为个人作为和个体规律的经济范畴和规律不能成立；从先天设定的个人观念、准则出发得出社会、组织和群体的运行法则；把对于社会整体性运行的分析建立在对所有个体行为细节"全知全觉"的基础之上，因此，要得出整体性运行结果，就必须要求所有个体的行为在细节上遵守无差别的、严格的一致性。

---

① "永久消亡的单向的动态趋势"是指"存在条件"不可逆转的消亡趋势。即这种趋势发生后，不会规律性地继之以"存在条件"重生的动态趋势，或续之而来的"条件"已区别于原有范畴和规律的"存在条件"，不能保证原有范畴和规律的适用性。

4．标尺四："社会主义必然性"结论立场

在理论体系的最终结论上，是否支持社会主义公有制和按劳分配必然代替资本主义私有制和剥削；其理论体系能否与社会主义必然胜利、资本主义私有制必然灭亡的结论相兼容。虽然将结论作为评价标准，看似违背了学术"理性"原则，但是，正如马克思和恩格斯所言，"共产党人可以把自己的理论概括为一句话：消灭私有制"。因此，恐怕很难说服人们将一个结论上赞同资本主义而否定社会主义必然性的理论归入马克思主义经济学。

三　不足点：多样性与协调性问题

兴起于 20 世纪 80 年代的演化经济学，是现代经济学的一项重大发展，并被称为"21 世纪的经济学"。有人认为，演化经济学的崛起为马克思主义经济学的创造性转化，以及中国经济学的自主发展提供了一个难得的机遇；借鉴演化经济学思想至少有助于弥补传统马克思主义经济学在"多样性"和"协调性"两个方面所表现出的不足。

1．"决定论"局限与"多样性"问题

对于"生产力决定生产关系、经济基础决定上层建筑"的机械认识，会导致对唯物史观的"决定论理解"[1]。这种"决定论理解"突出了纵向的规律性和共同性，忽略了横向的差异性，容易遭遇"多样性问题"的挑战，"历史唯物主义必须回答：为什么在大体相近的生产力水平上，中国的封建制和西欧封建制有如此之大的差异？为什么在现代发达资本主义经济中，会产生出美国式的福特主义生产方式和丰田的精益生产方式之间的区别"[2]。

此外，"决定论理解"还会遭遇逻辑上的困境。"生产力的发展被看作社会发展根本和最终的动力。但是，生产力的发展又是由什么决定的呢？……对这一问题，我们不能借助生产关系对生产力反作用或所谓制度的经济绩效来加以回答，那样，就会陷入循环论证之中。必须从人类劳动

---

[1]　具体观点可参见波普尔《历史决定论的贫困》，上海人民出版社 2009 年版；波普尔对马克思唯物主义历史观的认识是一种僵化理解。后文关于"转变程度"和"根本属性"的分析将给出我们自己的认识。

[2]　本处引文参见孟捷《演化经济学与马克思主义——中国人民大学出版社"演化与创新经济学译丛"总序》，http://wenku.baidu.com/view/94b2ecd7c1c708a1284a44d1.html。

过程和生产力运动的内在规律中去寻找其发展的动力。"同时，"生产力的发展不是自主的（autonomous），而是生产方式或劳动过程变革的产物，也就是说，不能脱离人的实践活动来规定生产力发展的自主性和首要性"。

2. 创新理论局限与"协调性"问题

传统马克思主义经济学一般认为，个别企业生产的有组织性与整个社会生产的无政府状态之间的对立，导致资本主义市场经济事实上不可能内生地形成"协调"机制，无法达成任何秩序，只能导致整个社会生产的无政府状态，带来混乱和危机。但是，现代资本主义的发展表明，对于"协调性"解释不足，必然会导致传统马克思主义经济学不能有效处理"资本主义为何'垂而不死'的问题"。

事实上，承认企业内部分工与社会内部分工之间的差别和对立，是马克思的出发点，但是，马克思还在此基础上提出了两类分工相互促进、相互转化的思想。马克思在强调两类分工的相互作用和协同演进的时候，没有仅仅从对立的角度来考察两类分工，也没有从根本上否定资本主义市场经济在协调两类分工的关系，从而达成某种秩序方面所起的作用。遗憾的是，马克思的这一重要思想却被马克思之后的马克思主义经济学家所忽视。不过，传统马克思主义经济学确实缺乏一个完整的技术创新和产品创新理论，而产品创新、新部门的形成，能够带来"分工和交换体系的内生性扩张"，从而有可能缓解资本积累"崩溃"趋势。

四　借鉴点："新奇创生性"与"行动依赖性"

演化经济学思想有助于处理创新理论局限和决定论局限的借鉴点，可以概括为"新奇创生性"和"行动依赖性"两个方面，二者对"多样性"和"协调性"问题具有较强的解释力。

1. 新奇创生性：变异—选择—发展

"经济人的偏好、生产技术和制度约束、可供使用的资源禀赋"，被新古典经济学视为外生因素和给定的机制，是其前提假定。与之不同，演化经济学则把这些因素和前提假定视为内生的、可变的。"新偏好的形成、技术和制度的创新以及新资源的创造"，构成"新奇性创生"。经济社会对新奇性进行的选择、模仿（复制）、扩散进而遗传，就是对新奇性的认可，新奇性被认可的行动构成创新；某个新奇性被普遍选择和认可的同时，原有技术、制度和产品等要素被替代，形成熊彼特所谓的"创造性毁灭"，经济系统的多样性降低，经济系统需要不断地再生出更多的新奇性。因此，梅特卡夫把这种新奇创生的演化过程概括为"变异—选择—发展"三要素（过程）："行为变异或微观多样性；将变异转变为经济变迁形态的选择过程；产生和再生行为变异的发展过程"，强调"任何选择过程都要摧毁其赖以存在的多样性。……因此，演化理论不仅需要解释个体群中最初存在的大量的多样性，而且需要解释这种多样性的历时性补充。如果没有新的变异，演化过程将衰竭"。

2. 行动依赖性：满意假说—个体群思维—时间不可逆 人们的创新行为是怎样的？换言之，人们是怎样围绕新奇性的"变异—选择—发展"展开行动的？这些创新行动的动力源自何处？为什么这些行动会脱离统一的"最优解"而呈现多样性结果？演化经济学对这些问题的回答，突现了个体行动依赖性特征。[①] 首先，演化经济学使用满意假说来描述对新奇性进行选择和遗传的个体行动。根据满意假说，个体怀有适用性抱负，如果现实未满足这一抱负，个体会对新奇性展开搜寻。如果长时间搜寻无果，他们的抱负水平会降低，接受现有的最优状态；如果搜寻到更好的安排，抱负水平会提高到新安排的高度，他们便会选择这种新奇性。如果被选择的新奇性在未来满足了个体的抱负，搜寻不会继续发生，新奇性会成为被认可的惯例呈现"相对稳定和惰性的品质"，从而被遗传下去；否则，搜寻再次形成，创新和变异重新发生。[②] 其次，演化经济学以"个体群思维"描述个体行动对群体的"频率依赖"。类型学思维把"所有对理想类型的偏离都看作是偶然的"，把这些偏离抽象掉，把"同质性"视为常态和前提假设。相反，个体群思维认为，"多样性不是隐匿在基本实在之后起干扰作用的困难；它就是基本实在本身，是变化的先决条件"。根据个体群

---

① 霍奇逊认为，演化经济学的核心特征是新奇创生性和反对还原论，马克思主义经济学关于经济系统复杂性、非还原性的判断，与演化经济学是一致的。在这方面，演化经济学可以提供的"借鉴点"主要集中在复杂系统的处理上，因此，这里将演化经济学处理复杂系统时所突现的"行动依赖性"作为"借鉴点"，而没有强调"反对还原论"。

② 在威特看来，"搜寻"是对新奇性的寻找，不同于新奇性的制造，前者一般受制于新知识的传播机制，后者更多地受制于知识的积累和知识增长的客观规律性，正是经济增长的客观规律性导致人们面对的新机遇不会穷尽，以此为基础的抱负不可能永远满足于现状，因此，创新和变异不可能穷尽。

思维，规律性并不是体现在某个个体上，而是体现在个体群整体特征和频率的变化方面。个体的选择受个体群整体频率和其他个体行为的影响，演化经济学以"时间不可逆"描述个体行动本身会形成的"路径依赖"，认为"系统如果发生了变化，虽然导致这种变化的力量已经消失，但系统不会回到初始状态"。个体的选择只能在业已形成的状态和路径中进行，这些状态和路径会通过"动态报酬递增"等机制形成"自我强化"，摆脱现有路径所要付出的代价会降低个体的抱负水平，使个体接受现有路径的次优的、非效率的状态。总之，个体行动的依赖性表明，个体按"满意原则"进行搜寻行动，并不一定选择最优方案；在空间上，不同个体的适用性抱负和行动的频率要依赖于个体群的特征和个体群其他成员的行动；在时间上，不同个体的选择依赖于现有状态和路径。演化经济学从个体行动规则、行动的时间和空间依赖性三个方面解释了经济系统和不同个体为什么会分别进入区别于最优状态的其他状态，打破了理性主义和决定论传统，揭示了经济系统演变的多种可能性和不确定性，也为分析文化、习俗、历史和偶然因素对多样性结果的影响提供了对接渠道。

五 切入点：劳动的目的论特性与分工体系变革的资本积累理论

由于演化经济学与马克思主义经济学的沟通涉及对马克思主义经济学方法论根基——唯物史观的理解，因此，引入上述"借鉴点"的"切入点"的尝试，首先要解决的是哲学和方法论意义上的"本体论切入点"，然后再进一步讨论"分析框架切入点"。

1. 本体论切入点：劳动的选择性—人性的实践性—生产方式的创新性

卢卡奇的"社会存在劳动本体论"为引入演化经济学的创新性、选择性、不确定性和个体群思维提供了本体论接口。"人的劳动之所以具有本体论意义，是由于劳动具有主客体统一的本性"，劳动具有目的论特性。[①]"一个成功的劳动过程要求劳动者把自然界自在地存在着的因果规律转变

---

① 马克思："他不仅使自然物发生形式上的变化，同时他还在自然物中实现自己的目的，这个目的是他所知道的，是作为规律决定着他的活动的方式和方法的，他必须使他的意志服从这个目的。"（参见《马克思恩格斯全集》第 23 卷，人民出版社 1972 年版，第 202 页）

为'被设定的因果性',以便达到人的目的。"在设定目的上,"劳动使人逐渐摆脱那些纯粹自发地起作用的生物学性质的需要,使人不再单纯从生物学的角度去满足这些需要,并且让目的论设定变成人的决定性的需要,而就其本性而言,这种需要立刻就获得了某种可选特征"。在实现手段上,"一方面,它要揭示在相关的对象中不以人的任何意志为转移地自在地起支配作用的那种东西;另一方面,它要在这些对象中发现进行新的组合和执行新的职能的可能性"。这种发现新规律并用于生产的过程正是熊彼特所谓的"创新"。劳动的目的论特性体现了人的主体地位,劳动各环节突现的选择性和创新性受人性的支配。关于人性的基本认识,马克思主义人性观不同于西方经济学的"经济人假设",与演化经济学的"满意假说"和"个体群思维"则有一定的相通之处。在马克思那里,"资本主义生产当事人"是社会关系的承担者和所处阶级的代表,体现了群体规则对个人动机和行为模式的约束;在竞争过程中,资本家对剩余价值的渴求作为对社会权力的追求成为普遍的动机,不可抗拒的"价值革命"威胁导致竞争成败的不确定性,很难判定人的行为是否符合"最优选择";马克思认为,"人的类特性恰恰就是自由的自觉的活动",也为演化经济学的"新奇性创生"提供了空间。"劳动范畴内含的目的设定因素,使生产力和生产关系的矛盾运动不仅具有决定论的色彩,而且具有一定程度的选择性。"劳动方式的选择性和创新性支撑了生产方式的发展,而"劳动方式的发展主要体现为分工",分工便成为解释生产方式发展的关键视角。甚至在动态逻辑上,一切社会存在也要随着劳动的发展而演化。卢卡奇指出:"劳动过程是通过发现和实现新内容、新需求以及满足新需求的新途径而不断向前发展的,因此,它在社会上不仅越来越得到扩展和完善,而且同时还实现着一种不仅是技术性的、而且也是社会性的分工。……这个劳动再生产过程以及由劳动产生的分工,在本体论上重新塑造着社会存在的结构。"这样,从卢卡奇的劳动本体论出发可以发现,劳动范畴在逻辑上将人们的主观选择和主观目的与客观现实相统一,人类行为对现实的塑造与社会群体对个体行为的约束,为克服"决定性"局限和"引入"演化经济学的"多样性"和"新奇创生性"提供了本体论上的"切入点"。

2. 分析框架切入点:市场价值不确定性—分工体系协调性—资本积累制度性

马克思主义经济学与演化经济学沟通借鉴的分析框架"接口"主要集

中于分工领域。活劳动和物化劳动在社会各行业的分布，构成分工体系和"生产的物质条件"，而且，分工体系和生产的物质条件是不断演变的，劳动价值论以及以此为基础的再生产图式、资本积累理论正是把握这种演变过程的动态分析框架。"如果把价值实体和价值形式的区别运用到市场价值理论，市场价值可以简洁地规定为：以市场生产价格为媒介所支配的价值实体"，由此形成了"价值量—生产价格—市场价值"分别对应于资本价值运动的三个阶段，即生产、实现以及补偿所消耗的投入以便进行再生产。社会分工体系在某种产品上投入的社会必要劳动量，即价值量，在转化为生产价格后通过交换所占有支配的、"补偿"① 原劳动用于再生产的劳动量，即市场价值量，可能高于（或低于）原投入量（价值量），这种差别不是理论的误差，反而揭示了这种产品的生产部门在分工体系中的扩张（或萎缩）。分工体系的演化并不局限于这种原结构下的伸缩，更重要的是新产品、新部门出现所对应的分工体系的结构性扩张。马克思的"相对剩余价值生产"的理论论述了这种产品创新和分工深化的过程。② 分工体系的演化包含社会分工和个别分工两方面，两类分工之间存在矛盾统一的关系，其中，两类分工之间的一致性体现了马克思对分工体系自我调节能力的解释，与演化经济学对于"协调问题"的解释具有一致性。因此，资本积累理论可以解释分工体系、交换关系、分配关系和制度环境的动态演变。"法国调节学派"将资本积累与资本主义制度性演变统一到积累体制和调节

---

① 此处的引号表示这种"补偿"会出现的变化，即作为补偿的劳动量不一定与原劳动投入量相等。

② "生产相对剩余价值……要求生产出新的消费……要求生产出新的需要，发现和创造出新的使用价值。换句话说，这种情况就是：获得的剩余价值不单纯是量上的剩余，同时劳动（剩余劳动）的质的差别的范围不断扩大，越来越多样化，本身越来越分化。""例如，由于生产力提高一倍，以前需要使用 100 资本的地方，现在只需要使用 50 资本，于是就有 50 资本和相应的必要劳动游离出来，因此必须为游离出来的资本和劳动创造出一个在质上不同的新的生产部门，这个生产部门会引起新的需要。""新生产部门的这种创造，即从质上说是新的剩余时间的这种创造，不仅是一种分工，而且是一定的生产作为新使用价值的劳动从自身中分离出来；是发展各种劳动即各种生产的一个不断扩大和日益扩大的体系，与之相适应的是需要的另一个不断扩大和日益丰富的体系。"（参见《马克思恩格斯全集》第 46 卷（上），人民出版社 1976 年版，第 391—392 页）

方式的研究框架之中，已成为现代西方马克思主义经济学的重要分支。[①]

六 转变程度：一个建议性评价

应该承认，任何一种通过"沟通"来发展马克思主义经济学的努力，都只是一种趋向和尝试，都处于尚未完成的"建设"状态。因此，要对它们作出准确的评价往往是困难的，甚至是不可能的。我们认为，提供一些"建议性"的评价，可能更为可取。

马克思主义基本原理与具体国情相结合是社会主义各国实践的成功经验。但是，由于缺乏科学的"多样性"分析，各国在不同文化传统和历史条件下对于发展道路的选择，往往难以从理论上内洽地融入马克思主义理论体系。合理引入"多样性"分析，可以有助于中国经济学界将马克思主义中国化和中国特色社会主义理论根植于马克思主义理论内核，开创中国的马克思主义经济学，实现"中国经验"的理论升华，为中国特色社会主义理论和实践提供系统的马克思主义经济学理论支撑。理解市场经济的"协调性"，可以较为合理地解释发展市场经济的必要性，有助于构建科学的市场经济理论。因此，与演化经济学的沟通借鉴，应该可以为中国马克思主义经济学展现更好的发展前景。这里，仅从研究方法的主要问题和立场原则两个方面，尝试对目前这一取向的"转变程度"提出一些建议性评价。

1. 研究方法：规律性与多样性的关系

按照马克思主义的理论观点，规律具有不以人的意志为转移的客观性。但是，在引入了以人为主体的选择性、目的论之后，结果不是唯一确定的，而是多样性的。最终结果到底是服从于客观的规律性，还是服从于人们的自主选择？对此，卢卡奇的观点值得注意。在他看来，这种自主选择的目的论与客观因果性之间是对立统一的。虽然很多学者认为目的论和

---

① 现代西方马克思主义代表人物保罗·斯威齐、霍华德·谢尔曼于1999年和2005年分别获得演化经济学会的凡勃伦—康芒斯奖，也体现了马克思主义经济学与演化经济学沟通与融合的可能。不限定"多样性"结果的范围，宣布"什么样的结果都是可能的"，会陷入"神秘主义"误区，使理论研究失去价值；妄言通过因果规律性实现对现实世界的"全知全觉"，则是典型的"理性主义"误区。当然，这种"不可协调"的新矛盾与"协调性"原理之间的关系，也需要更为审慎的处理。

客观因果性之间是矛盾的，但是在马克思主义理论中两者却存在统一性。关于这种矛盾统一性，卢卡奇进行了专门的剖析："就像我们在马克思那里所看到的那样，承认目的论仅仅在劳动中才是一个现实有效的范畴，那么由此就必然得出一个结论，就是因果性和目的论乃是具体地、现实地和必然地存在的；它们两者固然是对立面，但仅仅是一个统一的过程中的对立面，这个过程的运动性是建立在两个对立面相互作用的基础之上的，而这个过程为了把这种相互作用当作现实而表现出来，就在不触动因果本质的情况下，将因果性也变成了一种同样被设定的因果性。"客观的因果规律设定了目的论的选择范围，这个被限定的范围，正是目的论行为多样性结果的共性之处。可见引入"多样性"分析的关键，不是分析框架包容多样性结果，而是要揭示客观规律对这些目的论选择行为和多样性结果的限定和约束，揭示这些多样性结果所必然服从的"共性"与"规律"，再以此为基础，引入不同的历史条件、文化背景和发展路径等因素，解释目的论选择行为的差异性，逼近各个多样性结果。因此，引入"多样性"分析，演化经济学的借鉴作用是有限的，关键是要深刻把握马克思主义经济学相关"规律"的适用条件和适用范围，达到扎实可操作的"灵活应用"。这无疑是一个高难度的学术要求。当然，更难把握的是由此引发的理论的"相对性"和"伸缩性"问题。例如，历史条件、文化背景和发展路径等因素，到底应被视为揭示"共性"和"规律"的时代背景条件，还是解释人们目的论选择行为差异的特定的"具体"条件，要视分析的场合而定，是相对的。这就需要研究马克思主义经济学诸原理的"适用条件"，在不同背景下就各理论的"去留"进行讨论，构建可调整的理论框架；还需要探索依据历史条件的变迁调整理论体系所必须遵循的基本原则，在调整的过程中权衡理论框架"稳定性"与"伸缩性"之间的关系，实现"研究纲领"的不断进化。由此不难预见，马克思主义经济学的"相对性"将愈益明显，随着学者们选择、权衡的差异，演化经济学与马克思主义经济学的沟通借鉴将进入学派差异的时代。可见，与演化经济学的沟通借鉴，不仅是一项繁重而审慎的工作，还需要使学界接受一个作为"相对真理"的、容纳学派差异的马克思主义经济学。

2. 结论立场：协调性与社会主义必然性

资本主义经济系统不可协调的内在矛盾，是导致资本主义经济制度不能适应经济社会发展，最终必然被社会主义取代的理论依据。然而，"协调性"引入之后，则需要重新审视社会主义的必然性。要么导入一个没有社会主义必然性的"马克思主义经济学"，要么在"协调性"的基础上重新揭示资本主义经济系统的不可协调的、导致这一系统灭亡和社会主义制度确立的新矛盾；甚至需要重新讨论：什么是社会主义？社会主义制度的确立是一个渐缓的过程还是一个突变的革命过程？甚至西方资本主义社会的某些"社会主义因素"也需要重新认识。无疑，这又是一个需要科学探索的任重而道远的过程。

"由具体到抽象，再由抽象到具体"是马克思主义经济学的基本研究方法。与经济学诸流派沟通借鉴的各种取向对于马克思主义经济学"不足之处"的关注，大多发端于"抽象到具体"的环节。马克思曾指出："具体之所以具体，因为它是许多规定的综合，因而是多样性的统一。因此它在思维中表现为综合的过程，表现为结果，而不是表现为起点，虽然它是现实的起点，因而也是直观和表象的起点。"在理论上，多重"规定"源自从不同角度对现实表象的抽象。马克思主义经济学与经济学诸流派沟通的实质，正是借鉴诸流派从不同角度对现实"规定"的理论抽象。但是，这并非全部工作，将"新规定"应用于"新综合"以更好地贴近具体现实，才是目的所在。如果对于各种沟通取向的关注集中于"新规定"的合理性、"新规定"与核心理论的内洽性，由于理解上的分歧，难免陷入无休止的争议。如果能将关注点"后移"，搁置争议，鼓励"新综合"，视"综合"分析和具体应用的效果进行评价，或许将更有助于马克思主义经济学贴近现实、提升解释力。因此，要化解马克思主义经济学内部"争议大于建设"的局面，关键不是在诸命题的具体理解上形成统一与共识，而是通过鼓励具体"综合"与应用研究，将具体差异发展为对于现实的多角度贴近，包容学派差异，鼓励交叉融合，共同推动马克思主义经济学"贴近现实、走向应用"的进程。

（原载《当代经济研究》2012 年第 12 期）

历史唯物主义的辩证本性

贺　来

近年来，关于"历史唯物主义"的研究取得了新进展，学者们围绕着"历史唯物主义"的理论性质、在马克思哲学中的理论地位及其在当代世界的理论意义等进行了多方面的探讨。但在此过程中，有一个重大课题的研究显得相对薄弱，那就是历史唯物主义与辩证法之间的内在关系。我们认为，历史唯物主义与辩证法具有深层的一致性，阐发"历史唯物主义"的"辩证"的本性，对于深化历史唯物主义的基础理论研究和彰显历史唯物主义独特的精神品格具有十分重要的意义。

一　历史唯物主义的思想前提

历史唯物主义与辩证法的深层一致性首先体现在辩证法所实现的重大变革，构成了历史唯物主义的理论前提。马克思通过对黑格尔辩证法的批判，使辩证法的理论基础发生了根本的转换，同时也为历史唯物主义提供了坚实的理论根基。

马克思和恩格斯在其著作中，"特别坚持的是**历史**唯物主义，而不是历**史唯物主义**"，[①] 这是列宁关于历史唯物主义的一个经典论述。马克思同样强调："我们仅仅知道一门唯一的科学，即历史科学。"[②] "历史"是历史唯物主义重大的思想原则，也是旧唯物主义者无法理解的思想原则："当费尔巴哈是一个唯物主义者的时候，历史在他的视野之外；当他去探讨历史的时候，

---

① 《列宁选集》第 2 卷，人民出版社 1972 年版，第 336 页。
② 《马克思恩格斯选集》第 1 卷，人民出版社 1995 年版，第 66 页。

他不是一个唯物主义者。"① 以一种符合历史本性的方式理解和把握历史，是历史唯物主义的重大理论前提。而这一点正是通过马克思对黑格尔辩证法进行批判性的改造，并把辩证法置于现实的基础上才得以实现的。

在哲学史上，黑格尔"是第一个想证明历史中有一种发展、有一种内在联系的人"，他不同于"所有其他哲学家的地方，就是他的思维方式有巨大的历史感作基础"。② 在黑格尔看来，"哲学的最高目的就在于确认思想与经验的一致，并到达自觉的理性与存在于事物中的理性的和解，亦即达到理性与现实的和解"。③ 理性与现实的和解，意味着要使理性成为世界的主宰。但理性原则的实现不是"如同手枪发射那样突如其来"的直接性，而是必须经过"否定物的严肃、痛苦、容忍和劳作"，④ 只有在自我矛盾和自我否定中，通过历史的运动，理性才能实现自身。在此意义上，"历史"被黑格尔视为精神运动的基本原则，因而也是辩证法的基本原则。

马克思肯定黑格尔辩证法"第一个全面地有意识地叙述了辩证法的一般运动形式"，⑤ 但又指出："他只是为历史的运动找到抽象的、逻辑的、思辨的表达，这种历史还不是作为一个当作前提的主体的人的现实历史。"⑥ 深入批判黑格尔的辩证法，把以"抽象的、逻辑的、思辨的"方式表达的历史转换为人的现实的历史，从而拯救辩证法及其历史性原则，这是历史唯物主义得以确立的基本前提。要实现这一点，至关重要之处就在于转换辩证法的理论基础，以人的现实的感性实践活动代替无人身的"客观精神"的自我运动，使之成为辩证法的真实基础，只有这样，历史才能真正成为人的"现实的历史"。

所谓辩证法的理论基础，是指辩证法的"真理内容"或"本体论根据"。与仅关注思维形式及其规律的形式逻辑不同，辩证法是与"真理的

---

① 同上书，第78页。
② 《马克思恩格斯选集》第2卷，人民出版社1995年版，第42页。
③ 黑格尔：《小逻辑》，贺麟译，商务印书馆1987年版，第43页。
④ 黑格尔：《精神现象学》，贺麟、王玖兴译，商务印书馆1979年版，第17、11页。
⑤ 《马克思恩格斯全集》第44卷，人民出版社2001年版，第22页。
⑥ 《马克思恩格斯全集》第3卷，人民出版社2002年版，第316页。

内容"密不可分的"内涵逻辑"。^① 列宁在《黑格尔〈逻辑学〉一书摘要》中强调，"黑格尔则要求这样的逻辑：其中形式是富有内容的形式，是活生生的实在的内容的形式，是和内容不可分离地联系着的形式"^②。在黑格尔那里，辩证法的这种"真理内容"就是"客观思想"，"客观思想"是内在于事物、规定着事物存在和发展的形而上学的理性"本体"，辩证法作为"真理逻辑"，是关于"客观思想"及其辩证运动的逻辑。因此，黑格尔的历史只能是"抽象的、绝对的思维的生产史，即逻辑的思辨的思维的生产史"，^③ 而不是现实的人及其现实发展的历史。

在马克思看来，把"客观思想"视为辩证法的理论基础，其根本错误在于把抽象的"哲学思维"确立为整个世界的本质和尺度，预先用抽象思维的尺度裁割感性现实及其历史，导致了抽象精神与现实世界之间关系的颠倒，使"现实的历史"蒸馏成"抽象思维"的历史。^④ 因此，奠基于抽象的、脱离感性现实的"哲学精神"基础之上的黑格尔辩证法体系，所表现的不过是绝对精神在历史中的自我外化及复归的过程。

正是基于这一自觉认识，马克思立足于感性实践活动，一方面充分肯定黑格尔的作为推动原则和创造原则的否定性辩证法抓住了劳动的本质，把对象性的人、现实的因而是真正的人理解为他自己的劳动的结果，^⑤ 但同时深刻地指出：由于黑格尔"惟一知道并承认的劳动是抽象的精神的劳动"，他把"构成哲学的本质的那个东西，即知道自身的人的外化或者思考自身的、外化的科学，看成劳动的本质"，^⑥ 结果使辩证法只是形成了对于历史的抽象的、思辨的、逻辑的表达。只有把"抽象的精神劳动"转换为现实的人的感性实践活动，历史才能真正转变为现实的人及其发展的历史，辩证法也才能真正成为关于"现实的人及其历史发展"的学说。

---

① 辩证法在实质上属于"内涵逻辑"，这一点国内学者曾有专门系统的探讨，例如邹化政的《黑格尔哲学统观》，吉林人民出版社1991年版；孙正聿的《辩证法：黑格尔、马克思与后形而上学》，《中国社会科学》2008年第3期。刘小枫曾把辩证法称为"质料逻辑"（吉尔比：《经院辩证法》，王路译，上海三联书店2000年版，"中文导言"，第2页），"质料逻辑"与"内涵逻辑"具有相同的含义。

② 《列宁全集》第55卷，人民出版社1990年版，第77页。

③ 《马克思恩格斯全集》第3卷，第318页。

④ 同上。

⑤ 参见《马克思恩格斯全集》第3卷，第319—320页。

⑥ 《马克思恩格斯全集》第3卷，第320页。

以人现实的感性实践活动作为辩证法的真实基础，使得关于历史的一系列重要理解发生了深刻而根本的变化。它意味着，历史的主体不再是"无人身的理性"，而成为从事实践活动的人："'历史'并不是把人当做达到自己目的的工具来利用的某种特殊的人格。历史不过是追求着自己目的的人的活动而已"；① 历史的基础不再是客观精神及其辩证运动，而是"从直接生活的物质生产出发阐述现实的生产过程，把同这种生产方式相联系的、它所产生的交往形式即各不同阶段上的市民社会理解为整个历史的基础"；② 历史发展的动力不再是抽象的精神劳动，而是自我否定和自我超越的感性实践活动；历史发展的过程也不再是普遍的客观理性的自我实现，而是通过人的实践活动的自我创造过程："整个所谓世界历史不外是人通过人的劳动而诞生的过程，是自然界对人来说的生成过程。"③

所有这一切都充分表明，随着辩证法理论基础的根本转换，辩证法从对历史"抽象的、逻辑的、思辨的表达"变为对"作为一个当作前提的主体的人的现实的历史"的自觉理解，辩证法真正成了关于"现实的人及其历史发展"的学说，而这样理解的辩证法，实质上就是历史唯物主义。恩格斯把历史唯物主义规定为"现实的人及其历史发展的科学"，④ 马克思在同样的意义上指出历史唯物主义的真正出发点是"从事实际活动的人"。⑤ 在此意义上，马克思的辩证法和历史唯物主义有着共同的主题和内涵，二者一同显现和产生，构成相辅相成的内在统一体。

二 "社会历史"的辩证内涵

历史唯物主义的辩证本性进一步表现在：历史唯物主义的"社会历史"概念以一种创造性的方式，为超越人与自然、主体与客体、自由与必然、形式与内容等一系列矛盾关系提供了深层基础，从而把"社会历史"理解为禀赋丰富辩证内涵的存在，这是历史唯物主义在哲学史上的重大

---

① 《马克思恩格斯全集》第 2 卷，人民出版社 1957 年版，第 118—119 页。
② 《马克思恩格斯选集》第 1 卷，人民出版社 1995 年版，第 92 页。
③ 《马克思恩格斯全集》第 3 卷，人民出版社 2002 年版，第 310 页。
④ 《马克思恩格斯选集》第 4 卷，人民出版社 1995 年版，第 241 页。
⑤ 《马克思恩格斯选集》第 1 卷，人民出版社 1995 年版，第 73 页。

贡献。

旧唯物主义试图从脱离人的自然出发去理解世界的统一性，肯定了自然物质的本源性，以之为根据来理解一切存在及其变化的基础。与之相反，唯心主义则试图从脱离自然的人出发去理解世界的统一性，它强调人的理性和自我意识所具有的能动性和创造性，认为只有以人的自我意识为核心的主体世界才是唯一真实的世界。前者论证了自然物质世界的本源性，后者论证了主体意识的能动性。

旧唯物主义与唯心主义的上述对立，会聚了以往哲学发展的矛盾。在这一对立中，内在地蕴涵着哲学中的一系列重大的矛盾关系，如人与自然、本质与现象、自由与必然、主观与客观、形式与内容、合目的性与合规律性等。如何超越这一系列两极对立，寻求它们的辩证统一，是哲学进一步发展所面临的根本性课题。

要回答这一课题，关键在于确立使它们克服分裂、实现统一的现实基础。这正是近代哲学史上许多哲学家的理论目标。无疑，黑格尔是其中的代表人物。他把上述两极对立的矛盾关系的每一个方面视为精神活动的内在环节，认为精神的本性即是矛盾："认识到思维自身的本性即是辩证法，认识到思维作为理智必陷于矛盾、必自己否定其自身这一根本见解，构成逻辑学上的一个主要的课题"，① 在精神的辩证运动中，理性与现实、人与自然、本质与现象、必然与自由等"在思维自身中完成解决了其自身的矛盾"。② 然而，黑格尔的辩证法是以客观精神作为载体和基础的，这决定了它对上述两极对立的解决必然是不彻底的。对此，卢卡奇的评价十分中肯："古典哲学把它的生存基础的所有的二律背反都推到了它在思想中能够达到的最后的极点，它尽可能地在思想上表达了这些二律背反，但对这种哲学来说，它们仍是没有解决的和不能解决的二律背反。"③

与哲学史上的哲学家不同，马克思为克服上述分裂、实现其内在统一开辟了全新的视野。在马克思看来，"人直接地是自然存在物"，但"人不仅仅是自然存在物，而且是人的自然存在物，就是说，是自为地存在着的

---

① 黑格尔：《小逻辑》，贺麟译，商务印书馆 1987 年版，第 51 页。
② 同上。
③ 卢卡奇：《历史与阶级意识》，杜章智等译，商务印书馆 2009 年版，第 235 页。

存在物"，^① 人通过生产劳动生产自己的生活资料，这构成了人与动物的根本区别："一当人开始生产自己的生活资料的时候，这一步是由他们的肉体组织所决定的，人本身就开始把自己和动物区别开来。人们生产自己的生活资料，同时间接地生产着自己的物质生活本身。"^② 人的生活如何，是由其本源性的生存方式，即生产实践活动所决定的。在生产实践中，人们创造自己的生活条件并形成人们的社会关系。正是这种生产实践活动，构成了社会历史的现实根据。

上述历史唯物主义的基本观点为克服哲学史上所遗留的两极对立，实现其辩证的统一提供了坚实的基础。实践活动既是一种感性的活动，同时又是改造自然的自由自觉的活动，它是自然与人、合规律性与合目的性、必然与自由等矛盾的结合点，人与自然、主体与客体、自由与必然、形式与内容等矛盾关系在实践活动中内在地结合起来，它们既产生于实践活动，又通过实践活动实现了统一。在实践活动中，它们通过相互作用和相互转化结成既对立又统一的辩证关系。因此，实践活动克服了旧唯物主义及其所代表的矛盾关系中抽象一极的片面性，也克服了唯心主义及其所代表的矛盾关系中的抽象一极的片面性，同时，又把它们内在地统一起来。基于实践活动所具有的这一辩证性质，由实践活动所创造的社会历史也必然禀赋这样的辩证本性：社会历史的存在和运动离不开自然物质前提，但只有在社会历史中，自然界才真正成为人的存在的基础。通过实践活动，单纯的"自然事实"失去了其自在的、独立的性质而消融在流动的历史之河中，它不是在人之外的、与人处于对峙状态的"自在之物"，而是内在于历史之中，构成社会历史发展过程的内在环节，成为历史性的"人化自然"。在此意义上，社会历史并不是与自然并列的某一特殊领域，自然也不是与社会历史无关的"自在之物"，而是人与自然在历史性的实践活动中的内在统一。

通过上述讨论，我们可以清楚地看到，历史唯物主义的"社会历史"概念凝结着把"对象、现实、感性"当作"人的感性活动，当作实践去理解"的全新哲学世界观的精髓。它为解答以往哲学发展所提出的根本性问题提供了新的出发点，为克服以前的哲学所遗留下来却无力统一的两极对

---

① 《马克思恩格斯全集》第 3 卷，人民出版社 2002 年版，第 324、326 页。
② 《马克思恩格斯选集》第 1 卷，人民出版社 1995 年版，第 67 页。

立提供了现实的基础。因而，它作为一种克服哲学发展中重大问题的"总体性"概念而获得理论内涵，它的重要性不仅体现在与自然界、人类思维等相并列的狭义的历史领域所实现的理论变革，而且表现为全部哲学的重大变革。它充分表明：历史唯物主义与马克思哲学的辩证法乃是不可分割的内在统一整体，而且只有在这种统一中，历史唯物主义的哲学内涵及其在哲学史上的重大贡献才得以充分地彰显。

三　历史唯物主义的批判本性

深入阐明历史唯物主义的辩证本性，必须澄清历史唯物主义所具有的批判性。马克思在《资本论》第二版跋中谈道："辩证法在对现存事物的肯定的理解中同时包含对现存事物的否定的理解，即对现存事物的必然灭亡的理解；辩证法对每一种既成的形式都是从不断的运动中，因而也是从它的暂时性方面去理解；辩证法不崇拜任何东西，按其本质来说，它是批判的和革命的。"[①]

历史唯物主义所具有的批判性首先表现为它对一切以"绝对真理"自居的抽象观念和形而上学教条的拒斥。把自身所确立的哲学原则绝对化，认为自己发现了超越历史的终极实在，这是传统哲学的基本信念。由此出发，它形成了一种唯心主义的思维方式：把哲学观念和原则视为一种独立的、决定性的力量，认为它具有自因自足的性质，拥有对于现实世界的终极解释权与统治力，如马克思所言："一切谜语的答案都在哲学家们的写字台里，愚昧的凡俗世界只需张开嘴来接受绝对科学的烤松鸡就得了。"[②] 显然，构成这种唯心主义核心的乃是当代哲学激烈批判的传统形而上学的理论传统，对其进行批判已成为现当代哲学的重大主题。在这一点上，历史唯物主义显示出其他哲学思潮难以企及的深刻性。

历史唯物主义宣告了一切绝对真理的观念和形而上学教条的无根性，体现出彻底的批判精神。一切思想和观念归根到底都是现实生活的反映，任何基于某种哲学原则和哲学观念来规定现实生活的尝试，从根本上讲都颠倒了思维和存在的关系。不仅如此，马克思还通过"意识形态批判"揭

---

① 《马克思恩格斯选集》第 2 卷，人民出版社 1995 年版，第 112 页。
② 《马克思恩格斯全集》第 1 卷，人民出版社 1956 年版，第 416 页。

露了一切"绝对真理"的虚幻性。在《德意志意识形态》中，马克思把"意识形态"归结为两个特征：一是把特殊利益说成是普遍利益，二是把"普遍的东西"说成是占统治地位的东西。① 因此，在"绝对真理"宣称的背后，隐藏着把某种特殊利益普遍化并由此获得统治合法性的权力意志。把"思想、观念、概念"等变成"某种独立的东西"，实质上是用形而上学的思辨掩盖了生活中实实在在存在的统治关系。在此意义上，批判和否定绝对真理的幻觉，是在更深入的层面上反思这种幻觉得以产生的现实生活根源，揭露抽象的思想和观念赖以生成的社会现实。思想观念的病症根源于生存方式的病症，通过对人的生存方式的批判，实现对绝对真理和抽象观念的消解，这是马克思所开辟的独特的批判样式。

历史唯物主义的批判本性进一步表现为，它结束了一切关于存在最终的人类历史完美状态的幻觉，自觉地拒斥了把某种社会秩序永恒化和完美化的设想，真正把社会历史的发展理解为一个不断自我否定和自我超越的过程。

真理仅存在于否定性的整体中，这是黑格尔辩证法的重要思想。对此，恩格斯给予了高度的评价："黑格尔哲学的真实意义和革命性质，正是在于它彻底否定了关于人的思维和行动的一切结果具有最终性质的看法……历史同认识一样，永远不会在人类的一种完美的理想状态中最终结束；完美的社会、完美的'国家'是只有在幻想中才能存在的东西；相反，一切依次更替的历史状态都只是人类社会由低级到高级的无穷发展进程中的暂时阶段。"② 黑格尔辩证法对社会历史的理解已经包含"批判的一切要素"。但是，黑格尔所理解的"否定性的整体"是一个以"绝对精神"为基础的理性整体，社会历史的发展终将服从普遍理性的规定，随着普遍理性的实现，历史也就走向了终结，这是黑格尔辩证法的深层悖论。正是在此意义上，马克思认为黑格尔最终必然不可避免地陷入"非批判的实证主义和同样非批判的唯心主义"。③

因此，要拯救黑格尔哲学中已经蕴涵、但没能彻底贯彻的辩证法的批判精神，就必须真正对"每一种既成的形式都是从不断的运动中，因而也

是从它的暂时性方面去理解"。历史唯物主义所体现的正是这样一种精神。在历史唯物主义看来，现实的社会存在所包含的内在矛盾，决定了任何社会秩序都不可能是永恒和静止不变的，而是必然会被更高的阶段所取代。在任何社会阶段里，都包含着自我否定和自我超越的倾向，因而它都不是最终和最完美的状态。一切历史状态都只是人类社会从低向高的无穷发展过程中的暂时阶段。对此，卢卡奇的概括十分精辟："只有历史的辩证法才造成了一种全新的情况。这不仅是由于在历史的辩证法中，界限本身是相对的，或者说得更确切些，是在变动之中的；这不仅是由于所有那些存在的形式（它们的抽象的对应物是各种形式的绝对）都变成了过程，和被把握为具体的历史的现象，以至于绝对不是被抽象地否定，而是被把握为具有具体的历史形态，被把握为过程本身的环节。"①

正是由此，当同时代的人们为资本主义的成就欢欣鼓舞时，马克思则指出，资本主义社会无产阶级所遭受的"普遍的痛苦"和"普遍的不公正"，生动地证明了这样一个事实：真理并没有实现。由于不可克服的内在矛盾，决定了资本主义并不具有其自我宣称的永恒性与终极性。同样，"共产主义对我们来说不是应当确立的状况，不是现实应当与之相适应的理想。我们所称为共产主义的是那种消灭现存状况的现实的运动"。② 因此，共产主义意味着人类通过自我超越、面向未来不断敞开空间的社会理想。

强调历史唯物主义的批判本性，并不意味着我们要否定一切稳定性和确定性的存在。和怀疑与否定一切的"崩溃的逻辑"不同，马克思批判"旧世界"的目的是为了发现和创造一个"新世界"，揭露一切"神圣形象"和"非神圣形象"的"自我异化"，从而"确立此岸世界的真理"。③ 在历史唯物主义的批判本性中，内在地蕴涵着马克思对人的自由和解放的坚定信仰和承诺。马克思批判使人陷入自我异化的抽象力量，其根本旨趣乃是实现人的全面发展，历史唯物主义的批判本性深刻地体现了马克思哲学作为"改造世界"哲学的理论功能和"人的解放"学说的理论性质。

---

① 卢卡奇：《历史与阶级意识》，商务印书馆 1987 年版，第 287 页。
② 《马克思恩格斯选集》第 1 卷，人民出版社 1995 年版，第 87 页。
③ 《马克思恩格斯选集》第 3 卷，人民出版社 1995 年版，第 200 页。

（原载《中国社会科学》2012 年第 3 期）

对生产力一元决定论的反思与新释[①]

王峰明

在马克思主义哲学发展史上，普列汉诺夫是明确提出并系统阐释历史唯物主义的决定论原理的第一人，其实质就在于确立物质生产和生产力对于社会存在和历史发展的一元决定性地位和作用。普列汉诺夫的观点极大地影响了苏联、中国乃至世界各地的马克思主义理论研究事业。在一定意义上可以说，传统教科书中的辩证唯物主义历史观是其观点的翻版。后世思想家对传统教科书体系、对历史唯物主义，进而对马克思主义哲学理论的种种批评、保卫、重建与超越的倾向和立场，无不与普列汉诺夫的阐释相勾连。因此，详尽梳理和准确把握普列汉诺夫的生产力一元决定论，并站在方法论高度予以深入反思，无疑具有非常重要的理论意义和现实价值。

一 一元决定："经济"抑或"生产力"

1. 历史观中唯心主义的二律背反

在普列汉诺夫看来，马克思主义作为一种"完整的世界观"，代表了唯物主义的现代形态，因而可以称为"现代唯物主义"。"历史唯物主义"既是"这个世界观的历史方面和经济方面"[②]，也是以往唯物主义思想发展的产物。不理解唯物主义的历史发展，就无法理解历史唯物主义。鉴于此，他详细考察了18世纪下半期以来唯物主义思想的发展历程。

① 本文是作者主持的国家社科基金项目"文本学视阈中马克思的生产力理论研究"（07BZX002）的阶段性成果。

② 《普列汉诺夫哲学著作选集》第3卷，生活·读书·新知三联书店1962年版，第134页。

18 世纪的法国唯物主义者霍尔巴赫和爱尔维修等，以"感觉论"对抗唯心主义的"天赋观念说"，认为人的心理活动和心理功能均是感觉的变形，而感觉则是"周围环境"对人发生影响的结果，具有思想、感觉和意愿的人乃是其周围社会环境的产物。然而，他们并没有循此思路把研究重心转移到社会和社会关系的"发展规律"上来，进而解决究竟是什么东西制约着社会环境的结构以及社会环境的发展有哪些规律的问题，反而认为环境及其一切属性都由人们的意见所创造。这便是有名的"环境决定意见"和"意见支配世界（即社会关系）"的二律背反。

19 世纪 20 年代法国复辟时代的历史学家基佐、梯叶里和米涅等，开始于法国唯物主义者止步的地方。法国革命的进程和结局使他们更加倾向于"环境万能"的思想，并开始从新的观点来观察环境，认为"政治宪法"和"政治制度"产生于"社会环境"，即"人们的公民生活"或"社会本身"，其中最重要的则是"财产关系"和基于财产关系的"社会中的不同的阶层及其相互关系"。政治结构生根于社会关系，而社会关系又取决于所有制的状况。依照普列汉诺夫的理解，这就等于默认了："为着解释某一国家的政治生活……要一般地研究它的一切财产关系。"① 遗憾的是，当进一步讨论"所有制状况"和"财产关系"的起源时，他们又不得不求助于"人的本性"，一方面认为人的本性的发展由社会的需要来说明，另一方面又认为社会需要的发展由人的本性的发展来说明，不仅陷入了新的二律背反，而且事实上回避了问题本身。

以圣西门、傅立叶和欧文为代表的 19 世纪前半期的空想社会主义者，着力在历史中寻求"规律性"，而不是像法国唯物主义者那样把人类历史看成一系列的"偶然事件"；他们也没有像复辟时代的历史学家那样仅仅看到"财产关系"对于整个社会制度的基础性作用，而是进一步提问："为什么正是这些关系，而不是别的任何关系起这样重要的作用呢？"② 其答案是：财产关系由农业和工业等"实业"和"生产"决定，人们在财产关系中的不同地位取决于他们在实业和生产中的地位。这样，他们的分析就率先进到了"物质生产"的层面。尽管如此，他们最终还是没能摆脱法

---

① 《普列汉诺夫哲学著作选集》第 1 卷，生活·读书·新知三联书店 1959 年版，第 582—584 页。

② 同上书，第 597 页。

国唯物主义者的思路，而且比后者更为彻底地坚持"意见决定环境"的一面，而很少看到"环境决定意见"的另一面。因为他们发现，要生产就必须有劳动工具，而劳动工具则决定于生产者的智慧和知识。所以，生产和实业的发展最终由人的智慧或知识的发展决定，知识的发展是历史运动的根本因素。他们还认为，人类智慧和知识的发展又体现着"人的本性"的发展，因此"人类的历史以人类的天性来解释"。可是，"从什么地方我们知道人的天性呢？从历史中"①。这样，他们就重蹈了复辟时代的历史学家"人性决定历史"和"历史决定人性"的二律背反的覆辙。

同样是在 19 世纪前半期，以黑格尔为代表的德国唯心主义哲学家抛弃了人具有固定不变的本性的观点，拒绝从人的本性出发解释社会现象。他们把社会生活看成是有自己固有规律的必然过程，认为任何事物或早或晚、不可避免地会向自己的对立面转化。因此，没有永恒的东西，一切皆变。但在黑格尔那里，历史的规律性不过是"绝对理念"自身的辩证运动。无论是人还是社会关系，其本性都以之为依靠才存在的最后基础，就是"概念"或曰"理念"。特定民族的全部历史都是这一理念的实现。每一个民族都在实现自己特殊的理念，而每一个民族的每一个特殊理念都是绝对理念发展中的一个阶段。因此，历史不过是逻辑的应用，说明某个历史时代，就等于指出它对应于绝对理念逻辑演进的哪一个阶段。普列汉诺夫指出：黑格尔的绝对理念"不是别的，就是我们本身的逻辑过程的人格化"，"将我们自己的思维过程人格化为绝对理念的形态，而在这个理念中找寻一切现象的解答，唯心主义这样便引导自己走入死巷"②。

黑格尔哲学受到青年黑格尔主义者的猛烈批判。鲍威尔兄弟认为，黑格尔的绝对理念既存在于时间和空间之外，也存在于人的头脑之外，不仅把人变成了完全消极被动的东西，而且它本身就是虚幻的。在历史中占统治地位的力量，不是什么绝对理念，而是人的"自我意识"，"理性"就是自我意识的一种力量。没有绝对的理念，没有抽象的理性，只有人们的自我意识，只有有限的、永远变化着的人类理性。普列汉诺夫就此认为，把"人类理性"看成是世界历史的动力，用理性自身固有的内在属性来说明世界历史的发展，意味着把人的理性重新变成了某种绝对的东西，意味着

---

① 《普列汉诺夫哲学著作选集》第 1 卷，生活·读书·新知三联书店 1959 年版，第 599 页。
② 同上书，第 663、665 页。

黑格尔的"绝对理念"在新的形态下的复活，也同时意味着重新踏上了18世纪法国唯物主义者所走过的"意见支配世界"的老路①。

总之，在历史领域，马克思之前的思想家都毫无例外地陷入了"二律背反"，一系列无法解决的思想矛盾使他们最终都投向历史唯心主义的怀抱。只有马克思从思想的自我矛盾中走出来，创立了历史唯物主义。

2. 马克思对唯心史观二律背反的超越

依普列汉诺夫之见，唯物主义在马克思这里获得了"再生"，但这种唯物主义决不是18世纪末法国唯物主义学说的简单重复，它"以唯心主义的一切成就丰富了自己"，其中最重要的，"是辩证的方法，是在现象的发展中，在现象的产生与消灭中来观察现象"，因而是一种"新的唯物主义"②。

鲍威尔兄弟认为，一切重大的历史冲突都不外是观念的冲突。马克思则认为，观念必须符合于"现实的经济利益"，只有理解经济利益，才会获得理解历史发展进程的钥匙。就物质利益而言，18世纪的法国唯物主义者也曾经用它来说明特定社会的特定状况，但这只是"意见支配世界这个公式的变形"③。因为在他们那里，人们的利益本身也依赖于他们的意见，并且随着这些意见的变化而变化。法国复辟时代的历史学家把"公民生活"和"财产关系"确认为整个社会制度的基础和根本，这一见解得到德国唯心主义哲学家事实上的认同，用普列汉诺夫的话说就是："黑格尔也被迫地承认'所有权状态'的决定的意义。"④ 马克思将之吸收进来并概括为："法的关系和国家的形式"均根源于"物质的生活关系"，其总和就是所谓的"市民社会"，对它的解剖应当到"经济"中去寻找。

特定社会的经济又依赖于什么呢？复辟时代的历史学家和空想社会主义者，都直接地援引"人的本性"来解释。黑格尔则懂得解释人类历史运动的钥匙应当在人的本性之外去寻找，这是他的巨大功绩。尽管如此，由于他错误地在精神的属性中、在绝对理念之逻辑的发展规律中寻找人类历

---

① 《普列汉诺夫哲学著作选集》第1卷，生活·读书·新知三联书店1959年版，第670—671页。

② 同上书，第669页。

③ 同上书，第675页。

④ 同上书，第705页。

史运动的钥匙，所以又拐弯抹角地复归于人性的观点，因为"正如我们所已经知道的，绝对精神只不过是我们思维的逻辑过程的人格化"①。青年黑格尔派也没有克服这种错误，他们更是径直用"人"的"精神"和"意识"代替了黑格尔的"绝对理念"。与此相反，马克思"把人的天性看作是永远地改变着的历史运动的结果，其原因在人之外"。这是因为，随着生产资料和生产力的发展，人"必然要改变其全部生活式样，全部习惯，全部思想式样，全部'天性'"②。同时，如果说生产力是"人们对自然界的关系"，那么，生产关系就是生产中发生的"人对人的关系"或者说"人们的相互联系和关系"。只有在人们的这些社会联系和社会关系内部并通过这些联系和关系，才会产生人们对自然界的那些作用。因此，人的本性由生产力和生产关系共同决定。就生产关系与生产力的关系而言，生产力的状况对人们的生产关系和社会关系"有决定的影响"③。

总之，在马克思看来，"所有权的状况，以及跟着它，社会环境的全部性质……不是为绝对精神的属性，不是为人性的性质所决定的，决定它的是'在自己生活的生产的社会过程'中、即在争取生存的斗争中人们彼此之间必然发生的互相关系"④。这一天才发现给予唯心主义历史观以致命打击，并使马克思彻底从"环境"与"观念"，从"人性"与"历史"之间的二律背反中走出来。

3. 生产力一元决定论与经济唯物主义

俄国自由主义民粹派思想家米海洛夫斯基把马克思的历史观称为"经济唯物主义"。对此，普列汉诺夫指出，第一，在任何一位民粹主义者看来，所谓的"经济唯物主义者"，就是"主张经济因素在社会生活中有支配意义的人"⑤。然而，认为经济"因素"在人类社会生活中起支配作用的人却不只有马克思，他也从来没有称呼自己是经济唯物主义者。第二，"经济唯物主义"是一种"因素论"。人类社会在它那里就像"是一个重担，由一些不同的'力量'——道德、法律、经济等等——各自从它自己

---

① 《普列汉诺夫哲学著作选集》第1卷，生活·读书·新知三联书店1959年版，第705页。
② 同上书，第676、677页。
③ 同上书，第679页。
④ 同上书，第705页。
⑤ 《普列汉诺夫哲学著作选集》第2卷，生活·读书·新知三联书店1961年版，第260页。

的方面沿着历史的道路拖曳着"。社会历史是各种因素共同作用的结果，各种因素都是推动历史向前发展的并列平行的力量。历史唯物主义则持不同的观点："历史的'因素'是一些纯粹抽象的东西，等到拨开了它们周围的云雾，事情便变得很明显，人们并没有创造出若干种不同的历史——法律史、道德史、哲学史等——，而是只创造了一种历史，他们自己的社会关系史；这些社会关系，乃是每个一定时期的生产力的状况所决定的。"① 第三，"经济唯物主义"还是一种"折中主义"。它只承认各种因素之间的"相互作用"，以为"他们借助于著名的'互相作用'可以对付得了任何问题"②。马克思则"坚持以一个原则来解释全部历史过程"，因而属于典型的"一元决定论"。马克思"新的历史理论的任务是在以……经济弦线——即在实际上是生产力的发展，来解释'社会生活的全部总和'。'弦线'——这只是在这个字的一定的意义上"③。

在此，普列汉诺夫把"经济"等同于"生产力"，认为经济的发展事实上就是生产力的发展。而在其他一些地方，他又严格地把经济和生产力区分开来。他讲："按新理论，人类的历史运动是由引导到经济关系变化的生产力的发展决定的。因此，任何历史研究的事业不得不从研究某一国度的生产力和经济关系的状态开始。"④ 他还说："经济本身亦是派生的东西，正如心理一样。正因为如此，任何进步着的社会的经济是变化着的：生产力的新的状态引起新的经济结构，同样引起新的心理、新的'时代精神'。从这里便可明白，只有在通俗的演说中才能说经济是一切社会现象的最初的原因。远在成为最初原因之前，它本身是结果，是生产力的'功能'。"⑤ 经济关系的变化是由生产力的发展引起的，经济本身是从生产力的状况中派生出来的，可见生产力不同于经济关系，历史唯物主义决不是什么"经济唯物主义"或"经济决定论"，而是"生产力决定论"。

西方一些学者指责普列汉诺夫把历史唯物主义理解成了"工具—技术

---

① 《普列汉诺夫哲学著作选集》第 2 卷，生活·读书·新知三联书店 1961 年版，第 294 页。
② 《普列汉诺夫哲学著作选集》第 1 卷，生活·读书·新知三联书店 1959 年版，第 761 页。
③ 同上书，第 570、760 页。
④ 同上书，第 753—754 页。
⑤ 同上书，第 716 页。

决定论"①，其实不然。他曾明确指出："人对自然的生产作用的过程不仅需要劳动工具。劳动工具只是生产所必需的手段之一。因此更正确些，不说劳动工具的发展，而是一般地说生产手段、生产力的发展，虽然完全无疑的，在这个发展中最重要的作用正是属于或者至少至今曾是属于劳动工具的。"② 也就是说，劳动工具的作用无论多么重要，也不过是生产资料的一个部分，是物质生产得以进行和生产力得以形成的一个要素。因此，不能用劳动工具的发展代替生产资料和生产力的发展，历史唯物主义是生产力一元决定论，而不是劳动工具一元决定论。

二 "生产力一元决定论"的方法论反思

1. "归根到底"与发生学思维方式

虽然说，马克思以前的哲学在历史观上都陷入了"二律背反"即思想的自我矛盾，但在普列汉诺夫看来，"有各种不同的矛盾"③。有些矛盾对人类思想的发展毫无裨益，而另一些矛盾则是人类思想向前发展的动力。上述马克思之前的历史观中的矛盾就属于后者，在这些矛盾的推动下，孕育并降生了历史唯物主义。

马克思是如何从唯心史观的二律背反中走出来的呢？普列汉诺夫认为，第一，在意见和环境之间存在着毋庸置疑的相互作用。然而，"科学研究不能停留在承认这个互相作用上，因为互相作用远不能给我们解释社会现象。为着理解人类的历史，也就是说，一方面，人类意见的历史，另一方面，人类在其发展上所经历的那些社会关系的历史；应该要超越于互相作用的观点之上，如果可能的话，应该发现那决定社会环境发展和意见发展的因素"④。这就是说，停留于意见与环境的相互作用，所得到的充其量是一种现象层面的认识；要进到科学研究所追求的历史本质的层面，就必须超越意见与环境相互作用的观点；为此就需要找到第三种因素，它既不同于人类意见，也不同于社会环境；同时，它既决定着人类意见，也决

---

① 参见恩斯特·拉克劳、查特尔·墨菲《领导权与社会主义的策略——走向激进民主政治》，尹树广、鉴传今译，黑龙江人民出版社 2003 年版，第 23 页。
② 《普列汉诺夫哲学著作选集》第 1 卷，生活·读书·新知三联书店 1959 年版，第 677 页。
③ 同上书，第 575 页。
④ 同上书，第 578 页。

定着社会环境。第二，18 世纪的人们常常说，任何特定民族的"国家制度"都是受这个"民族的风俗"所制约的；也同样常常有人断言，特定民族的风俗受其国家制度的制约。但是，"假如国家制度预先要有那种道德风习，它才能影响它们，那么，显然，促使这些道德风习最初出现的就不是国家制度。对于道德风习，亦应该这样说，假如它们预先要有那种它们要加以影响的国家制度，那么，显然，国家制度就不是它们创造的。为了解脱这笔糊涂账，我们应该找到这样一个历史因素，它既产生这个民族之道德风习又产生它的国家制度，而且这样便产生它们的互相作用的可能"①。这就是说，从"创造与被创造"的关系来看，国家制度和民族的风俗相互作用的观点显然是混乱的，说民族的风俗创造了国家制度就不能同时说国家制度也创造了民族的风俗；反之亦然。要彻底摆脱这种混乱状态，也同样需要找到第三种因素，它既产生和创造了相互作用的两种因素，又产生和创造了它们相互作用的可能性本身。第三，推而广之，"互相作用无疑地存在于社会生活的一切方面之间"，这个观点虽然正确，但能够说明的东西却很少，包括"对互相作用着的力量的产生没有给予任何指明"②。只有对社会各种因素和力量的"产生"问题作出说明，才能从根本上超越相互作用的观点。折中主义的致命缺陷，就是满足于发现各种社会力量之间的相互作用，无法用相互作用来解释这些社会力量的"产生"或"起源"问题③。

从普列汉诺夫的这些论述来看，他显然看到了本质与现象之间的区别，并反复强调"不要停留在现象的表面上"，要对现象包括"社会现象"进行"科学的解释"和说明，以此获得对历史本质的认识。④ 那么，本质究竟是什么？本质与现象之间又是一种什么样的关系呢？在他看来，首先，这是一种"决定"与"被决定"的单向关系，因而不同于相互作用的双向关系。其中，本质决定着现象，现象被本质所决定。其次，这是一种"创造与被创造"的单向关系，因而有别于相互作用的双向关系。其中，

---

① 《普列汉诺夫哲学著作选集》第 1 卷，生活·读书·新知三联书店 1959 年版，第 578 页。

② 同上书，第 577—578 页。

③ 《普列汉诺夫哲学著作选集》第 3 卷，生活·读书·新知三联书店 1962 年版，第 195—196 页。

④ 《普列汉诺夫哲学著作选集》第 1 卷，生活·读书·新知三联书店 1959 年版，第 711、696 页。

本质创造了现象，现象被本质所创造。本质对现象之所以具有"决定"作用，就是因为本质产生和创造了现象。最后，"本质"问题在本质上就是"产生"或"起源"问题，探索本质就是解决现象"从何处来"的问题，就是寻找和确认"时间"上"在先"的"本质"。本质之所以能够产生和创造现象，就是因为本质在时间上是最早的或最初的存在，没有本质就没有现象。这里，普列汉诺夫所采用的是一种典型的"发生学"思维方式，在他看来，正是凭着这种思维方式，马克思才实现了对唯心主义历史观的超越。

在谈到生产力的一元决定性作用时，普列汉诺夫讲："互相作用存在于诸民族的国际生活中，同样亦存在于其内部生活中；它是完全自然的和无条件必然的，可是本身说来，它还什么也不能解释。为了了解互相作用，应该弄清互相作用的力量的性质，而这个性质却不能在互相作用这个事实中找得最后的解释，尽管这些性质由于互相作用而发生了很大的变化。在此地，互相作用的力量的性质，彼此影响的社会有机体的属性归根到底是由我们已经知道的原因来说明的：即这些有机体的经济结构，而经济结构则为它们的生产力的状态决定的。"① 生产力决定着相互作用着的各种社会力量的性质，决定着彼此影响着的各个社会机体的性质，因此，生产力对这些社会力量和社会机体具有"最后"的和"归根到底"的解释作用。

我们知道，无论恩格斯还是马克思本人，都从"归根到底"的意义上确认过生产力的一元决定性作用。马克思就讲："劳动主体所组成的共同体，以及以此共同体为基础的财产，归根到底归结为劳动主体的生产力发展的一定阶段，而和该阶段相适应的是劳动主体相互间的一定关系和他们对自然界的一定关系。"② 那么，"归根到底"或者说"最后"的含义究竟是什么呢？从普列汉诺夫的论述可以看出，"最后"的和"归根到底"的决定作用，指的就是"发生学"意义上的决定作用。生产力对社会存在和历史发展之所以具有一元决定性作用，就是因为生产力是时间上"最先"、"最早"的存在，其他社会因素和力量都是从生产力中"产生"出来的。认识和把握了生产力，就解决了社会各种因素和力量的"起源"问题，就科学地揭示了社会历史的本质和规律。普列汉诺夫认为，历史唯物主义强调政

---

① 《普列汉诺夫哲学著作选集》第 1 卷，生活·读书·新知三联书店 1959 年版，第 733 页。
② 《马克思恩格斯全集》第 46 卷（上），人民出版社 1979 年版，第 495—496 页。

治必须适合于经济，社会心理和思想体系必须适合于经济和政治，这并不意味着否定了政治的意义，否定了社会心理和思想体系的意义，"马克思没有否认所有这些概念的意义；他只是阐明了它们的起源"①。所以，"历史决定论"所要回答和解决的，就是社会各种因素和力量的"起源"问题。

我们看到，普列汉诺夫无时无刻不在惦记和思考着"起源"问题，不仅追问"家庭的起源"，而且追问"财产的起源"和"所有权的起源"；不仅追问"国家的起源"，而且追问"法律的起源"和"艺术的起源"；最后，他还追问"社会环境的起源"和"人的起源"。这样，逼问各种事物的"起源"，梳理各种社会因素和力量之间的"先后关系"，就成为普列汉诺夫固定不变的思维方式，也构成其历史观的核心议题和中心任务。

问题是，能否把"决定论"等同于"起源论"？能否把"本质"与"现象"之间的关系归结为"本源"与"派生"的发生学关系？马克思是否借助于发生学思维方式才克服了唯心史观的二律背反？马克思是否在发生学意义上确立生产力之于社会历史的一元决定作用？发生学思维方式带给我们的将是什么样的历史构图呢？

2. "发生学"思维方式的根本缺陷

（1）"起点"处再追问：走向地理环境决定论。普列汉诺夫认为，在着手说明唯物主义历史观的时候，我们首先就会遇到"社会关系发展的真实原因究竟是什么"的问题。我们已经知道，决定社会关系的原因是经济。经济又是由什么决定的呢？在他看来，"马克思……把经济发展的全部问题归纳为这样一个问题，就是社会所支配的生产力的发展是由什么原因来决定"②。

然而，问题并没有就此结束。按照发生学思维方式，我们需要继续对作为社会历史"起点"、具有一元决定作用的生产力进行追问：生产力在创造和决定经济之前，它本身又被什么所创造和决定呢？普列汉诺夫的回答非常明确："这个问题的最后的解决方式首先就是指出地理环境的性质"，"地理环境的特性决定着生产力的发展，而生产力的发展则决定着经济关系以及随着经济关系之后的其他一切社会关系的发展"。③ 如果说，

---

① 《普列汉诺夫哲学著作选集》第 1 卷，生活·读书·新知三联书店 1959 年版，第 715 页。
② 《普列汉诺夫哲学著作选集》第 3 卷，生活·读书·新知三联书店 1962 年版，第 163 页。
③ 同上书，第 163、165—166 页。

"生产力发展的程度决定着人对自然的统治的程度",那么,正是自然界本身使人得到征服自然的手段。因为,"生产力发展本身是为环绕着人的地理环境的属性决定的"①。这样,普列汉诺夫就从"生产力决定论"转向"地理环境决定论",并因此在马克思主义哲学发展史上招致诸多瓜葛和非议。

普列汉诺夫指出:"制约着思维的运动的情况应该到法国启蒙派找寻过的地方去找。可是我们现在已经不再停留于那个他们所不能超越的'界限'上了。我们不仅说,人及其一切思想感觉是社会环境的产物;我们力图理解这个环境的起源。我们说,环境的属性是为某种在人之外的和至今不依赖于人的意志的原因所决定的。"② 这个"处在人之外"并且决定着"社会环境"的属性的原因是什么呢?按照普列汉诺夫的逻辑,它"归根到底"是也只能是不同于社会环境的地理环境,地理环境决定着社会环境,进而决定着人、决定着人的全部思想和情感。

从地理环境决定论出发,普列汉诺夫认为社会制度"归根到底"也是由地理环境决定的。他说:"人不是孤单地和自然斗争的,用马克思的话说,和自然斗争的是社会人,即按其范围说或大或小的社会联合。社会人的属性在每一个特定的时间是为生产力发展的程度决定的,因为,整个社会联合的制度是取决于这些力量发展的程度。这样,归根到底,这个制度是由地理环境的属性决定的,它给予人们以发展他们的生产力的或大或小的可能。"不仅如此,地理环境还决定着国家的形式:"地理环境对于更大的社会的命运,对于产生于原始氏族组织废墟之上的国家的命运所加予的决定的影响,不会更小。"③

(2)"现实"关系再追问:新的二律背反的建立。按照发生学思维方式,地理环境之于生产力、生产力之于经济、经济之于社会关系,仅仅在"起源"的意义上才具有决定性作用。问题是,这是否同样适合于"产生"以后的情况呢?地理环境之于生产力、生产力之于经济、经济之于社会关系的决定性作用在社会历史往后的发展中是否继续有效呢?

对此,普列汉诺夫在各个层面作了说明:第一,就生产力与生产关系

① 《普列汉诺夫哲学著作选集》第 1 卷,生活·读书·新知三联书店 1959 年版,第 765 页。
② 《普列汉诺夫哲学著作选集》第 1 卷,生活·读书·新知三联书店 1959 年版,第 738 页。
③ 同上书,第 766、681 页。

而言，"财产关系在生产力发展到一定的阶段上形成以后，在相当时期内是帮助这种生产力进一步发展的，但是后来它又开始阻碍生产力的发展了。这就告诉我们，虽然生产力的某种状态是引起某种生产关系，特别是财产关系的原因，可是这种生产关系一旦作为上述原因的结果而发生以后，它又从自己方面开始影响这种原因了。这样便发生了生产力和社会经济间的相互影响"①。第二，就生产力与社会关系而言，一旦"产生了一定的社会关系，它们的往后发展就按自己本身的内部规律进行，它们的作用，加速或阻滞生产力的发展，制约着人类的历史运动。人对地理环境的依赖从直接的变成间接的了。地理环境经过社会环境影响于人。可是，因为这样，人对周围的地理环境的关系是非常变动不定的了。在生产力发展的每一个阶段上，这种关系都和以前不同。……现代辩证唯物主义这样地解决了 18 世纪启蒙学者无论如何也不能解决的矛盾"②。第三，就生产力与社会制度而言，"现在我们知道，生产力的发展归根到底决定着一切社会关系的发展，而决定生产力的发展的则是地理环境的性质。但是，某种社会关系一旦发生以后，它本身对于生产力的发展就给予很大的影响。这样，起初是结果的东西，现在又变成原因了；在生产力的发展和社会制度之间发生了相互影响，这种相互影响在不同的时代带着各种不同的样式"③。普列汉诺夫讲得很清楚，只是在"起源"处，地理环境对生产力，生产力对生产关系、社会关系和社会制度的决定作用才成立。生产关系、社会关系和社会制度一旦产生，它们与生产力之间就形成一种"相互作用"的关系，这种相互作用又使得地理环境只能间接地作用于社会环境。生产关系、社会关系和社会制度对生产力的作用表现为：它们具有自身独特的发展规律，它们对生产力的发展起着促进或阻碍作用。依循同样的思路，普列汉诺夫解释了经济基础与观念上层建筑之间的关系："在经济的基础上面既然长成了社会关系、感情和概念的整个上层建筑，而且这个上层建筑起初也是帮助经济的发展，后来又是阻碍经济的发展的，那么，上层建筑和基础之间也就发生相互影响，这种相互影响可以拿来解释一切骤

① 《普列汉诺夫哲学著作选集》第 3 卷，生活·读书·新知三联书店 1962 年版，第 179 页。
② 《普列汉诺夫哲学著作选集》第 1 卷，生活·读书·新知三联书店 1959 年版，第 766 页。
③ 《普列汉诺夫哲学著作选集》第 3 卷，生活·读书·新知三联书店 1962 年版，第 167 页。

然看来似乎是跟历史唯物主义基本原理相矛盾的现象。"①

这样，按照普列汉诺夫的解释，如果说马克思超越了历史唯心主义的二律背反，那么这种超越只是在"起源"的意义上才是成立的。就社会历史在往后的发展中的各种现实关系和情况而言，普列汉诺夫的阐释又把历史唯物主义推向"生产力决定生产关系"和"生产关系决定生产力"等新的二律背反。

（3）"现实"关系再追问：同义反复与逻辑混乱。普列汉诺夫对发生学思维方式和地理环境决定论的种种偏弊并非毫无察觉，为避免之，他曾经尝试着立足于物质生产和生产力本身来解决社会历史的发展问题。他说："劳动工具既然成为生产的对象，那么制造它的可能性以及制造的完美程度的大小，完全取决用以制造的劳动工具。这是不用任何解释，对任何人都明白的。"② 实际上，制造劳动工具的能力和水平取决于多种因素，而不仅仅甚至不主要取决于既有的生产工具。因此，就社会存在和历史发展的具体关系而言，生产工具决定生产工具是一种片面的认识。他还说："每个特定的民族，在其历史的每一个特定的阶段上，其生产力之往后的发展是为我们所观察的时期的生产力的状态所决定的。"③ 如果说这是对社会历史的本质和规律的概括，那么，生产力决定生产力就是一种毫无意义的同义反复。因为，作为社会历史的基础和动力的"生产力"本身就是一种抽象，并不存在另外一种具有决定性作用的生产力。

发生学思维方式使普列汉诺夫在一些具体问题上存在严重的逻辑混乱。例如他讲："据马克思的意见，地理环境是通过在一定地方、在一定生产力的基础上发生的生产关系来影响人的，而生产力发展的头一项条件就是这种地理环境的特性。"④ 没有生产关系的中介，地理环境就不起作用；而生产力是生产关系的基础，地理环境又是生产力发展的第一个条件。普列汉诺夫对地理环境、生产力、生产关系之间的本质关系的概括实在令人费解！

3. 马克思对"发生学"思维方式的批驳

由上可见，凭借发生学思维方式，并不足以确立历史唯物主义的生产

---

① 同上书，第 179—180 页。

② 《普列汉诺夫哲学著作选集》第 1 卷，生活·读书·新知三联书店 1959 年版，第 683 页。

③ 同上书，第 685 页。

④ 《普列汉诺夫哲学著作选集》第 3 卷，生活·读书·新知三联书店 1962 年版，第 170 页。

力一元决定论。事实上，早在写作《1844 年经济学哲学手稿》时，马克思就对发生学思维方式作过有力批驳。他说："现在对单个人讲讲亚里士多德已经说过的下面这句话，当然是容易的：你是你父亲和你母亲所生；这就是说，在你身上，两个人的交媾即人的类行为生产了人。这样，你看到，人的肉体的存在也要归功于人。因此，你应该不是仅仅注意一个方面即无限的过程，由于这个过程你会进一步发问：谁生出了我的父亲？谁生出了他的祖父？等等。你还应该紧紧盯住这个无限过程中的那个可以通过感觉直观的循环运动，由于这个运动，人通过生儿育女使自身重复出现，因而人始终是主体。"[①] 马克思关注和强调的，是"子为父母生"的运动，而不是"子为父所生"的过程。前者是一种有限的循环，后者则是一种无限的绵延；人的主体地位在前者得到彰显和确认，在后者则终究会被遮蔽和抽象掉。究其原因，恰恰在于后者所采用的是一种发生学思维方式，这种思维方式所关注的那个无限过程会驱使我们不断进行追问，直到我们提出"谁生出了第一个人和整个自然界"这样的问题。但是，生出"第一个人"的肯定不是"人"，同理，生出"整个自然界"的也肯定不是"自然界"。在马克思看来，这种"问题本身就是抽象的产物"。因为，既然提出自然界和人的"产生"和"创造"问题，也就把人和自然界抽象掉了。"你设定它们是不存在的，你却希望我向你证明它们是存在的。"所以，"放弃你的抽象，你也就会放弃你的问题，或者，你想坚持自己的抽象，你就要贯彻到底，如果你设想人和自然界是不存在的，那么你就要设想你自己也是不存在的，因为你自己也是自然界和人"[②]。对"无限后退式"的发生学思维方式的批判，尽管仍显得过于思辨和抽象，但它表明马克思已经处于思维方式的转型期。通过对"不断向前式"的现实运动的思考和探索，在《德意志意识形态》中，马克思创立了"本质抽象"的科学方法并建构起历史唯物主义的理论大厦。

三 在"本质抽象"与"现象具体"之间

1. "本质抽象"与"线性决定"

[①] 《马克思恩格斯全集》第 3 卷，人民出版社 2002 年版，第 309—310 页。
[②] 同上书，第 310 页。

社会由人组成，历史是人的活动的产物。因此，人始终是社会存在和历史发展的"主体"。普列汉诺夫指出：如果"以为'经济'唯物主义者（此处是借经济唯物主义之名阐释历史唯物主义之实。下同。——引者注）只应该说到'生产与交换形式的自己发展'"，似乎"生产形式能够'自己'发展起来"，那就大错特错了。"什么是社会的生产关系呢？这就是人们之间的关系。没有人们，它怎样能够发展呢？试想，哪里没有人，哪儿亦就没有生产关系。""把人物和社会生活规律，人们的活动——他们共同生活的内部逻辑对立"起来，是"荒谬"的[①]。生产关系和生产形式不会"自己"或"自动"发展起来，没有人和人的活动，就不会有生产关系和生产形式，就不会有社会历史规律。

同时又必须看到，只有对人的活动、对人的活动的各种构成要素、对活动的人所处其中的各种社会关系进行科学抽象，才能揭示和把握它们的共同本质和发展规律。以此来看，无论是"生产力"和"生产关系"还是"经济基础"和"上层建筑"，也无论是"经济"、"政治"和"文化"还是"阶级"和"阶级斗争"，它们都是一种本质抽象。

正是借助于科学抽象，社会历史在我们面前才既不再是康德意义上的"杂多"，也不再是黑格尔意义上的"无规定"，而是得到本质性规整和规律性把握。区别仅在于，施行科学抽象、把握本质和规律，既可以选择不同的角度，也可以选择不同的层面。以此来看，"生产力"和"生产关系"的抽象不同于"经济基础"和"上层建筑"的抽象，"经济"、"政治"和"文化"的抽象又不同于"阶级"和"阶级斗争"的抽象。与此相联系，"经济规律"不同于"政治规律"，"政治规律"又不同于"文化规律"。正如普列汉诺夫所说的："说到在人类思想的发展中，或者确切些，在人类的概念和表象的结合中有自己的特殊的规律，这点据我们所知，'经济'唯物主义者之中是没有一个人加以否认的。他们之中谁也没有，例如将商品流通的规律和逻辑的规律同一化。可是这派唯物主义者之中谁也不以为

---

① 《普列汉诺夫哲学著作选集》第 1 卷，生活·读书·新知三联书店 1959 年版，第 759—760 页。在这一问题上，普列汉诺夫有自相矛盾之嫌。因为，他不仅反对从"人的本性"出发解释历史，而且认为历史运动的原因"在人之外"。参见《普列汉诺夫哲学著作选集》第 1 卷，生活·读书·新知三联书店 1959 年版，第 676 页。

可以在思维的规律中找到人类智慧发展的最后原因、基本推动者。"① 思想发展有其自身的特殊规律，逻辑规律就不同于经济发展的规律如商品流通规律。此外，不同时代的思想之间存在的"'做'与……'相反的东西'"，即"反其道而行之"的做法也是思想发展的独特规律②。所以，绝不能用一种本质抽象排斥和取代另一种本质抽象，也不能用一种规律排斥和取代另一种规律。

当然，不同规律、不同本质抽象之间的关系是极为复杂的。例如："什么是阶级的互相关系呢？这首先就是人们在社会生产过程中彼此之间的关系：生产关系。这些关系在社会的政治组织中和在各阶级的政治斗争中得到自己的表现，而这个斗争成为各种政治理论的产生和发展的推动。在经济基础上必然地建筑着适应于它的意识形态的上层建筑。"③ 在此，阶级和阶级斗争不仅与生产关系、经济基础和上层建筑纠结在一起，而且与经济、政治和文化纠结在一起。下列说法或许不无道理：无论是生产力和生产关系，还是经济、政治和文化，都是一种立足于"客体"的本质抽象，而阶级和阶级斗争则是一种立足于"主体"的本质抽象。

在历史唯物主义理论体系中，生产力决定生产关系，经济基础决定上层建筑，总之，生产力一元决定论，可以说是在"社会形态"层面的一种本质抽象。较之于其他层面——如"经济的社会形态"或"政治的社会形态"或"文化的社会形态"——的本质抽象，它所处的层次最高，抽象的程度也最大。只要提升到社会形态的高度，就必然存在生产力对生产关系、经济基础对上层建筑的单向决定关系。也只有立足于社会形态的层面，生产力的一元决定论才是成立的。

普列汉诺夫认为，并不存在经济与政治之间的"相互作用"，或者即使承认这种相互作用，我们对社会生活的分析也不能就此止步。这在本质抽象的意义上无疑是非常正确的。但失之偏颇的是，他又认为在经济与政治之间存在"作用"与"反作用"的关系，"政治制度影响于经济生活。它们或者促进这个生活的发展，或者阻碍它"④。其实，作用与反作用无非

---

① 《普列汉诺夫哲学著作选集》第 1 卷，生活·读书·新知三联书店 1959 年版，第 737 页。
② 同上书，第 733—735 页。
③ 《普列汉诺夫哲学著作选集》第 1 卷，生活·读书·新知三联书店 1959 年版，第 721 页。
④ 同上书，第 713 页。传统教科书体系对"经济"与"政治"之间的辩证关系的阐释与此是完全一致的。

就是一种相互作用，而在本质抽象的意义上，只存在生产力的一元决定，不存在所谓的多元决定；只存在从经济到政治再到文化的"线性决定"，不存在所谓的"相互决定"；只存在政治必须适合于经济发展的要求，不存在经济必须适合于政治发展的要求。

普列汉诺夫还指出："我们说过，如果知道了社会的生产力——知道了它的经济结构，因而亦就知道了它的心理。根据这点，可以把这样的思想加在我们头上，即从特定的社会的经济状况出发就可以确切地断定它的思想的结构。可是，这不是这样的，因为每个特定时代的思想体系永远是和前一时代的思想体系有密切的——肯定的或否定的——联系。"① 这就说明，经济决定文化的规律只是社会形态层面的规律，只是揭示了特定社会形态的两个组成部分即经济与文化之间的本质联系，它既没有穷尽经济本身也没有穷尽文化本身的所有本质内涵和发展规律。"这类例子充满于人类思想史上，而所有这些例子证明一件事：为着理解每一个特定的批判时代的'智慧状态'，为着解释，为什么在这一时代中正是这些学说，而不是另一些学说胜利着，应该预先认识前一时代的智慧状态；应该知道，哪些学说和学派曾在当时统治过。如果没有这一点，则不管我们怎样好地通晓它的经济，也完全不能理解特定时代的智慧状态的。"②

作为本质抽象，生产力的一元决定作用，需要借助于人的抽象思维能力才能理解和把握；但是，它本身又决不是人的头脑的虚构，而是一种现实的存在。其中，具有决定性作用的生产力是一个"总的结果"，生产关系对生产力的适应、上层建筑对经济基础的适应，则是一种"总的趋势"。马克思就曾明示，在整个资本主义生产中，总的说来，"一般规律"是"作为一种占统治地位的趋势"而存在的。既然是总的"结果"和"趋势"，生产力一元决定规律就决不是"预成"的，而是在人的历史活动中不断地"生成"的；生产力一元决定论，也绝不是什么先验的"目的论"，而是对历史发展进程的一种"事后"的总结和概括。就其具体内容而言，在生产力与生产关系、经济基础与上层建筑之间，只存在"逻辑上"的先后关系，而不存在"时间上"的先后关系；经济与政治、政治与文化之间的"决定"与"被决定"的关系，也只是"逻辑学"意义上的因果关系，

---

① 《普列汉诺夫哲学著作选集》第 1 卷，生活·读书·新知三联书店 1959 年版，第 740 页。
② 同上书，第 735 页。

而不是"发生学"意义上的因果关系。因为，在任何一种"社会形态"
中，很难说在时间上是先有经济，随后出现与之相适应的政治，最后才是
文化的登场。实际上，作为本质抽象，经济、政治和文化之间的单向决定
关系，不过是构成特定社会形态的"总体关系"，也是对这种总体关系的
"总"的"思维把握"。在这一点上，当普列汉诺夫讲"经济统治着政治，
生产力的发展……先于人民的政治发展"① 的时候，其错误是显而易见的。

正是因为生产力的一元决定规律是社会形态层面的规律，只有在"长
时段"的历史发展中才能形成并显现出来，所以对于历史当事人来说，它
往往作为一种"盲目的必然性"② 而发挥作用。正像马克思在谈到商品价
值规律时所说的："在这种生产方式下，规则只能作为没有规则性的盲目
起作用的平均数规律来为自己开辟道路。"从商品生产和交换的当事人方
面看，"他们没有意识到这一点，但是他们这样做了"③。只有经过长期艰
苦卓绝的科学研究，历史规律才能为我们的认识所把握，从而转化为人的
"自觉行为"。

2. "现象具体"与"相互作用"

本质皆是抽象的，现象则总是具体的。从现象具体来看，不存在"生
产力"，只存在它的各种要素，如劳动者、劳动资料和劳动对象；不存在
"生产关系"，只存在它的各种要素，如劳动条件的所有权和劳动产品的分
配权；不存在"经济"、"政治"和"文化"，只存在各种经济要素、政治
要素和文化要素。必须把生产力和它的各种要素区别开来，否则，就会把
生产力看成是某种"具体"存在，从而将之"实体化"。本质抽象有各种
不同的层面和角度，现象具体也有各种不同的层面和角度。我们可以把人
的活动按其本质划分为"经济活动"、"政治活动"和"文化活动"，但这
并不意味着现实的某个（具体）人的活动不能兼具经济、政治和文化的意
义。我们可以把人的关系按其本质划分为"经济关系"、"政治关系"和
"文化关系"，但这并不意味着现实的某个（具体）人不能同时处在经济
的、政治的和文化的关系之中。

如果说，经济、政治和文化之间在本质抽象层面是一种"线性决定"

---

① 《普列汉诺夫哲学著作选集》第 1 卷，生活·读书·新知三联书店 1959 年版，第 714 页。
② 马克思：《资本论》第 3 卷，人民出版社 2004 年版，第 941 页。
③ 马克思：《资本论》第 1 卷，人民出版社 2004 年版，第 123、91 页。

关系，那么在现象具体层面则是它们的各种要素之间在多个层面展开的、极为复杂的"相互作用"关系。经济要素与政治要素之间会发生相互作用，不同的经济要素之间和不同的政治要素之间也会发生相互作用。因此，"在社会生活中，正如在一切地方一样，我们碰到的是过程，而不是个别的现象，结果反过来成为原因，而原因成了结果"①。普列汉诺夫不仅全面考察了在历史发展过程中所发生的"相互作用"的关系，而且从这种相互作用出发理解和说明历史发展的复杂性和多样性。从国际关系来看，"因为差不多每个社会都受到其邻近社会的影响，所以可以说，对于每一个社会都有一定的影响其发展的社会的历史的环境。每个特定的社会从其邻近的社会方面所受到的影响的总和是永远也不会等于另一个社会在同时所受到的影响的总和。因此，任何社会都有自己的特殊的历史环境，这个历史环境也许——而实际上亦时常有过——和其他民族的历史环境很相类似，可是永远也不会和永远也不能和它完全一样。这给社会发展的过程加上异常有力的多样性的因素，而这个社会发展的过程，从我们以前的抽象的观点上看来原是极端刻板的"。例如：在本质抽象层面，"我们说：生产力的发展引导到私有财产的出现，原始共产主义的消逝"；而在现象具体层面，"我们应该说：产生于原始共产主义废墟上的私有财产的性质，由于每个特定的社会之周围的历史环境的影响而大不相同"②。由于特定社会周围的历史环境自然也会影响该社会的"意识形态"的发展，从而在一定程度上"能够削弱意识形态的发展对于社会经济结构的依赖性"。所以，"当……我们有着彼此异常有力地互相影响着的诸社会的整个体系时，这时候，这些社会中的每一个的意识形态的发展是复杂化起来了，正如它的经济发展在与别的国家不断的商业交换的影响下复杂化起来一样"③。可见，尽管从本质抽象层面看，文化必须适应于政治、政治必须适应于经济，然而从现象具体层面看，"这种适应是一个复杂的过程"。④ 生产力的一元决定作用是简单的，而其具体表现形式和实现方式则是复杂的和多样的。

---

① 《普列汉诺夫哲学著作选集》第 1 卷，生活·读书·新知三联书店 1959 年版，第 611 页。
② 同上书，第 728—729 页。
③ 同上书，第 729、731 页。
④ 同上书，第 760 页。

以此来看，如果说政治对经济具有促进或者阻碍的所谓"反作用"，那么，这种反作用所处的层面是也只能是现象具体，在实质上从属于政治要素与经济要素之间的"相互作用"，因而同处于本质抽象层面的"决定作用"有质的区别。从现象具体来看，"特定的政治体系之被创造出来就是为着促进生产力的往前发展"；而历史经验表明，"既然特定的政治体系不再适合于生产力的状态，既然它变成了生产力往前发展的障碍，那么它便开始走向没落，最后，被排除掉"①。这种作用与反作用的关系在本质抽象的层面看，就是经济对政治的单向决定规律，就是生产力的一元决定规律。

所以，生产力的一元决定作用、经济对政治和文化的线性决定作用与各种经济、政治和文化要素之间发生的相互作用，并不是在时间和空间上彼此分离的两个过程，而是同一历史发展过程中的两个不同的层面或方面。在人的历史活动中，在各种经济、政治和文化要素的相互作用中，生产力的一元决定作用作为一种总的趋势得以形成和确立。在时间上，生产力决定作用的形成相对地要晚于各种具体要素的相互作用的展开，因此，各种要素的相互作用对于生产力的一元决定作用具有"发生学"意义的优先性。没有现象具体层面各种要素的相互作用，就不会有本质抽象层面生产力的一元决定作用。但是，生产力的一元决定作用对于各种具体要素的存在和发展又具有"解释学"意义上的优先性。因为，只有借助于生产力的一元决定作用，我们才能对各种要素的存在和发展给予"社会形态"高度的理解和说明。就各种具体要素之间的相互作用而言，用"发生学"意义上的因果关系加以考察就会发现，不仅某种经济要素的存在和发展可以在时间上先于政治要素的存在和发展，而且反过来某种政治要素的存在和发展（如政治变革）也可以在时间上先于经济要素的存在和发展（如经济增长），由此便形成经济要素与政治要素之间作用与反作用的关系。

普列汉诺夫承认生产力的一元决定作用，但却否认经济对政治和文化的单向决定作用。他一方面讲：在马克思那里，"社会经济和它的心理乃是人们的'生活的生产'、他们争取生存的斗争的同一现象的两方面，在生产中人们由于生产力的特定状态而一定地结合着"。另一方面又讲："我

---

① 《普列汉诺夫哲学著作选集》第1卷，生活·读书·新知三联书店1959年版，第713—714页。

们说：社会经济和社会心理乃是同一现象的两个方面，而马克思本人则说，经济是现实的基础，其上建筑着意识形态的上层建筑。"① 他显然意识到了自己与马克思之间的矛盾，却又无力解决这种矛盾，原因就在于他不理解，经济对政治和文化的单向决定作用并不排斥经济、政治和文化的各种要素之间的相互作用，因为这是两个不同层面的问题，不能混为一谈。

从具体要素的相互作用来看，其中充满了随机性、偶然性和不确定性，这就为人的能动作用的发挥奠定了基础。因此，必然性从偶然性中产生，历史的规律性本身就包含着人的主体能动性。马克思在谈到商品交换和流通时指出："事实上，这个领域是一个竞争的领域，就每一个别情况来看，在这个领域中是偶然性占统治地位。因此，在这个领域中，通过这些偶然性来为自己开辟道路并调节着这些偶然性的内部规律，只有在对这些偶然性进行大量概括的基础上才能看到。因此，对单个的生产当事人本身来说，这种内部规律仍然是看不出来，不能理解的。"② 就商品交换作为无数具体的个别行为而言，是偶然性占据统治地位。但正是在这种偶然的和随机的交换行为中，商品交换和流通的一般规律得以确立和形成。就商品流通的一般规律而言，交换和生产的当事人是难以理解的，他们所能"意识到"的仅仅是"当下"的交换行为。所以，单从总体趋势和必然性来看，人们的个别行为和具体关系显得"虚幻不实"；反之，单从偶然性和随机作用来看，历史发展的一般本质和规律则同样显得"虚幻不实"。实际上，无论是作为本质抽象的一般规律，还是作为现象具体的个别行为，都具有"客观性"，都是一种"事实"。区别在于，前者属于"超验事实"或"本质事实"，后者则属于"经验事实"或"现象事实"。

社会历史越是靠近本质抽象的层面，就越是处于"线性决定"之中；越是靠近社会形态层面的本质抽象，生产力的一元决定作用就越是明显，人的能动性的空间就越小，甚至不再有能动性。与此相反，社会历史越是朝着现象具体的层面延伸，就越是处于"相互作用"之中；越是朝着个体行为层面的现象具体延伸，人的能动性的空间就越大，生产力的一元决定作用就越是微弱，甚至不再起任何作用。这是因为，越是具体的人和事，就越是具有多重身份和意义，难以用某种单一而固化的标准进行考量；就

① 同上书，第716、719页。
② 马克思：《资本论》第3卷，人民出版社2004年版，第938页。

越是处于多种关系和矛盾之中，难以用某种线性而僵死的框架加以裁衡。故此，"小尺度"事件总显得千奇百怪，往往是"大尺度"规律所难以解释或解释不了的。生产力一元决定论，凸显的是也仅仅是生产力在社会形态层面的历史发展规律意义上的"重要性"，它既不排斥在其他层面和其他意义上其他具体要素的重要性，更不排斥"人"之于社会存在和历史发展的重要性。

由是可知，如果说地理环境曾经对历史发展起过决定作用，那么，它与生产力的一元决定作用并非两种不同的作用，而是同一种作用在历史发展不同层面的存在。从现象具体层面来看是地理环境的决定作用，在本质抽象层面来看就是物质生产和生产力的决定作用。这是因为，历史越是向前追溯，自然要素、地理环境对于物质生产的作用就越大，在生产力的形成和发展中就越是居于支配地位，地理环境的决定作用不过是生产力的一元决定作用在历史早期的一种独特表现形式。因此，地理环境的决定作用并不排斥生产力的一元决定作用，外在于生产力的地理环境，对历史发展来说等于"无"，离开生产力决定作用的地理环境的决定作用也是"无"。

总体而言，普列汉诺夫认识到，一元决定作用与相互作用是两个不同层面的问题，既"不能停留在抽象的论点上"，仅仅承认生产力的一元决定作用，也不能像折中主义者那样陷在相互作用中不能自拔，以为"他们借助于著名的'互相作用'可以对付得了任何问题"[①]。普列汉诺夫没有把"相互作用"与"一元决定作用"简单地对立起来，用历史发展在一个层面的关系去排斥和否定在另一个层面的关系。但问题是，普列汉诺夫对一元决定作用与相互作用所处的两个不同层面之间的关系的理解是错误的。他虽然已经看到，一元决定作用是一种"本质关系"，而相互作用则是一种"现象关系"；却没能弄明白，生产力一元决定作用的"总趋势"正是在相互作用的具体过程中形成的，因而是历史发展的同一过程的两个方面。他错误地把它们分割为两个不同"阶段"，在"起源"的意义上理解一元决定作用，相互作用则被置于事后用以解释历史往后发展的情况。这样，本质抽象与现象具体的关系就成了"本源"与"派生"的关系，生产力的一元决定作用就成了"历时性"的"起源决定"，而不是"共时性"

---

① 《普列汉诺夫哲学著作选集》第 1 卷，生活·读书·新知三联书店 1959 年版，第 736、761 页。

的"趋势决定",本质抽象之于现象具体就具有"发生学"而不是"逻辑学"意义上的先在性。

3. 生产力一元决定论的方法论意义

马克思曾讲:新历史观"充其量不过是从对人类历史发展的考察中抽象出来的最一般的结果的概括",它是理论研究的"结果",而不是出发点;其作用在于也仅仅在于,"对整理历史资料提供某些方便,指出历史资料的各个层次的顺序";"这些抽象本身"不能离开现实的历史,否则"就没有任何价值";它们也"绝不提供可以适用于各个历史时代的药方或公式",否则就不是科学抽象,而是"关于意识的空话"①。马克思对历史唯物主义作用的阐释是极为谨慎的。这是因为,本质离不开现象,抽象离不开具体,历史规律离不开人的现实历史活动。生产力的一元决定作用并没有固定不变的模式,它在不同的历史发展阶段上、在不同国家和民族中的实现方式和表现形式都不尽相同。如果满足于生产力一元决定的一般结论,就不会理解任何一个国家和民族的具体历史发展进程。马克思像在《资本论》及其手稿中对资本主义生产方式的解剖那样,通过对具体国家和民族的具体历史过程的实证或经验研究来具体展示和说明生产力的一元决定作用②。在此意义上,辩证地看待本质抽象与现象具体之间的关系,就绝不能用本质层面的研究排斥和否定具体层面的研究,绝不能用生产力一元决定论排斥和否定其他历史理论。

但同时,也绝不能以各种具体层面的研究排斥和否定历史唯物主义。因为,历史唯物主义的生产力一元决定论,毕竟为我们提供了理解社会历史总的发展进程的宏观框架,借助于这一框架,我们获得了对审视和评价具体历史人物和事件极为重要的"历史大视野"。回望人类走过的路,生产力的向前发展是不能违背的"总趋势",是历史进步的客观要求,虽然它并不总是每个具体人物的自觉目的,也不总是每个具体事件的自觉目标。正因为如此,是顺应和促进生产力发展,还是阻碍和破坏它的发展,不仅决定着不同人物和事件的历史命运,而且决定着不同国家和民族的历史命运。生产力一元决定论作为一种"解释范式",虽然不普遍适用于小尺度事件,但对于理解和把握大尺度事件则是不可或缺的。

---

① 《马克思恩格斯选集》第 1 卷,人民出版社 1995 年版,第 73—74、74、73 页。

② 参见王峰明《〈资本论〉与历史唯物主义微观基础》,《马克思主义研究》2011 年第 11 期。

　　值得深思的是，历史唯物主义的命运多舛，生产力一元决定论、经济对政治和文化的线性决定论承受着愈来愈多的质疑和挑战。

　　在英国史学家霍布斯鲍姆看来，作为"历史唯物主义最僵化的拥护者"，普列汉诺夫所说的"决定论"立场并不存在，"自从一开始，历史唯物主义就不是经济决定论：历史上并非所有的非经济现象都可以从具体经济现象中追溯其来源，并且，在这个意义上，具体的历史事件和历史日期是无法确定的"①。美国的戴维·哈维则认为，生产力决定论、经济决定论在当代受到赞赏"差异"和"非中心化"的后现代思维方式的挑战，包含了各种新社会运动的"新左派"放弃了对于作为一种分析范式的历史唯物主义的信任，从而"宣告了历史唯物主义的危机"②。而无论是卢卡奇的"具体总体"理论，阿尔都塞的"多元决定"理论，还是哈贝马斯的"社会一体化"理论，都不过是为了把历史唯物主义从这种所谓的"危机"中拯救出来所作的各种努力，尽管这些努力的姿态和称谓各不相同，它们或者是一种"重写"，或者是一种"保卫"，或者是一种"重建"。

　　问题是，这些旨在超越"一元"和"线性"决定论甚至是超越"决定论"本身的理论蓝图，都毫无例外地在"实体"的意义上理解"生产力"，把生产力与它的具体要素混为一谈；都自觉不自觉地割断了"本质抽象"与"现象具体"之间的辩证关系，落入非此即彼思维方式的窠臼，其拯救历史唯物主义的最终成效也可想而知。在谈到马克思的异化理论时，海德格尔指出："因为马克思在体会到异化的时候深入到历史的本质性的一度中去了，所以马克思主义关于历史的观点比其余的历史学优越。但因为胡塞尔没有，据我看来萨特也没有在存在中认识到历史事物的本质性，所以现象学没有、存在主义也没有达到这样的一度中，在此一度中才有可能有资格和马克思主义交谈。"③ 历史唯物主义的过人之处就在于，它深入到了历史的本质和规律的层面，而不是像存在主义和现象学那样停留在历史的表层。海德格尔的这一评价用于"异化"理论未免有些牵强，但与马克思

---

　　① ［英］埃里克·霍布斯鲍姆：《史学家——历史神话的终结者》，马俊亚、郭英剑译，上海人民出版社 2002 年版，第 187 页。

　　② ［美］戴维·哈维：《后现代的状况——对文化变迁之缘起的探究》，阎嘉译，商务印书馆 2003 年版，第 438—441 页。

　　③ 孙周兴选编：《海德格尔选集》（上），上海三联书店 1996 年版，第 383 页。

的下列观点却不谋而合："如果事物的表现形式和事物的本质会直接合而为一，一切科学就都成为多余的了。"透过现象把握本质和规律，乃是一切科学研究的根本宗旨和任务，而规律所指的便是两个"表面上"互相矛盾的事物之间的"内在的和必然的联系"①。不仅"规律的实现"会由于各种各样的情况而有所变化②，而且在各种中介环节和中介过程的作用下，本质和规律往往以各种"颠倒的形式"表现出来③，由此决定，对本质和规律的认识同一切以表面现象为根据的经验往往是矛盾的。我们既不能像古典经济学那样，在面对具体的经济现象时，"简单地和直接地用一般的经济规律来说明这种现象"④，也不能像庸俗经济学那样，完全无视经济规律的作用，"抓住了现象的外表来反对现象的规律"⑤。

参考文献

[1] 彼得·甘西：《反思财产：从古代到革命时代》，陈高华译，北京大学出版社2011年版。

[2] 彼得·什托姆普卡：《社会变迁的社会学》，林聚任等译，北京大学出版社2011年版。

[3] 陈先达：《走向历史的深处：马克思历史观研究》，中国人民大学出版社2006年版。

[4] 戴维·麦克莱伦：《马克思以后的马克思主义》，李智译，中国人民大学出版社2004年版。

[5] 佩里·安德森：《从古代到封建主义的过渡》，郭方、刘健译，上海人民出版社2001年版。

[6] 汤姆·洛克莫尔：《历史唯物主义：哈贝马斯的重建》，孟丹译，北京师范大学出版社2009年版。

（原载《马克思主义研究》2012年第10期）

---

① 马克思：《资本论》第3卷，人民出版社2004年版，第925、250页。
② 马克思：《资本论》第1卷，人民出版社2004年版，第742页。
③ 马克思：《资本论》第3卷，人民出版社2004年版，第250页。
④ 《马克思恩格斯全集》第47卷，人民出版社1979年版，第405页。
⑤ 马克思：《资本论》第1卷，人民出版社2004年版，第356页。

基本原理研究

论核心价值的社会制度本质

陈先达

在价值系统中发挥主导地位的核心价值，从本质上说，是社会制度的本质和统治阶级或主体人群利益的价值体现。我们应该坚持社会主义核心价值，夯实文化和道德的基本价值。只有坚持社会主义核心价值，思想道德的基本价值内涵才能为核心价值所规范；也只有夯实群众性的思想道德的基本价值基础，核心价值的教育才能真正落到实处，不致口号化和抽象化。

一 社会核心价值的制度性

一个社会的核心价值是在价值系统中处于主导地位、具有引领社会思潮和集中体现意识形态本质的价值规范。它的构成有两个条件：一是反映它的社会基本制度的本质和有利于维护该制度的巩固；二是反映在该社会处于统治地位阶级的核心利益。可以说一个社会的核心价值，就是这个社会的社会制度本质和处于统治地位阶级核心利益在社会主导价值中的凝结。它是核心价值，因为其支配和主导整个社会领域中各个领域，包括经济、政治、文化、道德各个领域人们行为的基本价值规范。任何社会的核心价值本质和功能都是如此。社会主义核心价值也不例外。

每个具体社会都有其各自的特点，但又具有不同社会形态的共性。西方资本主义国家风貌各异，但都属于资本主义社会形态；西方领主庄园制与中国地主土地所有制各具特点，但都可称为封建社会形态。从一个社会的核心价值中，我们不仅可以发现每个社会的具体社会特点和民族文化传统，而且可以发现它们拥有同一种社会形态赋予的共同特性。西方资本主义国家总是强调它们具有相同的价值观，原因就在于它们属于同一社会形态。从社会形态高度，从不同社会形态阶级关系变化的高度，才能真正理解不同社会核心价值的本质。离开历史唯物主义关于社会形态的理论，往往容易陷入关于核心价值本质的抽象争论。

二 核心价值的阶级性和历史性

在阶级社会中，任何社会的核心价值都具有鲜明的阶级性和历史性。它属于统治阶级，但统治者总是试图把它变成全社会的共有价值；它是历史的，但统治者总是企图把它变为超历史的永恒价值。

自由、民主、平等、人权，既非资本主义社会核心价值，也非具有普世性的价值。尽管它们的政治家们、理论家们这样宣传，试图占有道德制高点，其实不然。资本主义是以资本主义私有制为基础的社会，它的根本原则是私有财产制度神圣不可侵犯，这一原则在核心价值上最集中的表现就是：私有神圣（私有财产制度神圣不可侵犯）、个人本位。资本主义私有制度既是资本主义国家机器、资本主义宪法和法律必须维护的核心利益，也是资本主义价值观的核心。个人本位是贯穿资本主义社会政治、文化、道德等领域中的核心价值。在资本主义社会凡属个人的东西，包括个人财产、个人权利、个人隐私，总之一切属于个人的东西都是至高无上、不容侵犯的。

或许，有人会说，私有财产神圣不可侵犯为什么是资本主义核心价值？中国特色社会主义的物权法不也是保护私有财产吗？这是两个不同层次的问题。在社会主义初级阶段，我们实行以公有制为主体、多种所有制共同发展，当然要保护合法的私有财产不受侵犯。但我们并不把私有财产制度视为永恒不变的，更不把私有财产神圣不可侵犯视为社会主义的核心价值。社会主义本质最终是消灭资本主义私有制，消灭剥削和两极分化，邓小平关于社会主义本质论中早已有明确论述。历史唯物主义是以科学的态度，以"三个有利于"为标准对待社会主义初级阶段的各种所有制形式，而不是以道德为尺度进行判断。我们不把私有财产不可侵犯提升为社会主义核心价值。保护私有财产制度是一种有利于发展生产力和解放生产力、有利于中国特色社会主义建设的法律规定，而不是共产主义的最终核心价值目标。

自由、民主、平等、人权作为一种理想，早于资本主义私有财产不可侵犯的核心价值的确立。最早的资产阶级启蒙思想家，真诚地怀有普遍平等的愿望。在私有财产制度神圣不可侵犯还未载入资本主义宪法之前，它就作为资产阶级先驱者的理想而出现在他们的著作中。当时它可以说是映照在反对封建等级制度和宗教黑暗笼罩下的思想之光。当资产阶级社会取代封建社会，并以宪法和法律形式确立资本主义私有制神圣不可侵犯的原则后，私有制神圣不可侵犯、个人本位成为核心价值。自由、民主、平等、人权逐步失去了它的先驱者们当时提出的那种理想性、普遍性和先进性，成为维护资本主义私有制度和个人本位的基本政治价值。表面上，资本主义社会至高无上的普遍价值是自由、民主、平等、人权，实际上还有比它更高的价值，就是保护私有财产制度和个人本位。马克思在讲到资本主义的自由、平等、人权时说过，资本主义制度没有自由就没有自由出卖劳动力的工人，没有平等就没有等价交换，因为特权是阻碍市场主体等价交换的政治障碍；人权最核心的是财产私有权。正因为这样，马克思说，"交换价值制度，或者更确切地说货币制度，事实上是平等自由制度"①，"作为纯粹观念，自由和平等是交换价值过程的各种要素的一种理想化的表现，作为法律的、政治的和社会的关系上发展了的东西，自由和平等不过是另一次方的再现物而已"②。资本主义社会的自由、民主、平等、人权是资本主义私有制及其市场经济运行机制在政治和法律观念上的提升和保证。所谓自由民主制度最有利于维护资本主义私有制度和市场经济的正常运行。

不少人总疑惑，如果不承认自由、民主、平等、人权具有普世性，社会主义为什么也赞成自由、民主、平等、人权呢？如果社会主义也主张保障自由、民主、平等、人权，不就说明它是普世的吗？之所以产生这个疑惑，不仅是因为分不清不同社会属性的自由、民主、平等、人权观念，而且是分不清资本主义社会的核心价值和基本价值。资本主义社会的自由、民主、平等、人权不是资本主义社会的核心价值，而是它的政治制度和法律制度的基本价值。它服从而且必须服从保护私有制度神圣不可侵犯和个人本位的核心价值，并为其所引导。如果在资本主义制度下，自由、平等、民主和人权的诉求，不利于或侵犯资本主义私有制度和个人本位的价

---

① 《马克思恩格斯全集》第 46 卷（上），人民出版社 1980 年版，第 201 页。
② 《马克思恩格斯全集》第 46 卷（下），人民出版社 1980 年版，第 447 页。

值，就必然受到限制。2011 年美国纽约的"占领华尔街"运动，蔓延多个城市，纽约警察对"占领"运动采用强制清场，逮捕 200 多人，其他城市如盐湖城、丹佛、路易斯和费城也同样以警力清场。美国如此，其他"民主"国家也采取同样方式。占领运动只是反映群众对金融资本贪婪的不满情绪，并没有也不可能根本撼动资本主义制度，尚且被如此对待，如果真的发生推翻资本主义制度的革命运动，那么资本主义是否还会容忍，还会赋予反抗者以自由、民主、平等和人权？它会立刻像马克思当年说的，变为步兵、骑兵、大炮。因此，虽然资本主义制度下的自由、民主、平等、人权具有普遍性的外表，但这种普遍性是抽象的。只有在维护和稳定资本主义制度范围内它才是"普遍"的。但当它的核心利益和核心价值受到威胁时，就会撕下其普遍性外衣，变为镇压。美国号称自由世界，可美国华盛顿大学教授最近发表《美国不再是自由之地的十个理由》的长文，历数美国授权刺杀美国公民、无限期拘押、独断专行的司法、未经许可的搜查、秘密法庭以及持续监视公民等反人权行为。

西方的所谓自由、民主的价值观具有极大的虚伪性。当中国人民没有获得解放前，西方殖民主义者对毫无自由和人权的旧中国非常"热爱"。他们住在租界高级住宅中，享有治外法权，享受中国特色菜肴。他们是中国这块土地的主人，仿佛当时作为被压迫的中国人民不存在自由、民主和人权问题。这样的中国是毫无"威胁"的"可爱的中国"。可一旦当长期被奴役的中国人站起来了，不再仰人鼻息，或者对西方的做法稍微表示一点中国人的爱国主义尊严，就要祭起西方价值观的法宝，大喊大叫要在中国推行他们在旧中国从来三缄其口的自由、民主、平等、人权。

我们不承认自由、民主、平等、人权是资本主义核心价值，也不承认它是在任何国家任何条件下包治百病的万灵药方；但我们并不否认它作为资本主义政治制度和法律制度的基本价值规范，比起封建专制制度是巨大的历史进步。但在资本主义社会它具有双重性，既是反对封建制度和专制主义的人类文明和文化的积极成果，又具有资本主义制度不可避免的阶级性和狭隘性。在资本主义制度下，它不能游离于资本主义核心价值，即资本主义私有制神圣不可侵犯和个人本位之外，更不能与它相悖。作为人类文明和文化进步成果的自由、民主、平等、人权观念有可借鉴和可吸取的积极因素，因为社会主义是在资本主义已经取得的成果基础上前进的，但资本主义私有财产制度神圣不可侵犯和个人本位的核心价值必须摒弃，必须改变，否则就没有社会主义革命的可能性和必要性。

由资本主义社会转变为社会主义是根本制度的变革，在价值观上最具标志性的是核心价值观念的变化，必须摒弃私有制神圣不可侵犯和个人本位，而不是简单拒斥作为政治和法律价值和重大成果的自由、民主、平等、人权观念。不能把资本主义的核心价值与作为维护和从属于这种核心价值的资本主义的自由、民主、平等、人权观念不加分析地捆绑在一起。在当代世界国际舞台，如果对自由、民主、平等、人权问题不承认具有某种价值共识，就会陷入既不能不否定它，又不能不运用它的理论困境。

同样，中国封建社会的核心价值是三纲（君为臣纲、父为子纲、夫为妻纲）三从（在家从父、出嫁从夫、夫死从子）。这是维护封建的君权、父权和夫权制度所绝对必需的价值规范。忠孝仁爱，仁义礼智信、礼义廉耻与封建社会的三纲三从不同，它是传统文化和传统道德的基本价值。封建社会的核心价值三纲三从是不可继承的，随着封建制度的崩溃和灭亡，它会随之而逐步消失。尽管我们某些地方可能还会有官贵民贱、夫权、男权、父权的思想残余，但它已经没有制度保证。如果在社会主义社会仍然鼓吹三纲三从，完全与时代、与社会制度相悖。五四新文化运动的进步性正在于它反对旧的纲常名教。忠孝仁爱和仁义礼智信、礼义廉耻则不同，它是中国传统文化和道德的基本价值，包含着可以继承和发扬的道德资源。如果分不清封建社会的核心价值与文化道德基本价值，把反对封建专制制度变为反对忠孝仁爱、信义和平和礼义廉耻，把一切传统文化和传统道德，统统称为旧文化旧道德，那只能是文化和道德上的虚无主义。

三　社会主义核心价值的本质

当代中国的社会主义核心价值，既不能脱离社会主义形态的根本属性，又不能离开中国的文化传统和民族特色。它反映中国特色社会主义的制度的本质和核心利益，反映作为社会主义社会制度下的全体中国人民的核心利益。这是社会主义社会核心价值不同于以往阶级社会核心价值的特点。它的基本制度特性是社会主义制度；它的利益主体是全体人民。因此，在构建社会主义核心价值时，社会主义核心价值与以往社会的核心价值不存在继承，因为社会基本制度和利益主体不同。社会主义制度的变革同时也是以往封建社会和资本主义社会核心价值的变革，但可以批判地继承作为人类文化和道德积累的基本价值规范中的积极因素，改变其内容，构建社会主义中人的行为和道德规范。社会主义仍然需要自由、民主、平等、人权，需要讲忠讲孝、讲仁讲爱、讲信讲义，要知廉知耻，但不是简单把它们作为社会主义核心价值的规范，因为核心价值的构建不是原有一般价值概念的移用，也不是简单的文化的吸收和继承，而是要凝练反映社会主义制度本质和全体人民核心利益、具有特色的主导价值规范。

在构建中国特色社会主义核心价值观念时，我们会发现其中可能包含西方和中国传统社会某个既成的价值规范用语，但它在社会主义核心价值观念中，已经被注入新的内容，而不是原有价值范畴的简单挪用。如果不注入新内容，而是把它作为社会主义核心价值的构成要件，就不能反映社会主义的本质和人民地位的根本变化。因此，离开社会主义制度本质和社会主义制度下人民的核心利益，单纯在概念和范畴组合上下工夫，很难真正凝练出符合社会主义制度本质、符合人民根本利益，能为人民所理解、所接受和实行的核心价值。

任何一个社会的核心价值的形成，都经历过一个或长或短的理论化和实践化的过程。社会主义核心价值正在构建和实践中。对什么是社会主义核心价值规范，可能见仁见智，各有所说。笔者以为，能比较集中地反映社会主义制度本质和人民地位变化和核心利益的价值规范，是否可以概括为"人民至上，集体优先，富裕公平，幸福和谐"。这些价值范畴作为相互关联、彼此依存的规范，不是单个的词语，这是以往任何社会所没有的，它只能产生和出现于社会主义社会，反映社会主义制度的本质和人民地位的根本变化。

人民至上，反映的是社会主义社会人民当家作主的地位。它与"以人为本"是一致的。"人民至上"就是"以人为本"的本质。"以人为本"说到底就是以人民利益为最高标准。它既不同于中国传统社会的民本主义，也不同于西方的"人本主义"。民本主义理念是统治者为民作主；资本主义社会的"人本主义"的人是"类"，它掩盖了西方制度下的阶级对立和两极分化的本质。其实西方的民主是一种政治制度，是选举民主，当政者是统治阶级中的精英或政治代表，而不是代表人民当家作主。人民至上的民主是人民民主，即人民自己当家作主。尽管人民民主实现方式也要通过他的代表人物和政治人物，但被选出的领导必须真正代表人民利益，是否"全心全意为人民服务"应该是他们的宗旨和判断标准；而人民在整个国家中的地位是主人，应该具有知情权、参与权和最终决定权。

集体主义也是社会主义特有的核心价值。它不同于资本主义社会的个人本位，也不同于中国传统社会否定个人利益、个人独立性和个性的集权主义。中国封建社会的"集体"是虚幻的集体，是个人失去独立性依附于父权的家长制，依附于国君的君主制。君权和父权是集体的代表。这是专制主义而不是社会主义的集体主义。虽然它可能具有集体性的外表，但以牺牲个人独立性为前提，根本不同于社会主义集体主义。集体优先是从如何对待个人与集体关系说的，集体主义并不否认个人的利益和个人独立性，不否认个人独立人格的培养。而是强调个人利益只有在真实的集体中才能得到发展和保证。集体利益应该包括个人利益，当个人利益与集体利益发生尖锐矛盾时，应该提倡个人利益服从集体利益，而不是集体利益屈从个人利益。集体优先的核心价值取向有利于社会主义的巩固和发展、有利于社会主义国家每个个人合理利益的实现，也有利于人民当家作主地位的确立和保证。

"富裕公平"和"幸福和谐"，也应该是构成社会主义核心价值的重要内容。贫穷不是社会主义，社会主义应该是一个物质和精神都富裕的社会。尽管发达资本主义社会也很富裕，但富裕而不公平。它是少数人占有绝大部分财富，贫富两极对立下的小部分人的富裕，导致的是极大的不公平。社会主义的富裕应该是与公平相结合的富裕，它应该使社会财富成为全体成员能共同享受的成果。没有公平的小部分人的富裕，是不公平的富裕；而没有富裕的所谓公平，即所谓"共苦"，也不是我们追求的公平。不患寡而患不均，不是社会主义观念，而是小农的公平观念。因此"公平"与"富裕"如果彼此分离，任何一个单独的规范都会失去它的社会主义内涵，不能构成社会主义核心价值。作为社会主义核心价值的"富裕"与"公平"，应该是统一不可分的。"幸福"与"和谐"也是如此。尽管幸福是任何社会、任何个人都需要的，但幸福"与"和谐"的结合是社会主义的特点。以往社会幸福都是注重个人的幸福，把幸福作为个人问题。少数人的幸福是建立在大多数人的不幸甚至痛苦的基础上。在社会主义核心价值构成中，"幸福"与"和谐"相结合，幸福源自和谐，只有人与人和谐，人与自然和谐，人与自身和谐才能使幸福成为社会幸福，成为生活在这个社会中的每个人都能感到和得到的幸福，而不是所谓主观的幸福感或个人的心理感受；也只有人们能从生活其中的社会中感到幸福，才能促进和谐。幸福促进社会和谐，社会和谐产生幸福。这种幸福与和谐的结合也是以往任何社会都没有的。

社会主义社会核心价值，对其他基本价值或价值规范，可以说是普照之光。在它的指引下，对人类发展中形成和凝结的政治、道德、文化以及各个领域中的基本价值规范可以得到合理的吸收。由于核心价值的转换，在社会主义核心价值的普照之光的照耀下，西方资本主义的自由、民主、平等、人权以及中国传统社会的忠孝仁爱、礼义廉耻等人们耳熟能详的价值规范，获得新的内容。社会主义制度当然需要自由，包括言论自由、出版自由、人身自由以及其他在人类进步中获得自由权利，但它必须受社会主义核心价值的引导成为有利于社会主义制度、有利于人民利益的自由，而不是相反。而且社会主义社会的自由超越了原有资本主义制度下的自由界限，它的更高目标是人的全面和自由发展，自由与共产主义最高理想是结合的；民主也是如此。资本主义社会民主中的积极因素，包括一些有效的民主实现方式，凡是进步的都应该吸取，但社会主义民主本质是人民民主，即人民当家作主；任何有利于人民当家作主的民主形式都是好的，任何妨碍人民当家作主的所谓"民主"都应该摒弃。选举不应成为闹剧；竞选不应成为黑金政治和相互诋毁。如果在"民主"的旗帜下走向与大多数人的利益相对立、压制大多数人的民主，这就不是社会主义核心价值引导下的民主，而是在民主外表下的反民主；人权，不仅是要保护个人的财产权，而且是在"人民至上"原则下的广大人民的生存权和发展权，包括国家主权。社会主义国家主权就是人民权利的根本保证。没有国家主权，人权往往沦于空话。平等，不仅是法律面前的平等，而且是实际平等，即从逐步缩小贫富差距，消除两极分化，逐步走向共同富裕。

其他中国传统道德规范，如忠孝仁爱、礼义廉耻等，都在社会主义核心价值主导下获得反映新社会人际关系的内容。忠，不是忠于个人而是忠于人民、忠于国家；孝，不是父权制下的绝对服从，而是对父母的感恩和物质赡养与精神孝敬。仁爱万物不是众生平等的宗教精神，而是社会人际和谐与人和自然和谐的科学与人道相结合的精神。应该清洗礼义廉耻规范中的封建杂质，使其贯穿社会主义荣辱观的内容。可见，同样的基本价值规范，在不同核心价值主导下会有不同的内涵。如果核心价值不发生根本转变，人类社会原有的价值规范的单纯移用，在理论和实践上极容易混淆不清，容易发生价值误导。

四　高扬核心价值，夯实基本价值

在当前，思想理论教育和宣传面临的一个重要任务，是要高扬核心价值，夯实基本价值。社会主义核心价值是整个社会的价值导向；而文化和道德的基本价值是核心价值得以落实的思想基础。基本价值的状况是社会思想道德水平的测量器，具有群众性和广泛性。如果道德失范和信仰危机，社会主义核心价值的建设往往收效甚微。因此，我们在重视社会主义核心价值的同时，要切切实实地重视思想道德的基本价值的教育，使两者相得益彰。

道德爬坡还是滑坡，已争论多年。从社会发展来看，从长远来说，当然是道德爬坡，任何时候都不能弹今不如昔、人心不古的调子。何况是在社会主义中国。从大多数普通老百姓来说，很难说道德普遍滑坡。其实，普通人民之间有许多感人的道德事迹。我们各行各业都涌现了不少道德楷模。

我们不能否认有些干部、有些商业经营者见利忘义。这种人人数不一定很多，但他们干的事影响极坏，闹得整个社会人心不安、沸沸扬扬。这些人并不能代表整个社会，但能抹黑社会、毒化社会。仅从这些人的行为看，确实存在道德滑坡现象，因为他们的所作所为是改革开放前极为少见的。

突发灾害也会激发和提升一个民族的道德力，也是道德的考验。我们国家在灾难时期，各级干部和人民解放军表现出的道德觉悟是很高的。唐山地震、汶川地震救灾有许多感人的事迹。而且社会是个由各种阶层、群体、个人组成的，情况并非完全一样，道德水平参差不齐。官员的道德指标在于在官场中奉行什么样的官场文化，公民道德要看各行各业的行业道德状况，普通百姓的道德指标在于在日常生活中的行为规范。这些方面，我们的确在不同程度上存在着问题。小悦悦事件中，最终实施救助的人是一个拾荒的妇女，社会从这位普通劳动者身上看到希望，也得到启发。人是道德行为的主体，人需要加强道德教育，但在道德教育中媒体喜欢报道什么，热炒什么，负有很大的导向责任。事实表明，一个人均冷漠的社会，不是宜居的社会。何况我们现在真正富裕者还是小部分人。庄子说："相濡以沫，不如相忘于江湖。"对于社会来说，既不应单纯赞美穷困中的

"相濡以沫"，也不要富裕时"相忘于江湖"。最理想的是能在有难时"相濡以沫"，又能在富裕中"不忘于江湖"，和谐相处。这就要取决于群众性的思想道德状况。

有些人把道德失范归罪于市场经济，这是不正确的。但市场经济背景下的道德建设是一个重要而复杂的理论和实践问题。中国有长达两千多年的农业社会，商业不发达，人际关系是熟人社会，重亲情、友情、仁义。新中国成立后的前 30 年我们实行的是计划经济，人们之间没有竞争，没有多大的贫富差别，没有发财的欲望。在由计划经济向市场经济的急剧转变中，大多数人的心理缺乏对市场经济的适应性，法律和道德又相对滞后。人人致富心切，可又不是人人致富有门。市场经济在解放思想、调动人的积极性的同时，也释放出某些人的私欲和恶行。市场经济的积极和消极作用相互关联。在充分发挥市场经济的积极作用，抑制和防范它的消极作用中，笔者认为社会主义核心价值的建设和社会思想道德基本价值教育的强化，会起到重要的作用。社会主义核心价值是国家意识形态，而思想道德基本价值水平则是群众性的实际状况。坚持社会主义核心价值，夯实思想道德的基本价值，有利于改革开放，也有利于完善社会主义市场经济，有利于中国特色社会主义建设。

（原载《中国特色社会主义研究》2012 年第 5 期）

历史唯物主义与马克思主义哲学主题

丰子义

近年来，历史唯物主义再度受到学界的高度关注，有关历史唯物主义的学科性质、理论定位及其相关重大问题成为讨论的热点。这实际上是关涉如何看待马克思主义哲学实质的问题，本文旨在通过对马克思主义哲学语境中的主题问题及其与历史唯物主义的关系问题的探讨，谈一点对历史唯物主义的认识。

一

在哲学史上，任何有影响的哲学流派都有其特定的主题。主题是理论内容的纲领、前提和出发点；而且，主题作为一种价值取向和理想追求，直接决定着一种哲学的基本立场、观点，进而决定着其致思的倾向和思考问题的方式；同时作为一种思想的内在结构，它深藏于哲学的内容与体系之中，潜移默化地影响着具体问题的阐释。因此，把握一种哲学的主题对于理解其哲学思想至关重要。历史唯物主义亦是如此。对于它的理解和把握，离不开马克思主义哲学的主题。

"一切划时代的体系的真正的内容都是由于产生这些体系的那个时期的需要而形成起来的。"① 马克思主义哲学主题是实现无产阶级和人类的解放。这一主题贯穿于马克思整个思想探索的始终。马克思的哲学就是在探讨、论证这一主题过程中展开并为其服务的。

在其最初表露和阐发自己哲学观点的博士论文中，马克思借助于德谟

---

① 《马克思恩格斯全集》第 3 卷，人民出版社 1960 年版，第 544 页。

克利特与伊壁鸠鲁自然哲学的比较，突出强调的是"自我意识"，因为"自我意识"充分体现了自由精神。马克思通过对原子及其运动的质料与形式、直线与偏斜、必然与偶然等关系问题的分析，明确表达了自由的立场；同时通过强调哲学的世界化与世界的哲学化，表现了强烈的实践指向。在《莱茵报》时期，通过改造黑格尔的"客观理性"概念，马克思用"自由理性"概念来表达和阐释自由，并以此来审视当时遇到的各种社会政治问题。通过对大量社会现实问题的研究，马克思对黑格尔的法哲学提出质疑，认为法的关系正像国家的形式一样，既不能从它们本身来理解，也不能从所谓人类精神的一般发展来理解，相反，它们根源于物质的生活关系，这种物质的生活关系的总和便是"市民社会"。这样，考察人的自由、解放的基点和重点必然转移到对市民社会的分析上来，由此形成了《黑格尔法哲学批判》。由于在市民社会中人真正的自由是劳动的自主、自由，因而马克思在《1844年经济学哲学手稿》（以下简称《手稿》）中对资本主义条件下的劳动和私有财产关系问题进行了批判性的分析。他发现，在资本主义条件下的劳动必然是异化劳动，私有财产的存在造成了人的自由、权利的扭曲和丧失。而要使人的自由本质得到重新占有，必须克服异化劳动，扬弃私有财产。如果说《手稿》只是原则上指出了劳动对于人的自由、解放的重要意义，那么此后的研究则是通过对劳动的科学提炼和深入分析，马克思对人的问题和社会历史问题作出了深刻的揭示。在《关于费尔巴哈的提纲》和《德意志意识形态》中，马克思一方面把劳动提升为社会实践，进而把社会实践看作是整个社会生活的基础，另一方面又深入到实践的内在矛盾之中，并通过这种矛盾运动的分析，发现了社会发展的客观规律。至此，历史唯物主义基本形成。这种历史唯物主义既是对社会历史本质及其发展规律的揭示，又是对人的自由、解放问题的具体阐发和探索。

从历史唯物主义的形成过程可以看出，马克思并非为构造一种历史哲学而创立历史唯物主义，而是在为无产阶级和全人类寻求彻底解放的道路，科学地论证无产阶级历史使命的过程中逐渐形成历史唯物主义的。就其实质来说，历史唯物主义就是关于人的解放的学说。

马克思主义哲学的主题既然是实现人的解放，那就在理论上必然突出实践的基本观点。因为实践活动是人的存在的基本方式，是人类首要的基本活动，同时是人类社会存在和发展的基础；人的生存发展状况直接受制于人的实践活动的状况。马克思主义哲学的主要任务就是研究实践活动的发展规律，分析和解决实践活动的内在矛盾，从而实现通过改造世界来实现人的解放和人的全面发展。离开实践来谈论哲学，这不符合马克思的旨趣，也不是他的目的。因此，从马克思主义哲学的主题必然合乎逻辑地过渡到实践的基本观点，二者是内在地联系在一起的。马克思正是借助实践观的阐发，同时借助实践观来审视各种社会历史问题，才解开了"历史之谜"，创立了新的哲学。就此意义而言，这种新的哲学也就是历史唯物主义。

正确认识和把握马克思主义哲学的主题，不仅对于深刻理解历史唯物主义，而且对于深刻理解马克思主义哲学其他基本观点都具有非常重要的意义。由于人的解放主题是和实践的观点紧密联系在一起的，因而马克思在考察所有哲学问题时都是以人的实践活动作为出发点，各种具体哲学观点都是在社会历史视域中呈现出来的。实践作为人的基本存在方式，必然产生人与世界的现实的关系，如何看待人生活其中的现实世界进而合理地改变这个世界，由此便形成了世界观；人的实践活动是多方面的，但最基本的活动是物质生产活动，而物质生产活动主要涉及的是人与自然的关系，如何看待自然并自觉地处理人与自然的关系，便形成了自然观；实践作为一种历史性的活动，由于其自身的矛盾运动，必然内在地包含着对现存事物的超越性和自我否定性，这就形成了辩证法；实践作为一种有意识、有目的的活动，是在人们不断认识世界、把握规律的过程中向前推进的，这就形成了认识论；任何实践活动的开展都是为了满足主体的需要，而且评价某种实践活动是否合理，也是看其结果是否对主体尤其是对人民群众的生存发展有益，由此便形成了价值观。

总之，离开马克思主义哲学的主题，马克思哲学的许多具体观点就很难理解，马克思哲学与以往旧哲学也很难区别开来。因此，要准确地理解和把握历史唯物主义并对其进行合理的定位，就必须充分考虑到马克思主义哲学的主题。离开主题抽象地谈论历史唯物主义的定性、定位和评价问题，是很难说得清楚的。

二

马克思主义哲学的主题是实现无产阶级和人类的解放，矛头直指资本主义社会。在资本主义条件下，无产阶级和人类解放的关键是要摆脱资本对劳动的奴役和控制，真正实现劳动解放，因而推翻资本主义雇佣劳动制度，改变资本与劳动的不合理关系，便成为实现这一解放的首要问题。为此，马克思一生研究的重点，是通过资本主义社会的解剖，把人类解放和人的自由这个一般性问题具体化为人类如何从资本主义异化劳动中解放出来的问题，以及如何改变资本与劳动的关系问题。正是通过这一研究，马克思不仅具体阐发了无产阶级和人类解放的理论，而且深刻阐释了历史唯物主义的基本原理。因此，要深刻认识和把握历史唯物主义，应当对资本主义社会的"剖析"及其意义予以深入的理解。

人类对历史的认识是受历史本身制约的。历史之谜的破解和历史规律的发现只有在历史发展到一定阶段时才有可能实现。梅林曾经指出："唯物主义历史观也服从于它自己所制定的那个历史运动规律。它是历史发展的产物；在较早的时代，它是不会被任何有天才的头脑凭空想出来的。只有达到一定高度时，人类历史才能揭开它自己的秘密。"① 在农业社会，历史发展的真实联系和动因，往往是隐蔽而混乱的，常常被一些表面现象所遮盖：宗法的、政治的力量遮蔽了经济的实际力量；宗教的、道德的动机隐藏了利益的动因。而到了资本主义社会，历史发展的联系就简单化了且暴露得更清楚了。正是在这样的条件下，才有可能将社会发展动因与结果的联系真实地揭示出来，并通过这种联系发现社会发展的一般规律。

历史唯物主义的创立，也有赖于"世界历史"的形成。在以往长期的"民族历史"发展中，狭小的生产规模和生活方式，限制了人们的眼界，使其无法了解世界的总体状况及其发展走向，因而难以产生出关于人类社会发展规律性的正确认识。而在资本主义条件下，民族历史开始转变为世界历史。资本的扩张和世界市场的扩大，不仅密切了各个国家之间的经济联系，而且使人们有可能超出狭隘的民族、地区局限，从各个国家、民族发展的比较中，发现历史发展的常规性和重复性，即历史发展的规律性。因此，探讨历史规律，不能离开世界历史；研究世界历史，不能离开资本主义社会。这也正是马克思在剖析资本主义社会、研究社会历史哲学时为何始终关注"世界历史"的缘故。

---

① ［德］梅林：《保卫马克思主义》，吉洪译，人民出版社 1982 年版，第 3 页。

实际上，唯物史观的创立和发展，都离不开对资本主义社会的剖析。如果说《资本论》是对资本主义社会的系统解剖，那么《手稿》则可以视为初步解剖。尽管后一种解剖与前一种解剖不可同日而语，但其直接导致了马克思历史观上的一场重大革命。在《手稿》中，马克思紧紧围绕人的自由解放这一主题，以异化劳动和私有财产为中心，通过对资本主义社会的资本、利润、工资的分析，对私有财产制度的产生、异化和异化扬弃作了新的探讨和说明，对未来社会的发展和人的发展指出了基本方向。此后，马克思又在异化劳动理论的基础上形成了科学的实践观，并通过社会实践活动及其内在矛盾的分析，揭示了社会发展的基本规律，创立了历史唯物主义。在《资本论》中，历史唯物主义不单纯是得到了具体的运用，同时得到了进一步的深化和发展。《资本论》从资本主义社会最简单、最基本的元素形式——商品的分析出发，通过对其所包含的各种内在矛盾的揭露，一步步地揭示出资本主义的全部社会生活以及它的运行规则和发展趋向，从而对资本主义社会作出了透彻的解剖。它以更为精确的事实材料、更为现实的社会发展进程再现和深化了历史唯物主义的各种基本原理，同时提出了许多新的思想、观点，使历史唯物主义发展到一个新的水平。

《资本论》的解剖对历史唯物主义的理论贡献是多方面的，但更能体现明显特色的是其两大发现的概括和提出，通过这两大发现，马克思把人的自由解放与人类社会的历史发展有机统一了起来。

一是关于"社会经济形态的发展是一种自然历史过程"[1]的思想。通过对资本主义社会的解剖，特别是对资本与劳动关系的动态考察，马克思发现社会经济形态的发展是一种自然历史过程，这是对社会历史发展规律尤其是社会形态依次更替规律的深刻把握，也是有关历史规律理论的集中概括和体现。发现历史现象的规律性，并不一定能够保证历史观上的科学性，例如，"主观主义者虽然承认历史现象的规律性，但不能把这些现象的演进看作自然历史过程，这是因为他们只限于指出人的社会思想和目的，而不善于把这些思想和目的归结于物质的社会关系"[2]。马克思恰好相反，主要抓住生产关系以及生产方式的内在矛盾运动来加以分析，认为

---

① 《马克思恩格斯全集》第 23 卷，人民出版社 1972 年版，第 12 页。
② 《列宁选集》第 1 卷，人民出版社 1995 年版，第 9 页。

"一种历史生产形式的矛盾的发展，是这种形式瓦解和改造的唯一的历史道路"。① 为此，重点是从资本主义生产方式及其矛盾运动剖析开始，发现资本主义社会发展是一个有生有灭的自然历史过程。这一过程的发现实际上以浓缩的形式概括和反映了社会发展及其规律的诸多原理，从而使这些基本原理不再成为一种抽象的表述，而是以大量事实材料为依据并用资本主义社会的实际发展得以验证的科学理论。

二是关于"社会有机体"的思想。通过对资本主义社会的解剖，《资本论》不仅从纵向维度揭示了社会发展是一个自然历史过程，而且从横向维度揭示出社会是一个活的有机体。马克思指出："现在的社会不是坚实的结晶体，而是一个能够变化并且经常处于变化过程中的机体。"② 社会有机体的思想，深刻揭示了资本主义的全部社会生活及其内在联系，从而可以得出这样的基本结论："由生产关系本身产生的经济制度的全部结构，以及它的独特的政治结构，都是建立在上述的经济形式上的。任何时候，我们总是要在生产条件的所有者同直接生产者的直接关系——这种关系的任何形式总是自然地同劳动方式和劳动社会生产力的一定的发展阶段相适应——当中，为整个社会结构，从而也为主权和依附关系的政治形式，总之，为任何当时的独特的国家形式，找出最深的秘密，找出隐蔽的基础。"③ 这实际上是对社会结构最重要、最深刻的揭示。

由此可见，正是在对资本主义的批判中，马克思不论是对社会发展和社会结构两大维度的理论探索，还是对资本主义经济内在联系及其发展规律的剖析，都深刻地阐明了社会主义代替资本主义的历史必然性，揭示出实现无产阶级和人类解放的现实基础和条件，从而使人的解放理论建立在科学基础之上。因此，在《资本论》中，历史唯物主义与人的解放理论得到了有机的统一和完美的结合。

三

由于"资本和劳动的关系，是我们全部现代社会体系所围绕旋转的轴

---

① 《马克思恩格斯全集》第 23 卷，人民出版社 1972 年版，第 535 页。
② 同上书，第 12 页。
③ 《马克思恩格斯全集》第 25 卷，人民出版社 1974 年版，第 891—892 页。

心"，① 实现人类解放的关键在于解决资本和劳动的关系问题，因而作为时代问题的理论回应，历史唯物主义必然要直面资本和劳动的关系，并为解答这一关系问题服务。就此而言，资本的批判又离不开历史唯物主义。恩格斯当年就指出，马克思的"经济学本质上是建立在唯物主义历史观的基础上的"。② 卢卡奇认为，"正是资本主义社会制度成了运用历史唯物主义的典型基础"；"经典形式的历史唯物主义意味着资本主义社会的自我认识"。③ 马尔库塞也认为："历史唯物主义最初在资本主义社会是作为一个普遍存在的唯物主义的宣言而出现。在这一点上，这个唯物主义的原则，是揭露使人受物质生产盲目结构奴役的社会批判工具。"④

历史唯物主义对于资本与劳动关系批判分析的作用是多方面的，它所内含的关于社会历史的基本立场、观点以及所具有的矛盾分析法、批判辩证法、从后思索法等，都发挥着独特的功能。除此之外，历史唯物主义在总体认识、把握资本与劳动的关系以及整个资本主义经济的发展方面又有着颇为特殊的作用，其作用主要是通过下述两种形式体现出来的。

一是"祛蔽"的作用。早在创立历史唯物主义时期，马克思就把以往用神的旨意、绝对观念、人的本性和意志来解释历史的形形色色理论和观点，从历史领域驱逐出去，为研究人类社会和历史提供了科学的理论和方法。在剖析资本主义社会时，马克思又用"祛蔽"的方法，对商品拜物教、货币拜物教和资本拜物教进行了深刻的批判和揭露。正是通过对这些拜物教的批判，马克思从资本主义生产方式中"物与物的虚幻关系"揭示出了人与人之间的真实关系，从而使商品世界的本来面目得到还原。不仅如此，马克思还对其他各种令人着迷的以至常常引起误解的经济现象进行了深刻的揭露。诚如马克思所讲："日常经验只能抓住事物诱人的外观，如果根据这种经验来判断，科学的真理就总会是奇谈怪论了。"⑤ 马克思之所以致力于揭露与驱雾的工作，其目的就是要从各种虚幻关系中揭示出背后的真实关系，进而通过革命的方式改变这种关系。这正是历史唯物主义

---

① 《马克思恩格斯选集》第 2 卷，人民出版社 1995 年版，第 589 页。
② 《马克思恩格斯选集》第 2 卷，人民出版社 1995 年版，第 38 页。
③ ［匈］卢卡奇：《历史与阶级意识》，杜章智等译，商务印书馆 1996 年版，第 316、312 页。
④ ［美］马尔库塞：《理性与革命》，程志民等译，重庆出版社 1993 年版，第 55 页。
⑤ 《马克思恩格斯选集》第 2 卷，人民出版社 1995 年版，第 74 页。

"祛蔽"功能的革命意义和实践价值之所在。

二是"穿透"的作用。历史唯物主义本身的形成，就是马克思通过各种社会现象的研究，穿透各种表层，走向历史深处的结果。在《资本论》中，马克思借助唯物史观，对资本主义各种经济现象和经济关系作了透彻的分析，从而揭示了资本主义经济生活的本质和发展规律。这种"穿透性"分析主要体现在以下方面：一是从物的关系看到人的关系。凡是资产阶级经济学家看到物与物之间关系的地方，马克思都揭示了人与人之间的关系。二是从量的关系中把握质的规定。与资产阶级经济学家只关注生产交换中量的关系方面不同，马克思始终把分析的重点放到资本主义生产质的规定上，进而从量的关系背后发现其所隐藏的劳动与资本的关系。三是从自然形式中发现历史形式。对于资本主义生产方式，以往的经济学家历来将其解释为社会生产的永恒的自然形式。马克思则认为，这种抽象形态的生产在人类历史上从来没有过，任何生产都是在特定的历史条件下进行的并受特定的社会形式制约的，因而具有明显的"历史形式"。

历史唯物主义对于资本主义社会的剖析确实发挥着独特的功能，但这种功能并不是以一种图式来图解资本主义经济关系，而是以一种合理的方法论与思维方式来对这些关系进行具体考察。正是借助于这种方法论与思维方式，资本的内在矛盾及其运动规律得到了透彻的揭示，马克思主义哲学的主题也得到了具体的解答。

历史唯物主义的价值不仅仅在于对资本主义社会作了深刻的揭露和批判，而且在于为探索社会主义社会提供了许多有益的启示。马克思通过对资本主义社会的解剖，不仅透彻地说明了资本主义社会产生的历史必然性，深刻揭示了资本主义社会的内在矛盾及其发展规律，而且通过资本内在矛盾的分析，明确指出了资本主义社会的发展出路只能是社会主义，阐明了实现社会主义以及无产阶级和人类解放的一般条件与道路。因此，马克思的历史唯物主义以及资本批判理论和关于人的解放的理论，使社会主义真正由空想变成了科学。这些理论既为我们研究社会主义提供了重要的指导思想，也为我们探索社会主义具体发展道路指明了方向。

历史唯物主义的基本立场、观点和方法对于我们今天认识、研究当代社会发展也是非常重要的，特别是在对待与我们的论题密切相关的这样一些现实问题上有其重要的当代价值：一是关于人的生存发展问题。应当看到，随着生产力的快速发展和科学技术的不断进步，人的生存发展状况就整体而言有了较大改善。但是，这种发展并不是平衡的，也不是平坦、顺利的。特别是在全球化条件下，人的生存发展面临着诸多严重问题，陷入种种困境。从经济领域来看，全球化的发展固然促进了世界经济的发展，但又造成了世界性的两极分化、分配不公，同时引发了全球性的贫困问题、失业问题、粮食问题、经济危机问题等，给人的生存发展带来严重威胁。而且，资本、技术、资源等的全球快速流动，可能顷刻间使一些企业破产，导致大量工人失业；全球性的激烈竞争和巨大的变革浪潮，使劳动者很难主宰自己的命运；新的国际分工又使人的职业形成新的片面化和固定化。从政治领域来看，不合理的国际经济政治秩序使得发展中国家民众的发展权、人权无从得到保障；全球经济政治组织特别是跨国公司对发展中国家的操纵、控制，不仅使这些国家的主权受到威胁，而且使民众参与政治生活的权利、民众的政治诉求和意愿也受到很大限制；在"新帝国"的操控下，不少国家、民族摆脱了老殖民主义，却又陷入新殖民主义，人的发展既难自由又难全面。从文化领域来看，伴随着全球化的发展，西方的强势文化不仅给发展中国家的民族文化造成巨大冲击，而且潜移默化地动摇着这些国家人们既有的生活方式和价值观念，从而造成民族认同与价值认同上的危机；这种强势文化向心理层次的渗透，使得人们的潜在欲望、需要和心理受到左右，人的发展与社会发展由此失去了正常的社会心理基础。上述这些困境要想得以改变，固然需要多方面的努力，但更为重要的还是像马克思所说，必须首先改变不合理的社会关系和社会制度。只要不合理的社会关系和社会制度依然存在，人的自由全面发展就不过是一句空话。

二是关于资本及其作用问题。要促进人的发展和社会发展，必须对资本有一个清醒的认识和恰当的利用。资本通常有两种含义：一种是作为生产要素的资本，另一种是作为社会关系的资本。在马克思的视野中，这两种资本并不是分离的，而是内在结合在一起的：资本的本质是社会关系，载体则是生产要素；生产要素只有被纳入社会关系之中才能成为资本。因此，"资本不是物，而是一定的、社会的、属于一定历史社会形态的生产关系，它体现在一个物上，并赋予这个物以特有的社会性质"。[①] 从资本的

---

① 《马克思恩格斯全集》第 25 卷，人民出版社 1974 年版，第 920 页。

规定和本性可以看出，资本虽然不是物而是社会关系，但又不能离开物，社会关系的力量就是借助物的力量来实现和发展的。正因如此，由资本的规定和本性必然会产生出资本的双重作用：一种是借助物的力量而产生的创造文明的作用，另一种是从社会关系中产生的追求价值增殖的作用。现代资本主义社会就是在这两种作用的支配下形成和发展起来的。对于资本的本性及其双重作用，马克思作过非常深刻的历史分析，这种分析方法对于我们认识和对待今天的资本也是非常有益的。资本作为资本，不会轻易改变其本性，总是要追求价值增殖，但在不同的社会条件下和制度环境中，它又有其不同的属性和功能。在社会主义社会，资本存在和运行的条件发生了变化，其规律作用的方式和功能也会发生相应的改变。为此，既要承认资本、发展资本，又要恰当驾驭资本、引导资本。让资本创造更多的财富，造福于人民，促进人的发展，这是历史进步的必然选择，也是现代化建设的必然要求。

三是关于市场经济问题。促进人的发展和社会发展，必须发展市场经济，这是人类文明进步的必经之路。然而，发展市场经济并不意味着完全听凭市场的左右。市场与资本由其利润最大化所驱动，发展往往是盲目的，一旦失去监管，其结果是非常可怕的，尤其在全球化条件下更是如此。而且，资本总是把经济利益作为追求的唯一目标，它不会关照和兼顾其他利益，尤其是社会利益。因此，在发展市场经济的过程中，加强市场的监管和资本要素的引导是非常必要和重要的。值得指出的是，今天的全球市场，不完全是市场规律、自由竞争规律在起作用，资本积累规律、生产和资本集中以及垄断的规律也在起作用。资本的全球扩张，一方面给各个国家的发展带来某种机遇，另一方面又使发达国家与不发达国家之间的关系造成严重失衡，同时引发全球性的金融危机和经济危机，使众多国家面临发展的灾难。因此，重新认识和把握马克思的危机理论，对于我们推动市场经济的健康发展，进而推动整个社会又好又快地发展，无疑具有重要的价值。

（原载《中国社会科学》2012 年第 3 期）

唯物史观在中国传播的历史启示

梁　柱

马克思主义在中国的传播，成为中国共产主义运动兴起的重要标志。正是在这个意义上说，它是在十月革命影响下实现的。李大钊作为在中国高举马克思主义旗帜的第一人，在他热情传播马克思主义的工作中，对唯物史观进行比较系统的、多方面的介绍以及应用历史唯物主义观点阐释中国的历史和社会问题，占有突出的地位。李大钊作为我国以马克思主义观点研究中国历史和社会科学的奠基人，他对唯物史观的介绍并将其应用于研究中国历史和社会问题，不仅帮助了一批先进分子掌握了马克思主义的历史观和世界观，而且对我国史学思想的革新以至对革命实践的指导作用都产生了深远影响，对我们今天坚持科学的历史观都有重要的启示作用。

一

唯物史观的发现与确立，是历史观的革命性飞跃。恩格斯在评价马克思这一伟大发现时说："正像达尔文发现有机界的发展规律一样，马克思发现了人类历史的发展规律，即历来为繁芜丛杂的意识形态所掩盖着的一个简单事实：人们首先必须吃、喝、住、穿，然后才能从事政治、科学、艺术、宗教等等；所以，直接的物质的生活资料的生产，从而一个民族或一个时代的一定的经济发展阶段，便构成基础，人们的国家设施、法的观点、艺术以至宗教观念，就是从这个基础上发展起来的，因而，也必须由这个基础来解释，而不是像过去那样做得相反。"[①] 正是这一历史观的内在

---

① 《马克思恩格斯选集》第 3 卷，人民出版社 1995 年版，第 776 页。

的科学魅力，使它成为认识和改造世界的锐利武器，这也是使它能够在中国广泛传播并加以应用的一个深刻原因。

唯物史观在中国获得广泛传播，是适应了中国社会历史和革命发展的需要。从 1840 年鸦片战争开始，在资本—帝国主义的不断侵略下，我们这个具有悠久历史和灿烂文明的古国，一步步地沉沦为半殖民地半封建社会。在帝国主义和封建势力的双重压迫下，中华民族经历着炼狱般的苦难，广大人民处在水深火热之中，国家濒临灭亡的境地。中国近代史是一部充满屈辱与抗争的历史，同时也是一部寻找救国真理、探索国家出路的历史。但是，所有这些努力，无不受到主客观条件的限制，最终都以失败的悲剧而告结束。这个历史事实深刻说明，这时中国的民族危机和社会危机，不但农民战争无法解决，封建统治阶级也失去自我挽救的能力，而且以发展资本主义为取向的资产阶级改良运动也无立足之地。而资产阶级革命派领导的辛亥革命，是一次更加完全意义上的民主主义革命，这场革命"有它胜利的地方，也有它失败的地方。你们看，辛亥革命把皇帝赶跑，这不是胜利了吗？说它失败，是说辛亥革命只把一个皇帝赶跑，中国仍旧在帝国主义和封建主义的压迫之下，反帝反封建的革命任务并没有完成"①。这个历史事实充分说明，以发展资本主义为取向的一切努力已经失去了实现它的历史机缘。近代中国需要新的探索，需要把救亡的斗争推向更高的阶段。

五四新文化运动的兴起，可以说是中国先进分子到了"最后觉悟之最后觉悟"的时候，开始寻求新的思想武器。但在它的前期，包括李大钊在内的新文化运动战士传播的民主与科学思想，仍然是属于资产阶级民主主义的范畴。它虽然在当时反对封建文化思想斗争中起了非常革命的作用，但并不能正确回答中国的出路问题。李大钊这时的政治视野也不能不受到这种历史的局限，例如，他从民族独立的强烈愿望出发，具有鲜明的反帝爱国思想，但对帝国主义的本质仍缺乏清醒的认识，他曾认为像日本这样的"官僚政治"国家具有对外侵略的本性，而像美国这样的"民主政治"国家则不会向外侵略，他曾赞扬美国的"门户开放"政策，还把美国总统威尔逊的和平、公理、正义等口号，赞为"平和的曙光"等；又如，他猛

---

① 《毛泽东选集》第 2 卷，人民出版社 1991 年版，第 564 页。

烈抨击了辛亥革命后出现的假共和、真专制，但对"民权旁落"的原因还主要看作是"少数豪暴狡猾者窃权"，而对封建军阀统治的阶级本质缺乏深刻认识，因而他曾把袁世凯的死看作"青春中华之创造，实已肇基于此"，甚至把袁死后诸如元宵开禁之类的动作，也视为"共和复活之所赐"；再如，他提出"再造青春中华"的积极主张，但找不到实现的正确途径，他虽然向往革命的变革，但又倾向以改良的方法，即从教育入手实现民权，认为"从事于国民教育，十年而后，其效可观。民力既厚，权自归焉"①，等等。

这里还要特别指出，这时的先进分子在自然科学方面，大体上是拥护唯物论的，但在社会历史观方面，则仍然停留在进化论、唯心论的认识水平上。他们在接受马克思主义之前，普遍地是以生物进化论的观点解释社会历史，把物竞天择、优胜劣汰、适者生存等生物竞争说看作是适于社会历史发展的普遍规律。自19世纪末，严复把赫胥黎的《天演论》（原名《进化论与伦理学》）翻译介绍到中国后，正在寻求民族自强的中国进步思想界就把它视为"经典"，成为鼓舞国人奋发图存、自重自强的思想武器。不可否认，进化论的观点，对于破除"历史循环"论、"道德复旧"说等陈腐说教，破除"天不变道亦不变"的传统观念，起过积极的作用；它使人们相信社会制度、伦理道德都要适于社会和环境变化的需要而变化，相信新旧嬗替、青春战胜白首的一般法则。但是，进化论的观点并不能提供对社会历史的科学认识，更不能正确回答中国的出路问题和中国革命面临的基本问题。相反，那种"优胜劣汰"、"弱肉强食"的庸俗进化论观点，还往往掩盖了帝国主义侵略的本质，甚至成为为帝国主义侵略辩护的工具。陈独秀就曾从进化论的观点出发，认为中国落后的原因在于自己的不长进，而不在于帝国主义的侵略。他在1914年由于激愤于国内政治的黑暗，竟至提出欢迎外国的干涉。这显然是十足的昏话。在近代中国，天演一说确是振奋了进步思想界，但同时又成为先进分子认识进一步发展的羁绊。这种状况一直延续到新文化运动的前期，而早期的李大钊、鲁迅等亦不能免。李大钊早期思想有虽不完备却颇为活跃的唯物辩证法观点，但他的哲学思想占主导地位的仍然是进化论、唯心论，而后者的束缚作用也是

① 《李大钊文集》（上），人民出版社1984年版，第181、270、43页。

明显的。他在《青春》一文中对德意志帝国的错误赞扬，便是受进化论思想影响的一例。应该说，庸俗进化论思想对中国知识界的影响，是中国先进分子在一个长时期内，不能正确理解自强与反帝、渐进与革命之间辩证统一关系的一个重要的认识论上的根源。

近代中国先进分子对民主自由的热烈追求和现实之间的巨大反差，不能不使他们感到彷徨、失望以至悲观。李大钊在 1914 年就曾无限感慨地说："时至今日，术不能制，力亦弗能，谋遏洪涛，昌学而已。"① 而当 1917 年张勋再演复辟帝制丑剧时，他更为自己的理想王国梦幻的破灭而慨叹："一代声华空醉梦，十年潦倒剩穷愁。"② 这种情形并非李大钊一人所独有。鲁迅后来说："见过辛亥革命，见过二次革命，见过袁世凯称帝、张勋复辟，看来看去，就看得怀疑起来，于是失望、颓唐得很了。"③ 这确是道出了这时一般先进知识分子的心态。这种"失望"和"颓唐"，既反映了他们对资产阶级领导的辛亥革命结局的完全失望，也表现了他们经过对民主和科学呼唤之后仍然看不到前景的深刻反省。当然，在这种失望和苦闷之中，还蕴涵着对新的出路的思考和探索。所以，在具备新的时代条件和新的社会条件的历史背景下，新的历史观的传入和被接受，就成为历史发展的需要，历史的必然。

在中国革命胜利之日，毛泽东在《唯心历史观的破产》一文中，驳斥了美国国务卿艾奇逊关于中国革命发生原因的种种谬说，他写道："马克思列宁主义来到中国之所以发生这样大的作用，是因为中国的社会条件有了这种需要，是因为同中国人民革命的实践发生了联系，是因为被中国人民所掌握了。任何思想，如果不和客观的实际的事物相联系，如果没有客观存在的需要，如果不为人民群众所掌握，即使是最好的东西，即使是马克思列宁主义，也是不起作用的。我们是反对历史唯心论的历史唯物论者。"④ 唯物史观在中国的传播就证明了这一点。中国人民在近代百年苦难、百年奋斗中，由于缺乏科学理论的指导，经历了无数艰难曲折，吃尽了种种苦头。只有马克思主义传入中国之后，才改变了这种局面。李大钊

---

① 《李大钊文集》（上），人民出版社 1984 年版，第 93 页。
② 《李大钊文集》（下），人民出版社 1984 年版，第 917 页。
③ 《鲁迅全集》第 4 卷，人民文学出版社 1981 年版，第 455 页。
④ 《毛泽东选集》第 4 卷，人民出版社 1991 年版，第 1515 页。

作为在中国传播马克思主义的第一人，一开始他就努力运用唯物史观来观察中国社会和中国革命的实际问题，就比较正确地总结中国革命的历史经验，初步指明中国革命是世界革命的一部分，帝国主义是中国人民的最主要敌人，封建军阀势力是帝国主义在中国的代理人，无产阶级是民主革命的先锋，农民是最伟大的革命力量，以及知识分子要同工农相结合这样一些带根本性的问题，充分显示了马克思主义理论所表现出来的巨大威力，回答了百年革命斗争不能加以科学回答的问题。正因为这样，在当时众说纷纭的救国方案和众多的社会主义思潮中，科学社会主义以自己特有的魅力脱颖而出，很快为中国人民所认识和接受。

二

李大钊在论及历史学时曾说："自有马氏的唯物史观，才把历史学提到与自然科学同等的地位。此等功绩，实为史学界开一新纪元。"[①] 而他在中国传播与确立唯物史观，对于历史学的变革和对革命实践的指导作用，也同样如此。唯物史观在中国的早期传播中，就十分注意结合中国社会历史的实际并给以科学的解释，这个工作，使得在以下两个方面的认识发生了革命性的变化。

一是在社会历史领域内，以唯物史观取代了唯心史观，以阶级论取代了进化论，初步奠定了我国以马克思主义为指导的社会科学的基础。李大钊相当准确、深刻地把握了历史唯物主义的基本精神，将马克思主义的唯物史观同旧的唯心史观作了原则的区别。他指出："旧历史的方法与新历史的方法绝对相反"，旧的历史观，即唯心史观，是"寻社会情状的原因于社会本身以外"，即求其原因于"心的势力"；而新的历史观，即唯物史观，则是"于人类本身的性质内求达到较善的社会情状的推进力与指导力"。他说：唯物史观对社会历史的解释，"不求其原因于心的势力，而求其于物的势力，因为心的变动常是为物的环境所支配"。这里所说的"物"，主要是指社会历史中的经济现象。他明确认为："历史的唯物论观察社会现象，以经济现象为最重要，因为历史上物质的要件中，变化发达

① 《李大钊文集》（下），人民出版社1984年版，第347页。

最甚的，算是经济现象。故经济的要件是历史上唯一的物质的要件。"① 他进而对社会历史变动的原因作了深层的分析，认为"经济的生活"是一切社会活动的基础，人民群众"生产衣食方法的进步与变动"是社会历史发展的关键力量。因而离开了"物的势力"，便不能理解历史变动的真正原因，那种用"心的变动"来解释历史的进化，是因果倒置，是对历史发展的唯心的解释。这就在纷繁复杂的历史现象中指明了经济的即生产方式的决定作用。应当指出，李大钊强调"经济状况"决定一切历史现象的观点，坚持了唯物史观的最基本的观点，也就是他反复指明的唯物史观的"最重要"的观点，从而把被唯心史观颠倒了的历史又颠倒了过来。正如恩格斯所说的，这是"历史破天荒第一次被置于它的真正基础上"②。

与此同时，李大钊又认为社会的进步不是等待"经济生活"的自然变动，而是肯定"一切进步只能由联合以图进步的人民造成"。他认为马克思的阶级斗争学说是唯物史观的一个重要特征，一个重要的"要素"。他既认定阶级斗争是"历史的终极法则"，又指出它不是人类历史的全部，"马氏并非承认这阶级斗争是与人类历史相始终的"，但在阶级社会里各种政治活动，"其根本原因都在殊异经济阶级间的竞争"。在他看来，这种经济利益对立，即剥削和被剥削，压迫和被压迫的"这两种阶级，在种种时代，以种种形式表现出来。亚细亚的、古代的、封建的、现代资本家的，这些生产方法出现的次第，可作经济组织进化的阶段，而这资本家的生产方法，是社会的生产方法中采敌对形式的最后"③。他充分肯定阶级斗争是阶级社会推动历史发展的动力，是推翻旧的经济制度、改造社会的"最后手段"。他从阶级斗争的观点出发，充分肯定人民群众是历史的主人，要"认识民众势力的伟大"，"竖起民众万能的大旗"。他强调在当代的解放运动中，只有用阶级斗争学说发动工人运动，人民群众的历史主动精神才有可能得到充分发挥，经济制度的变革才有可能实现。

这里应当指出，正确认识人民群众的作用这一历史唯物主义的重要原理，对当时中国思想界有着深远的意义。众所周知，轻视人民群众的力量，不敢或不屑发动和依靠群众，曾是中国先进分子的一个致命弱点，也

---

① 同上书，第 364、362、51 页。
② 《马克思恩格斯选集》第 3 卷，人民出版社 1995 年版，第 335 页。
③ 《李大钊文集》（下），人民出版社 1984 年版，第 363、62、61、62 页。

是近代民主主义运动屡遭失败的一个根由。五四前期新文化运动的参加者
虽然怀抱为民众争民主的目的，开始意识到启迪民智对实现民主政治的重
要意义，并为此做了许多有益的工作，但他们对群众的智慧和创造力仍然
缺乏正确的认识，因而也依然同广大群众相脱离。这不能不是初期新文化
运动没能发展成为群众性的政治运动的一个重要原因。李大钊在传播唯物
史观的工作中，从根本上改变了上述状态，他十分重视运用人民群众是历
史创造者这一观点去分析历史、现实以及人生道路的选择。例如，他在分
析中国近代社会历史时，指出自中英鸦片战争起，中经英法联军、中法和
中日战争及八国联军诸役，直至 1925 年五卅运动，外国侵略者对于中国
民众的屠杀，"是一部彻头彻尾的帝国主义压迫中国民族史"。同时又指
出，自三元里的平英团奋起，中经太平天国、义和团和同盟会的运动，一
直到"五四"至"五卅"弥漫全国的反帝国主义的大运动，"是一部彻头
彻尾的中国民众反抗帝国主义的民族革命史"。他在对近代中国历史作规
律性的探讨中，充分肯定了人民群众的历史作用，认为这一浩浩荡荡的民
族革命运动史的洪流，一泻万里，必将是"非流注于胜利的归宿而不
止"①。又如，他运用唯物史观的基本观点，把人民群众看作历史的主体和
革命的依靠力量，热情歌颂俄国十月革命中表现出来的群众运动的伟大力
量，认为这是滔滔滚滚的历史潮流，是任何反动势力都不能防遏得住的。
他特别指出，今后人类发展的前景必将是劳工的世界。他批判了那种要以
中产阶级为中心势力的旧观点，断定"民众的势力，是现代社会上一切构
造的唯一的基础"②。他提出人民群众要依靠自己的力量，去"创造一种世
界的平民的新历史"。这种以人民群众为革命主体的思想，把近代民主政
治的要求推进到一个新的阶段，赋予五四时期的民主口号以崭新的内容。
再如，他从人民群众是历史主体的思想出发，寄希望于无产阶级和广大人
民群众，号召先进的知识分子必须深入到工农中去，努力在他们中间工
作，共同创造新的历史。这正如他所说："要想把现代的新文明，从根底
输入到社会里面，非把知识阶级与劳工阶级打成一气不可。我甚望我们中
国的青年，认清这个道理。"③ 上举数端可以看出，李大钊大力宣传以人民

---

① 《李大钊文集》（下），人民出版社 1984 年版，第 848 页。
② 同上书，第 239 页。
③ 《李大钊文集》（上），人民出版社 1984 年版，第 648 页。

群众为主体的历史观，对于廓清当时思想界存在的唯心史观的迷雾和实际的革命运动都有深远的意义。

根据上述观点，李大钊号召人们摒弃神权的、精神的、个人的、退落的或循环的旧历史观，树立人生的、物质的、社会的、进步的新历史观。他指出，把历史变动归结于外力的作用，只能"给人以怯懦无能的人生观"，"把人当作一只无帆、无楫、无罗盘针的弃舟，漂流于茫茫无涯的荒海中"。而把历史的变动归结于"天命"和王公世爵的活动，这种历史观完全是"权贵阶级愚民的器具"。进而，他又明确提出历史的研究任务在于："一、整理事实，寻找它的真确的证据；二、理解事实，寻出它的进步的真理。即把历史科学方法作为研究社会的变革的学问"。并"依人类历史上发展的过程的研究，于其中发见历史的必然的法则"①。这表明，李大钊第一次使我国历史学成为研究社会历史发展规律的科学，成为指导和促进历史进步的科学。

二是运用唯物史观的基本原理，探讨中国历史和社会的实际问题，初步地把马克思主义的理论同中国革命的实际结合起来，使唯物史观成为指导革命实践斗争的锐利武器。李大钊根据历史唯物主义关于经济基础与上层建筑之间的关系的原理，指出："凡一时代，经济上若发生了变动，思想上也必发生变动"。这是因为："人类社会生产关系的总和，构成社会经济的结构。这是社会的基础构造。一切社会上政治的、法制的、伦理的、哲学的，简单说，凡是精神上的构造，都是随着经济的构造变化而变化。我们可以称这些精神的构造为表面构造。表面构造常视基础的构造为转移。"这就正确地论证了一定社会的政治、法律、哲学、道德等上层建筑，是由一定社会的经济基础决定的；因而经济基础发生变化，它的上层建筑也必然引起相应的变化。李大钊并不否认上层建筑对经济基础的反作用，但认为这种影响作用是有限度的，作为上层建筑又必须"随着经济全进程的大势走"。因而探究社会政治、思想现象必须从经济根源中寻找。他说："从来的历史家欲单从上层上说明社会的变革即历史而不顾基址，那样的方法，不能真正理解历史。上层的变革，全靠经济基础的变动，故历史非从经济关系上说明不可。"他运用这一原理，具体分析了中国封建社会的

---

① 《李大钊文集》（下），人民出版社1984年版，第364、363、678、722、334页。

经济基础与上层建筑，并第一次对五四时期正在展开的思想文化战线的斗争作了科学的论证。他认为中国封建的政治制度、伦理道德以及文化思想，都是中国封建社会基础结构的反映。他指出："孔子的学说所以能支配中国人心有二千余年的原故，不是他的学说本身具有绝大的权威，永久不变的真理，配作中国人的'万世师表'"，而是因为"他是适应中国二千余年来未曾变动的农业经济组织反映出来的产物，因他是中国大家族制度上的表层结构，因为经济上有他的基础"。正因为这样，才使得中国的学术思想，"停滞在静止的状态中，呈出一种死寂的现象"。① 也正因为这样，它遂成为孔门教条得以沿袭的深刻根源。他认为，随着近代中国社会经济的重大变动，近代的思想潮流也发生了相互关联的两个方面的变化。一方面，那种为封建社会经济基础和专制制度服务的孔门伦理道德，已经"不能适应中国现代的生活，现代的社会"。在他看来，"孔子生于专制之社会，专制之时代，自不能不就当时之政治制度而立说，故其说确足以代表专制社会之道德，亦确足为专制君主所利用资以为护符也"②。现在时代变了，"孔门伦理的基础就根本动摇了"；"中国的经济变动了"，"大家族制度既入了崩颓粉碎的运命，孔子主义也不能不跟着崩颓粉碎了"。另一方面，"新思想是应经济的新状态、社会的新要求发生的"，具有历史的必然性。在这种解放运动的潮流面前，纵有"几个尊孔的信徒，天天到曲阜去巡视，天天戴上洪宪衣冠去祭孔，到处建筑些孔教堂，到处传布子曰的福音，也断断不能抵住经济变动的势力来维持他那万世师表、至圣先师的威灵了"③。他特别指出，随着现代工业的发展和劳工阶级的觉醒，发生了"劳工神圣"的新伦理、新观念，并预示了工人阶级必将通过社会的根本变革实现自己的历史使命。他的这些精到的见解，正确地运用了唯物史观的基本原理，从根本上批判了封建复古主义的种种谬论，令人信服地表明了一个历史法则：在近代中国，封建伦理道德的根本动摇和新思潮的兴起，都是不可逆转的。

根本改变中国社会经济制度，是李大钊依据唯物史观对中国社会改造问题的基本主张。这一正确主张，当时受到胡适等一些学者非难。胡适信

---

① 《李大钊文集》（下），人民出版社1984年版，第177、59、346、179页。
② 《李大钊文集》（上），人民出版社1984年版，第264页。
③ 《李大钊文集》（下），人民出版社1984年版，第179—184页。

奉实用主义，对社会问题持改良主义主张，力主不触动社会经济制度的点滴改良。因而他把根本解决即社会革命的主张，视为"中国思想界破产的铁证"，"是中国社会改良的死刑宣告"。① "五四"之后不久展开的问题与主义之争，实质上是唯物史观与唯心史观的一次论战。李大钊在《再论问题与主义》一文中，坚持了中国社会问题应当"根本解决"的革命主张。他依据马克思主义的唯物史观和俄国革命的实践经验，科学地论证了只有根本改变旧的经济基础，建立新的社会制度之后，各种具体的社会问题才有解决的希望，并强调阶级斗争是实现"经济的革命"的根本方法。通过这次论战，进一步促进了唯物史观的传播，为"五四"之后先进分子所关注的中国社会改造问题指出了一条唯一正确的道路。

对于唯物史观在中国的传播，李大钊曾描述说："晚近以来，高等教育机关里的史学教授，几无人不被唯物史观的影响，而热心创造一种社会的新生。"② 从唯物史观在中国早期传播中可以看出，中国的先进分子一开始就不是把马克思主义当作单纯的学理来研究，而是把它作为观察国家命运的方法加以接受的。唯物史观的传播活动，帮助了一批先进分子确立对马克思主义的信仰，也为正在酝酿成立的中国共产党作了重要的思想理论准备。像毛泽东第二次北京之行读过的几本书，就包含了对唯物史观基本观点的了解和掌握。他与在法国勤工俭学的蔡和森的通信中，表示完全赞成蔡和森关于唯物史观的见解，并明确指出："唯物史观是吾党哲学的根据。"这表明，把唯物史观确定为党的理论基础，是这时从事建党活动者的共识。

三

自李大钊最初传播马克思学说以来的90多年间，中华大地所发生的深刻变化，充分证明中国人民对这一革命指导思想作出历史性选择的正确性。唯物史观是马克思主义理论的基础。恩格斯曾把唯物史观和剩余价值的发现，视为马克思一生的两大贡献；认为由于这些发现，使社会主义变成了科学。我们正在进行的建设中国特色社会主义事业，正是科学社会主

---

① 《每周评论》第31号。

② 《李大钊文集》（下），人民出版社1984年版，第365页。

义理论在中国的实践并带有鲜明的中国特色，是中国共产主义运动发展的重要阶段。在我们坚持这一正确发展方向的时候，也不容否认，包括唯物史观在内的马克思主义基本理论受到种种非难，诚然，唯物史观是可以讨论的，其中有的也是属于学术讨论的范畴；但也不能否认，其中有些人不但歪曲历史事实，肆意攻击和否定唯物史观的基本原理，而且有着明确的政治诉求，就是要把已经颠倒过来的历史再颠倒回去。这是值得我们严重注意的。在这种情势下，重温唯物史观在中国传播的历史，仍会强烈感受到那熠熠生辉的思想光芒，体会到它对我们坚持中国特色社会主义事业仍有重要的启示意义。

第一，要坚持和推进中国社会主义事业，就要巩固、完善和发展社会主义的经济基础。如前所述，李大钊依据历史唯物主义的基本原理，指明改变中国社会经济制度是根本解决中国社会问题的唯一正确方向；而公有制为主体的社会主义制度在中国确立之后，巩固、完善和发展社会主义的经济基础，是确立人民当家作主的政治制度的根本保证，是保证全国人民根本利益一致的前提条件，是实现共同富裕、避免两极分化的制度保证，也是使非公有制经济得以健康发展的重要条件。这是关系到社会发展方向的一个根本性问题。邓小平晚年指出我国社会出现两极分化这一现象时，就明确它的出现如果不加以有效制止的话，将会导致的严重后果。他说："如果仅仅是少数人富有，那就会落到资本主义去了。"[①] 这个振聋发聩的深刻思想，实际上是同他在改革开放初期就提出的必须坚持公有制主体地位和共同富裕这两个社会主义根本原则相一致的，是从两个不同的角度揭示同一个命题。邓小平为什么如此强调公有制的主体地位呢？这是因为，所有制问题是涉及判断一个社会性质的标准问题。马克思主义的常识告诉我们，一个社会的基础是生产关系，社会也可以说是生产关系的总和，而占主体地位的生产关系决定社会的性质。自从阶级社会产生以来，还从未有过纯而又纯的单一所有制社会，古罗马作为奴隶制社会的典型，也有许多自由民组成的个体劳动者，但占主体的是奴隶主和奴隶这对生产关系，所以决定了它的奴隶制社会的性质；即使是今天的美国，也还有极少量个体劳动者和合作经济，但占主体地位的是资本主义的生产关系，所以决定

[①] 《邓小平年谱 1975—1997》（下），中央文献出版社 2004 年版，第 1356—1357 页。

了它的资本主义的社会性质。人类历史正是按照这样的标准，区分为奴隶制社会、封建制社会和资本主义社会，而社会主义社会也同样是按照这样的标准来确定和表明它的社会性质的。所以要坚持这样的标准，是因为生产资料由谁占有，决定着人们在生产中的不同地位和在劳动产品中所占的不同份额，扩而大之，它决定人们在整个社会中所处的不同地位，形成不同的利益集团和阶级势力。社会主义公有制主体地位的确立，意味着社会主体部分的生产资料不再成为剥削和压迫人的工具，而成为全体社会成员所有，这就为社会成员的平等地位、根本利益的一致性提供了保证，也为进一步巩固和发展社会主义提供了坚实的经济基础。如果这种占有形式发生了质的变化，也就是公有制被私有制所代替，这也就不能不使社会性质发生反向的变化。而分配作为生产关系的一个重要内容，共同富裕是体现社会主义本质的一个重要内涵，如果一个社会主义国家发生两极分化而不加以有效制止的话，这种两极分化势必会危害到公有制为主体的所有制关系，因为这种现象的发生，不但表明公有制主体地位受到动摇甚至不再存在，而且还会通过种种非法手段占有公有制的劳动成果，使公有制名存实亡。所以，从这里我们就不难理解邓小平提出"如果仅仅是少数人富有，那就会落到资本主义去了"这一命题的深刻性。

由上可见，邓小平把公有制占主体地位和共同富裕作为社会主义的两个根本原则，就是坚持历史唯物主义的基本原理，维护社会主义制度的根本性质。在这里我们也不难理解，多年来一些迷恋私有化的精英们，为什么总是在社会制度的层面上否认姓"社"和姓"资"的区别，有的用什么社会主义就是"市场经济加社会公平"这样连民主社会主义也不用的模糊话语，来掩盖社会主义的本质；更多的则是直接否定公有制的主体地位。我们要清醒地看到，改革开放以来，来自资产阶级自由化的干扰，从来没有停止过。他们迷信西方的新自由主义一套说教，主张实行所谓"彻底的市场经济"，鼓吹"市场万能论"；在所谓"明晰产权"的蛊惑下，要求私有化。正因为这样，他们的目标指向是十分明确的，就是反对公有制的主体地位，反对国有企业改革的社会主义方向。我们没有忘记在改革之初，国有企业存在着历史包袱重、设备更新困难、市场竞争处在不平等的起跑线上等问题，他们不顾这些客观事实，有的著名经济学家把国有企业形容成"一碗白米饭被吐了一口痰，谁也不要，就是零价格卖掉也不吃亏"，提出"什么叫国有企业改革，就是把国有企业改没了，改革就成功了"，等等，不一而足。正是在他们这种误导下，在一些地方出现了"一卖就灵"、"一卖了之"，"限期改制"等怪现象，造成大量国有资产流失，大批工人下岗，使公有制的主体地位受到严重削弱和动摇。现在，一些国有企业通过重组，形成大的企业集团，技术革新、经济效益和对国家的贡献都有明显增强，在这种情况下，过去指责国有企业"低效益"、"无效率"的精英们，又站出来横加斥责"国企逐利"、"国企垄断"，要求国有企业退出竞争领域、营利领域。他们对国企的存在和发展横加指责，究竟要干什么呢？他们是出于对国企的爱护而提出批评吗？不是。因为国有企业的任何作为，都成为他们私有化要求的最大障碍。这就是一些人在深化改革的呼声下隐藏着他们的私有化诉求。

第二，要正确认识和处理社会主义初级阶段的阶级和阶级斗争问题。阶级和阶级斗争学说是马克思主义唯物史观的核心内容。在当代中国，阶级斗争已不是主要矛盾，但由于国内的因素和国际的影响，阶级斗争还将长期地在一定范围内存在，在一定条件下还会激化。因此，阶级斗争扩大化的理论和阶级斗争熄灭论的观点，都是不符合客观实际的，都会导致严重的后果。那种掩盖阶级斗争的事实，放弃阶级分析的方法，甚至通过玩弄概念游戏，比如，不说阶级，只说阶层；不说剥削，只说生产要素参加分配；不说私营经济，只说民营经济；等等，企图以此掩盖事物的本质。事实上，这样做，欺骗不了别人，只能模糊自己的面目。自改革开放以来，私营经济和个体经济获得了迅速发展，为我国现代化建设作出了重要贡献，成为社会主义初级阶段经济制度的组成部分。中央始终坚持"两个毫不动摇"的方针，为非公有制经济发展指明了正确的方向。但在我国的现实生活中，公有制的主体地位已经受到了严重的动摇。据统计，截至2011年年底，私营企业从1989年的9万户发展到967.6万户；全国非公有制企业从业人员已将近2亿人，非公经济占全国固定资产投资比重已超过60%；私营和外资企业占GDP的比重达到了70%—80%。这表明，新时期我国的私营经济无论在数量上还是质量上都远远超过了社会主义改造时期的民族资产阶级，实际上形成了一个必须加以重视和正确对待的阶级力量。应当说，出现这种情况并不可怕，严重的是我们没有正视这个事实，这样就会使我们失去正确应对的能力。正是在这种情况下，一些人鼓吹要确立非公有制经济的主体地位，编造民营化不等于私有化的神话，使私有化的浪潮甚嚣尘上。这就不能不影响到我国社会的发展方向问题，是值得我们严重注意的。

同样，对错综复杂的国际问题，我们也不能抛弃阶级分析的方法，不能抛弃列宁的帝国主义理论。毫无疑义，发展同西方国家的关系，保持中美关系的正常化，是我国改革开放和现代化建设大业的需要，但是，确立正确的外交斗争策略同从本质上认识帝国主义，并不是互不关联或者相对立的，而是相辅相成的。只有这样，才能正确处理对外关系问题，才能正确应对我们面临的严峻的外部挑战。中国共产党在长期的反帝斗争中，对帝国主义的认识以及应当采取的策略也经历过曲折，但正是在这曲折的斗争中积累了正反两方面经验，形成了系统的、正确的反帝斗争策略思想。这主要表现在：（1）把帝国主义国家的统治阶级同广大人民群众加以区别，避免了历史上单纯排外的错误倾向。帝国主义的战争政策和对外掠夺政策，反映垄断资产阶级的利益和要求，当事国的广大人民群众同样是受压迫、受欺骗的，是我们团结和争取的对象，是朋友而不是敌人。（2）把帝国主义的本质和现象加以区别，并在这一基础上确立我们的战略和策略思想。帝国主义的本质是脱离人民的，因而是虚弱的，我们必须在战略上敢于藐视敌人；对帝国主义所表现的气势汹汹或是甜言蜜语，既不怕威吓，也不抱幻想，既要敢于斗争，也要善于斗争，争取反帝斗争的胜利。（3）把反对帝国主义同利用帝国主义国家之间的矛盾加以区别。帝国主义国家之间由于利害关系不可能形成铁板一块，它们之间同样有着不可调和的矛盾，在一定的历史时期主要反对某一个帝国主义国家的侵略和压迫的时候，就应当充分利用帝国主义国家之间的矛盾，把它们作为间接的同盟军加以争取，形成广泛的国际统一战线。（4）把反对帝国主义同学习外国加以区别。我们是反对帝国主义的战争政策和侵略政策，但资本主义发达国家的先进的科学技术和先进的管理经验是值得我们学习的，应当把二者加以严格区别。这些经验，对于我们今天在复杂多变的国际环境下正确认识和处理同西方帝国主义的关系，保卫和发展中国特色社会主义事业，都有重要的现实指导意义。

列宁曾指出，在马克思主义问世之初，它不过是无数社会主义派别或思潮中的一个而已，当时占统治地位的，是那些基本上同俄国民粹主义相类似的社会主义，即不懂得历史运动的唯物主义原理，不能分别说明资本主义社会中每个阶级的作用和意义，并且用各种貌似社会主义的关于"人民"、"正义"、"权利"等词句来掩盖各种民主变革的资产阶级实质。马克思主义正是在同各种错误思潮的斗争中发展起来的，他说，历史的进程表明，只有阐明了无产阶级作为社会主义创造者的世界历史作用的"马克思学说获得了完全的胜利，并且广泛传播开来"。"一切关于非阶级的社会主义和非阶级的政治的学说，都是胡说八道。"① 这值得我们长而思之。

　　第三，要尊重人民群众是历史创造者这一历史唯物主义的基本原理，切实保证人民群众的主人翁地位。人民群众翻身解放成为国家的主人，这是中国革命伟大成果的集中表现。应当看到，改革开放 30 多年来，我们在取得了举世瞩目的巨大成就的同时，也出现了一些值得严重注意的问题。一些党员干部权钱交易、权黑勾结，贪污受贿、腐化堕落，已成为一个多发、群发性的社会之癌，严重损害了党在人民群众中的形象；在一部分党政机关和工作人员中滋长了衙门作风、官僚主义作风，高高在上，作威作福，醉心于个人的政绩，漠视人民群众的冷暖安危，嫌贫爱富傍大款，甚至欺压百姓，权比法大，大大地拉开了党和人民群众的关系；贫富悬殊、两极分化严重，使社会公平的底线受到挑战，严重损害了工农群众的权益，使党的执政基础面临着前所未有的威胁，等等。这些问题如果任其发展下去，就有可能失掉人心，失去人民群众的支持，这是值得我们高度重视并加以切实解决的。

（原载《马克思主义研究》2012 年第 9 期）

---

　　① 《列宁专题文集·论马克思主义》，人民出版社 2009 年版，第 63、62 页。

世界历史的"双重结构"与当代中国的全球发展路径

一 从对"全球化"的"世界历史"批判提出的问题

当把马克思主义世界历史观运用于全球化及其发展研究时，人们总是在方法上直接或间接地遇到这样一个问题的纠缠，即：马克思主义世界历史观是否属于一种全球化理论？如果不属于，那么马克思主义世界历史观何以能够成为全球化及其发展研究的重要理论支撑点？如果属于，那么又如何理解马克思主义世界历史观的核心范畴即"世界历史"与"全球化"、"全球社会"、"国际社会"的关系？

马克思主义世界历史观不属于时下人们所说的全球化理论，但无疑可以成为全球化及其发展研究的重要理论支撑点。这里问题的关键是：必须基于对"全球化"的"世界历史"批判以及对当代世界历史发展的状态和趋势的科学分析，构建世界历史"双重结构"理论，以丰富和发展马克思主义的世界历史观，否则，我们就不可能全面、正确地认识和把握马克思主义世界历史观对全球化及其发展研究的指导意义，更不可能全面、正确地认识和把握马克思主义世界历史观对当代中国全球发展路径研究的指导意义。这里首先通过对马克思主义世界历史观的"世界历史"范畴与时下人们所说的"全球化"理论的"全球化"范畴进行历史的和逻辑的辨析，来展开对"全球化"的"世界历史"批判。

无论马克思主义世界历史观还是"全球化理论"，都属于具有综合性质的学说，而判断一种具有综合性质的学说是否有其学理根据，必须首先认定这一学说的核心范畴是否具有比较规范的学科来源，并由此批判性地审视其是否是一个规范的学术术语。所谓规范的学术术语即是有着明确规定或约定俗成标准的学术术语。马克思主义世界历史观的"世界历史"范畴就是这样一种术语。马克思主义世界历史观的"世界历史"范畴首先来源于世界史学科。众所周知，在作为科学的世界历史理论创始人的马克思那里，"世界历史"范畴就首先源于他在"克罗茨纳赫"时期对世界历史的研究。世界史学科的功能就在于：对人类自原始、孤立、分散的人群发展为密切联系整体的过程进行系统探讨和阐释，为此，就必须利用相关学科如文化人类学、考古学等学科的成果，综合性地考察各地区、各国、各民族历史间纵的或横的、直接的或间接的联系及其发展，揭示其基本规律和总体趋向。虽然，关于世界史学科的研究对象、研究范围、研究目的、研究方法等问题，学界一直意见纷纭，但其作为比较规范的学科这一点还是能够确定下来的。

当然，马克思主义世界历史观中的"世界历史"范畴首先源于、但又不等同于世界史学科的"世界历史"范畴。前一种"世界历史"范畴在方法论层面上要高于后一种"世界历史"范畴。世界史学科的"世界历史"范畴是编纂学意义上的"世界历史"范畴。马克思主义世界历史观的"世界历史"范畴首先属于历史哲学的范畴，而编纂学意义上的"世界历史"范畴自历史哲学意义上的"世界历史"范畴产生以来就是其在具体的历史研究的一个领域中的表现形态（这里姑且不论不同性质的历史哲学的"世界历史"范畴科学与否），① 它本身并不直接涉及相关的本体论和认识论问题。再则，编纂学意义上的"世界历史"涵盖不了人们当下的"世界历史"，一般也不涉及未来的"世界历史"。"历史"总是指人类已经发生的事件或当下已经不存在的事件。这对编纂学意义上的"世界历史"也是一样。而历史哲学意义上的"世界历史"范畴则从方法论层面涵盖人类世界历史的过去、现在和未来，是人类世界历史的过去、现在和未来的有机统一。从方法论功能的角度看，以"世界历史"为核心范畴的一般意义上的世界历史观（包括马克思主义世界历史观）侧重从认识论和本体论的角度反思作为整体的世界历史的形成、发展的过程和趋势，探寻作为整体的世界历史及其演变发展与世界历史各个构成部分及其演变发展间的关系，②

---

① 参见叶险明《马克思的世界历史理论与现时代》，清华大学出版社 1996 年版，第一章。

② 参见叶险明《马克思世界历史理论的特性与世界历史理论基本问题》，《马克思主义研究》2010 年第 1 期。

批判性地审视人们认识世界历史的过去、现在与未来的构架、范式和方法，并阐释这种批判对"世界历史"认识的意义。虽然历史哲学意义的"世界历史"是有科学与非科学之分的，但这并不影响关于马克思主义世界历史观的"世界历史"范畴在方法论上要高于编纂学意义上的"世界历史"范畴这一判断的成立。

以上分析表明：马克思主义世界历史观中的"世界历史"范畴是一个规范的学术术语，以"世界历史"为核心范畴的马克思主义世界历史观自然也就是一种有其学理依据的学说了。

再说"全球化"理论的"全球化"范畴。迄今为止，学界对"世界历史"的看法虽然从来没有统一过，但人们并没有因此而否定"世界历史"的存在，从而也就没有因此而否定世界历史理论（包括马克思主义的世界历史观）和世界史学科存在的合法性。但对"全球化"则不然。首先，"全球化"范畴没有任何的学科依据，当然它也就不是一个规范的学术术语。在西方，"全球化"这一词最初来自文学界，且运用于学术研究时又带来了一系列的混乱。因此，这些年来，在西方学界继续探讨"全球化"的同时，也出现了否定"全球化"的呼声（不是从价值判断上否定，而是从事实判断上否定，这与所谓的"反全球化运动"没有关系），如："全球化"只是一个具有"煽动性的词"；不存在所谓的"全球化"，而只存在"区域化"，① 等等。不过，无论持"全球化"不存在观点的人，还是持"全球化"存在观点的人，都在认识论和本体论的意义上考量何谓"全球化"，都以自己对"全球化"的界定为尺度来证实或否定"全球化"的存在，且也都相应地列举出许多能够证明自己观点的"事实"。② 笔者这里并不打算卷入这种可能永远没有结果的争论，而只想就此指出，与"世界历史"相比，"全球化"至少是一个很不规范的术语，可以随意使用。因此，以"全球化"这种很不规范的术语为核心范畴的"全球化理论"自然也就难以说是有什么学理根据的理论了。

---

① 阿兰·鲁格曼认为，"全球化"是一种被滥用的术语，其主要根据是：依靠"母国"的大跨国公司的经济活动只是"区域性"的资本扩张；这种扩张不仅与政治权力没有关系，而且也不会产生什么"文化全球化"，所谓"全球化"只是一种"神话"。（阿兰·鲁格曼：《全球化的终结》，常志霄等译，生活·读书·新知三联书店 2001 年版，第 5—8 页。）

② 应当承认，这些"事实"大都也的确是真实存在的，但能否称之为"全球化"则是另一个问题。

不过，说"全球化"是一个很不规范的术语，并不意味着人们不能对"全球化"这一术语所涵盖的许多确定的事实、关系、因素等加以研究，也不意味着以"全球化"为核心范畴的"全球化"理论没有任何存在的意义，而是强调：其一，对国内外学界所出现的各种含义相异的"全球化"术语，以及以这些含义相异的术语为核心范畴的五花八门的"全球化理论"，要采取一种科学的批判态度，① 不能人云亦云。其二，从学术研究的规则来看，"全球化"和"全球化理论"不是规范的术语和规范的学说。所以，不能把马克思主义世界历史观的"世界历史"范畴等同于"全球化"范畴，从而也不能把马克思主义世界历史观视为一种全球化理论。从方法论上看，这就是"世界历史"与"全球化"、马克思主义世界历史观与当代各种全球化理论间的一个根本性的区别。②

如何理解"世界历史"与"全球化"的关系，涉及马克思主义世界历史观对全球化及其发展研究的指导意义问题。我以为，虽然"全球化"是很不规范的学术术语，但考虑到多年来"全球化"这一术语不仅在学术界、各种媒体甚至在社会生活各个领域中普遍流行，而且其所涵盖的许多事实也的确存在，③ 故使用这一术语并将其所涵盖的确凿事实作为一种研究对象也不是不可以的。正因为如此，马克思世界历史观中的一些句子和词汇常常会出现于时下人们对"全球化"的描述中，如"资产阶级奔走于全球各地。它必须到处落户，到处开发，到处建立联系"以及"世界市场"、"国际分工"、"国际贸易"、"世界文学"等。这说明，"全球化"这一术语所涵盖的许多事实既是"世界历史"发展的结果，也是近现代"世界历史"发展的主流内容。不过，这里需要明确的是：从学术术语的规范性角度看，是"世界历史"解释"全球化"，而不是"全球化"解释"世界历史"。只有用规范的东西解释不规范的东西，而不是相反。例如，只

---

① 参见叶险明《对"全球化"的一种主体性思考》，《哲学研究》2007 年第 2 期。

② 因此，我不同意学界一些人对马克思主义世界历史观与全球化理论所作的区分，如：马克思主义世界历史观中的主体是无产阶级，全球化理论的主体是资产阶级；马克思主义世界历史观的价值取向是"无产阶级及其劳动人民解放"，而全球化理论是为"资产阶级及其国家在第三世界追逐私利辩护"，等等。这种区分的立足点是建立在一种不科学的假设上，即：各种类型的全球化理论一概是西方资产阶级的理论。

③ 如自 20 世纪 80 年代以来，资本、金融、信息、技术、劳动力真正实现了全球范围的全球流动，市场发展成为真正意义上的世界市场，等等。

能根据"世界历史"的发展来定位"全球化"的历史起点，而不是相反，尽管学界这方面的定位从来没有统一过。[①]

综上所述，"全球化"这一普遍流行的术语所涵盖的许多事实都是对"历史向世界历史的转变"的一种认定，但它并不能引导人们去认识这一转变过程中所出现的世界历史的结构性变化；马克思主义世界历史观是指导全球化及其发展研究的科学方法，但其本身并不是一种全球化理论。这种认识并不是在方法论上贬低全球化及其发展的研究，恰恰相反，而是将其置于科学的基础上。明确这一点，对于构建世界历史"双重结构"理论至关重要。从含义混乱的"全球化"入手，以五花八门的全球化理论为方法论支撑，就不可能把握住世界历史的发展，当然也就不可能认识世界历史的"双重结构"。

二 世界历史的"双重结构"

在"历史向世界历史的转变"过程中，"国际社会"（international society）和"全球社会"（global society）及其相互关系越来越凸显出来。"世界历史"范畴与"国际社会"和"全球社会"这两个范畴间存在着逻辑上的交叉关系，但又不是相互等同的。"世界历史"是一个"过程"范畴，"国际社会"和"全球社会"是"关系"或"结构"范畴。就"关系"或"结构"产生和发展于"过程"而言，"世界历史"既包括"国际社会"，也包括"全球社会"。世界历史"双重结构"理论的学理根据就在于此。在确定"世界历史"与"国际社会"和"全球社会"的最一般的关系基础上，这里侧重对"国际社会"与"全球社会"及其相互间的关系加以历史的和逻辑的辨析，[②] 系统论证世界历史"双重结构"理论（即关于当代世界历史具有"国际社会"和"全球社会"双重结构的理论）。这有助

---

① 例如，于"全球化"的历史起点问题，目前学界大体有五种看法，即：分别将"全球化"的历史起点定位于"地理大发现"、"产业革命"、19世纪末20世纪初、二次世界大战以来、20世纪80年代以来。这里并不打算评述哪种看法准确，而是仅想说明：是"世界历史"规定"全球化"，而不是相反。

② 关于"国际社会"与"全球社会"的区别问题，我国有的学者已作了具有启发意义的初步探讨（金应忠：《两个体系的世界与中国外交》，《国际观察》2009年第5期），尽管其中尚缺乏历史观意识。

于深化对现代"世界历史"及其发展的研究，从而也有助于在整体上推进对全球化及其发展的研究。

作为国际关系理论核心范畴的"国际社会"是由"英国学派"创立的。① 从地域上看，近代意义上的"国际社会"起源于西欧；从动力上看，近代意义上的"国际社会"始于工业革命，形成于19世纪中后期至20世纪初。② "国际社会"是由世界上各个以自身的利益为基础的经济、政治的共同体间的关系构成的整体。因此，作为一个范畴，"国际社会"是对世界经济、政治体系的一种称谓。"国际社会"的特点有六：其一，主权国家是基本主体。因为，"国际社会"在其本质上是自工业革命以来逐渐形成的现代国家体系。当然，在"国际社会"中，也存在着国家间的联合组织以及各类非政府、超越国家的民间组织，但他们在其中始终处于非主导地位，且还必须或多或少、直接或间接地获得国家的支持，否则就不可能得以存在和发展。其二，对一切行为的价值判断以国家利益为最高准绳。处于"国际社会"中的国家坚持和遵循的是以自保为基础的发展原则，其追求的目标是不断提升自身在国际格局中的地位，以确保和实现国家利益，虽然不同的国家在确保和实现其利益的方式会有所不同。作为"国际社会"基本主体的国家参与全球化，其目的就在于此。至于是否能在全球化中达到目的则是另外一个问题。其三，"国际社会"的形成和发展不仅具有"自组织性"，在其整体上还具有一定的"预设性"。联合国的出现就是这方面的典型例证。在"国际社会"的形成和发展过程中，每个国家都在其中起着特定的作用，不过，一般说来，强势国家或国家集团在其中起着主导作用。其四，综合国力最终决定一个国家在国际社会格局中的地位和等级，从而也决定这一国家在"国际社会"中的利益关系。这也是国家在"国际社会"生存的根本法则。这一根本法则不等于"丛林法则"，但

---

① 参见张小明《国际关系英国学派：历史、理论与中国观》，人民出版社2010年版，第63—64页；刘鸣：《国际体系：历史演进与理论解读》，中共中央党校出版社2006年版，第7页。

② 《威斯特伐利亚和约》（1648年）被公认为是"国际关系准则"形成的标志，但对这一"国际关系准则"的形成是否同时也意味着"国际社会"形成的问题，学界一直存在着不同看法。我以为：近代意义上的民族国家是法国大革命和工业革命以来才开始形成的，19世纪才是近代意义上的民族国家形成和发展的高潮。进而言之，只有近代意义上的民族国家的普遍建立才会有真正的"国际社会"。因此，将"国际社会"的形成期大致确定于19世纪中后期至20世纪初是比较合适的。当然，早在近代意义上的民族国家形成以前就存在着国际关系（《威斯特伐利亚和约》就是国际关系发展到一定阶段的产物），但那时国际关系的发展程度还远远不足以构成"国际社会"。

的确带有"丛林法则"的色彩，其表现主要有二：一是，在这个社会中没有永远的朋友和敌人，只有永远的利益（即国家利益特别是国家的核心利益）。只要存在着国家，只要国家还是国际社会的基本主体，朋友和敌人的界限首先是按国家的利益来划分的。对社会基本制度相同的国家来说也是如此。[①] 二是，"落后就要受欺负"、"落后就要挨打"。实际上，这种认识并不是缘于对达尔文进化论的误读。这里并不存在着所谓误读的问题，而是存在着究竟是不是事实的问题。当然，对这类事实是不能由生物进化的规律来解释的。其五，"国际社会"的结构是相对单一的，一旦确立就相对不变（这种"不变"不是指具体的国家在其中的地位和作用的不变，而是指"结构"的本质不变），其本质特征就是霸权机制和霸权制衡。至少在可以预料到的将来，"国际社会"的这一本质特征不会有根本性变化。所以，霸权与反霸权、维持既有秩序与打破既有秩序的矛盾，是贯穿于"国际社会"形成和发展过程中的主线。"国际社会"的不同意识形态的差异、不同文明的差异及其直接引发的矛盾和冲突，归根结底是缘于不同国家的利益特别是其核心利益间的冲突和矛盾。最后，"国际社会"有其各行为主体共同遵循的一般规则，当然也有各种形式的合作和一致，但这归根结底是以国家利益的原则为基础的。这一点应是不言而喻的。

再说"全球社会"。这里所说的"全球社会"是特指：基于对"全球问题"的共识和解决"全球问题"的共同努力而形成的包括国家在内的各

[①] 本尼迪克特·安德森在 20 世纪 80 年代初出版了著作《想象的共同体——民族主义的起源与散布》，他在这部书的导论中谈到写作动机时说："也许这个现象尚未广受注意，然而，我们正面临马克思主义思想与运动史上一次根本的转型。最近在越南、柬埔寨和中国之间的战争，就是这个转型最明显的表现。这几场战争具有世界史的重要性，不仅因为他们是在几个无可置疑的革命政府之间最早发生的战争，同时也因为交战各国中没有任何一方尝试使用马克思主义的理论观点来为这些战争进行辩护。……只有那些最深信不疑的人才敢打赌说，在 20 世纪即将结束的几年里，如果有任何大规模的国际冲突爆发，苏联和中华人民共和国——更不要说较小的社会主义国家了——会站在同一阵线。……上述的思考表明一个实事：第二次世界大战后发生的每一次成功的革命，如中华人民共和国、越南社会主义共和国等，都是用民族来自我界定，通过这样的做法，这些革命扎实地植根于一个从革命前的过去继承而来的领土与社会空间之中。"（本尼迪克特·安德森：《想象的共同体——民族主义的起源与散布》，吴睿人译，上海世纪出版集团 2005 年版，第 1—2 页）安德森以上所述虽然有值得商榷的地方，但在他关于民族主义与社会主义关系复杂性问题思考所包含的国家的利益关系是"国际社会"的最为根本的利益关系的观点，却是有启发性的。

种共同体和个人与生态环境间的关系体系。① 不过，与"国际社会"相比，"全球社会"的形成要晚。"全球社会"的一些重要关系和因素虽然在19世纪就已经产生，但其萌生却是第二次世界大战以来的事情。随着冷战的结束以及信息技术真正的"世界性"的发展它才逐渐形成起来。② 因此，"全球社会"目前还是不很成熟的。"全球社会"的特点也有六：其一，"全球社会"的主体是多元的。"全球社会"当然也包括国家，但国家在"全球社会"中不再作为"国际社会"的成员而存在，即不再扮演它在"国际社会"中的角色。从长远来看，个人特别是各种形式的非政府、超国家的"全球共同体"必将在"全球社会"中获得越来越大程度上的发展，并将起越来越大的作用。其二，"全球社会"各个主体相互依赖、相互依存，其目标是解决人类所面临的共同问题，即"全球问题"，诸如生态失衡、环境污染、人口爆炸、资源短缺、国际恐怖主义（包括全球网络恐怖主义）、核战争威胁、包括毒品走私在内的跨国犯罪等。其三，对一切行为的价值判断以人类整体、长远的利益为准绳。随着"全球问题"对人类整体产生的越来越大的威胁，"全球社会"的人类利益的一致性也越来越凸显出来。只有保证人类的整体、长远的利益，才能有个人和各类共同体的最终利益。所以，处于"全球社会"中的各主体坚持和遵循的是基于人类整体、长远利益的自我发展的原则。其四，"全球社会"的形成和发展在其整体上不具有"预设性"。"全球社会"的产生和发展是一种自我组织、自我生长的过程。"全球问题"不是哪个个人、国家或共同体"预设"的，故围绕着"全球问题"而形成的"全球社会"当然在其整体上也就不具有"预设性"。其五，"全球社会"结构是易变的、多元的、离散化的。全球社会的结构是围绕着"全球问题"而形成的，而在一定的时期内，不同的共同体在推动解决"全球问题"（或"全球问题"的某一个子问题）过程中所起的作用是不同的，因此，"全球社会"的结构就表现出多元、易变、离散化的特点。从一定的意义上说，在这个社会中，没有简单的强弱之

---

① 迄今为止，国内外学界虽然对"全球社会"这一词汇使用得比较多，但没有对其统一的界定。这里借用了这一词汇，对其从世界历史"双重结构"的视域作了新的界定，使之成为马克思主义世界历史观的重要范畴。

② 因为，"全球社会"的形成有两个缺一不可的根本性条件：一是"全球问题"对人类社会整体的存在和发展越来越严重的威胁；二是人类对"全球问题"达到了普遍关注的程度并形成了共同解决"全球问题"的意识和行为。众所周知，冷战结束以来这后一方面的条件才真正形成和发展起来。

分，任何一个共同体只要在解决"全球问题"方面作出贡献，就能得到尊重和认同。在这方面作出的贡献越多，得到的尊重就越多，从而得到的认同程度也就越大。最后，"全球社会"内部也有矛盾，但这种矛盾的性质和表现形态与"国际社会"矛盾的性质和表现形态不可同日而语。"全球社会"内部的矛盾是基于人类整体、长远的利益的矛盾，即是基于对维护人类整体、长远的利益不同考虑间的矛盾，故其不会以"激化"的形式表现出来。通过对"全球社会"上述特点的分析，不难看出，这里所讲的"全球社会"是有别于国内学界流行"全球社会"的。"全球社会"不仅仅是作为一种未来的世界历史趋势而存在的，它实际上是现实存在和未来趋势的统一体。[①] 当然，在现实的世界历史中，"国际社会"的矛盾与"全球社会"的矛盾往往会纠缠在一起。

以上简略地阐释了"国际社会"与"全球社会"间的区别。这种区别在方法论上告诫我们，在世界历史的"双重结构"中，各种矛盾和合作呈现出异常复杂的状态：有些矛盾和合作具有"国际社会"的特性，有些矛盾和合作具有"全球社会"的特性，而有些矛盾和合作则是两种社会的特性兼而有之，对此要做具体的历史的分析，务必不要统而论之。当然，"国际社会"与"全球社会"也是相互联系、相互渗透的。

1. "全球社会"一旦形成就与"国际社会"互为前提，相互作用

为了研究的需要，我们只能在理论思维中将"国际社会"和"全球社会"分开，而在现实的世界历史发展过程中它们是紧密相连的。一方面，"国际社会"推动了"全球社会"的发展。人类要应对"全球问题"的挑战，必须要得到以国家或国家体系为基础的"国际社会"的支持，否则"全球社会"就难以发展起来，从而"全球问题"的解决也就是不可想象的了。例如，不依靠国家和联合国的支持，解决"全球问题"就不可能成为真正的"全球行为"。冷战结束以来，"国际社会"在促进"全球社会"发展和推进"全球问题"解决的方面做了不少有益的工作，并取得了一定的成效。因此，在对"国际社会"与"全球社会"关系的认识上，我们必须要拒斥"二元对立"的思维方式，即：不削弱主权国家，不淡化主权国

---

① 关于这方面的问题，我认为，一个社会，其生存原则、主体构成、发展的直接目标、结构的特点都具有了，那么这个社会就已是现实的存在了。至于这一特定社会发展的程度则是另一个问题。这种观点实际上是把"全球社会"仅仅作为一种尚未实现的趋势来看待了。

家的作用，就不可能在解决"全球问题"方面有任何真正的合作。实际上，人类共同利益在许多方面与国家的长远利益和部分短期利益是相一致的。不支持"全球社会"及其发展，"国际社会"的存亡就是个问题了。"全球问题"威胁着包括"国际社会"在内的整个世界历史的延续，这是以国家或国家体系为基础的"国际社会"之所以能够在一定程度上支持"全球社会"最重要的一个根据。此外，虽然"国际社会"遵循的是以国家利益为最高行为准绳的活动法则，但这种法则同时也是受国际交往的一般原则制约的。① 这种制约有助于推动"国际社会"实现其对"全球社会"及其发展的积极作用。最后，在一定的条件下，"国际社会"复杂的利益关系博弈也有利于"全球社会"的发展。

当然，我们也应该看到，在当代世界历史发展过程中，"国际社会"的矛盾和冲突特别是霸权国家在"国际社会"所推行的各种形式的霸权主义，也的确给"全球社会"的发展和"全球问题"的解决造成了很大阻力。这种阻力的表现之一就是"人类的普遍利益"或"人类的整体和长远利益"在很大程度上被虚幻化和"妖魔化"了，甚至成为了一个"陷阱"。因为，"国际社会"中的霸权国家常常打着"人类普遍利益"的旗号并以"国际治理"为

---

① 这种制约不是一种外在力量的制约，而是一种内在力量的制约。关于这方面的问题，马克·W. 赞奇有其独到见解。在他看来，国际交往的一般原则的核心就是"维护和相互尊重主权"。而它由以存在的主要条件是："（1）统治者有防止他们的权利受到侵犯的愿望；（2）在人民的政治忠诚方面不存在能与国家进行真正竞争的跨国意识形态；（3）历史经验（和/或可看出的可能性），即重叠的政治权威以及在政治上彼此竞争的忠诚会产生大规模的暴力和混乱；（4）一套普遍认同的价值观，可以产生尊重别国及其统治者的要素；（5）国家能为其国民提供重要益处，即保护生命和经济福利。"（詹姆斯·N. 罗西瑙编：《没有政府的治理》，张志新等译，江西人民出版社 2001 年版，第 66 页）。我以为这一看法是有道理的。虽然，"维护和相互尊重主权"的原则从来没有在"国际社会"完全实现过，特别是在当今时代，这一原则越来越受到霸权主义的践踏，但这并不影响它成为国际交往一般原则的核心。因为，包括"维护和相互尊重主权"在内的国际交往一般原则的"制约作用"与国际交往一般原则是否完全实现，是两个既有联系又有区别的问题。

借口，① 来推行各种形式的霸权主义和所谓的"世界主义"，② 干涉他国特别是发展中国家的内政，这就大大地弱化了"全球社会"的发展动力。西方新自由主义的全球观就是这方面的理论代表。自 20 世纪 80 年代特别是 90 年代以来，不少西方学者或许已经在事实上意识到了"国际社会"对"全球社会"发展起阻碍作用的一面，故纷纷提出了自己批判性理论，如赫尔德所倡导的"世界主义的社会民主治理"说、哈贝马斯所主张的"没有世界政府的全球治理"说等。不过，这些学者虽然认识到"国际社会"对"全球社会"发展起阻碍作用一面的"事实"，但他们还尚未能从世界历史的"双重结构"视角来反思这类"事实"。他们所提出的相关的批判性理论，其落脚点还只是"国际社会"，而不是世界历史的"双重结构"，故往往流于"空想"。仅在"国际社会"的范围内，是不可能摆脱由"国际社会"的矛盾所构成的困境的。

另一方面，"全球社会"及其发展对促使"国际社会"的变化起着重要作用。迄今为止，虽然"全球社会"的生长遇到的困难和阻力重重，但仍然在曲折中获得了一定发展，如：世界上的旨在推动解决"全球问题"的非政府、超国家并具有一定规模的国际性民间组织已发展到 4000 余个；为了人类能够在这个地球上生存和发展下去必须有步骤、有计划地解决"全球问题"，这已经成为不可逆转的大趋势；世界上所有的国家都不同程度地参与到推动"全球问题"的解决过程中去，尽管不同的国家参与其中的目的和所起的作用有所差异，等等。这就必然会促使多元化和多极化在"国际社会"中的发展，从而有利于推动新的国际政治经济秩序的构建，

---

① 关于这方面的问题，戴维·赫尔德和安东尼·麦克格鲁有段论述值得我们深思，即："国际治理就其本质来说，是老套的帝国主义在当代的同义词，它代表了一种独特的政治机制，保护着强国在全球统治弱国的体制。"（戴维·赫尔德、安东尼·麦克格鲁：《全球化与反全球化》，陈志刚译，社会科学文献出版社 2004 年版，第 65 页）。虽然这种观点似乎有些绝对，但其试图把握当代"国际治理"中的霸权主义主导趋势这一点，还是值得肯定的。

② 关于这方面的问题，贝克有段论述值得回味："通过赋予政治制度以世界主义的使命，国际政治——西方把维护人权写进它的旗帜——的道德化，像填画册一样填补了这块空白。关于民主十字军东征的说法也许并不夸张，在这个过程中，西方将来也会凭借世界自由贸易和人权的极端双刃剑，为更新其独特的自身合法性而格斗"，这样一来，"'全球时代'也许会因此而演变成一个没有东方的全新的'全球西方'，而它本来是必须面对东方来证明自身合法性的"。"表面上看是人们用'全球社区'的标签替换了'西方'的标签，实际上是东方从世界政治舞台上消失的结果。"（乌·贝克、哈贝马斯等：《全球化与政治》，王学东译，中央编译出版社 2000 年，第 42—43 页）我以为，贝克的这一看法或许有些悲观和绝对，但其中所包含的西方霸权国家试图打着"世界主义"旗号来控制和压迫发展中国家的意思，却是有道理的。

有利于确立作为解决国际争端主流的平等协商和对话，并有利于在一定程度上制约和限制"国际社会"对整个人类社会及其发展的负面影响。当然，这一过程将是漫长和复杂的，但"全球社会"及其发展对"国际社会"的上述作用无疑是可以确定的。

第一，基于全球信息技术发展的"全球社会"在一定程度上弱化了"国际社会"由强势的主权国家或国家集团主导的趋势。

"全球社会"各种形式的非政府、超国家的共同体（即所谓的 NGO）和个人的非制度化的活动以及他们所大力倡导的国际平等、公正和正义的理念，是对强势的主权国家或国家集团主导"国际社会"趋势的一种制约和限制。目前国内外学界流行着一种观点，即：各种形式的非政府、超国家的共同体和个人的非制度化的活动及其发展必然弱化主权国家。我以为这种观点值得商榷。至少就目前来看，各种形式的非政府、超国家的共同体和个人的非制度化的活动弱化的不是一般意义上的主权国家，而主要弱化的是"国际社会"中强势国家或强势国家集团把自己的"国家利益最大化"、把自己"主权"世界化的趋势。当前"国际社会"中的多极协调和多极发展的趋势正在逐步增强，就与各种形式的非政府、超国家的共同体和个人的非制度化活动的发展有着直接的关系。而"多极协调和多极发展的趋势在逐步增强"，与弱化"强势国家或强势国家集团把自己的'国家利益最大化'、把自己的'主权'世界化的趋势"以及逐渐打破不公平的国际经济政治秩序，是一种必然性的因果联系。既然如此，为何上述观点又在国内外学界普遍流行呢？其主要原因有二：一是，西方国家特别是美国的话语霸权。关于这方面的问题，我曾在有关文章中指出：在多极化发展趋向日益增强的时代，西方国家特别是美国，为了推行霸权主义，实现新殖民主义的统治，就一定会在意识形态上否定民族和国家认同的意义，从而也就一定会越来越不择手段地进行"人道主义干涉"。2011 年年初发生的"中东北非之乱"，在很大程度上就是"以自由换石油"为内容的人道主义干涉的产物（当然，这也与"中东北非"自身内部问题有直接关系）。因为，对于霸权国家来说，它们控制世界的第一个也是最主要的障碍就是具有主权的国家，只有淡化了弱势国家的主权意识，它们才能减少掠夺的障碍和代价,从而实现霸权利益的最大化。[①] 二是,各种形式的非政府、超国家的共同体和个人的非制度化的活动在弱化强势国家或强势国家集团把自己国家利益最大化、把自己的"主权"世界化的趋势的同时,也的确对传统意义上的国家主权观念提出了挑战。但这种挑战并不意味着一般意义上的国家主权的削弱。传统意义上的国家主权观念的变化与国家主权的削弱是两个问题。国内外学界许多人在理论思维中将这两个问题混为一谈。实际上,一般意义上的国家主权的削弱是建立在各个国家长期平等交流基础上的,是与阶级、民族压迫等在世界历史范围内逐步消亡紧密相连的。进而言之,只有国家主权的实现获得了平等的世界历史条件,才逐步有一般意义上的主权国家的弱化。何谓"平等的世界历史条件"? 其最基本的内容正如 1970 年 10 月 24 日联合国大会通过的《关于各国依联合国宪章建立友好关系及合作之国际法原则之宣言》所指出的:各国一律享有主权平等,包括各国法律地位平等、每一国均享有充分主权之应有权利、国家之领土完整及政治独立不得侵犯、每一国均有权利自由选择并发展其政治、社会、经济及文化制度等。

第二,基于全球信息技术发展的"全球社会",在一定程度上遏制了一般意义上的国家权力机构"天然的局限性"所带来负面影响,从而也在一定程度上限制了"国际社会"以国家利益为最高行为准绳的活动所带来的负面作用。[②] 因此,以上关于"全球社会"及其发展并非导致一般意义上的国家主权削弱的观点,丝毫不意味着"全球社会"及其发展对"国际社会"的基本主体及其活动没有影响。

在"全球社会"产生以前,国家几乎是"内外权利"占有和分配以及内外资源占有和分配的唯一主体,因此,它在其必然性上会凸显出内外两个相互联系方面的局限:对内,国家公共权力自身所具有的排他性和扩张性易于使国家日益凌驾于社会成员之上,造成社会能力日趋萎缩;国家权

[①] 参见叶险明《世界历史视野中的东西方民族主义》,《学术月刊》2010 年第 11 期。

[②] 这里要搞清楚一个重要的方法论问题,即:限制"国际社会"以国家利益为最高行为准绳的活动原则,并不等于弱化"国际社会"以国家利益为最高准绳的活动原则。它限制的是"国际社会"以国家利益为最高行为准绳的活动原则所带来的负面作用。对这方面问题我们始终要保持清醒的头脑。长期以来,国内外学界有种比较流行的观点,即认为国家都是自私的。这是一种从道德价值的意义上否定国家的观点。但我以为,对国家的这种意义上的否定要做具体的历史的分析。至少在既有的"国际社会"中,这种观点很容易转化成为霸权主义的工具。

力机构始终存在着背离公共利益、导致"制度僵化"，从而使其有蜕化为特殊利益集团工具的倾向；权力寻租活动引发社会经济资源配置扭曲和社会经济资源无效配置；最后，由以上所述导致的长期的"合法性危机"将会愈演愈烈，等等。对外，各主权国家的制度体系和利益追求不同，故不能形成统一的意志；至少在可以预料到的将来，世界上不会也不可能出现一个集中的权力体系来有效地协调各国家间的利益关系；国家经济发展的不平衡性阻碍着全球资源的合理配置；"国际社会"形式上的制度化往往导致"国际社会"无序发展、"世界结构性失调"倾向的强化，等等。

　　毫无疑问，"国际社会"中的国家的上述局限性使人类社会的存在和发展面临着巨大的挑战。其主要表现之一就是：人类在整体上难以发展起应对"全球风险"的能力。而"全球社会"及其发展则使人类开始具有了超越国家上述局限性的现实可能。[①] 首先，"全球社会"的各种非政府的、超国家的民间组织和个人非制度化的活动（包括由他们所制造的网络舆论活动）对国家公共权力的监督作用越来越大（也可以说直接参与权利分配的非政府、超国家的共同体和普通社会成员越来越多），从而为国家机构与非政府、超国家的共同体和普通社会成员之间开辟了一条非控制性的、可以参与的、公共协商的、快速反应的民主治理渠道。[②] 这不仅使国家公共权力所具有的排他性和扩张性以及背离公共利益的倾向得到了一定程度上的限制，而且也使权力寻租和愈演愈烈的"合法性危机"得到了一定程度上的缓解，并为国家普遍由"民族国家"向"公民国家"的过渡创造了条件。再则，"全球社会"的各种非政府、超国家的民间组织和个人的非制度化活动，在限制"国际社会"以国家利益为最高行为准绳的活动所带来的负面影响、协调各个国家间利益关系等方面起着一定的作用。因为，通过各种形式的监督，各种非政府、超国家的民间组织和个人不仅能够直接参与国内权力监督和分配，而且也能够直接参与全球范围内的权力监督和分配（虽然"这两种直接参与"的程度和效用目前总体说来还很有限），从而有助于在一定程度上缓解世界结构严重失衡的态势。"全球社会"及

---

　　① "'全球社会'及其发展使人类开始具有了超越国家上述局限性的可能"，同时也意味着人类开始具有了最大限度地发挥国家正面的积极作用的可能。当然，这里还不存在一般意义上的削弱国家主权的问题。

　　② 胡键：《全球社会运动的兴起及其对全球政治治理的影响》，《国际论坛》2006年第1期。

其发展的上述这两个方面的作用是相互联系的。例如，国家由"民族国家"普遍向"公民国家"过渡的条件不断形成，必然会有助于在一定程度上改变以国家利益关系为基础的"国际社会"及其发展的不协调性和无序性。不过，这里需要指出的是：即便"民族国家"普遍完成了向"公民国家"的过渡，并使"国际社会"得到很大程度上的改良，也不会从根本上改变"国际社会"的根本特性。这一点应是毋庸置疑的。

2. "国际社会"与"全球社会"又是相互渗透的

在现代世界历史的发展过程中，"国际社会"与"全球社会"间的关系绝不是平行的两个社会间的关系，而是"你中有我，我中有你"的相互渗透关系。"国际社会"与"全球社会"虽然有其相对确定的界线，但这两者并不是两种独立的实体，而是世界历史本身所具有的相互交叉在一起的"双重结构"。因此，"国际社会"与"全球社会"间必然存在着相互渗透关系。在现实的世界历史中，既不存在纯粹的"国际社会"，也不存在纯粹的"全球社会"。一方面，"国际社会"的逻辑延伸和渗透到"全球社会"的内部。另一方面，"全球社会"的逻辑又延伸和渗透到"国际社会"的内部。这里所谓的逻辑是指"国际社会"、"全球社会"自身的发展规律和特点。世界历史"双重结构"的相互渗透，使得"国际社会"和"全球社会"呈现出异常复杂的状态。

"国际社会"与"全球社会"间的相互渗透关系在方法论上告诫人们：必须在实践中全面地认识和把握"国际社会"与"全球社会"间关系的复杂性，否则就会出现理论上和实践上的重大失误。这种复杂性的主要表现是："国际社会"与"全球社会"间的相互渗透使它们在形式上都带有对方的一些特点，并使它们在结构上具有一定程度上和范围内的重合性，从而使它们在存在和发展的形态上深深打上了对方的印记。总之，在同一世界历史时空内"国际社会"和"全球社会"间的相互渗透，使它们相对确定的界限呈现出比较模糊的状态。而这种模糊的状态使人们难以在理论思维特别是实践中认识和把握"国际社会"与"全球社会"间的相互渗透关系。

正是这种相互作用、相互渗透的关系决定了"国际社会"和"全球社会"的未来命运。当然，比起"国际社会"，目前"全球社会"的发育还不很成熟，并在世界历史发展的相当长的一个时期内会一直处于弱势，不过，从最终的发展趋势看，"全球社会"必然会取代"国际社会"。一旦阶级、国家在世界范围内消亡，即作为"国际社会"基本主体的国家不复存在，"国际社会"也就自行消亡了。那时，"全球社会"将是世界历史的单一结构。

最后需要在这里指出的是，虽然"国际社会"和"全球社会"及其相互关系并没有囊括当代世界历史及其发展的全部内容，但却构成了当代世界历史发展的主线，决定了当代世界历史发展的复杂性及其趋势。构建世界历史"双重结构"理论就在于科学揭示这一主线，把握当代世界历史发展的复杂性及其趋势。由于缺乏对"世界历史"双重结构的认识，在目前国内外学界关于全球化及其发展的研究中，"国际社会"和"全球社会"这两者往往是被相互混同的。由此，就出现了一系列的悖论。这种悖论不是辩证逻辑意义上的，而是形式逻辑意义上的。如此而行，人们思维视野中的"全球化"也就越来越混乱了。这显然不利于关于全球化及其发展问题的学术探讨和交流。"国际社会"与"全球社会"无疑密切相关，但"关系"并不等于无差别的"混同"。有差别才有关系，只有认识了事物间的差别，才能在逻辑上把握事物间的关系。

要全面、正确地认识和把握"国际社会"与"全球社会"间的关系，绝不能忽视这样两个方面的方法论问题：首先，明确"国际社会"与"全球社会"是在什么层面和意义上的区别和联系。"国际社会"与"全球社会"不是世界历史中两个平行社会间的区别和联系，不是一个世界的两个独立体系间的区别和联系，而是同一世界历史的"双重结构"间的区别和联系。这两种结构的区别是在主体结构、利益结构、发展目标和原则、发展特点、格局结构方面的区别，这两种结构的联系是互为逻辑前提和相互作用方面的联系。其次，揭示"国际社会"与"全球社会"间相互渗透关系。在现实的世界历史中，"国际社会"中有"全球社会"的因素，而"全球社会"也包含着"国际社会"的成分。从逻辑上看，世界历史"双重结构"理论正是在对上述这两个方面的方法论问题把握的基础上直接提出的。

三　当代中国的全球发展路径

当代中国及其发展同样处于世界历史的"双重结构"中。世界历史的"双重结构"规定了当代中国的全球发展路径。全面认识和把握世界历史的"双重结构",不仅是把马克思主义世界历史观正确地运用到全球化及其发展研究中的重要切入点,同时也有助于我们科学认识当代世界历史发展的复杂性,特别是社会主义中国在当代世界历史中发展的复杂性。世界历史的"双重结构",对当代中国的全球发展路径的规定作用是个涉及内容宽广的重大课题,这里仅选择其中最核心的两个问题加以阐释,即:务必摆正当代中国的"韬光养晦、有所作为"和尽其所能、主动担当在世界历史"双重结构"中的位置;务必摆正当代中国文化发展在世界历史"双重结构"中的位置。这两个方面的问题之所以能称为"最核心的两个问题",其根据在于:前者直接关系到社会主义中国在全球中生存和发展的基本方式;后者直接关系到社会主义中国在全球中生存和发展的文化底蕴。

1. 摆正当代中国的"韬光养晦、有所作为"和尽其所能、主动担当在世界历史"双重结构"中的位置

近些年来,随着世界形势的变化和中国综合国力的进一步提升,邓小平关于"韬光养晦、有所作为"的思想在国内外学界再一次引起了关注,各种不同看法纷至沓来,但其焦点有二:"韬光养晦"是一时的对策还是长期发展战略;"韬光养晦"与"有所作为"的关系。这里并不打算详评国内外学界的相关看法,而仅想就此指出一点:迄今为止,国内外学界尚未把"韬光养晦、有所作为"纳入世界历史的"双重结构"中来认识和把握,没有看到世界历史的"双重结构"对当代中国的全球发展路径的规定作用,故在学理上产生了种种模糊的、不能自圆其说的观点。

第一,"韬光养晦、有所作为"与中国走"和平崛起"的道路紧密相连,既是社会主义中国在"国际社会"中生存和发展的长期战略,也是社会主义中国在"国际社会"中存在和发展的基本方式,尽管随着社会主义中国综合国力的提高,"韬光养晦、有所作为"的具体内容和形式会有所变化。例如,在当今时代,置于全球整合和分化中且综合国力不断壮大的社会主义中国,其利益边疆早已不再局限于疆土边界,故保卫国家和公民利益不受外来侵犯的内涵和外延必然有所变化,但仍必须把"韬光养晦、有所作为"作为我们在"国际社会"存在和发展的长期战略,仍必须以"韬光养晦、有所作为"的方式存在和发展于"国际社会"中。

通俗地说,"韬光养晦"就是社会主义中国不能在"国际社会"中"争先"和"当头"。从"国际社会"发展的历史和逻辑来看,新崛起的强

势国家都会试图"争先"和"当头"，都会走上争霸的道路，由此，"国际社会"格局就会出现大的调整，并必然会随着世界性的冲突，从而给整个人类带来极大的危害。两次世界大战就是这方面最典型的例证。这是由"国际社会"的主体结构、利益结构、发展目标和原则、发展特点、格局结构等决定的，是不以任何个人和国家的意志为转移的。① 置于"国际社会"中的社会主义中国如果不想走新崛起的强势国家的老路，就必须改变其在"国际社会"中生存和发展的方式。说社会主义中国不能在"国际社会"中"争先"、"当头"，旨在强调：社会主义中国应把重点放在自身的发展上，以自身的健康发展来影响世界，坚决不做"国际社会"中的强势国家或霸权国家，如邓小平所说："中国永远站在第三世界一边，中国永远不称霸，中国也永远不当头。"② 否则，不仅将会引起新的孤立和全面冲突，而且也会极大地损害社会主义在世界上的发展。这也是世界社会主义运动的一个重要的经验教训。因此，在"国际社会"中"争先"和"当头"，这不符合社会主义国家在世界历史中的发展原则，从根本上看当然也不符合作为负责任的大国——社会主义中国的利益。所以，无论中国的综合国力如何强大，在"国际社会"中都要做到：在确保国家利益特别是其核心利益不被侵犯的基础上，尽可能不在政治和军事等方面与别国，特别是西方发达国家发生直接的全面对抗，更不能损害别国和地区的利益；求同存异，永远不做霸权国家；积极维护国际和平，主张国际争端通过平等交流和对话来解决。当然，这丝毫不意味着中国可以松懈军事和国防力量的发展。因为，没有包括军事和国防在内的综合国力的不断提高，社会主义中国也不可能长期、富有成效地实施"韬光养晦"的战略。因此，"韬光养晦"不是"无所作为"，不是"忍辱负重"、"示弱"和"独善其身"，也不是具有后发报复性质的"卧薪尝胆"，更不仅仅是中华民族传统美德在国际社会生活中的一种表现。这里需要指出是，为了捍卫国家的核

---

① 20世纪90年代以来，"中国威胁论"等在"国际社会"炒作得越来越"热"，这主要是缘于外界特别是西方国家对中国崛起的猜疑和抵制。这一观点有一定道理，但不够深刻。从根本上看，这是由"国际社会"的特性决定的。同时，这也从反面说明：必须在"国际社会"中毫不动摇地坚持"韬光养晦、有所作为"的战略，并将其作为我们在"国际社会"中生存和发展的基本方式；充分注重"全球社会"及其发展对"国际社会"的作用，从而把由"国际社会"对社会主义中国不利方面的作用尽可能地弱化。

② 《邓小平文选》第3卷，人民出版社1993年版，第363页。

心利益不被外来势力侵犯，在迫不得已的时候采用有限的、可控制的军事手段，这当然也属于"韬光养晦"的范围，因为其根本目的还是在于促进用整体上和平的方式来解决问题。

"韬光养晦"既是社会主义中国在"国际社会"中生存和发展的长期战略，也是社会主义中国在"国际社会"中生存和发展的基本方式。从某种意义上也可以说，"韬光养晦"是社会主义中国在"国际社会"生存和发展的"警戒线"。如果能够从世界历史"双重结构"以及社会主义中国在"国际社会"中存在和发展的基本方式的角度来认识"韬光养晦"，那么"韬光养晦"与"有所作为"的关系就不难理解了。从哲学方法论上看，"有所作为"是"韬光养晦"题中应有之义（"韬光养晦"本身就是一种做事的方式），但其侧重于强调"韬光养晦"中的"低调行事"的一面。当然，"韬光养晦"中的"有所作为"既有其成效高低之分，也有其表现范围大小之分。这种"有所作为"的成效和其表现范围取决两个相互联系的方面：国家的综合国力和国家的影响力。一般说来，中国的综合国力越强，影响力越大，其"有所作为"的成效也就越高，表现范围也就越大。不过，无论中国的综合国力有多强和影响力有多大，其"有所作为"都是限制在"韬光养晦"的范围内的，并被国际交往一般原则所制约。不明确这一点，必将在实践中出现重大失误。社会主义中国之所以能够持续"和平崛起"，就在于用实践诠释了这种"有所作为"。抛弃了"韬光养晦"，"有所作为"就有可能演变为"国际社会"中的新一轮的霸权争夺。如此而来，"和平崛起"就会成为一句空话。这是由"国际社会"发展的规律和特点决定的。我以为，目前无论是要舍弃"韬光养晦"的观点，还是要坚持"韬光养晦"的观点，都存在着一个方法论上的错误，即：把"韬光养晦"由以提出的具体历史背景简单化和绝对化，把"综合国力及其影响力"作为判断"韬光养晦"合法性的尺度。众所周知，在 20 世纪 80 年代到 90 年代，我国的生存性发展占有比较凸显的位置（加之当时国际局势动荡、世界社会主义发展的低潮等），故"韬光养晦"被人们广泛认同，而当今中国的综合国力及其影响力的确已今非昔比，故围绕着"韬光养晦"的争论就展开了。

第二，根据具体的条件和环境，社会主义中国在"全球社会"中要积极发挥自己应有的作用。完整意义上的"韬光养晦"只是社会主义中国在"国际社会"中生存和发展的基本方式及其长期战略。而在"全球社会"

中，社会主义中国非但不能"韬光养晦"，而且要尽其所能，敢于和善于主动担当，积极支持并带头参与各种形式的行为活动（其中包括旨在推动解决"全球问题"的"全球社会运动"①），为推动"全球问题"的解决尽自己最大的努力。"全球社会"的主体结构、利益结构、发展目标和原则、发展特点、格局结构等决定了社会主义中国的应有的能力和其重要的观点、立场上无须任何意义上的"柔化"。我认为，在这里，"有所作为"超越了"韬光养晦"的限制，转化成为尽其所能、主动担当。② 不过，需要特别说明的是：这里所说的尽其所能、主动担当不是对"韬光养晦"的简单否定，而是一种辩证的扬弃。它保留了"韬光养晦"中不以自己的优势欺辱别人的劣势以及注重修正自己的不足以求得自身周正、平衡发展的成分，而舍弃了其中的"柔化"等成分。

社会主义中国在"全球社会"中的尽其所能、主动担当，丝毫不会给其在"国际社会"中的生存和发展的基本方式带来不利的影响。首先，在"全球社会"中"带头"或"争先"，是为了维护整个人类社会的生存和发展，遵循的是人类整体、长远的利益原则，而不是为了争夺全球资源和利益分割。其次，在"全球社会"中的"带头"或"争先"是以本国率先作出力所能及的贡献和牺牲为前提的。用以国家利益作为衡量一切行为活动的最高准绳的原则是解释不了这种"带头"或"争先"的。再次，为了人类的整体、长远的利益，与少数发达国家据理力争，必然会赢得世界上绝大多数国家的支持和拥护，从而也必然会扩大社会主义中国在世界上的影响，有利于推动世界社会主义的发展。最后，这种"带头"或"争先"不仅不会引起与霸权国家的根本性的全面冲突，而且有利于维护"国际社会"整体上的和平局面。从方法论上看，社会主义中国之所以在"全球社会"所凸显的尽其所能、主动担当，既不会危及其在"国际社会"中存在

---

① 时下人们所说的"全球社会运动"，即：在国际层面发起的非制度化的各种国际集体行动，旨在影响各国和全球决策的制定和实施过程（胡键：《全球社会运动的兴起及其对全球治理的影响》，《国际论坛》2006 年第 1 期），并不等于笔者这里所讲的"全球社会运动"。由于没有把握"国际社会"和"全球社会"的关系，时下人们所说的"全球社会运动"既包括"全球社会"的"非制度化的各种国际集体行动"，也包括"国际社会"的"非制度化的各种国际集体行动"（如由发达国家所直接或间接操纵和控制的"非制度化的各种国际集体行动"）。从世界历史"双重结构"角度看，只有真正倡导国际平等、公正和正义理念，"旨在推动解决'全球问题'"的"非制度化的各种国际集体行动"，才能称为"全球社会运动"。

② 这里所说的"主动担当"不是"大包大揽"。"尽其所能"规定了"主动担当"的程度。

和发展的基本方式，同时还有利于"国际社会"良性运行，最根本的原因就在于"全球社会"与"国际社会"的区别和联系，就在于世界历史的"双重结构"及其发展。

第三，在"国际社会"中坚持"韬光养晦、有所作为"，在"全球社会"中坚持尽其所能、主动担当，这有利于社会主义中国依靠"全球社会"的发展来最大限度地消解"国际社会"格局对自己乃至整个人类发展带来的负面影响，进而有利于逐渐地改良"国际社会"。在"全球社会"中，社会主义中国为人类整体、长远的利益而争取话语权和引领权，是不会被视为争夺霸权的。社会主义中国争得"全球社会"中的话语权和引领权，必将有助于在"国际社会"倡导和推行国际经济政治新秩序，并对"国际社会"中的霸权主义行为产生一定的制约作用。当然，这需要通过一系列重要的中介环节，如尽可能在正在形成的"碳经济"、"碳政治"等中构建自己的话语权和优势等。不过，由于"国际社会"与"全球社会"间的相互渗透，故"全球社会"也不是"一片净土"，抑或说，即便在为人类整体、长远利益而谋划的空间也存在着不同利益的博弈。

2. 摆正当代中国文化发展在世界历史"双重结构"中的位置

从广义上看，一个国家在世界历史"双重结构"中存在和发展的基本方式，在逻辑上包含着该国家的民族文化在世界历史"双重结构"中存在和发展的基本方式。不过，鉴于民族文化的相对独立性，在这里单独对这一问题做提要式的阐释是必要的。

坚持社会主义先进文化前进方向，以科学发展为主题，以建设社会主义核心价值体系为根本任务，以满足人民精神文化需求为出发点和落脚点，以改革创新为动力，发展面向现代化、面向世界、面向未来的，民族的科学的大众的社会主义文化，培养高度的文化自觉和文化自信，提高全民族文明素质，增强国家文化软实力，弘扬中华文化，努力建设社会主义文化强国。这是中国特色社会主义文化的发展路径，其重要战略意义不言而喻。如果从世界历史"双重结构"的角度来认识中国特色社会主义文化发展路径，我更倾向于把其中的"面向世界、面向未来"理解为面向"全球社会"及其未来。

一个国家的民族文化的自我认同的程度与该国家的民族文化在全球中的发展程度（包括被世界认同的程度和对世界文化发展的贡献程度）是分不开的。而要全面、正确地认识和把握一个国家的民族文化在全球中的发展，又必须首先认清世界历史的"双重结构"对该国家的民族文化的制约和影响。这对全面、正确地认识和把握中国文化在全球中的发展也一样。一方面，从"国际社会"结构角度看，中国文化在当代世界上发展所面临的困难或困境的确不容忽视，如：周边的一些发展中国家大都从来没有放弃过被中国文化同化的警惕性；西方国家的官方意识形态排斥中国文化的主流特别是其核心价值观，对中国在一种不同于西方的文化和制度背景中崛起有着难以摆脱的忧虑感甚至恐惧感，害怕中国成为它们在"国际社会"中强大的对手，等等。上述状况也是由"国际社会"的主体结构、利益结构、发展目标和原则、发展特点、格局结构使然，与我们的主观意愿没有关系。因此，至少从目前来看，中国文化在"国际社会"或国际关系结构中很难争得最主流的话语权，这使得其发展空间比较狭窄。

另一方面，从"全球社会"结构角度看，虽然中国文化的发展仍存在许多问题，但却有很大的空间。例如，"和而不同"、"和合共生"等理念的倡导，就为人类走出"全球问题"的困境提供了一种可供选择的文化方式。当然，对这方面问题的认识和把握必须要摆脱实用主义的思维方式。"和而不同"、"和合共生"与其说是一种在可以预料到的将来实现的实体性目标，不如说是基于中国文化的精髓而在"全球社会"倡导的一种人类不断追求的价值导向。这一价值导向的核心就是共赢、共荣、共同安全，并与自然生态环境和谐相处，故它没有任何理由不为整个人类所认同，因为，这不仅仅直接涉及世界上不同共同体和个人的根本利益，更主要的是直接涉及整个人类社会的长远的、根本的利益。所以，中国文化在世界上的发展必须要尽可能地摆脱传统的"国际社会"结构的束缚，以获得"全球社会"的广阔发展空间。这里可以确认的是：如果中国文化在"全球社会"中获得广阔的发展空间，那么就肯定会有助于其在一定程度上摆脱在"国际社会"中的发展困境。

只有摆正当代中国文化发展在世界历史"双重结构"中的位置，才能够认清当代中国文化在全球中的发展路径和目标。中国文化在全球中的发展，其目标不是证明谁更优秀，不是追求谁占统治或领导地位，更不是追求所谓"同化"世界（这都是"国际社会"的文化霸权行为），而是追求在推动世界共同安全、共同繁荣、包容和合作等方面能得到越来越大程度上的认同，以及对世界文化的发展特别是对世界文化多元化的发展所作出的越来越大的贡献。

　　至于当代中国文化如何在全球中的发展，这则是个涉及面广泛且对策性很强的问题。不过，鉴于目前中国文化在全球中的发展状况，至少应注意这样三个相互联系的问题：一是，增强提供具有非竞争性和非排他性特点的国际公共产品的能力，加大提供国际公共产品的力度。① 国际公共产品大都带有鲜明的文化属性，其中有的国际公共产品本身就是文化产品，如：基本人权、对国家主权的尊重、推动不同文明间的对话和交流等。从一定的意义上说，国际公共产品的发展程度直接在文化层面上标志着人类社会的整体发展程度。国际公共产品的投入是一个国家的民族文化在全球中传播和发展的一个主渠道，国际公共产品的投入程度是一个国家的民族文化在全球中发展程度的展现。因此，一个国家在国际公共文化产品方面的贡献在很大程度标志着该国家的民族文化在全球中的发展程度。而增强提供国际公共产品的能力，加大提供国际公共产品的力度，是较少受"国际社会"格局的限制的。在这方面，我国仍需做出力所能及的努力。目前我国国际公共产品的投入不足 GDP 的千分之一，而北欧国家是千分之七至八，② 一些发达国家是千分之三至四。当然，在增强提供具有非竞争性和非排他性特点的国际公共产品的能力、加大提供国际公共产品的力度方面，不仅有"量"的问题，而且还有"质"的问题，即对国际公共产品投入的机会、领域、方向等的把握问题。二是，将文化发展的导向集中到与推动解决"全球问题"直接相关的领域。惟其如此，中国文化才能在越来越大的程度上被世界所真正认同，为世界文化的发展特别是世界文化的多样化的发展作出越来越大的贡献。三是，在"全球社会"构筑广阔的、多元化的文化交流平台。以先进文化为核心的当代中国文化是一个开放的系统，它拒斥各种类型的"中心论"，始终处于交流和对话的状态。而这种

---

　　① 2001 年，联合国前秘书长安南发布题为《通向实现联合国千年宣言目标的路线图》的报告，把在全球公共领域需要集中供给的公共产品分为十类，即：基本人权、对国家主权的尊重、全球公共卫生、全球安全与和平、跨越国界的通信与运输体系、协调跨国界的制度、基础设施、知识的集中管理、全球公地的集中管理和多边谈判的国际论坛。我国政府将在全球公共领域需要集中供给的公共产品归为四大类：（1）以联合国为核心的集体安全机制、国际反恐合作机制和防扩散机制；（2）千年发展目标的落实，推动建立健全开放、公平、非歧视的多边贸易体制，完善国际金融体制，全球能源对话与合作，国际扶贫；（3）加强不同文明的对话和交流；（4）推进联合国改革，重点推动联合国加大在发展领域的投入和安理会改革（参见胡锦涛《努力建立持久和平、共同繁荣的和谐世界》，http：//www. stuln. com/bainianlvshun/xuexitiandi/2009－6－1/Article＿38143. shtml）。
　　② 参见王逸舟《中国外交的思考与前瞻》，《国际经济评论》2008 年第 4 期。

状态必然是在"全球社会"范围内的广阔的、多样化的文化交流平台上表现出来的。只有在这种广阔的、多样化的文化交流平台上,当代中国文化才能在吸纳人类一切优秀文化成果的过程中不断扩大自己在世界上的影响力,从而不断增强社会主义中国在全球中生存和发展的文化底蕴。

综上所述,基于对"全球化"的"世界历史"批判以及对当代世界历史发展的状态和趋势的科学分析,由此提出的世界历史"双重结构"理论,既是把马克思主义世界历史观全面地运用于全球化及其发展研究的重要切入点,也是马克思主义世界历史观在当代发展的重要切入点,同时也将为探索当代中国的全球发展路径提供重要的方法论支撑。

(原载《中国社会科学》2012 年第 6 期)

资本主义研究在马克思
社会形态理论中的地位

杨学功　席大民

社会形态理论是马克思主义的研究者最为重视的马克思历史理论之一，甚至被看作历史唯物主义的核心部分，但同时也是引起最多争议和质疑的部分。然而，无论是关于社会形态演进序列之"五形态"与"三形态"的争论，还是关于社会形态的依次演进是否具有历史必然性的争论，抑或关于社会形态理论所揭示的序列是否是一般历史哲学公式的争论，都不能通过一般性的哲学思辨来澄清，也不能简单地以是否符合历史学的研究成果来仲裁。有效的讨论还必须回到文本，回到马克思的阐述本身。这就不能不关注马克思表述其经济社会形态理论的一系列经济学著作。

近年来，与经济学界对《资本论》及其手稿研究的冷落形成鲜明对照的是，哲学界越来越重视从马克思的经济学论著中阐发其历史唯物主义的基本思想和构建方法。这本是值得肯定的学术取向，然而，如果把《资本论》及其手稿只当作哲学著作来研究，并按照人类社会发展的普遍逻辑来理解，把马克思关于资本主义铁的必然性的逻辑解读为人类社会历史发展的普遍规律，则未必能够使上述关于社会形态理论的争论因这一研究而走出误区。本文拟从马克思不同文本中，特别是《资本论》及其手稿中的阐述思路入手，提出和探讨资本主义或资产阶级社会在马克思社会形态理论中的特殊地位问题，并试图借助于这种探讨，为对上述争议问题的解决和对历史唯物主义的重新阐释提供一个可能的思路。

一　资本主义与"经济社会形态"概念

马克思的社会形态理论是在现实的历史背景下提出的，其出发点正是资本主义社会的现实。纵观马克思的"社会形态"、"社会形式"、"经济社会形态"等概念，它们总是在与资本主义或资产阶级社会的相关性意义上提出来的。也就是说，马克思首先把现实的资本主义社会（或资产阶级社会）看作一种社会形态范本，再据此提出更具普遍意义的社会形态概念。

在《德意志意识形态》的"费尔巴哈章"中，马克思已经使用了"社会形式"（Gesellschaftsform）术语，用来表示社会的不同发展阶段。在这里，他是按照"部落所有制"——"古典古代的公社所有制和国家所有制"——"封建的或等级的所有制"——"资产阶级社会"——"共产主义社会"的基本线索来概述社会发展阶段的。值得注意的是，马克思用"市民社会"术语来指称经济社会。他给"市民社会"下的定义是：

> 市民社会包括各个人在生产力发展的一定阶段上的一切物质交往。它包括该阶段的整个商业活动和工业生活，因此它超出了国家和民族的范围，尽管另一方面它对外仍必须作为民族起作用，对内仍必须组成为国家。"市民社会"这一用语是在 18 世纪产生的，当时财产关系已经摆脱了古典古代的和中世纪的共同体（Gemeinwesen）。真正的市民社会（bürgerliche Gesellschaft）只是随同资产阶级发展起来的；但是市民社会这一名称始终标志着直接从生产和交往中发展起来的社会组织，这种社会组织在一切时代都构成国家的基础以及任何其他的观念的（idealistische）上层建筑的基础。①

通常人们把这里的"市民社会"看作是后来形成的"经济基础"概念的雏形。如果经济基础就是占统治地位的生产关系和交往关系的总和，那么它正是划分不同经济社会形态的主要根据。马克思使用的"市民社会"固然是沿用了旧的术语，但他所给予的新界说利用了"bürgerliche Gesellschaft"中"bürgerliche"的双关意味："市民的"和"资产阶级的"，从而既表达了"直接从生产和交往中发展起来的社会组织，这种社会组织在一切时代都构成国家的基础以及任何其他的观念的上层建筑的基础"这一含义——在这里，"经济基础"的概念已经呼之欲出；同时也表达了"真

---

① 《马克思恩格斯选集》第 1 卷，人民出版社 1995 年版，第 130—131 页。

正的市民社会只是随同资产阶级发展起来的"这一含义——在这里，"市民社会"概念的真正起源就是"资产阶级社会"。

马克思第一次使用"社会形态"（Gesellschaftsformation）是在《路易·波拿巴的雾月十八日》中。值得注意的是，这里的"社会形态"一语，指称的是"现代资产阶级社会"（die modern bürgerliche Gesellschaft）这一"新的社会形态"。而他所列举的实例则是西欧资产阶级社会较早建立的英国和法国。正是英法等西欧资产阶级的革命及资产阶级社会的生成，才造就了"新的社会形态"，即资产阶级社会或资本主义社会形态。因为有了新旧社会形态的比较，才会有一般社会形态的概念。

据日本学者大野节夫考证，马克思是在 1851 年夏天阅读地质学讲义时，接受了 formation 一词的"地层"含义；几个月后将它类比到对社会的研究中，在《路易·波拿巴的雾月十八日》中首先使用"社会形态"（Gesellschaftsformation）一词，其用意在于标志历史的发展阶段。① 马克思巧妙地把 gesellschatf（社会）与 formation（地层）结合起来，用来标志社会发展的阶段性。这个词根的改变与地质学地层含义关系的考证，也可以从马克思本人的文本中得到佐证。马克思在《给维·伊·查苏利奇的复信（初稿）》中提到："各种原始公社（把所有的原始公社混为一谈是错误的；正像在地质的层系构造中一样，在历史的形态中，也有原生类型、次生类型、再次生类型等一系列的类型）的衰落的历史，还有待于撰述。"② 这里所说的地质的"层系构造"和历史的"形态"，用的都是德文词 formation。也就是说，马克思是站在"现代资产阶级社会"的"地表层"来看待以往的社会"层系"的。质言之，马克思不是站在地球或历史之外来提出一个"社会形态"的先验构架，然后把它"从外部输入"社会历史，而是从人类社会的现实基地出发，出于解决现实问题的需要，而提出一种更大尺度的"历史的形态"理论。

在写于 1859 年的《〈政治经济学批判〉序言》和写于 1867 年的《〈资本论〉第一版序言》中，马克思都明确使用了"经济的社会形态"（derökonomischen esellschaftsformation）概念：

---

① 参见大野节夫《马克思的社会形态和生产方式的概念》，载《历史唯物主义论丛》第 5 辑，清华大学出版社 1984 年版，第 292—294 页。

② 《马克思恩格斯选集》第 3 卷，人民出版社 1995 年版，第 771 页。

　　大体说来，亚细亚的、古代的、封建的和现代资产阶级的生产方式可以看作是经济的社会形态演进的几个时代。资产阶级的生产关系是社会生产过程的最后一个对抗形式，这里所说的对抗，不是指个人的对抗，而是指从个人的社会生活条件中生长出来的对抗；但是，在资产阶级社会的胎胞里发展的生产力，同时又创造着解决这种对抗的物质条件。因此，人类社会的史前时期就以这种社会形态而告终。①

　　我决不用玫瑰色描绘资本家和地主的面貌。不过这里涉及的人，只是经济范畴的人格化，是一定的阶级关系和利益的承担者。我的观点是把经济的社会形态的发展理解为一种自然史的过程。不管个人在主观上怎样超脱各种关系，他在社会意义上总是这些关系的产物。同其他任何观点比起来，我的观点是更不能要个人对这些关系负责的。②

　　这两段话尽管在哲学界、史学界引发了很多争议，但不可否认的是，它们都是在马克思深入研究旨在揭示资本主义经济运动规律的政治经济学之后作出的概括，而这种研究主要是根据西欧资本主义起源和发展的材料、特别是根据英国的资料进行的。马克思在这里至少确立了一个基本的观点，即经济关系是判断一个社会发展阶段（区别于以往阶段）的最可靠的根据。对比马克思和恩格斯后来对《德意志意识形态》中关于历史唯物主义表述的不满，可以认为，马克思在深入进行资本主义社会的科学研究之后，比之当年更有可靠的根据把经济的社会形态确立为历史唯物主义的基本概念了。这一事实对于理解历史唯物主义的形成史和不同的阐释模式具有重要意义。

　　列宁在有生之年没有看到《德意志意识形态》公开出版，但他对两个"序言"的积极评价，则强调马克思通过对西欧资本主义的研究，为历史唯物主义提供了科学支持。列宁揭示出马克思与以前的经济学家和社会学家在研究方法上的差别：以前的经济学家和社会学家总是谈论"一般社会"，而马克思却说"现代社会"。③ 列宁引用了马克思在《〈资本论〉第一

---

① 《马克思恩格斯选集》第2卷，人民出版社1995年版，第33页。
② 同上书，第101—102页。
③ 参见《列宁选集》第1卷，人民出版社1995年版，第4页。

版序言》中的两个论断："本书的最终目的就是揭示现代社会的经济运动规律";"我的观点是：社会经济形态的发展是一种自然历史过程"，然后写道：

> 只要把序言里引来的这两句话简单地对照一下，就可以看出《资本论》的基本思想就在于此……说到这里，我们首先要指出两个情况。马克思说的只是一个"社会经济形态"，即资本主义社会经济形态，也就是他说的、他研究的只是这个形态而不是别的形态的发展规律，这是第一。第二，我们还得指出马克思得出他的结论的方法……从旧的经济学家和社会学家的观点看来，社会经济形态这一概念完全是多余的，因为他们谈论的是一般社会，他们同斯宾塞们争论的是一般社会是什么，一般社会的目的和实质是什么等等……马克思关于社会经济形态发展的自然历史过程这一基本思想，从根本上摧毁了这种以社会学自命的幼稚说教……他做到这一点所用的方法，就是从社会生活的各种领域中划分出经济领域，从一切社会关系中划分出生产关系，即决定其余一切关系的基本的原始的关系。①

列宁的这一论述对于我们理解马克思的历史理论具有深刻的启示意义（可惜人们并未充分注意到这一点）。它说明，马克思的社会形态理论不是从某种先验地臆造的一般历史哲学理论出发的，而是从现实资本主义社会出发的。简言之，马克思研究人类历史发展规律的方法是从个别到一般，而非从一般到个别。马克思的方法是从对"一种"社会的分析出发，进而达到对"一切"社会的理解。这"一种"社会就是现代资本主义社会。②

从上述梳理中，我们大体可以看到，马克思提出"经济社会形态"概念，并不是先验地提出一个关于历史过程的一般历史哲学理论，或者预先提出一套用经济关系来说明社会历史发展的普遍学说，然后再用现实的历史去补充和验证它。正如列宁所说："历史唯物主义也从来没有企求说明一切，而只企求指出'唯一科学的'说明历史的方法。""从来没有一个马

---

① 《列宁选集》第 1 卷，人民出版社 1995 年版，第 5—6 页。
② 同上书，第 13 页。

克思主义者认为马克思的理论是一种必须普遍遵守的历史哲学公式。"① 马克思的思想历程是从批判宗教发展到批判政治，再发展到用劳动异化理论批判资本主义的过程，这同时也是他逐步摆脱思辨唯心主义的过程。即使是《德意志意识形态》中提出的假说，也是在对资产阶级古典政治经济学以及大量历史资料研究的基础上获得的。马克思追求的是用精确的自然科学的眼光，揭示资本主义起源和发展的规律，由此构建起一个科学的社会形态概念，从而为历史唯物主义奠定坚实的科学基础。在这个意义上可以说，离开了马克思对资本主义社会的深入研究，就没有"经济社会形态"这个科学概念。

二　资本主义与社会形态"演进"序列

既然马克思是立足于资本主义或资产阶级社会来确立"经济社会形态"概念的，那么用这个概念就不仅可以说明资本主义作为经济社会形态的本质，也可以说明其他各种经济社会形态的一般性质。问题是，我们是否可以把《〈政治经济学批判〉序言》中提出的经济社会形态演进的序列看作是马克思认可的人类历史发展的普遍规律？传统教科书阐释模式以此作为论证人类历史具有普遍规律的经典根据，质疑者则或者根据史实否定其作为普遍历史发展图式的意义，或者根据对马克思更多文本的研究，力图还原一个他们心目中的人类历史发展的图式。这些研究和讨论应该说都推动了学术的进展。但是，大多数论者都把兴趣主要集中于社会形态的"演进"序列上，而忽略了一个基本的事实，即马克思此时研究的重心仍然是资本主义。因此，如果我们离开了这个重心，把资本主义与其他社会形态平列起来，超然地谈论人类历史的总体规律或普遍规律，实际上就背离了马克思的研究旨趣，也无助于问题的真正解决。我们认为，资本主义与马克思在不同文献中所列举的其他生产方式或经济的社会形态相比，有着非常特殊的地位。只有充分认识这种特殊地位，才能更好地理解马克思的社会形态演进序列的思想。

首先，资本主义的起源是马克思研究以前社会形态的直接目的。马克思指出，《资本论》研究的是"资本主义生产方式以及和它相适应的生产

---

① 《列宁选集》第 1 卷，人民出版社 1995 年版，第 13—14、58 页

关系和交换关系",目的是为了"揭示现代社会的经济运动规律"。为了研究商品的价值形式和货币形式,就必须进行历史的考察。这些历史叙述已在《政治经济学批判》(1857—1858年手稿)中呈现,故《资本论》第一卷重在借助"抽象力"分析"经济的细胞形式",即"劳动产品的商品形式,或者商品的价值形式"。显然,按照逻辑与历史一致的原则,马克思这里所作的逻辑分析是以大量的历史材料为依据的。这些材料之间的内在联系是在历史考察的基础上形成的。正是在这些考察和叙述中,马克思提出了作为"历史的形态"的前资本主义的各种形式。而经济社会形态演进序列的概括正是在这些考察的基础上作出的。马克思晚年在《给〈祖国纪事〉杂志编辑部的信》和《给维·伊·查苏利奇的复信(初稿)》中,把这一历史考察直接概括为"我关于资本主义起源的历史概述",就表明了这一点,即这种历史考察的直接目的是为了解决关于资本主义起源的问题,而对这一结果的抽象则为进一步研究提供了"指导线索"。

其次,这种历史考察还旨在说明资本主义经济形式与以往各种经济形式的差别。只有认识到这种差别,才能更深刻地理解资本主义经济社会形态的本质。马克思的方法是从对现实资本主义社会的分析出发,从中抽象出一般的规定。这一点在《〈政治经济学批判〉导言》中有非常明确而充分的论述。当资产阶级经济学家撇开历史而构造各种抽象规定时,马克思发现,正是历史发展才使抽象本身成为可能。马克思通过对最简单的"劳动"范畴的分析来揭示这一点,他写道:"劳动似乎是一个十分简单的范畴。它在这种一般性上——作为劳动一般——的表象也是古老的。但是,在经济学上从这种简单性上来把握的'劳动',和产生这个简单抽象的那些关系一样,是现代的范畴。"① 马克思从货币主义开始,追溯到重工主义、重商主义和重农主义,其间对"劳动"的规定都是通过具体的劳动形式来进行的,认为直到亚当·斯密才把握了劳动作为"创造财富的活动的抽象一般性"。马克思发现,当"劳动一般"从各种具体劳动中抽象出来的时候,正是资产阶级社会生产力最为发达的阶段。用马克思的话来说,就是:"对任何种类劳动的同样看待,以各种现实劳动组成的一个十分发达的总体为前提,在这些劳动中,任何一种劳动都不再是支配一切的劳

---

① 《马克思恩格斯全集》第30卷,人民出版社1995年版,第44—45页。

动。"① 劳动的抽象化过程正是历史发展的过程。在这个意义上，"劳动一般"这个范畴应被视为"历史的结果"，而不是历史的起点。"这个被现代经济学提到首位的、表现出一种古老而适用于一切社会形式的关系的最简单的抽象，只有作为最现代的社会的范畴，才在这种抽象中表现为实际上真实的东西。"② 资产阶级经济学家认为"劳动一般"是一个古老的范畴，而马克思通过历史性追溯的方式却揭示出劳动的具体历史性。

马克思的这种研究方法不仅在《〈政治经济学批判〉导言》专门阐述政治经济学方法的第三部分得到充分的阐述，而且在第一部分讨论"物质生产"时也有精彩的演绎。当时，在资产阶级经济学家的著作中，一开头就讨论物质生产是一种"时髦的做法"。但是在马克思看来，他们对物质生产的起点的理解就是错误的。以斯密和李嘉图为代表的资产阶级古典经济学家们，把孤立的个人理解为物质生产的起点，也就是他们的经济学体系的逻辑起点。他们想当然地认为，生产总是从孤立的个人开始，再慢慢发展到社会化大生产。马克思指出，这种"鲁宾逊式"的"孤立的个人"其实是一种"想象"。真实的情况是，"在社会中进行生产的个人"才是真正的出发点。在马克思看来，作为历史的起点的"现实的个人"，不仅是指从事物质生产的个人，而且是指在一定社会关系下从事生产的个人。马克思指出，恰恰是生产的社会化诞生了市民社会，只有在市民社会中这种原子式的孤立的个人的出现才有了可能。"产生这种孤立个人的观点的时代，正是具有迄今为止最发达的社会关系（从这种观点看来是一般关系）的时代。"相反，"我们越往前追溯历史，个人，从而也是进行生产的个人，就越表现为不独立，从属于一个较大的整体"。③

马克思在这里针对资产阶级经济学家所作的批评性论述，对于我们理解历史唯物主义的基本原理——诸如生产力决定生产关系等似乎适用于一切社会形态的原理也有警醒的作用。我们可以把这些论述看作对普遍规律在一定历史条件下生成并适用于这些历史条件的强调：

　　　　劳动这个例子令人信服地表明，哪怕是最抽象的范畴，虽然正是

---

① 《马克思恩格斯全集》第30卷，人民出版社1995年版，第45页。
② 同上书，第46页。
③ 同上书，第25页。

由于它们的抽象而适用于一切时代，但是就这个抽象的规定性本身来说，同样是历史条件的产物，而且只有对于这些条件并在这些条件之内才具有充分的适用性。①

就是说，抽象并不只是思维的产物：现代社会的基本范畴正是在特定的历史条件下，才具有了其抽象的现实本质。与以往社会形态的经济形式相比较，资产阶级社会是最发达的形式，它以成熟的形式包含着过去社会形态经济形式的某些因素。因此，一方面，可以用这些经济形式在以往历史中的某些发展来衡量它的发展阶段；另一方面，对这种历史阶段的考察又可以加深对资本主义这种更发达形式的理解。马克思有一句名言："人体解剖对于猴体解剖是一把钥匙"②，强调对更发达的资本主义社会形态的认识可以帮助人们更好地理解前资本主义的各种社会形态。"低等动物身上表露的某些高等动物的征兆，只有在高等动物本身已被认识之后才能理解。因此，资产阶级经济为古代经济等等提供了钥匙。"③ 但是，决不能因此抹杀一切历史差别，把一切社会形式都看成资产阶级社会形式。例如，人们认识了地租，就能理解代役租、什一税等，但是不应当把它们等同起来。在此，马克思批评了这样一种看法，即发达形式"总是把过去的形式看成是向着自己发展的各个阶段"，认为这样一种线性的发展观点"总是对过去的形式作片面的理解"。④ 当人们把资本主义作为永恒的一般社会来理解时，就会把以往的形式看作是朝着这个理想社会行进的阶段，从而忽略以往形式的各种因素在特定历史条件下的意义，也缺乏对资本主义的批判意识。

关于马克思的社会形态理论，学界一般强调"五形态"和"三形态"两个序列的差异，并为哪个序列更"科学"展开了旷日持久的争论。对此本文不作详细评论。我们认为，这两个序列虽然在功能上不同，但并不是互相对立的，而是互补的。作为经济的社会形态序列，马克思主要是从"地层"意义引申出来的，侧重于从资本主义的起源上展开，这就是以

① 《马克思恩格斯全集》第 30 卷，人民出版社 1995 年版，第 46 页。
② 同上书，第 47 页。
③ 同上。
④ 同上。

《〈政治经济学批判〉序言》的表述为代表的后来被概括为"五形态"的序列。这个序列之所以引起广泛的质疑，是因为马克思提出这个序列时，虽然尽可能多地涉猎了历史材料，试图对资本主义以前的各社会形态作更详尽的概括，但限于当时的条件，其主要研究范围还是西欧，尤其是封建的和古代的（或奴隶制的）社会形态；而这些具体的经济形态对于西欧以外的其他社会并不一定具有普遍性。传统的阐释模式把这个序列看作是依次更替并具有铁的必然性的公式，这就与非西欧的广大地区的历史事实发生了冲突。但从"地层"的比喻来看，经济的社会形态大体上区分了过去的阶段或"历史时代"，并以西欧的几种经济形式为代表，并不一定表明普遍的发展道路，因而只是一种抽象。

至于"三形态说"，跟"五形态说"比较而言，重点不是说明资本主义的起源问题，而是从反思的层面对人类历史作整体性的概括：

> 每个个人以物的形式占有社会权力。如果从物那里夺去这种社会权力，那么你们就必然赋予人以支配人的这种权力。人的依赖关系（起初完全是自然发生的），是最初的社会形式（Gesellschaftsform），在这种形式下，人的生产能力只是在狭小的范围内和孤立的地点上发展着。以物的依赖性为基础的人的独立性，是第二大形式，在这种形式下，才形成普遍的社会物质变换、全面的关系、多方面的需要以及全面的能力的体系。建立在个人全面发展和他们共同的、社会的生产能力成为从属于他们的社会财富这一基础上的自由个性，是第三个阶段。第二个阶段为第三个阶段创造条件。因此，家长制的，古代的（以及封建的）状态随着商业、奢侈、货币、交换价值的发展而没落下去，现代社会则随着这些东西同步发展起来。①

《马克思恩格斯全集》中文第二版第30卷，已经将这里提到的关键词从第一版的"社会形态"改译为"社会形式"。这个改变自然是因为所对应的原文根本就不是Gesellschaftsformation，而是Gesellschaftsform。其实，这种改变并非本质性区别。"五形态说"重在说明资本主义的起源，"三形

---

① 《马克思恩格斯全集》第30卷，人民出版社1995年版，第107—108页。

态说"重在揭示资本主义的命运，资本主义始终是关注的中心点。这里我们并不想藉着术语的不同而把其中任何一个排除在马克思的社会形态理论之外。因为从这两个序列的共同点来看，它们都是关于社会发展阶段的概括，都是以经济关系为主要尺度或把它作为划分历史阶段的标准，更重要的是，它们都是从资本主义形态出发揭示社会发展总体趋势的概念。

从反思的意义上看，经济的社会形态序列更强调资本主义作为自然历史过程，有其内在的矛盾。资本主义由于其内在矛盾运动，导致新的社会形态取而代之。"资产阶级的生产关系是社会生产过程的最后一个对抗形式，这里所说的对抗，不是指个人的对抗，而是指从个人的社会生活条件中生长出来的对抗；但是，在资产阶级社会的胎胞里发展的生产力，同时又创造着解决这种对抗的物质条件。因此，人类社会的史前时期就以这种社会形态而告终。"① 尽管《〈政治经济学批判〉序言》中的这个概括还显得比较抽象，但可以看到，在经济的社会形态序列中，从现实的资本主义或资产阶级社会向未来社会形态的演进，主要是根源于该社会形态自身的矛盾，是该社会形态自我发展、自我运动的"自然历史过程"。而这是在马克思关于资本主义的经济学研究取得一定成果时的结论。这一结论超出了以往单纯从对资本主义的价值评价的角度来否定资本主义的论证，更强调这一历史过程的客观必然性。正是在这个意义上，马克思强调说："这里涉及的人，只是经济范畴的人格化，是一定的阶级关系和利益的承担者。"②

而在从生产和交往的关系角度提出的"三形态"的表述中，虽然也保持着客观叙述各社会形式序列的形式，但明显地带有对资本主义的价值评价，其对未来的第三大社会形式的表述，则更具有明显的价值期许。在这里，马克思虽然肯定了在资本主义这种以物的依赖性为基础的社会形式中"人的独立性"，肯定了在这种社会形式下，"才形成普遍的社会物质变换、全面的关系、多方面的需要以及全面的能力的体系"，但是与马克思设想的"第三个阶段"，即"建立在个人全面发展和他们共同的、社会的生产能力成为从属于他们的社会财富这一基础的自由个性"相比较，还是可以看出明显的价值评价。这就是关于资本主义的矛盾二重性问题，这个问题

---

① 《马克思恩格斯选集》第 2 卷，人民出版社 1995 年版，第 33 页。
② 《马克思恩格斯全集》第 30 卷，人民出版社 1995 年版，第 101 页。

可以说贯穿于马克思资本主义研究的全过程。总的来说，马克思批判资本主义的倾向和客观陈述资本主义历史功绩的倾向是并存的。而在《资本论》及其手稿的写作过程中，"三形态"序列则比"五形态"序列在表述上更强调了反思和价值评价。

三　资本主义逻辑与社会形态演进规律的性质

马克思所揭示的经济社会形态和社会形式依次演进的序列是不是人类历史发展的普遍规律？如何理解这些序列或规律的性质？这是学界一直争论的问题。从文本的角度看，坚持把这些序列看作马克思所揭示的人类历史发展普遍规律的学者，一般都强调《〈政治经济学批判〉序言》和《〈资本论〉第一版序言》的论断；而反对这种观点的学者，则强调马克思早期和晚期对人类社会发展普遍规律的相对弱化的表述。假定马克思思想的变化和摇摆当然是最简便的办法，但是仔细研究会发现，马克思的不同表述之间还是有着统一的思路和内在联系的。

马克思在《德意志意识形态》中对人类社会发展的普遍规律确实有一种相对较弱的表述。在谈到这种规律或发展线索与思辨哲学的区别时，马克思说：

在思辨终止的地方，在现实生活面前，正是描述人们实践活动和实际发展过程的真正的实证科学开始的地方。关于意识的空话将终止，它们一定会被真正的知识所代替。对现实的描述会使独立的哲学失去生存环境，能够取而代之的充其量不过是从对人类历史发展的考察中抽象出来的最一般的结果的概括。这些抽象本身离开了现实的历史就没有任何价值。它们只能对整理历史资料提供某些方便，指出历史资料的各个层次的顺序。但是这些抽象与哲学不同，它们绝不提供可以适用于各个历史时代的药方或公式。相反，只是在人们着手考察和整理资料——不管是有关过去时代的还是有关当代的资料——的时候，在实际阐述资料的时候，困难才开始出现。这些困难的排除受到种种前提的制约，这些前提在这里是根本不可能提供出来的，而只能从对每个时代的个人的现实生活过程和活动的研究中产生。①

马克思的这段论述首先期待一种对社会历史的实证科学的研究，由此得出"从对人类历史发展的考察中抽象出来的最一般的结果的概括"；而这种抽象和概括只能"对整理历史资料提供某些方便，指出历史资料的各个层次的顺序"，而"绝不提供可以适用于各个历史时代的药方或公式"；这种抽象和概括在实际阐述历史资料时还是要受到条件的制约，它没有也不可能提供研究具体历史时代的普遍前提，这些前提只能从对每个时代的个人的现实生活过程和活动的研究中产生。

与之不同，在《〈政治经济学批判〉序言》中，马克思把他从事政治经济学研究工作的"总的结果"，概括为具有人类历史客观规律性质的表述：

> 人们在自己生活的社会生产中发生一定的、必然的、不以他们的意志为转移的关系，即同他们的物质生产力的一定发展阶段相适合的生产关系。这些生产关系的总和构成社会的经济结构，即有法律的和政治的上层建筑竖立其上并有一定的社会意识形式与之相适应的现实基础。物质生活的生产方式制约着整个社会生活、政治生活和精神生活的过程。不是人们的意识决定人们的存在，相反，是人们的社会存在决定人们的意识。社会的物质生产力发展到一定的阶段，便同它们一直在其中运动的现存生产关系或财产关系（这只是生产关系的法律用语）发生矛盾。于是这些关系便由生产力的发展形式变成生产力的桎梏。那时社会革命的时代就到来了。随着经济基础的变更，全部庞大的上层建筑也或慢或快地发生变革。②

这段通常话被看作是马克思本人表述的历史唯物主义的基本原理，也即经济的社会形态演进的动力机制的基本原理。这个原理被恩格斯看作是

① 《马克思恩格斯选集》第 1 卷，人民出版社 1995 年版，第 73—74 页。
② 《马克思恩格斯选集》第 2 卷，人民出版社 1995 年版，第 32—33 页

马克思所发现的"人类历史的发展规律"①，被列宁称为"科学思想中的最大成果"②，列宁认为"这种科学理论说明，由于生产力的发展，如何从一种社会生活结构中会发展出另一种更高级的结构，例如从农奴制中生长出资本主义"③。这些论断加在一起，构成了一种对历史唯物主义原理的强化了的阐释，将其从"假说"、"抽象"、"最一般的结果的概括"强化为规律，把马克思关于资本主义经济必然性的逻辑扩展为人类社会发展的普遍规律和普遍必然性。

关于社会发展规律的铁的必然性，马克思不仅在这篇序言中，也在《〈资本论〉第一版序言》中加以强调。但是在后者中，马克思所强调的是资本主义这个经济社会形态本身的规律，而没有用同样强化的逻辑来表征人类历史总体的规律和"铁的必然性"。马克思说：

> 问题本身并不在于资本主义生产的自然规律所引起的社会对抗的发展程度的高低。问题在于这些规律本身，在于这些以铁的必然性发生作用并且正在实现的趋势。工业较发达的国家向工业较不发达的国家所显示的，只是后者未来的景象。
>
> 一个国家应该而且可以向其他国家学习。一个社会即使探索到了本身运动的自然规律，——本书的最终目的就是揭示现代社会的经济运动规律，——它还是既不能跳过也不能用法令取消自然的发展阶段。但是它能缩短和减轻分娩的痛苦。④

很显然，马克思这里强调的并不是人类社会总体规律的铁的必然性，而是他在《资本论》中研究的资本主义起源和发展的规律及其以铁的必然性发生作用并且正在实现的趋势。他把揭示资本主义社会的经济规律当作自己的任务，并且把资本主义的发展看作是自然历史过程，有着本身自然的发展阶段，具有一种可以用自然科学精确的研究方法把握的自然规律的性质。后来的阐释者实际上是把马克思关于资本主义经济规律性质的描述彻底放大到整个人类历史的规律上去，于是就把马克思所说的资本主义这

①　《马克思恩格斯选集》第 3 卷，人民出版社 1995 年版，第 776 页
②　《列宁选集》第 2 卷，人民出版社 1995 年版，第 311 页。
③　《列宁选集》第 2 卷，人民出版社 1995 年版，第 311 页。
④　《马克思恩格斯选集》第 2 卷，人民出版社 1995 年版，第 100、101 页。

种经济的社会形态发展的"自然历史过程"的性质，也一并推广到各种经济社会形态的依次更替的序列之中去。

如果说资本主义起源和发展的逻辑不能无条件地推广为其他经济社会形态演进的逻辑，那么，英国资本主义起源和发展的逻辑能否推广到德国呢？马克思在这篇序言中似乎给出了肯定的回答。马克思对英国的研究之所以同样适用于德国，并不是根据某种关于社会形态演进的逻辑抽象推演的结果，而是根据资本主义发展的普遍交往的逻辑分析的结果。在特殊的历史条件下，资本主义的生产方式和交往方式率先在英国发展起来，按照资本的逻辑，它必然向外发展自己，寻求建立世界市场，而德国首当其冲成为英国资本主义向外发展施加影响的国家。因而，德国的资本主义就不可能按照原有的节奏缓慢发展。事实上，早在《共产党宣言》中，马克思和恩格斯就揭示了资本主义开创普遍交往的世界历史时代的功绩。

资本主义起源问题的研究开始于马克思对西欧先发资本主义的研究，而这个问题再次进入马克思的视野，是由俄国能不能跨越资本主义的"卡夫丁峡谷"的提问引发的。在《给〈祖国纪事〉杂志编辑部的信》中，马克思针对俄国有没有可能"寻找一条不同于西欧已经走过而且正在走着的发展道路"的问题，回顾了他当年研究西欧资本主义起源的过程："关于原始积累的那一章只不过想描述西欧的资本主义经济制度从封建主义经济制度内部产生出来的途径。因此，这一章叙述了使生产者同他们的生产资料分离，从而把他们变成雇佣工人（现代意义上的无产者）而把生产资料占有者变成资本家的历史运动。"在这封信中，马克思明确提出，不能把他"关于西欧资本主义起源的历史概述彻底变成一般发展道路的历史哲学理论"。这是因为，"极为相似的事变发生在不同的历史环境中就引起了完全不同的结果。如果把这些演变中的每一个都分别加以研究，然后再把它们加以比较，我们就会很容易地找到理解这种现象的钥匙；但是，使用一般历史哲学理论这一把万能钥匙，那是永远达不到这种目的的，这种历史哲学理论的最大长处就在于它是超历史的"[1]。譬如，小生产者被剥夺，迫使他们同自己的生产资料和生存资料分离的运动，是西欧资本主义起源过程中真实发生的历史事实，但它并不是在一切条件下都毫无例外的超历史的

---

[1] 《马克思恩格斯选集》第 3 卷，人民出版社 1995 年版，第 340—342 页。

规律。马克思举罗马平民为例，他们被剥夺后成为无产者，但并没有变成雇佣工人，却成为无所事事的游民。在《给维·伊·查苏利奇的复信（初稿）》中，马克思更明确地指出，在资本主义制度的基础上，生产者与生产资料分离的运动的"历史必然性"，"明确地限于西欧各国"。① 这就说明，历史唯物主义的基本原理不是可以到处套用的抽象公式，不是可以现成地用来解释和解决一切问题的万能钥匙，不能用它来取代对具体历史过程的实证研究。

马克思对俄国农村公社未来命运的分析为此树立了典范。俄国经过1861年"自上而下"的改革废除农奴制后，在俄国广大国土上存在的农村公社的命运问题成为人们关注的焦点。俄国农村公社有两种可能的发展前景：一种是不经过资本主义的苦难而直接过渡到社会主义；另一种是公社内部发展起来的资本主义因素使公社解体。但这只是从逻辑上推论出来的可能性，究竟哪种可能性会变成现实，取决于具体的历史条件。马克思分析道："如果俄国是脱离世界而孤立存在的，如果它要靠自己的力量取得西欧通过长期的一系列进化（从原始公社到它的目前状态）才取得的那些经济成就，那末，公社注定会随着俄国社会的发展而灭亡这一点，至少在我看来，是毫无疑问的。可是，俄国公社的情况同西欧原始公社的情况完全不同。俄国是在全国广大范围内把土地公社占有制保存下来的欧洲唯一的国家，同时，恰好又生存在现代的历史环境中，处在文化较高的时代，和资本主义生产所统治的世界市场联系在一起。俄国吸取这种生产方式的肯定成果，就有可能发展并改造它的农村公社的古代形式，而不必加以破坏。"② 就是说，只有在"现代的历史环境"中，在"和资本主义生产所统治的世界市场联系在一起"的条件下，俄国农村公社跨越资本主义的"卡夫丁峡谷"才有可能实现。"在俄国，由于各种情况的独特结合，至今还在全国范围内存在着的农村公社能够逐渐摆脱其原始特征，并直接作为集体生产的因素在全国范围内发展起来。正因为它和资本主义生产是同时存在的东西，所以它能够不经受资本主义生产的可怕的波折而占有它的一切积极的成果。"③

① 同上书，第774页。
② 《马克思恩格斯全集》第19卷，人民出版社1963年版，第444页。
③ 《马克思恩格斯选集》第3卷，人民出版社1995年版，第762页。

　　由上可见，俄国农村公社的未来命运不是凭借抽象的固定不变的历史哲学公式推论出来的，一切都取决于具体的历史条件。实际情况是，1861 年农奴制改革以后，资本主义在俄国发展了起来。针对这种现实，马克思指出："如果俄国继续走它在 1861 年所开始走的道路，那它将会失去当时历史所提供给一个民族的最好的机会，而遭受资本主义制度所带来的一切灾难性的波折。""而它一旦倒进资本主义怀抱以后，它就会和尘世间的其他民族一样地受那些铁面无情的规律的支配。"①

　　至此我们发现，从《德意志意识形态》到《资本论》及其手稿，再到《给〈祖国纪事〉杂志编辑部的信》和《给维·伊·查苏利奇的复信（初稿）》，马克思虽然在不同时期的论述有不同的侧重点，但总体上的思路还是具有内在一致性的，这就是：对资产阶级社会及其意识形态的批判，导致对政治经济学的批判和历史唯物主义基本原理的提出；在历史唯物主义基本原理指导下，通过对资本主义起源和运动规律的揭示，明确提出经济社会形态的概念；社会形态演进的具体机制要在对不同历史条件下的各民族的实际历史过程的研究基础上才能获得；无论是资本主义的起源、资本主义的铁的必然性，还是社会形态演进的一般规律，都离不开具体的历史条件。

（原载《哲学研究》2012 年第 4 期）

---

　　① 《马克思恩格斯选集》第 3 卷，人民出版社 1995 年版，第 340、341 页。

列宁的马克思主义观及其启示

金民卿

当今社会思潮活跃，人们对马克思主义的认识也各有不同，在这样的社会历史背景下，认真研究列宁的马克思主义观，很有必要。

一　马克思主义是无产阶级的科学的、革命的世界观，不能把它庸俗化为非阶级性的理论

把握一种理论体系，最根本的就是要理解其本质内涵，马克思主义的本质深刻地体现在它同无产阶级的内在联系方面。马克思和恩格斯在创立马克思主义伊始就强调他们的理论是革命无产阶级的思想体系和世界观。列宁继承和发扬了马克思主义创始人的这一思想，他反复强调，马克思主义在本质上是无产阶级的革命的、科学的世界观，是指导无产阶级的理论武器和行动纲领，其力量在于科学性和革命性的统一。

"马克思的学说直接为教育和组织现代社会的先进阶级服务，指出这一阶级的任务，并且证明现代制度由于经济的发展必然要被新的制度所代替。"[①] 马克思主义理论中至关重要的方面，就在于阐明了无产阶级作为社会主义社会创造者的历史作用，揭示了无产阶级的历史使命、阶级意识，教会了工人阶级自我认识和自我意识，用科学代替了幻想，使无产阶级真正形成为一个阶级，从自在阶级上升为自为阶级。在此基础上，指导工人阶级的革命和建设实践。

无产阶级政党作为工人阶级的先锋队，同马克思主义密不可分。马克

---

① 《列宁专题文集·论马克思主义》，人民出版社 2009 年版，第 148 页。

思主义第一次把社会主义从空想变成科学，给社会主义理论以牢固的基础，揭示了人类社会特别是资本主义社会发展的规律，指出了资本主义灭亡和社会主义胜利的必然性，为无产阶级的解放斗争指出了正确道路，为人类的未来发展指明了方向，是工人阶级政党的理论依据和行动指南。

马克思主义的世界观方法论，之所以能够成为无产阶级的强大思想武器，在于其科学性和革命性的统一。一方面，马克思主义继承和发展了人类思想发展的优秀成果，揭示了人类历史发展的基本规律，从而成为人类最伟大的科学思想体系。"马克思和恩格斯的具有世界历史意义的伟大功绩，在于他们用科学的分析证明了，资本主义必然崩溃，资本主义必然过渡到不再有人剥削人现象的共产主义。马克思和恩格斯的具有世界历史意义的伟大功绩，在于他们向各国无产者指出了无产者的作用、任务和使命就是率先起来同资本进行革命斗争，并在这场斗争中把一切被剥削的劳动者团结在自己的周围。"[1] 另一方面，马克思主义又是革命的理论，其根本目的就是要通过武装、推动、指导工人阶级的革命实践，推翻旧世界，建立新世界。一切反动阶级思想家之所以总是对马克思主义报以仇视和憎恨，其根源就在于马克思主义的这种强烈的革命性。为了消除和攻击马克思主义的革命性，一切反马克思主义者总是企图把革命的马克思主义庸俗化。为此，工人阶级政党必须捍卫马克思主义的革命性，必须"维护这个具有起码理解力的人都认为是正确的力量，反对毫无根据的攻击，反对败坏这个理论的企图"[2]。因为，"只有革命的马克思主义理论，才能成为工人阶级的旗帜"[3]。

由此可见，马克思主义作为无产阶级世界观的本质，决定了马克思主义必然是阶级性的理论，具有鲜明的阶级立场，任何时候都不能丢掉阶级分析方法，不应该离开分析阶级关系的正确立场。

---

[1] 《列宁专题文集·论马克思主义》，人民出版社2009年版，第81—82页。
[2] 同上书，第96页。
[3] 同上书，第92页。

二　马克思主义是内容丰富而逻辑严密的思想体系，不能把它庸俗化为个别词句或常识体系

马克思主义内容丰富，逻辑严密。其中，哲学思想给无产阶级指明了如何摆脱一切精神奴役的出路，经济学理论阐明了无产阶级在资本主义制度中的真正地位，科学社会主义学说给无产阶级指明了任务和道路，它们是紧密联系在一起的有机整体。列宁反复强调马克思主义的理论完整性和逻辑严密性："马克思学说具有无限力量，就是因为它正确。它完备而严密，它给人们提供了决不同任何迷信、任何反动势力、任何为资产阶级压迫所作的辩护相妥协的完整的世界观。"① 他还说，"马克思的哲学是完备的哲学唯物主义，它把伟大的认识工具给了人类，特别是给了工人阶级"②。

在谈到马克思主义完整性时，有一个问题不能不注意，这就是马克思和恩格斯的思想是不可分离的，决不能把他们的思想割裂甚至对立起来。对此，列宁说："要正确评价马克思的观点，无疑必须熟悉他最亲密的同志和合作者弗里德里希·恩格斯的著作。不研读恩格斯的全部著作，就不可能理解马克思主义，也不可能完整地阐述马克思主义。"③ 同样，"要了解弗里德里希·恩格斯对于无产阶级有什么贡献，就必须清楚地了解马克思的学说和活动对现代工人运动发展的意义"④。

马克思主义本身的严整全面性，要求人们必须完整准确地理解和把握其理论体系和全部精神，而不能断章取义、只言片语地仅仅死记硬背马克思主义的个别词句，导致对马克思主义支离破碎的理解。在《致伊·费·阿尔曼德》中，列宁针对阿尔曼德只抓住《共产党宣言》中"工人没有祖国"这句话就否认民族战争的错误做法，明确指出这是"片面性和形式主义"的。那么，如何全面准确地把握马克思主义的完整体系，列宁给出了明确答案："马克思主义的全部精神，它的整个体系，要求人们对每一个

① 《列宁专题文集·论马克思主义》，人民出版社 2009 年版，第 67 页。
② 同上书，第 68 页。
③ 同上书，第 50 页。
④ 同上书，第 51 页。

原理都要（a）历史地，（b）都要同其他原理联系起来，（c）都要同具体的历史经验联系起来加以考察。"①

作为深邃的真理体系，马克思主义是对社会生活和无产阶级实践的高度理论抽象，具有特定的话语体系、逻辑层次、概念系统和理论架构，其深度意义并不直接呈现在人们面前，社会大众要掌握它，必须经过理论阐述、讲解、灌输。在这一过程中，我们要始终坚持马克思主义的完整性。

三　马克思主义是与时俱进的科学理论，不能封闭僵化地对待马克思主义

列宁多次强调，马克思主义"绝不是离开世界文明发展大道而产生的一种故步自封、僵化不变的学说。恰恰相反，马克思的全部天才正是在于他回答了人类先进思想已经提出的种种问题。他的学说的产生正是哲学、政治经济学和社会主义伟大的代表人物的学说的直接继续"②。马克思主义将会随着历史发展而永远处于开放状态当中。

马克思主义同人类社会实践紧密联系，随着实践的发展而不断发展。"马克思主义决不局限于只是在当前可能的和已有的斗争形式，它认为，随着当前社会局势的变化，必然会出现新的、为这个时期的活动家所不知道的斗争形式。马克思主义在这方面可以说是向群众的实践学习的，决不奢望用书斋里的'分类学家'臆造的斗争形式来教导群众。"③

既然马克思主义要反映不断发展变化的实际，那么，随着具体的政治形势和直接行动任务的改变，"马克思主义这一活的学说的各个不同方面也就不能不分别提到首要地位"④。理论观点是如此，斗争形式和策略更是如此，"马克思主义要求我们一定要历史地来考察斗争形式的问题。脱离历史的具体环境来谈这个问题，就是不懂得辩证唯物主义的起码常识。在经济演进的不同时期，由于政治、民族文化、风俗习惯等条件各不相同，也就有各种不同的斗争形式提到首位，成为主要的斗争形式，而各种次要

---

① 同上书，第 163 页。
② 《列宁专题文集·论马克思主义》，人民出版社 2009 年版，第 66—67 页。
③ 同上书，第 158 页。
④ 同上书，第 50 页。

的附带的斗争形式，也就随之发生变化。不详细考察某个运动在它的某一发展阶段的具体环境，要想对一定的斗争手段问题作肯定或否定的回答，就等于完全抛弃马克思主义的立脚点"。① 不分析具体情况而僵化地死守某些斗争形式和策略，决不是真正的马克思主义。

十月革命后，列宁对欧洲共产主义运动中出现的"左派幼稚病"思潮作了深刻批判。他指出，马克思主义最本质的东西，它的精髓、它的活的灵魂，就是具体问题具体分析。而"左派幼稚病"者不察具体情况而只是空谈，所谈的马克思主义纯粹是口头上的，提出的策略是臆想出来的，根本没有注意到本质的东西。真正的马克思主义者，必须把马克思主义基本原理同具体实际、具体环境相结合，善于把握实际变化的特点，抓住特定时代的主要矛盾和时代特征，及时调整自己的政策和策略，"马克思主义要求我们对每个历史关头的阶级对比关系和具体特点作出经得起客观检验的最确切的分析"，根据"确切肯定的客观事实来确定自己的任务和活动方式"。②

这就是说，马克思主义必须同实践保持密切联系，必须以活生生的、发展变化的实践为中心。研究马克思主义，也必须根据时代变化来确定重点，发掘马克思主义理论体系中同当下实践联系最紧密的方面，对当下实践作出科学的理论指导，同时用当下实践来丰富和发展马克思主义理论。

四　马克思主义通过理论灌输武装群众，不能自发主义地对待马克思主义

工农群众要在社会斗争和生产实践中实现自身的政治解放、精神解放和社会解放，从自在的人上升为自为的人，从必然状态上升到自由状态，必须有科学理论的指导和引领，而马克思主义就是有史以来最伟大的科学真理体系，是引导工农群众解放自己的指导理论。但是，工人阶级和农民阶级的一般群众，既不可能自发地产生马克思主义，也不可能自动地成为马克思主义的先进战士，工人阶级的阶级意识和社会主义思想不能自动产生，而只能从外面灌输进去，"工人本来也不可能有社会民主主义的意识。

---

① 同上书，第100页。
② 《列宁专题文集·论马克思主义》，人民出版社2009年版，第166—167页。

这种意识只能从外面灌输进去，各国的历史都证明：工人阶级单靠自己本身的力量，只能形成工联主义的意识"①。

因为历史原因，不论工人阶级还是农民阶级群众都有很大的历史局限性，他们缺乏深刻的理论分析能力，缺乏对实际生活的深度认识，很容易相信资产阶级的宣传，正如列宁所说，"资产阶级所以能够维持，不仅依靠暴力，而且还依靠群众的不觉悟、守旧、闭塞和无组织"②。因此，为了实现革命目的，无产阶级政党决不能迁就群众的这种落后性，决不能仅仅跟在群众的后面随声附和，而是要对广大工农群众进行思想教育和理论灌输，用马克思主义的真理教育和武装群众，提高他们的思想素质、阶级意识和历史主体性。针对"工人阶级自发地倾向于社会主义"、"纯粹工人运动就能够创造出而且一定会创造出一种独立的思想体系"的自发主义观点，列宁明确指出，无产阶级政党决不能满足于工人阶级的自发倾向，必须积极地对广大群众进行耐心的、坚持不懈的教育，把社会主义思想和政治自觉性灌输到无产阶级群众中去，引导他们改变自己的错误观点，提高其政治意识和阶级觉悟。

五　马克思主义是在斗争中不断发展的革命理论，不能修正主义地对待马克思主义

马克思主义"直接为教育和组织现代社会的先进阶级服务，指出这一阶级的任务，并且证明现代制度由于经济的发展必然要被新的制度所代替，因此这一学说在其生命的途程中每走一步都得经过战斗，也就不足为奇了"③。马克思主义在广大人民群众中的传播和扎根，必然使资产阶级的攻击更加频繁，更加激烈，而马克思主义正是在斗争中日益壮大、日益发展的。

客观实际的迅速变化必然会导致社会思潮的迅速膨胀，代表不同利益集团、不同社会群体的思想观点纷纷涌现，给马克思主义带来冲击。面对这些冲击，马克思主义者必须进行坚决彻底的斗争，捍卫马克思主义的理

---

① 《列宁专题文集·论无产阶级政党》，人民出版社 2009 年版，第 76 页。
② 《列宁专题文集·论马克思主义》，人民出版社 2009 年版，第 170 页。
③ 同上书，第 148 页。

论基础和基本原理，正如列宁所说，"资产阶级的刊物炮制了比过去多得多的荒谬言论，而且散布得也更加广泛。在这种条件下，马克思主义运动中的瓦解是特别危险的。因此，弄明白目前必然发生这种瓦解的原因，并且团结起来同这种瓦解进行彻底的斗争，的的确确是马克思主义者的时代任务"①。

在列宁看来，当马克思主义以其科学真理性获得广大人民群众的支持之后，"逼得它的敌人装扮成马克思主义者，历史的辩证法就是如此"②。修正主义就是这样的思潮。在 19、20 世纪之交，伯恩斯坦等修正主义者，借口实际的变化，以"革新"理论的名义，篡改和修正马克思主义。其实质，如列宁所说，"他们并没有把马克思和恩格斯嘱咐我们加以发展的科学推进一步；他们并没有教给无产阶级任何新的斗争方法；他们只是向后退，借用一些落后理论的片言只语，不是向无产阶级宣传斗争的理论，而是宣传让步的理论，宣传对无产阶级的死敌、对无休止地寻找新花招来迫害社会党人的政府和资产阶级政党实行让步的理论"③。

一些教条主义者，根本不研究实际，不了解社会实践的变化，而一味空谈。对此，列宁毫不客气地批评"重复那些背得滚瓜烂熟、但并不理解、也没有结果思考的口号，结果就使得空谈盛行，这种空谈实践上完全是非马克思主义的小资产阶级思潮"④。其结果不仅在理论上而且在实践上造成严重的恶果。

因此，在对待马克思主义方面，既不能把马克思主义当作公式，教条主义地对待马克思主义；也不能放弃马克思主义的基本原则，修正主义地对待马克思主义。在这个问题上，列宁的一段话我们应该牢记不忘："应当时刻不忘我们的最终目的，随时进行宣传，保卫无产阶级的思想体系——科学社会主义学说，也就是马克思主义——不被歪曲，并使之继续发展。"⑤

（原载《高校理论战线》2012 年第 2 期）

---

① 同上书，第 162 页。
② 《列宁专题文集·论马克思主义》，人民出版社 2009 年版，第 63 页。
③ 同上书，第 95 页。
④ 同上书，第 161 页。
⑤ 同上书，第 308 页。

热点问题讨论

坚持和发展"中国道路"之我见

李慎明等

近些年，国内外都在热议"北京共识"、"中国模式"和"中国道路"。"北京共识"是西方政界和学术界的提法，事实上并不存在；"中国模式"的提法也有很多不足。其一，给人有完成式和不再发展的凝固之感；其二，有加强、推广和扩张之嫌；其三，我国经济已高速发展30余年，但仍有1亿多贫困人口，其发展方式亟待转变，因此很难说已经形成一种固定的发展模式。并且，它是从我国国情出发而采取的举措，其他国家可以借鉴，但很难"复制"。

有鉴于此，我们认为以"中国道路"提法为宜。从广义上说，"中国道路"可以包括中国革命、建设和改革开放之路；从狭义上说，"中国道路"主要是指"中国特色社会主义道路"，是"中国特色社会主义道路"的简称。目前，国际社会对于"中国道路"的关注和认同，更多就是对中国特色社会主义道路的关注和认同。

在经济全球化日益深入的今天，我们要按照科学发展观的要求，进一步加强对国际、国内两个大局的统筹，进一步坚持、丰富和发展"中国道路"，即"中国特色社会主义道路"。当前，要重点把握以下六个方面：

第一，始终坚持中国共产党领导、人民当家作主和依法治国有机统一的政治发展道路。坚持党的领导、人民当家作主和依法治国有机统一，是中国特色社会主义民主的最大优势和特点，也是"中国道路"成功的根本原因。实践证明，只有始终坚持中国共产党的坚强领导，才能实现国家长治久安，才能统筹兼顾各方利益，集中一切资源、力量和智慧用于国家建设，做到全国上下一盘棋，集中力量办大事，提高效率办成事。当然，人民是力量源泉和胜利之本。只有坚持人民当家作主，社会主义事业才能得到全国人民的衷心拥护，才能充分发挥人民群众以国家主人翁身份建设和管理国家的积极性、主动性、创造性。同时，依法治国是党领导人民治理国家的基本方略。只有坚持依法治国，才能保障广大人民群众在党的正确领导下，通过各种途径、形式管理国家和社会事务，确保国家各项工作都依法进行。

从一定意义上讲，坚持党的领导、人民当家作主和依法治国不是并列关系，其中的关键是党的领导、核心是人民当家作主、依法治国是坚持人民民主专政的重要体现。人民当家作主是党的性质和宗旨决定的，是坚持党的领导与依法治国的根本目的和最终归宿，而坚持党的领导与依法治国则是达到这一根本目的和最终归宿的"船和桥"。走中国特色社会主义政治发展道路，既是发展中国特色社会主义的必然要求，也是中国与其他国家相比较的巨大优势，任何时候都不能动摇。

第二，始终坚持以公有制为主体、多种所有制经济共同发展的基本经济制度，走"让一部分人先富裕起来、逐步实现共同富裕"的经济发展道路。有的学者没有正确理解中国的社会主义基本经济制度，片面认为中国是在走一条"社会主义＋资本主义"的道路。这说明他们没有认识到，坚持以公有制为主体、多种所有制经济共同发展的基本经济制度，追求人民群众共同富裕，正是"中国道路"与西方发展模式的本质区别。新中国成立特别是改革开放以来，我国逐步确立的以公有制为主体、多种所有制经济共同发展的基本经济制度，是符合国情、富有成效的。这项基本经济制度，把社会主义的本质特征和初级阶段的现实要求有机地统一起来了，既有利于对整个社会生产和经济发展进行合理的、有效的调控，克服市场机制的自发性、盲目性和滞后性等缺点，又能充分调动社会各方面的积极性，形成一个多元市场主体公平竞争、充满活力的体制环境。此外，只有坚持这项基本经济制度，才能形成以按劳分配为主体、多种分配方式并存的分配关系，防止两极分化，逐步实现共同富裕，使全体人民共享改革发展的成果。

第三，始终坚持以马克思主义为指导的社会主义核心价值，走与各国各民族相互学习借鉴，与不同社会制度在意识形态上求同存异的文化发展道路。历史和现实都表明，核心价值是一个社会的灵魂与精神脊梁。如果没有这个最核心的东西，社会就会失去共同的思想基础，发展道路也会迷失正确方向。社会主义核心价值体系就是"中国道路"在意识形态方面的主体和灵魂。当前，中国与西方国家各种敌对势力在意识形态领域的斗争，本质上是社会主义核心价值体系和资本主义价值体系的较量。近来，国际上一些人极力鼓吹"普世价值"，别有用心地把我国抗震救灾和北京奥运会的成功归结到所谓的"普世价值"上；个别人甚至认为，中国应当学习美国的"民主、自由、人权"等"普世价值"观，处理好"普世价值"和中国价值的关系。这实质上是在给中国设置一个"美丽陷阱"。资产阶级民主和社会主义民主，既在形式上包含了某些共同的特点，但在内容上具有根本不同的本质。前者反映了民主形式的某些普遍性或共性，后者反映了民主本质的特殊性或个性。因此，不能以民主本质的特殊性去否认民主形式的某些普遍性，更不能以民主形式的某些普遍性去否认民主本质的特殊性。

这里需要强调的是，"普遍性"和"普世性"并不是一回事。"普遍性"是哲学术语，是自在的、内生的，是存在于事物内部普遍性与特殊性相统一的客观存在的规律性；而"普世性"在来源上是宗教用语，宣扬和倡导的是完全脱离社会经济基础的虚幻的共同价值观念。一些人所谓的"普世价值"，实质上是为现实生活中特定的人、集团或国家占据特殊的经济政治权益服务的。对此，我们必须有清醒的认识。世界各种文明和社会制度应长期共存，在竞争和比较中取长补短，在求同存异中共同发展。当今世界正处在大发展、大变革、大调整时期，世界范围内各种思想文化交流、交融、交锋，我国改革开放正在深化，国内社会思想意识日益多样多元多变。面对这种复杂的情势，发展"中国道路"必须大力建设社会主义核心价值体系，既大胆借鉴世界一切优秀文化成果，又有效抵制腐朽思想文化的侵蚀，切实维护国家文化安全，不断巩固全党、全国各族人民共同团结奋斗的思想基础。

第四，始终坚持对外开放，在开放中坚持独立自主，与世界各国在经济上平等互利，走积极参与经济全球化的开放之路。中国和世界是紧密联系在一起的，中国的发展离不开世界，世界的发展也离不开中国。"中国道路"之所以成功，关键在于我们既坚持了科学社会主义的基本原则，又从时代特征和我国实际出发，适时果断地实行并坚持了对外开放，把握好国际、国内两个大局，充分利用国际、国内两个市场，主动参与经济全球化进程。当然，在参与经济全球化的进程中，我们必须始终坚持独立自主的原则，走适合我国国情的道路，决不照抄照搬别国模式。这既是为了保持自己的特色和自主性，又是为了学习借鉴各国的先进经验；既是为了汲取西方国家中符合中国经济发展的合理成分，又是为了避免那些不适用、不合理的弊端。与中国形成鲜明对照的是，很多照搬西方模式的发展中国家并没有实现经济发展和社会稳定。换句话说，"中国道路"的成功在一定程度上增强了发展中国家摆脱西方发展模式束缚、寻找特色发展道路的信心。

第五，始终坚持维护国家主权和领土完整，政治上互不干涉内政，秉持公道、伸张正义，反对各种形式的霸权主义和强权政治，坚持和平发展，走建设持久和平、共同繁荣的和谐世界之路。中国坚持走和平发展道路，努力推动建设和谐世界，是"中国道路"赢得广大发展中国家青睐的根本原因。在国际社会，随着"9·11"事件的爆发，美国对外实行单边主义，先后发动了阿富汗战争和伊拉克战争，强行推行其价值观和发展模式。但是，随着战争形势的发展，美国主导下的国际经济秩序受到了国际金融危机的严重冲击，所谓的全球治理格局也遭遇了空前挑战。与此形成鲜明对比的是，由于中国坚持走和平发展道路，比较好地处理了与其他国家的关系，没有走资本主义国家经济侵略的老路，也没有卷入任何大规模的国际冲突。因此，中国既充分利用世界和平发展带来的机遇发展了自己，又以自身的发展更好地维护了世界和平，促进了共同发展。

不过，我们也要看到，中国的发展客观上已经对世界格局产生了重大影响。这种影响不仅体现在经济层面，也体现在地缘政治层面，以及文化和价值观层面。正因为如此，近年来一些敌对势力出于各种动机，不时宣扬"中国威胁论"、"中国强硬论"、"中国责任论"等论调。在这种背景下，中国如果不坚持走和平发展道路，不与世界各国共享发展成果，将来的发展势必会遇到很多阻力。因此，我们必须继续高举和平、发展、合作的旗帜，坚定不移地走和平发展道路。当然，在尽最大力量争取和平发展的同时，我们也必须学习邓小平同志的思想，正确处理"韬光养晦"与"有所作为"的关系，始终坚定不移地维护国家主权和领土完整，在政治上互不干涉内政的前提下，认真贯彻党的十七大关于"秉持公道、伸张正义"、"反对各种形式的霸权主义和强权政治"的精神。只有这样，才能有利于与世界各国人民携手努力，推动建设一个持久和平、共同繁荣的和谐世界。

第六，始终坚持解放思想，实事求是，与时俱进，科学发展，在各个领域走不断改革创新之路。解放思想、实事求是，就是要求主观和客观相一致。邓小平同志说，毛泽东同志之所以伟大，把中国革命引导到胜利，归根到底就是靠这个。在为党的十一届三中全会作准备的中央工作会议上，邓小平同志作了题为"解放思想，实事求是，团结一致向前看"的讲话，把坚持"解放思想、实事求是"的思想路线，视为关系党和国家生死存亡的重大政治问题。他指出，我们今后的事业仍然要靠这条思想路线。改革开放以来，坚持解放思想、实事求是，与时俱进、改革创新，是"中国道路"越走越宽广的一条重要经验。"中国道路"不是已然完成的、封闭的模式，甚至没有完全成熟，处于不断探索、丰富、创新和完善的发展过程。政界和学术界总结、阐述"中国道路"，就是为了更好地学习借鉴其他国家的成功经验，发现并解决中国面临的各种问题，实现更好的发展。发展无止境。在前进的道路上，我们必须充分估计种种可以预料和难以预料的困难、风险，继续解放思想，改革创新，努力探索，在实践中不断丰富和发展"中国道路"。中国革命和建设道路的开创，靠的是解放思想、实事求是的马克思主义思想路线，中国特色社会主义道路的开创和发展同样要靠这条马克思主义的思想路线。

（原载《前线》2012 年第 3 期）

共同富裕是中国特色社会主义的根本原则

卫兴华

一　共同富裕是社会主义最本质的规定

胡锦涛同志在十八大报告中提出："共同富裕是中国特色社会主义的根本原则。"也可以说，共同富裕是社会主义最本质的规定。无论马克思主义的科学社会主义，还是中国特色社会主义，共同富裕，都是区别于以往一切社会的本质要求和目的。

怎样认识和看待社会主义共同富裕的理论和实践？共同富裕是不是马克思主义科学社会主义的本质规定和根本目的？是否确认共同富裕是中国特色社会主义的根本原则？还需要用马克思主义理论进行一些分析。

存在一个理论问题：强调社会主义的本质是实现共同富裕，其理论背景是要与改革开放前搞贫穷的社会主义进行区别呢，还是在回归和发展经典马克思主义，是科学社会主义和中国特色社会主义应有之义，是社会主义的根本目的和根本原则呢？可以回答说：二者兼有。

在改革开放前的"左"的形势下，是不讲也不能讲社会主义的本质规定和根本目的是共同富裕。那时宣传什么穷革命、富则修（修正主义），宁要贫穷的社会主义，不要富裕的资本主义。把重视发展生产力诬为"唯生产力论"，把关心人民生活水平的提高，批为"经济主义"、"福利主义"。那时，讲社会主义，就是强调三条：公有制、按劳分配、国民经济有计划按比例发展（或计划经济）。于是，建设和发展社会主义，就是提高公有制水平，扩大公有制范围，追求一大二公三纯的共有制度。讲按劳分配往往成为吃大锅饭的平均主义，而且，只能靠在公有制经济中做工、种田获得劳动收入。长途贩运是投机倒把，个体经济是资本主义，农民在庭院中种点玉米、南瓜，也被当作搞资本主义强迫砍掉。只能讲工人"为革命而做工"，农民"为革命而种田"，不能讲为发家致富而发展生产。把农民发展点商品经济看作是走资本主义道路，进行堵截。所谓"堵不住资本主义的路，就迈不开社会主义的步"，就是在堵塞发展商品经济提高生活水平的路。实行指令性计划经济，企业没有经营自主权，农民也没有经营自主权。搞经济不重视经济效益，重视"算政治账"，而忽视"算经济账"。社会主义生产的目的被模糊了。把某些有利于发展生产力、改善人民生活的经济行为作为资本主义道路批判，其结果是普遍贫穷的社会主义。但"贫穷不是社会主义"。

实行公有制、按劳分配、计划调节的目的是什么？或者概括为一个问题：搞社会主义是为了什么？难道是为社会主义而搞社会主义，为公有制而搞公有制？只有先弄清为什么要搞社会主义，才能搞清什么是社会主义，怎样建设社会主义。

改革开放以来，邓小平总结新中国建立后社会主义建设中正反两方面的经验与教训，一再提出：什么是社会主义，怎样建设社会主义，在认识上不是很清楚的。他一再强调提出社会主义的根本任务是发展生产力。在1980年4月到5月的谈话中，强调"首先要发展生产力"，"经济长期处于停滞状态总不能叫社会主义，人民生活长期停止在很低的水平总不能叫社会主义"。[①] 1986年又讲："我们要发展社会生产力……是为了最终达到共同富裕，所以要防止两极分化。这就叫社会主义。"[②] 既强调发展生产力，又强调共同富裕。前者是手段，后者是目的。

在1992年的南方谈话中，邓小平概括地提出了"社会主义的本质，是解放生产力，发展生产力，消灭剥削，消除两极分化，最终达到共同富裕"。[③] 这里事实上是抓住了作为社会主义本质的两大环节：一是解放和发展生产力，二是实现共同富裕。至于消灭剥削和消除两极分化，与共同富裕的内涵是一致的，是实现共同富裕的社会条件。共同富裕就意味着剥削和两极分化的消灭。

把解放与发展生产力同共同富裕作为社会主义的本质规定强调提出，在中国共产党的理论发展史中是第一次。它的提出，首先是针对改革开放

---

① 《邓小平文选》第2卷，人民出版社1993年版，第312页。
② 《邓小平文选》第3卷，人民出版社1993年版，第195页。
③ 同上。

前"左"的时期，抓"阶级斗争为纲"，忽视快速发展生产力和漠视人民生活水平的提高，搞贫穷的社会主义而讲的。但放远点来看，从中国共产党建党起的长时期中，宣传社会主义和共产主义，着重于讲消灭私有制，建立公有制，消灭剥削制和阶级对立，建立无产阶级专政。一般不宣传社会主义要通过快速发展生产力，实现全体人民的共同富裕。在革命战争年代，致力于革命斗争，没有社会主义的实践，对未来社会主义的具体内容，或者说什么是社会主义，怎样建设社会主义，并不完全清楚，而且，也不是当时摆在面前的现实问题。只知道要通过革命斗争，取得政权，消灭私有制和阶级剥削。在苏区实际工作中，曾搞"打土豪，分田地"。在抗日战争年代，曾提倡自己动手，发展生产，丰衣足食。但都不属于社会主义的理论与实践。

在邓小平理论指导下，从 1982 年党的十二大起，代表大会的报告和中央有关文件中，都强调以经济建设为中心，发展生产力，满足人民物质文化生活需要，如十二大报告中提出："促进社会主义经济全面发展"，"不断满足人民日益增长的物质文化需要，是社会主义生产和建设的根本目的"。

前面提出，邓小平提出的社会主义本质，是抓住搞社会主义的两大环节：快速发展生产力和实现共同富裕。这是党的理论发展历史上的首倡。但不能说是马克思主义发展史上的首倡，是继承与发展的关系。指出这一点，是为了消除有关的两种误解。其一是误解和错解马克思主义原理，以为马克思主义只是革命斗争的理论，不是社会主义建设的理论，已经过时。认为邓小平提出社会主义本质论，是不同于马、恩、列的一种全新的社会主义理论。其二是同样误解错解了马、恩、列的理论，或明或暗地质疑：目前的社会主义本质论和中国特色社会主义理论，是否改旗易帜？十八大报告明确指出：中国特色社会主义"既不走封闭僵化的老路，也不走改旗易帜的邪路"。从根本上说，坚持发展中国特色社会主义，也是坚持和发展马克思主义的科学社会主义。因为中国特色社会主义，如十八大报告所说，是"把马克思主义基本原理同中国实际和时代特征结合起来"，"中国特色社会主义既坚持了科学社会主义基本原则，又根据时代条件赋予其鲜明的中国特色"，是源与流的关系。

邓小平所讲的社会主义本质论和中国特色社会主义理论，强调快速发展生产力，民生为重，共同富裕，正是马克思主义的科学社会主义旗帜上写明的东西，马、恩、列有明确的论述。

马克思和恩格斯在《共产党宣言》中指出："无产阶级取得政治统治，把一切生产工具集中在国家手中，尽可能快地增加生产力的总量。"这是"丰富和提高工人生活的一种手段"。马克思在 1857—1858 年的《经济学手稿》中指出：在未来的社会主义制度中，"社会生产力的发展将如此迅速……生产将以所有人的富裕为目的"①。恩格斯在《反杜林论》中讲：在社会主义制度下，"通过有计划地组织全部生产，使社会生产力及其成果不断增长，足以保证每个人的一切合理的需要在越来越大的程度上得到满足"。又说：社会主义"通过社会生产，不仅可能保证一切社会成员有富足的和一天比一天充裕的物质生活，而且还可能保证他们的体力和智力获得充分的自由的发展和运用"。②列宁指出：社会主义要创造出高于资本主义的劳动生产率，要通过发展生产力使劳动者过美好的生活。他说："只有社会主义才可能广泛推行和真正支配根据科学原则进行的产品的社会生产和分配，以便使所有劳动者过最美好的、最幸福的生活。只有社会主义才能实现这一点。"③

社会主义要实现全体劳动人民的共同富裕，"让所有劳动者过最美好最幸福的生活"，这是社会主义区别于以往一切社会制度的本质所在。原始社会没有私有制，没有阶级剥削与对立，平均分配，没有收入分配上的不公平，但由于生产力极端落后，不可能有共同富裕和美好的生活。奴隶制度、封建制度、资本主义制度，都存在阶级剥削与对立，存在贫富两极分化，不可能共同富裕。因此，中国特色社会主义强调以经济建设为中心，快速发展生产力，保障和改善民生，走共同富裕道路，完全符合马、恩、列的理论指导。没有改马克思主义之旗，易科学社会主义之帜。

又好又快地发展生产力，是实现社会主义共同富裕的物质条件。实行公有制为基础或为主体，是实现共同富裕的制度保证，私有化必然导致两极分化，不可能实现共同富裕。因此，中国特色社会主义必须坚持实行公有制为主体。只有在公有制为主体的前提下发展非公有制经济，才能保证我国的社会主义性质。

---

① 《马克思恩格斯全集》第 46 卷（下），人民出版社 1980 年版，第 222 页。
② 《马克思恩格斯选集》第 3 卷，人民出版社 1995 年版，第 336、633 页。
③ 《列宁选集》第 3 卷，人民出版社 1995 年版，第 546 页。

二　需要重视和把握的几个经济理论问题

以下几个问题，既是作为中国特色社会主义理论和科学发展观的内容进行阐述的，也是按照社会主义本质要求，着力于发展生产力和共同富裕的理论和实践的。

（一）《报告》强调指出：要加快"完善公有制为主体、多种所有制经济共同发展的基本经济制度，完善按劳分配为主体、多种分配方式并存的分配制度"。社会主义初级阶段的所有制度和分配制度已经建立起来，非公有制经济和按要素分配的比重有了显著的提高。现在提出要予以"完善"，而且要"加快完善"。既要完善公有制和公有制的主体地位，又要完善非公有制经济和多种所有制经济共同发展的制度。既不搞单一的公有制，又不搞私有化。私有化不能实现共同富裕。我国处于社会主义初级阶段，坚持公有制为主体，多种所有制经济共同发展的经济制度，是中国特色社会主义制度的核心内容。经济制度是其他社会制度的基础，也是中国特色社会主义道路和中国特色社会主义理论体系的重要内容。只有坚持包括国有经济和集体经济在内的公有制的主体地位，才能保证我国制度的社会主义性质，才能保证我国走中国特色社会主义道路和创建中国特色社会主义理论体系。提出"不走改旗易帜的邪路"，首先是不走放弃公有制经济的私有化道路。《报告》指出："要毫不动摇巩固和发展公有制经济，推行公有制多种实现形式，推动国有资本更多投向关系国家安全和国民经济命脉的重要行业和关键领域，不断增强国有经济活力、控制力、影响力。"要按照十八大报告精神，做大、做优、做强国有经济，搞好搞活整个公有制经济。如果放弃和动摇国有经济或公有制经济，就是放弃和动摇社会主义。发展和完善中国特色社会主义，就需要首先发展和完善国有经济和整个公有制经济，也要发展和完善多种所有制共同发展的基本经济制度。另一方面，《报告》指出：要"毫不动摇地鼓励、支持、引导非公有制经济发展，保证各种所有制经济依法平等使用生产要素、公平参与市场竞争、同等受到法律保护"。公有制经济和非公有制经济共同发展，有利于快速发展生产力，繁荣经济，增加供给，也有利于扩大就业，更好地满足人民日益增长的物质文化需要。

（二）完善按劳分配为主体，多种分配方式并存的分配制度。多种分配方式并存，是与多种所有制并存相适应的。按劳分配为主体，与公有制为主体相适应；按要素贡献参与分配，与非公有制经济特别是私营和外资企业的发展相适应。《报告》提出要"着力解决收入分配差距较大问题，使发展成果更多更公平惠及全体人民，朝共同富裕方向稳步前进"。收入差距较大，出现贫富分化，会影响稳定与和谐，影响社会建设，需要"着力解决"。为此，"必须深化收入分配制度改革"。这是指改革具体的分配制度，不是要改变我国现阶段多种分配方式并存的根本制度。要通过分配制度改革，缩小收入分配差距，扩大中等收入群体，大幅减少扶贫对象。

（三）加强社会建设，保障与改善民生。《报告》指出："加强社会建设，是社会和谐稳定的重要保证。必须从维护最广大人民根本利益的高度，加快健全基本公共服务体系"，"推动社会主义和谐社会建设"。加强社会建设，必须以保障和改善民生为重点。

十六大以来，党中央增强了对民生问题的关注，就保障和改善民生出台了一系列的惠民政策措施。十八大报告进一步提出："要把保障和改善民生放在更加突出的位置。"提高人民物质文化生活水平，是改革开放和社会主义现代化建设的根本目的。要多谋民生之利，多解民生之忧，解决人民最关心最直接最现实的利益问题，在学有所教、劳有所得、病有所医、老有所养、住有所居上持续取得新进展，努力让人民过上更好的生活。保障和改善民生的必要措施，一是"要千方百计增加居民收入"。努力实现居民收入增长和经济发展同步、劳动报酬增长和劳动生产率提高同步，提高居民收入在国民收入分配中的比重，发展成果由人民共享。二是"要统筹推进城乡社会保障体系建设"。全面建成覆盖城乡居民的社会保障体系。建立市场配置和政府保障相结合的住房制度。三是推动城乡发展一体化，解决好农业、农村、农民问题，逐步缩小城乡差距，促进城乡共同繁荣，加大强农惠农政策力度。《报告》中有一个引人关注的提法是"坚持把国家基础设施建设和社会事业发展重点放在农村"。在我国现阶段，"三农"问题解决了，广大农民的民生有保障了，生活全面改善了，整个国家的民生问题就会获得具有转折意义的巨大历史成就。

重视保障和改善民生，一方面是实现社会主义本质的要求。只有通过快速发展生产力，不断提高人民的物质文化生活水平，满足人民日益增长的需要，全面建成小康社会，才能走向共同富裕。列宁讲过：社会主义要使劳动人民过最美好最幸福的生活。只有社会主义能够做到这一点，社会主义也一定会做到这一点。因此，民生为重，不是仅仅针对困难群体的。《报告》指出：加强社会建设，"必须从维护最广大人民根本利益的高度"加强和创新社会管理。另一方面，十六大以来，将保障和改善民生作为重要的社会建设问题，与改革开放以来所出现的新的问题和矛盾有关。尽管广大人民的整体收入和生活水平提高了，但是出现了收入分配差距过大的趋势，还有一部分城乡困难群体需要扶贫、救助。胡锦涛同志指出："城乡区域发展差距和居民收入分配差距依然较大；社会矛盾明显增多，教育、就业、社会保障、医疗、住房、生态环境、食品药品安全、社会治安、执法司法等关系群众切身利益的问题较多，部分群众生活比较困难。"这方面的民生问题亟待解决。因此，保障和改善民生问题，既有普遍性，又有特殊性。

（四）初次分配和再分配都要兼顾效率和公平。十八大报告肯定和强调十七大报告中提出的效率与公平的统一和并重的观点。在当前着力深化收入分配制度改革中，强调指出"初次分配和再分配都要兼顾效率和公平，再分配更加注重公平"，具有重要理论和实际意义。

怎样认识和对待收入分配中的公平与效率问题，中央文件和指导思想有个演变过程。针对过去分配中的平均主义弊端，1987 年的十三大报告提出："合理拉开收入差距，又要防止贫富悬殊，坚持共同富裕的方向，在促进效率提高的前提下体现社会公平。"1992 年的十四大报告提出：在分配制度上，"兼顾效率与公平"。1993 年 11 月党的十四届三中全会通过的文件中，提法作了改变，提出个人收入分配要体现"效率优先，兼顾公平的原则"。2002 年的十六大报告继续讲"坚持效率优先，兼顾公平"，并进一步说明："初次分配注重效率"，"再分配注重公平"。"优先、兼顾"是在市场经济体制下从市场配置资源、提高效率着眼的，即更多地由市场调节收入分配。但实践证明，社会主义市场经济下的收入分配不能主要由市场调节，那样会重效率、轻公平，容易出现收入差距过分扩大的现象。从 2004 年党的十六届四中全会起，不再提"优先、兼顾"原则，强调"注重社会公平"，"切实采取有力措施解决地区之间和部分社会成员收入差距过大的问题，逐步实现全体人员的共同富裕"。2005 年 2 月 19 日，胡锦涛同志在省部级研讨班的讲话中，强调在促进发展的同时，把维护社会公平放在更加突出的位置。并提出要解决收入差距过大问题。十六届三中全会和六中全会进一步强调"更加注重社会公平"。党的十七大报告对分配领域中的效率与公平的关系，在总结我国改革开放历程中经验的基础上，提出了新的具有时代意义的科学界定："把提高效率同促进社会公平结合起来"，"初次分配和再分配都要处理好效率与公平的关系，再分配更加重视公平"。这一新的界定和原则是一大理论创新，将其作为我国社会主义改革与发展的实践中所取得的十大"宝贵经验"之一，也成为科学发展观和中国特色社会主义的重要组成部分，是促进社会主义公平正义、走向共同富裕道路的指导思想。十八大报告又将其纳入"在改善民生和创新社会管理中加强社会建设"的内容中。

（五）加快转变经济发展方式。从理论认识上由转变经济增长方式发展为加快转变经济发展方式，体现了对发展规律认识的深化。要加快形成新的发展方式。新的发展方式是科学发展观的要求，也是实现科学发展观的重要途径。《报告》指出："以科学发展为主题，以加快转变经济发展方式为主线，是关系我国发展全局的战略抉择。"新的发展方式的立足点，是着力提高质量和效益。为此，《报告》提出四个"着力"点：一是着力激发各类市场主体发展新活力；二是着力增强创新驱动发展新动力；三是着力构建现代产业发展新体系；四是着力培育开放型经济发展新优势。新活力、新动力、新体系、新优势，构成新的经济发展方式的新体制与新机制。其中，"创新驱动"是一种新的发展战略，重在科技创新。《报告》指出：要坚持走中国特色自主创新道路，要提高原始创新、集成创新和引进消化吸收再创新能力，更加注重协同创新。

加快转变经济发展方式的主攻方向，是推进经济结构战略性调整。要改善需求结构，优化产业结构，协调区域经济结构，发挥地区比较优势，扩大消费需求，提高其在拉动经济增长中的比重，夯实实体经济，推动新兴战略性产业和先进制造业的发展，加快传统产业转型升级。这是贯彻科学发展观的重要步骤。

（六）全面建成小康社会。根据我国经济发展的战略性部署，要在2020年实现全面建成小康社会宏伟目标。为全面建成小康社会，《报告》提出，要保持经济持续健康发展，转变经济发展方式取得重大进展，增强发展的平衡性、协调性、可持续性。在此基础上实现国内生产总值和城乡居民人均收入比 2010 年翻一番。2010 年我国国内生产总值达到 39.8 万亿元。翻一番，就是 79.6 万亿元，在到 2020 年的 10 年中，年均增长7.3％，国内生产总值就可以翻一番。考虑到人口的增长，人均国内生产总值翻一番，需要年均增长 7.3% 以上。可以肯定说，实现这一目标是有保证的。改革开放以来，我国年均增长近 10%，持续 30 多年的经济高速增长，是世界历史上没有过的。今后的经济增长，不需要继续追求已有的高速度，而且根据经济增长和发展的规律，经济总量的底盘扩大到一定高度后，增长速度会有所减缓。我国将进入一个次高速经济增长阶段，今后 8—10 年中，年均增长会超过 7.5%，如果能保持 8% 到 9%，是很理想的。由于经济总量的扩大，年均增长的绝对量，会超过以往。

全面建成小康社会，不是只从人均国内生产总值来衡量，而是用综合指标衡量。其中包括人民生活水平的全面提高，基本公共服务均等化的实现，全民受教育程度明显提高，就业更加充分，收入分配差距缩小，社会保障全民覆盖，文化软实力显著增强，民主制度更加完善，健康水平普遍提高，等等。

（七）加快完善社会主义市场经济体制。《报告》提出：要全面深化经济体制改革。深化改革是加快转变经济发展方式的关键。而深化改革的核心问题，是处理好政府和市场的关系。我国实行社会主义市场经济，是将社会主义基本制度的优越性与市场经济的灵活性、效率性结合起来。因此，既要坚持社会主义方向和基本制度，又要发挥市场机制在资源配置中的基础性作用。为此，《报告》指出："要毫不动摇巩固和发展公有制经济，推行公有制的多种实现形式。"非公有制经济，也是社会主义市场经济的重要组成部分。因此，也要"毫不动摇鼓励、支持、引导非公有制经济发展"。当前，完善社会主义市场经济的核心问题，是处理好政府和市场的关系。建立和完善社会主义市场经济体制，离不开政府的宏观调控，但宏观调控重在调控市场机制，而不能替代也不应直接干预市场机制对微观经济的调节。不能以政府行为取代市场行为，也不能反过来忽视乃至否定政府宏观调控的重要作用。现代市场经济已不是政府只做守夜人的自由市场经济。当前，在国际金融和债务危机中，新自由主义在国际上已声名狼藉。在政府与市场的关系中，政府应做好政府应该做好的事情；凡市场能办好的事，就交给市场去办，各司其职。当前的问题是，政府调控既有干预过多的一面，也有调控不到位的一面。处理好政府与市场的关系，是一个复杂的、需要不断完善的过程。

（原载《经济问题》2012 年第 12 期）

评析"国有经济低效论"和
"国有企业垄断论"

程恩富　　鄢杰

随着国有企业活力的重新焕发，公有制经济与市场经济能否兼容的问题逐步得到了解决。我国国有企业盈利能力不断增强，市场竞争力不断提高，在促进经济增长、改善人民生活、保持社会稳定、维护国家经济安全等方面均发挥了不可替代的重要作用，体现了公有制经济的巨大优越性。然而，在一些媒体和学者的文章中，已经实现改革初衷、搞活并做强的国有经济近年来不仅没有赢得普遍的喝彩，却遭受不断的质疑。这些质疑试图通过全面否定国有经济在社会主义市场经济的基础地位和主导作用，营造推动国有企业——特别是掌握国民经济命脉的央企——大规模私有化的舆论压力，成为理论和实践都不能回避的争论焦点。限于篇幅，本文只回应和评析"国有经济低效论"和"国有企业垄断论"。

一　回应"国有经济低效论"

关于国有经济是否有效率或效率高低，长期以来一直是一个颇有争议的问题。迄今为止，国外学术界对这一问题尚未取得共识。不过，在我国却流行着一种影响颇大的观点，一些学者在片面的实证分析后断言：与私人经济（部门）相比，国有经济（部门）缺乏效率。在貌似公正的研究数据包装下，国有经济低效率的这一论点成为否定国有经济的一大"利器"。

不过，这些针对国有经济低效问题的质疑尽管核心观点相似，但在论证过程中却是看法不一。如：张维迎教授将国有企业缺乏效率归因于公有化程度提高和公有经济规模扩大导致的委托—代理层次增加，以及相应增加的高昂监督成本；樊纲研究员根据国有经济比重、各项财务指标和全要素生产率自 20 世纪 90 年代后持续恶化，得出国有企业低效率的结论；刘小玄研究员通过自己对有关数据的分析，认为私营个体企业的效率最高，三资企业其次，股份和集体企业再次，国有企业效率最低；[①] 袁志刚教授等则认为国有企业效率低下阻碍了市场经济体系的完善，导致劳动收入占比下降和内外结构失衡，只有进一步出售国有企业才是唯一出路。针对这些论证和观点，有必要加以澄清。

（一）国有经济的整体高效已得到历史的检验

我国国有经济建立以来，历经 60 多年的发展和改革，遭遇了诸多坎坷，但其在维护国家、社会和广大劳动人民利益方面表现出来的效率是不容抹杀的。[②]

国有经济高效率的一个重要体现，就是在较短的时期内形成了独立的、比较完整的工业体系和国民经济体系，为建立现代化的工业、农业和国防事业奠定了坚实的基础，巩固了人民民主专政的国家政权。国有经济的高效率还体现在其发展速度上，新中国成立 60 多年以来，我国国有经济产值平均增长速度高于 10%。改革开放后到 2009 年，国有及国有控股企业资产总计达到 215742 万元，占全部资产的 70.29%，所有者权益 85186.57 万元，占全部所有者权益的 67.84%。[③] 就国有经济的具体经济绩效而言，国有企业效率必然低于私营企业的观点也得不到事实的支持。这是因为，经济效率要取决于劳动者的积极性，同时也和规模经济、技术水平、管理能力、企业文化等因素相关。每年均有众多的私营企业因管理不善而导致破产或歇业，而国有企业因制度优势和科学管理成功的事例也很普遍。与所谓的"私有制激励相容"判断相反，即使在资本主义国家的大型国有企业或受到政府管理和扶持的大型企业就曾取得世人瞩目的成效。因此，即使是国外理论界，目前也没有笼统地将国企与经济低效率画

---

① 股份制企业效率低下的结论，尽管暗合了国有经济效率低下的结论，但却与前面那些将股份制看作"新公有制"或"公有制的经济基础"的观点是相悖的，因为在这个结论中，从效率观点看股份制显然也是过时的，而最没有过时的应当是私营个体经济。

② 很多学者诸如刘国光、杨承训、林毅夫、项启源、张宇、曹雷、王小文等也都撰文认为国有经济是富有效率和效益的。

③ 数据来源：根据《中国统计年鉴 2009》的相关数据计算整理。

上等号。[1] 从我国的情况看,尽管有学者以国有企业在土地、融资和资源等方面获得的各种财政补贴作为依据,指出 2001—2008 年国有企业没有账面盈利,但却无法否认国有经济逐步做大做强的事实。以作为国有企业骨干的中央企业为例,2000 年到 2010 年中央企业的资产总额从 7.13 万亿元增加到 24.3 万亿元;营业收入从 3.36 万亿元增加到 16.69 万亿元。从 2006 年开始,中央企业向国家上缴国有资本收益,已累计上缴 1371 亿元。2009 年中央企业完成向社保基金转持国有股 55.3 亿股,对应的市值为 429.68 亿元。有学者研究表明,1998—2006 年,国有企业工业增加值增长率均维持在 30% 以上,而同期私营企业的增长率仅为 25% 左右;2005 年和 2006 年国有企业的成本费用利税率分别达 8.44% 和 7.09%,而私人企业则仅为 4.93% 和 5.27%。可见,即使在改革开放后与私人企业竞争的情况下,国有企业也同样展现了其经济高效性。

从衡量效率的重要指标即技术进步方面看,当前我国经济中技术要求较高的生产资料、技术产品和重要消费品的生产领域,如石油、电力、钢铁、煤炭、大型专用机械设备等,80% 以上都是由国有企业提供。纺织品、化肥、农药、大型农业机械,也主要是由国有及国有控股企业提供,国有企业承担了现代化建设中绝大多数重大的先进工程和技术项目。2006 年到 2009 年,中央企业科研投入年均增幅达 37.3%,3 家中央企业被命名为国家级创新企业,46.2% 的国家重点实验室建立在中央企业,国家科技进步特等奖全部由中央企业获得。在微观层面,从国有经济的活力、产品质量、发展后劲、职工生活水平等方面看,我国国有经济的效率指标也明显要高于非公有制经济。注重社会经济活动的整体效率,是国有经济高效率的内在本质。一方面,我国目前已经建立起自主经营、自负盈亏、产权清晰、责任明确的高效率的管理体制,解决了长期困扰国有企业的激励机制问题,使市场经济条件下的国有企业经受了激烈市场竞争的考验。另一方面,与单纯注重利润导向的私有制经济不同,我国国有经济在提高经济效率的同时,能够兼顾社会效率和生态效率等方面。在保持社会稳定、保障宏观调控、维护国家安全、实现国家战略、推动自主创新以及实现科学发展和促进社会和谐等方面,我国国有企业承担着至为重要的基础性

---

[1] 如斯蒂格利茨就指出:"韩国的国有钢铁企业比好多美国的私有企业同行还有效率"。参见《私有化更有效率吗》,《经济理论与经济管理》2011 年第 10 期。

作用。

（二）重视经济效率或绩效不能限于局部效率和经济效益

效率是社会经济活动的内在要求，社会生产力的发展是效率提高的源泉。因此，对于效率问题的考察需要联系整个社会生产力的进步，从整体上予以考察。对于国有经济（部门）的效率，不能简单地从现象出发，或者是片面地运用一些数据进行计量分析，便就此认为国有经济（部门）缺乏效率或低效率，这样的结论是片面而不符合实际的。

首先，从效率的内容来看，效率有经济效率、社会效率和生态效率等的划分。对国有经济效率的评价，不应单纯地集中在经济效率方面，而应既关注其经济效率，也要兼顾其社会效率、生态效率；既要关注其微观效率，也要兼顾其宏观效率；既要考虑到国有经济承担的经济责任，也要考虑到其承担的社会责任等。持国有经济无效率或低效率观点的论著，只侧重研究国有经济的经济效率或利润率，而忽视了对国有经济效率的全面、系统的研究，由此而得出的结论必然有失偏颇。

其次，从研究的层面来看，认为国有经济（部门）无效率或低效率的结论基本上都是从微观层面出发，运用个别案例（如格林柯尔）或某一个阶段数据分析得出的。这些研究几乎都从国有企业自身经营活动的表象着手，挑选有利于预设结论的其中几个变量的微观经营数据进行所谓的实证分析，其得出国有经济缺乏效率的结论，并不足以代表国有企业的整体情况。正如列宁所言："社会生活现象极其复杂，随时都可以找到任何数量的例子或个别的材料来证实任何一个论点。"实质上，在正常的市场经济中，处于竞争压力下的企业其经营状况的变动是一个正常现象。如果说国有企业的效率普遍不堪，则无法解释新中国成立以来我国国有经济的历史成绩，更无法解释我国国有企业对改革开放的巨大贡献，以及在国内外激烈市场竞争中的良好业绩。

再次，从研究运用数据指标来看，现有对国有经济效率的质疑往往只选取了反映企业微观经营效益的经济数据，不能全面反映国有经济的真正经济效率。如果按这些研究者的方法，仅仅从诸如销售收入、销售利润等指标出发，用效益替代效率进行研究，势必不能将国有企业办社会、参与国家宏观调控贡献、履行社会责任和生态环境重建等方面的因素考虑进来。因此，在进行效率对比时自然造成国有企业效率评估信息的不完全和信息失真，进而影响到效率评估的完整性、真实性和客观性。显然，要使统计数据"成为真正的基础，就必须毫无例外地掌握与所研究的问题有关的全部事实，而不是抽取个别的事实"。例如，我国私营经济改革开放后的发展速度很快，投资规模急剧上升，效益（利润实现情况）普遍较好，但并不必然就是其生产效率高的结果。如果从微观的企业效益（所有者利益）角度出发，即使企业生产效率不变，效益也能同样提高。正如马克思揭示的那样，其奥秘在于利润和工资的相互对立关系，亦即利润率的提高有时是以牺牲劳动者的利益为代价取得的。反观我国私营企业发展的轨迹，劳动者工资水平被长期压低，普遍延长法定劳动时间，提高劳动强度、工作条件和劳动保护受到漠视等现象，集中出现于私营企业中，背后的深层次原因其实是不言自明的。如果私营企业的劳动者能够避免上述低劣的劳动条件和待遇，则私营经济所谓效率优势的结论将很难站得住脚。

（三）对国有经济的局部低效和阶段性亏损应作具体分析

指出国有经济整体效率较高的事实，并不意味着国有经济不会存在着局部低效率和阶段性亏损的情况。正如任何一个企业的发展都会经历由亏损、到盈亏平衡点、再向赢利转化的过程一样。作为局部的国有企业是否高效，也需要从历史发展的具体条件出发来评判。在对国有经济效率问题进行分析时，有三个不可忽略的方面，需要客观地、公正地看待。

其一，从职能看，由于提供公共产品导致的经济效率低下。对于以从事公用事业和公共服务为主要职责的国有经济成分，如基础设施投资和运营部门、具有战略意义的高科技部门的国有企业等来说，由于其独特的职能，决定了其社会效益要大于企业微观经营效益，或者短期经济效益低于长期经济效益。在公用事业和基础设施部门，如教育文化事业、公路铁路、自来水和电力供应、水利建设部门、森林系统、科研部门等，这些部门往往投资规模大、投资期限长、见效慢。如果从短期或者局部来评价，可能经济效益不突出，但从长期来看，其综合效益却很高。对于具有战略意义的高科技部门来说，一般来说投资风险大、见效慢，但由于事关国家经济安全和主权独立，其在较长一段时间内的亏损或者低效是必须忍受的，因为它是保障我国国民经济整体利益值得付出的代价。

其二，从空间来看，为协调平衡区域经济发展和保持社会稳定，局部的国有经济低效率情况也是存在的。这不仅是优化利用经济资源、节约运输成本的需要，更是促进地区就业和缩小地区差距的重要举措。期望私营企业来促进地区平衡发展是不现实的，在实践中只能依靠国有经济的优化布局来达到这一目的。此外，从国家的军事斗争需要考虑，作为国有经济重要组成部分的军工企业和一些战略性工业部门，也不能集中在沿海发达地区。尽管这会降低其投入产出率，但由国有经济来承担并由国家给予支持或相应补贴也是合理的，西方国家同样如此。对于上述原因造成的低效率，显然不能一概否定。

其三，从时间维度看，由于历史原因造成的低效或亏损。在我国国有经济发展过程中，曾经有一段时间，国有企业因承担着大量的战略性和社会性政策负担，导致其预算软约束基础上的亏损。但经过多年改革后，当初预算软约束的制度环境已经发生了改变。[①] 目前国有企业则更多地承担了社会责任而导致短期或局部亏损，这是我国为维持社会稳定和保持国民经济平稳增长采取的制度性措施。[②] 例如，由于我国历史形成的价格体系、长期压低资源价格导致部分国有企业产生的赢利消长（最典型的是煤企和电企、电企和电网间的经营结果差异），由于政策性原因导致的亏损，等等。有关数据表明，在我国亏损的国有企业中，政策性亏损会占到全部亏损企业数量的 1/3 以上。又如，我国出于社会稳定需要，限定公用事业品价格（如城市自来水、电、燃气等）而造成部分国有企业的亏损等。客观地说，这些领域国有经济的亏损并不说明其本身效率低下。

其四，国有企业在经营过程中正常的亏损。一般来说，市场经济中企业的效率高低总是相对的，在激烈的竞争中，无论国有企业还是私营企业，其中总会有部分企业存在效率低下的现象。不过，相比于私营企业的亏损面，我国国有企业的亏损面要小得多，通常在 5％ 左右。从国际对比看，即使世界 500 强和前 100 强企业中，1991 年以来每年均有约 10％ 的企业产生亏损。[③] 可见，局部的正常经营中的亏损并不能成为抹黑国有企

---

① 将国有企业低效率归于预算软约束的说法源于科尔奈（Kornai）关于计划经济体制下政府对企业"父爱主义"的观点。中国曾有学者将国有企业因承担大量的战略性和社会性政策负担看作是预算软约束的根源。不过，经过 30 多年的国企改革，已经很少有人再将预算软约束与国有企业效率相联系了。参见林毅夫、李志赟《政策性负担、道德风险域预算软约束》，《经济研究》2004 年第 2 期。

② 有些学者片面地指责国有企业存在的预算软约束，而没有看到其背后国有企业由于承担社会责任而付出的代价。对照目前对国有企业"垄断高利润"、"跑马占地"的指责，可以看出，所谓国有企业拖累民营企业发展、对经济增长构成"增长拖累"的说法显然是无稽之谈。关于后者，可参见刘瑞明、石磊《国有企业的双重效率损失与经济增长》，《经济研究》2010 年第 1 期。

③ 宗寒：《国有经济读本》，经济管理出版社 2008 年版，第 430 页。

业形象的理由。进一步说，尽管私营企业中破产、亏损、浪费资源和损害劳动者权益的企业数量不在少数，我国仍然在整体上对其发展持鼓励、引导和支持的政策，没有笼统地以"效率低下"将其一棍子打死。对于暂时处于经营困难处境的局部的国有企业，当然更不能以所谓虚拟的低效论来全盘否定。

当然，对于国有经济发展中确实存在的因投资失误或经营不善导致的效率低下，我国一方面应通过市场竞争中的淘汰机制来解决，另一方面要通过完善立法、加强监管和建立责任体系来化解。这样才能真正将"坚持公有制为主体"落在实处。

二 回应"国有企业垄断论"

有论著和舆论指责说，国企的垄断挤占了民营经济的发展空间，阻碍了我国现代化进程，是导致我国收入分配差距拉大的主因，因而必须压缩国企规模，打破国企垄断。回应这种指责，需要从垄断的性质、特点作具体分析。

（一）区分两类不同性质的垄断

对我国国有企业存在着的部分垄断行为需要有正确的认识，而不能一味地指责。一方面，我国国有企业垄断的产生和存在有其深刻的历史背景。新中国成立后，出于应对国际敌对势力威胁、迅速恢复国民经济和巩固社会主义国家政权的需要，我国兴办了大量国有企业，控制了几乎全部的国民经济。改革开放后，我国国有企业尽管有较大缩减，但在很多领域尤其是自然垄断领域依然占据着重要地位，并由此形成了我国国有企业占据垄断地位的历史基础。另一方面，在社会主义国家，由国有企业占据垄断地位还有着重要的理论基础。马克思、恩格斯在设想未来社会主义社会时就指出："无产阶级将利用自己的政治统治，一步一步地夺取资产阶级的全部资本，把一切生产工具集中在国家即组织成为统治阶级的无产阶级手里。"列宁更进一步指出，"社会主义无非是变得有利于全体人民的国家资本主义垄断"。"全体公民都成了一个全民的、国家的'辛迪加'的职员和工人。"可见，在一定历史条件下对国民经济的关键领域实行垄断，是巩固发展社会主义公有制经济的一个重要手段。

国际经验也表明，生产的高度集中化是现代市场经济中的必然现象，市场经济本身并不能自发地消除垄断，在一些自然垄断行业中更是如此。例如：在电力行业，美国电力公司占电力市场份额的 85%—100%；在初级产品市场中，15 家棉花跨国公司控制着世界棉花贸易的 90% 左右，6 家铝业公司的铝土产量占世界的 45% 以上；在新技术领域，英特尔、微软、IBM 等垄断了信息产业关键领域；等等。国务院研究中心的研究指出，在我国 28 个主要行业中，21 个行业由外资企业掌握着多数资产控制权。其原因就在于我国企业特别是私营企业的规模普遍较小，难以与西方跨国公司展开竞争，从而导致我国整体利益受损。可见，如果在一些关键的领域和行业不由国有企业来垄断，而交由私人去垄断经营，不仅不会消除垄断的弊端，反而会放大其负面效应。

需要指出的是，我国社会主义国家国有企业的垄断与私人资本的垄断、资本主义国家金融资本的垄断有着本质的差别，对其性质、后果不能一概而论，更不能相互混淆。首先，我国国有经济中处于垄断地位的企业，从根本上是服务于我国经济社会发展的总体需要，国家对其有直接的控制能力，而私人资本垄断则主要服务于垄断资本家，难以服务于全体人民利益和国家长远利益；其次，国有企业的垄断利润是属于全体人民和国家，可以用以充实国有资本金、上交财政或补充社会保障资金，总体上有利于缩小贫富差距和促进共同富裕。而私有制的跨国公司和私人经济的垄断则完全不同，其垄断利润属于私人资本家。如果以"公平竞争"为名，任由中外私人经济垄断国民经济的关键领域和攫取暴利，只会导致我国贫富差距的加速扩大，从而背离社会主义共同富裕的发展目标。

（二）正确区分垄断行业和国有企业占优势行业

当前"国有企业垄断论"的产生也与理论上的一个误读有关。有些人将我国国有经济占据绝对优势地位的行业"定义"为"国有垄断行业"，而对处于这些行业的国有企业"定义"为"国有垄断企业"。这种片面的解读，不仅割断了我国各类企业的发展历史，而且混淆了"垄断"的基本概念。

首先，我国国有企业的布局和结构相对集中于一些重要的行业和领域，既有历史的原因，也同国有企业的属性及自身素质有关。同时，改革开放以来我国的国有企业经营范围也在进行不断调整，并且逐步引入了竞争机制，如在石油、航空领域等就进行了分拆，使国有（及国有控股）企业间能够开展竞争。而国内的私营企业起步晚、规模相对小、技术水平不足，导致其在一些技术和管理要求高的关键行业不占主导地位，是情理之中的事。换言之，即使不考虑国家经济安全而在市场中进行公平竞争，国内私营企业在铁路、航空、电子通信、石油、国防科技、银行等战略性部门也难以与国有企业相提并论。如果一味推动对民营经济放开，只能使这些领域落入外资企业之手。

其次，从垄断本身的市场特征看，必须具备市场垄断和控制价格两个前提条件。垄断现象之所以会受人诟病并被各国政府所关注，主要原因在于会形成垄断价格并产生暴利。如果是自然原因导致的垄断，政府一般通过价格管制来解决，而不是通过分拆企业来防范，更不可能通过强行规定企业的所有制性质来根除。按照这个标准来看，尽管我国国有企业在部分行业中占主导地位，但它们并没有形成价格垄断。相反，相互间还因各自利益（上市公司中的情况更是如此）而产生激烈的竞争。因此，不能盲目地将国有企业占优势的现象混淆为国有企业垄断。

当然，倘若有国有企业独自或联合起来，通过任意抬高价格或压低价格来损害消费者利益，有损于社会主义公有制经济的发展和人民利益的经营行为，那么，在实践中便需要加以反对和制约，消除其负面影响。

（三）国有企业的发展加快了我国现代化进程

有舆论指责国企对我国的现代化进程形成了阻碍，认为"世界上还没有一个国家依靠国有垄断而实现了现代化"。这一判断显然是脱离了历史事实。

首先，垄断作为一种市场现象，与所有制形式并没有直接的联系。不能将公有制经济本身定义为垄断。公有制的主体地位和国有经济的主导作用，是由社会主义基本经济制度决定的，反映的是物质生产领域的生产关系；而垄断则主要产生于流通和交换领域的市场竞争。将垄断与所有制挂钩，意味着将生产领域和交换流通领域的概念相混淆，显然是不科学的。西方一些学者也认识到，"公有制并不意味着国家垄断，私有制本身也并不是必然伴随着竞争"。苏联和新中国成立后的实践来看，公有制经济的内部竞赛和竞争，同样在推动现代化进程起了重要作用。这种作用是由公有制内在性质决定的，而不是垄断的结果。特别是在我国市场化改革取得巨大成就的今天，将相互间处于竞争地位的国有企业都划归"国有垄断"，既没有理论上的依据，更与现实不符。

其次，从现代化的历史进程来理解。目前为止，世界的现代化历程大体可以分为两个阶段，第一阶段（或称第一次现代化）是从农业社会向工业社会、农业经济向工业经济、农业文明向工业文明的转变；第二个阶段（或称第二次现代化）是从工业社会向知识社会、工业经济向知识经济、工业文明向知识文明、物质文明向生态文明的转变。可见，现代化的一个重要环节就是工业化。新中国成立以来，我国集中力量兴办了大量的国有企业，为我国工业、国防和科技现代化奠定了坚实基础。到 20 世纪末，在强大的国有企业尤其是国有工业企业的支撑下，我国基本上实现了工业现代化、国防现代化和科学技术现代化。我国之所以能较为顺利地实现现代化，正是由于国有企业在事关国家发展的重要行业和关键科学技术领域占据了垄断地位，通过大量的而且是私人资本所不能完成的科技研发投入，不断推进技术创新。显然，如果没有国企对重要行业和关键技术领域的垄断，让私人资本把持这些重要行业和关键领域，我国的现代化进程将是不可想象的。甭说国防现代化，就是农业和科技现代化也绝无可能！

有些人动辄拿欧美发达国家的现代化水平对比当下的中国，殊不知这些国家现代化进程要比中国早了数百年。如果以印度等处于相同发展阶段的大国作为参照，则中国以发展国有经济为主导的现代化道路，显然更为成功。即使从西方资本主义国家发展史看，其政府也都曾经兴办过大量的国有企业，并赋予其在一些公共品供给领域的垄断地位。就我国而言，国企在部分行业的高度集中和我国现代化也不是矛盾对立的，二者在长远目标和利益取向有根本的一致性，都是致力于增强我国综合国力和尽快提高全体人民的生活水平。如果陷入将国企发展与现代化相割裂的奇怪逻辑中，就不仅无法说明新中国成立以来依靠国有经济建立起比较完整的工业体系这一巨大历史功绩，而且会使我国民族产业在新一轮的国际竞争中被国际垄断资本所击溃。因此，将国企发展问题与现代化相对立，是对新中国现代化事业的选择性失明。

（四）国企垄断不是当前我国收入分配不公的主要原因

在对国有企业的质疑中，指责国企垄断导致分配不公的声音最为强烈。有舆论认为"中国社会当下严峻的两极分化，垄断国企要负很大责任"，"造成贫富差距日益悬殊的原因很多，但需着重强调的是，垄断资本加权力资本始终是创造财富马太效应的两员'悍将'"，"解决贫富悬殊之策，首当破除垄断"。

不可否认，当前我国确实存在贫富差距拉大，贫富分化严重的现象。

但要看到，形成我国当前贫富悬殊的原因是很复杂的，其中既包含要素报酬差异、行业收入差异、地区经济发展水平差异、城乡差异等因素的影响，也包含了经营管理者报酬和员工报酬差异等因素的影响，还包含了国家财税政策差异的影响。而影响最大的，则是非公经济发展导致资本所有者和劳动者之间的财富和收入差别。

从现实来看，在诸如石油、电力、电信、金融保险、能源交通、水煤气供应等自然垄断行业，我国部分国有企业确实存在着收入水平偏高的事实。但与同行业私营企业相比，其收入水平则相对合理。以金融业为例，根据 2007 年《中国统计年鉴》数据，2006 年我国银行业职工平均工资为 3909 元，其中国有单位为 38629 元，其他单位（其中包括混合所有制企业，如上市公司）为 59071 元；而当年证券业职工平均工资为 85522 元，其中国有单位为 63741 元，其他单位为 91364 元。① 可见，垄断行业国有企业员工工资是略低于非国有企业员工工资的。此外也要看到，我国仍有大量制造业等领域的国有企业，其职工的总体收入水平并不高。

表 1　　　　　　　　　　2007 年部分垄断行业上市公司工资情况

公司名称	工资总额（万元）	员工人数（人）	人均工资	所属行业
中信证券	5874522	1396	42.08	券商
民生银行	617518	17766	34.75	银行
兴业银行	374942	11851	31.63	银行
中信银行	476400	15070	31.61	银行
华夏银行	231202	9390	24.62	银行
浦发银行	350152	14233	24.6	银行
深发展 A	181954	8573	21.22	银行

注：数据来源于上市公司 2007 年年报，工资总额为上市公司 2007 年年报披露的实际支付工资。转引自梅爱冰、潘胜文《我国垄断行业职工工资外收入状况分析》，《湖北社会科学》2011 年第 4 期。

至于所有制结构变动的影响则更是尽人皆知的事实。有学者研究指

---

① 梅爱冰、潘胜文：《我国垄断行业职工工资外收入状况分析》，《湖北社会科学》2011 年第 4 期。

出，不同所有制决定了对生产条件的不同占有，我国社会主义初级阶段多种所有制并存的格局，导致对生产条件的占有权的多层次性，而国家宏观分配政策又有利于非公有制经济占有生产条件分配权，这些因素成为当前我国分配不公的主因。仅从私营企业主及其管理层与普通员工的收入对比看，2003 年全国私营企业职工人均年工资 8033 元，而早在 2000 年全国私营企业主平均年收入就已高达 110470 元，即全国私营企业主与职工收入之间的差距，平均至少有 12.75 倍。近年来，不仅私营企业主与员工收入差距拉大，企业管理层与职工的差距也加速拉开，少数大型私营企业高管更甚。如：房地产商万科集团 12 名高管 2007 年年薪平均为 390 万，最少的为 200 万，董事长王石为 691 万元。按平均年薪 390 万元计算，与普通职工收入差距至少在 100 倍以上。① 2007 年中国平安保险有 3 名董事及高管 2007 年的税前薪酬超过 4000 万元，董事长马明哲税前报酬为 4616.1 万元，另有 2000 万元奖金直接捐赠给中国宋庆龄基金会，总薪酬折合每天收入为 18.12 万元。与普通保险员收入相比何止百倍！受私营企业收入分配结构的影响，近年国有企业内部管理层和劳动者间的差距也不合理地扩大，但远小于私有企业中的差距。

　　在我国，外企和私营企业就业人数占 2/3 以上，国有企业员工约占 1/3，而垄断行业的国企从业人员比重则更低。即使国企员工工资较高，但对我国整个收入分配差距的影响度也极为有限。因此，在分配差距问题上祭出"国有企业垄断论"，是要故意模糊公有制和私有制基础上两种不同性质垄断的差别。这种试图转移公众对贫富差距真正原因的追问的伎俩，自然很难得到公正的学者和社会大众的支持。

（原载《学术研究》2012 年第 10 期）

---

① 美国经济学家乔杜里表示："我个人认为有一些公司高管的薪酬水平已经高到不道德的程度，不管是几千万还是两三亿的工资，有的时候从个人对企业贡献的角度来说，这些高管可能不值这个价。"参见《王石再登地产高薪榜首　麾下高管年薪全破 200 万》，《北京晨报》2008 年 4 月 1 日。

概括提炼社会主义制度优越性的
必要性和基本依据

秦　宣

社会主义作为一种思潮，如果从莫尔的《乌托邦》算起，已经形成和发展了近 500 年；社会主义作为一种实践，如果从巴黎公社革命算起，已经发展了 100 多年；社会主义作为一种制度，如果从俄国十月革命算起，已经发展了近百年。社会主义传入中国已经一个多世纪，中国人民在中国共产党的领导下为之奋斗已经快一个世纪；社会主义制度在中国的建立也超过了半个世纪。社会主义给整个人类历史带来的变化是巨大的，给整个中华民族带来的影响也是巨大的。然而，在现实生活中，总有不少人质疑社会主义制度的优越性，甚至丧失坚持社会主义的信心。因此，概括提炼社会主义制度的优越性，对于坚定人们的社会主义信念，推进中国特色社会主义事业具有重要的理论和现实意义。

一　概括提炼社会主义制度优越性的必要性

所谓社会主义制度的优越性，就是指社会主义制度在同资本主义制度和其他社会制度的比较、竞争中所发挥的独特优势。

当前，概括提炼社会主义制度的优越性，有如下特殊的意义：

第一，概括提炼社会主义制度优越性是弄清楚什么是社会主义的需要。回顾社会主义制度建立以来的近百年史，我们不难发现，社会主义制度的建立，并不意味着社会主义优越性就能自然而然地发挥出来。相反，社会主义国家在其发展进程中，曾多次出现曲折并遭遇来自各方面的攻击，社会主义制度的优越性未能得到充分发挥。究其原因，是因为我们对什么是社会主义并不完全清楚、并非完全清醒。我们曾经把不属于社会主义的东西当成社会主义优越性，而把真正属于社会主义优越性的东西当作资本主义加以批判。我们曾经误把单纯的精神崇高理解为社会主义的优越性，曾把"平均主义"理解为"共同富裕"，并将其当作社会主义的优越性，曾超越生产力发展水平把"一大二公三纯"当作社会主义制度的优越性。结果，社会主义制度的优越性遭到曲解，社会主义实践走了不少弯路，社会主义的名声也不同程度地遭到损害。因此，概括提炼社会主义制度的优越性，对于搞清楚什么是社会主义，对于更好地发挥社会主义制度的优越性，具有十分重要的理论和实践意义。

第二，概括提炼社会主义制度的优越性是坚定人们坚持走社会主义道路的需要。社会主义之所以能够得到人们的拥护，能够在每一次遭遇曲折后重新展现其生命力，就在于社会主义制度具有优越性。但在今天，当我们讨论社会主义制度优越性时，必须首先承认以下三个事实：一是现实社会主义国家同发达资本主义国家相比，经济社会发展方面的差距还比较大，这给人一种印象：社会主义不如资本主义；二是自苏联解体之后，社会主义阵营缩小，世界社会主义运动一直处于低潮，这给人们一种印象：社会主义已经失败；三是在当今世界 200 多个国家和地区中，90％以上的国家和地区都选择了资本主义道路，只有少数国家或政党在继续坚持走社会主义道路，这又给人一种印象：社会主义并不代表人类未来发展方向。这三个事实表明，当前概括提炼社会主义制度的优越性有相当大的难度。但与此同时，我们还必须看到以下三个事实：一是社会主义在历史上曾经创造过谁也无法否认的灿烂辉煌，这些辉煌已经影响了人类历史的进程；二是在社会主义发展进程中，在社会主义遭遇一次又一次挫折，甚至被某些西方学者认为已经彻底失败之后，还有无数政党或学者在倡导继续走社会主义道路，社会主义的生机和活力并未消失；三是现存的社会主义国家与资本主义国家相比，不论是过去还是现在，在应对各种危机、矛盾和困难面前，确实存在着许多资本主义无法比拟的优越性。这三点又表明，社会主义制度的优越性是客观存在的，任何人无法否认。因此，概括提炼出社会主义制度的优越性，有利于科学解释社会主义为何能够始终成为激励人们为之奋斗的目标，有利于发挥社会主义制度的优越性，坚定人们继续走社会主义道路的自觉性。

第三，概括提炼社会主义制度的优越性，是科学解释中国经济社会发展成功的需要。中国曾经是一个一穷二白、积贫积弱的国家，经过几十年的发展，中国改革开放和现代化建设取得了历史性成就。中国为什么能在短短 60 多年时间里发生了举世瞩目的变化？为何能在改革开放 30 多年的时间内迅速跻身于中等发达国家行列？为何能在全球遭遇自 1929—1933 年以来空前严重的经济衰退之际，率先复苏并成为世界经济的强大引擎？这是许多国外学者特别关心的问题，也是中国学者需要面对的问题。人们在思考这些问题的时候，不能回避这样一个事实，即新中国成立 60 多年来取得的一切成就，归根到底是因为中国建立了具有本国特色的社会主义制度。那么，中国特色社会主义制度的优越性到底表现在哪些方面呢？弄清楚这一问题，有助于人们更清晰地认识中国成功的奥秘，也有利于人们深刻了解社会主义制度在当今中国产生的广泛而深刻的影响。

第四，概括提炼社会主义制度的优越性，是继续推进中国特色社会主义事业，进而推进世界社会主义运动的需要。2008 年爆发的国际金融危机以及随之带来的经济危机、社会危机和政治危机，进一步暴露了资本主义制度的弊端，引起人们对世界未来前途的担忧。与此同时，中国特色社会主义事业的发展也面临着许多挑战，世界社会主义运动发展的形势并不乐观。邓小平曾讲过，"巩固和发展社会主义制度，还需要一个很长的历史阶段，需要我们几代人、十几代人，甚至几十代人坚持不懈地努力奋斗"①。现实社会主义还处在初级阶段，未来的路十分漫长，机遇与挑战并存。社会主义制度的优越性，是坚定人们社会主义信念的基础，更是指导社会主义实践的出发点。因此，准确概括提炼社会主义制度的优越性，有助于我们坚持和发挥社会主义制度的比较优势，使中国特色社会主义事业乃至世界社会主义事业发扬光大。

二 概括提炼社会主义制度优越性的理论依据

在马克思主义看来，人类历史是一部自然史，新文明取代旧文明、新社会取代旧社会、新制度取代旧制度，如同自然界新陈代谢和人类进化一样，是一个不可阻挡的历史过程。一种新社会形态之所以能够取代旧社会形态，就是因为新社会形态往往要比前一个社会形态优越。而旧的社会形

---

① 《邓小平文选》第 3 卷，人民出版社 1993 年版，第 379 页。

态之所以能够被新社会形态所取代，根本原因是生产力发展的结果。资本主义制度替代封建制度，是因为封建的生产关系"不再适应已经发展的生产力了"①。而资本主义社会之所以要被社会主义所替代，是因为它"所拥有的生产力已经不能再促进资产阶级文明和资产阶级所有制关系的发展；相反，生产力已经强大到这种关系所不能适应的地步，它已经受到这种关系的阻碍"②。在马克思、恩格斯看来，社会主义替代资本主义如同资本主义替代封建主义一样，这是生产力发展的结果。他们的这一思想，被列宁继承下来。列宁曾明确指出："劳动生产率，归根到底是使新社会制度取得胜利的最重要最主要的东西。资本主义创造了在农奴制度下所没有过的劳动生产率。资本主义可以被最终战胜，而且一定会被最终战胜，因为社会主义能创造新的高得多的劳动生产率。""共产主义就是利用先进技术的、自愿自觉的、联合起来的工人所创造的较资本主义更高的劳动生产率。"③ 由此可见，在马克思主义经典作家那里，能否促进生产力的发展是衡量一种制度是否优越的关键因素。当然，马克思主义经典作家在批判旧世界中发现新世界，还针对资本主义社会存在的多种弊端设想了未来理想社会的蓝图，展示了社会主义制度的优越性。

　　毛泽东继承了马克思主义经典作家的思想，看到了社会主义制度替代资本主义制度的历史必然性和社会主义制度本身的优越性。首先，他认为，社会主义的优越性体现在生产力的快速发展上。1945 年 4 月，在《论联合政府》中，他就明确指出："中国一切政党的政策及其实践在中国人民中所表现的作用的好坏、大小，归根到底，看它对于中国人民的生产力的发展是否有帮助及其帮助之大小，看它是束缚生产力的，还是解放生产力的。"④ 其次，社会主义制度的优越性也体现在社会快速进步上。他说："苏联人民在共产主义建设事业上所取得的伟大成就，无可置辩地表明了社会主义制度对资本主义制度的无比的优越性。"⑤ 他强调："社会主义和资本主义比较，有许多优越性，我们国家经济的发展，会比资本主义国家

---

① 《马克思恩格斯文集》第 2 卷，人民出版社 2009 年版，第 36 页。
② 同上书，第 37 页。
③ 《列宁专题文集·论社会主义》，人民出版社 2009 年版，第 151 页。
④ 《毛泽东选集》第 3 卷，人民出版社 1991 年版，第 1079 页。
⑤ 《建国以来毛泽东文稿》第 9 卷，中央文献出版社 1996 年版，第 587 页。

快得多。"① 再次，他认为，社会主义的优越性还体现在民主制度方面。1951 年 10 月，在全国政协一届三次会议上的讲话中，毛泽东指出："一切事实都证明：我们的人民民主专政的制度，较之资本主义国家的政治制度具有极大的优越性。"②

党的十一届三中全会以来，中国改革开放的总设计师邓小平特别强调社会主义制度的优越性。首先，生产力发展太慢不是社会主义制度的优越性。他根据唯物史观"生产力是一切社会发展的最终决定力量"的观点，把社会主义的优越性首先归结在生产力的发展上。他指出："社会主义制度优于资本主义制度。这要表现在许多方面，但首先要表现在经济发展的速度和效果方面。没有这一条，再吹牛也没有用。"③ "如果在一个很长的历史时期内，社会主义国家生产力发展的速度比资本主义国家慢，还谈什么优越性？"④ 其次，贫穷不是社会主义制度的优越性。针对国内曾一度流行的"宁要贫穷的社会主义、不要富裕的资本主义"的错误观点，他指出："搞社会主义，一定要使生产力发达，贫穷不是社会主义。我们坚持社会主义，要建设对资本主义具有优越性的社会主义，首先必须摆脱贫穷。"⑤ 再次，"社会主义最大的优越性就是共同富裕"⑥。针对资本主义社会出现的两极分化等问题，他特别强调"共同富裕"，并把它当作社会主义必须坚持的原则，当作社会主义的本质。最后，社会主义制度的优越性还体现在政治、文化发展方面。他强调，社会主义要在文化上创造出比资本主义更高的文明，"在政治上创造比资本主义国家的民主更高更切实的民主"⑦。此外，邓小平还强调："社会主义同资本主义比较，它的优越性就在于能做到全国一盘棋，集中力量，保证重点。"⑧

党的十三届四中全会以来，江泽民同志在继承毛泽东、邓小平关于社会主义制度优越性的主要观点的基础上，从贯彻落实"三个代表"重要思想的高度进一步论证了社会主义的优越性。江泽民同志强调，社会主义制

---

① 《毛泽东文集》第 8 卷，人民出版社 1999 年版，第 302 页。
② 《毛泽东文集》第 6 卷，人民出版社 1999 年版，第 184 页。
③ 《邓小平文选》第 2 卷，人民出版社 1994 年版，第 251 页。
④ 同上书，第 128 页。
⑤ 《邓小平文选》第 3 卷，人民出版社 1993 年版，第 225 页。
⑥ 同上书，第 225 页。
⑦ 《邓小平文选》第 2 卷，人民出版社 1994 年版，第 322 页。
⑧ 《邓小平文选》第 3 卷，人民出版社 1993 年版，第 16 页。

度的优越性主要体现在：一是生产力的高度发展。由此决定，中国共产党要始终代表中国先进生产力的发展要求。二是比资本主义更先进的文化。由此决定，中国共产党要始终代表中国先进文化的前进方向。三是反映最广大人民的根本利益。由此决定，中国共产党要始终代表最广大人民的根本利益。四是比资本主义更高的政治文明。由此决定，中国必须坚持政治体制改革的正确方向，着力加强社会主义政治文明建设。五是人的全面发展。由此可见，在"三个代表"重要思想中，社会主义优越性的体现不是单一的，而是全面的。社会主义制度的优越性体现在物质文明、精神文明、政治文明和人的全面发展等几个方面。

党的十六大以来，胡锦涛同志在多种场合也谈到社会主义制度的优越性，如 2008 年 10 月在全国抗震救灾总结表彰大会上的讲话，同年 11 月在庆祝神舟七号载人航天飞行圆满成功大会上的讲话，同年 12 月在纪念党的十一届三中全会召开 30 周年大会上的讲话，都谈到社会主义制度的优越性问题。2011 年，在纪念中国共产党成立 90 周年讲话中指出，我们坚持的中国特色社会主义制度"有利于保持党和国家活力、调动广大人民群众和社会各方面的积极性、主动性、创造性，有利于解放和发展社会生产力、推动经济社会全面发展，有利于维护和促进社会公平正义、实现全体人民共同富裕，有利于集中力量办大事、有效应对前进道路上的各种风险挑战，有利于维护民族团结、社会稳定、国家统一"①。这"五个有利于"全面反映了中国共产党人对社会主义制度优越性的认识。

从上面的论述来看，相对于资本主义制度存在的各种弊端，社会主义制度的优越性主要体现在以下几个方面：一是比资本主义更高的生产力，这是首要标准，是社会生产力的发展问题，强调的是"效率"问题；二是比资本主义更高的平等，即代表多数人的利益，实现共同富裕，这是生产关系问题，强调的是"公平"；三是比资本主义更高的文明，包括比资本主义更高的精神文明和政治文明，这是政治、文化发展问题，涉及人的思想道德素质、科学文化素质和政治素质的提高，即人的全面发展；四是比资本主义更强的凝聚力和整合力，即能调动广大人民群众的积极性、主动性、创造性，能集中力量办大事，能保证国家的统一、民族的团结和

---

① 胡锦涛：《在庆祝中国共产党成立 90 周年大会上的讲话》，人民出版社 2011 年版，第 8 页。

社会稳定，这涉及社会的全面发展问题，更深层次地体现出社会主义的价值。

需要说明的是，概括提炼社会主义制度的优越性，不能只看某一方面，而应全面、辩证地看。过去，我们对社会主义制度优越性的认识之所以存在这样那样的偏差，根本原因就在于我们往往只看到某一方面，而忽视了其他方面。

三 概括提炼社会主义制度优越性的实践依据

实践是检验真理的唯一标准。社会主义制度的优越性是具体的、历史的，必须放在社会主义发展的历史进程中去考察，放在社会主义制度的实践中去检验，放在社会主义与资本主义实践的比较中去考量。俄国十月革命胜利之后，列宁曾说："现在一切都在于实践，现在已经到了这样一个历史关头：理论在变为实践，理论由实践赋予活力，由实践来修正，由实践来检验。"[1]

"对俄国来说，根据书本争论社会主义纲领的时代也已经过去了，我深信已经一去不复返了。今天只能根据经验来谈论社会主义。"[2] 因此，概括提炼社会主义制度的优越性，必须建立在正确认识资本主义发展历史进程和社会主义发展历史进程的基础之上，必须建立在社会主义发展的历史经验基础之上。

（一）必须正确认识资本主义发展的历史进程及其在实践中暴露出来的问题

社会主义制度的优越性是相对于资本主义制度而言的。当今世界200多个国家和地区，如果按社会制度进行划分，主要分属于资本主义和社会主义两种不同制度。资本主义作为一种制度，其形成和发展已经走过了近500年的历史。社会主义作为一种新生的社会制度，如果从俄国十月革命算起，刚刚走过了不到100年的历程。

资本主义与封建主义相较，的确是一大进步。资本主义制度在其实践过程中，也确实显现出它相对于封建主义的优越性。对此，马克思、恩格

---

[1] 《列宁专题文集·论马克思主义》，人民出版社2009年版，第300页。

[2] 《列宁专题文集·论社会主义》，人民出版社2009年版，第399页。

斯在《共产党宣言》中曾给予高度的肯定。但资本主义的确不是一种美好的制度，在资本主义原始积累时期，第一个资本主义国家——英国曾制造了历史上著名的"羊吃人"的凄惨景象。欧洲新兴的资产阶级为积累财富，曾远渡重洋，进行过血腥的殖民掠夺。在资本主义由自由竞争向垄断过渡时期，由于资本主义发展不平衡，资本主义国家为了争夺势力范围，曾发动过两次世界大战，直接或间接造成全球 2 亿多人伤亡。实践表明，资本主义发展的历史是一部血淋淋的历史。正如马克思在《资本论》中所说："资本来到世间，从头到脚，每个毛孔都滴着血和肮脏的东西。"[①]

就现实资本主义来看，虽然当今世界最发达的国家都是资本主义国家，但最不发达的国家也都是资本主义国家。据世界银行统计，截止到2002 年，全球最不发达国家增加到 50 个，它们建立的都是资本主义制度，资本主义并没有使它们发达起来，反而越来越落后。有许多国家在选择资本主义制度之后，饥饿和贫困问题越来越严重，全球范围内的两极分化与民族国家内部的两极分化问题越来越突出，这些问题又与精神危机、能源危机、气候危机、金融危机、经济危机、政治动荡等交织在一起，构成对人类生存的威胁。

仅就发达资本主义国家而言，发达资本主义国家的基本矛盾并没有缓和，反而又有了新的表现。其内部的贫富两极分化也极为严重，资本主义生产的无限扩张使经济增长与人类生存的矛盾激发。目前尚未结束的金融危机表明，正是资本主义制度造成的"过度的需求"创造了庞大的经济泡沫；正是发达资本主义国家倡导的"过度的消费"和"过度负债"最终导致实体经济难以为继；正是发达国家金融产品的过度创新、过度虚拟而导致监控失效；正是资本主义国家对美国新自由主义政策的"过度"追捧而使金融危机波及整个世界。一句话，资本主义制度出了问题，它束缚了生产力的发展，没有解决效率问题；它使两极分化更加严重，没有解决公平问题；它只代表少数银行家、金融家的利益，因而带来了经济危机、政治危机。发生在美国的"占领华尔街"行动、发生在英国的骚乱、发生在埃及和叙利亚的危机等，都充分说明资本主义制度存在的合法性正在逐步丧失。

---

① 《马克思恩格斯全集》第 23 卷，人民出版社 2001 年版，第 829 页。

实践一再证明，马克思所揭露的资本主义弊端，今天并未消除，而且有了新的表现。不看到资本主义制度存在的弊端，就不了解资本主义制度的本质，就难以凸显社会主义制度所具有的优越性。

（二）必须正确认识社会主义实践取得的辉煌成就

现实社会主义并未像马克思、恩格斯设想的那样，首先在西方发达国家率先建立，而是建立在经济文化落后的基础之上。它从建立的那天起，就处在资本主义的包围之中，生产力发展的先天不足和外部环境的极端恶化，使社会主义的发展困难重重。但即使如此，我们仍可以清楚地看到，社会主义制度从建立之日起，就充分展示了它的优越性。

苏联是人类历史上第一个社会主义国家，十月革命之后，在列宁、斯大林领导下，苏联进行社会主义建设几十年，苏联的落后面貌得到了改变。十月革命之前，俄国是一个欧洲落后国家，工农业总产值仅相当于美国的 6.9%，但在列宁、斯大林的领导下，短短几十年时间，就成为欧洲第一工业强国，为后来的发展打下了基础。正如毛泽东所讲："苏联人民在一个不长的历史时期内，把一个贫穷落后的俄国建设成为先进的强大的社会主义国家，并且在征服宇宙空间方面，把西方国家远远地抛在后面。这充分显示了苏联人民的伟大创造性和社会主义制度的无比优越性。"①

中国的社会主义制度是建立在半殖民地半封建社会的基础之上的。社会主义制度在中国的建立至少显示出如下优越性：其一，它使中国彻底结束了 100 多年来受压迫、受奴役、受侵略的黑暗历史，彻底结束了旧中国四分五裂、民不聊生的黑暗历史，彻底结束了在中国绵延几千年的封建专制统治的黑暗历史；其二，它使一个曾经一穷二白的经济文化落后国家，变成了一个初步繁荣昌盛、充满生机活力的社会主义国家，大大促进了社会生产力的发展；其三，它使中国实现了从几千年的封建专制政治向社会主义民主政治的伟大跨越。人民民主专政的国家政权不断巩固，中国人民真正成为国家、社会和自己命运的主人；其四，它使中国的国际地位空前提高，中国已经成为世界舞台上举足轻重的力量。尽管在前进的过程中，也曾有过这样那样的失误、挫折和教训，但总体上说，中国共产党领导全国人民进行社会主义革命、建设和改革取得的巨大成就，极大地推动了中

---

① 《建国以来毛泽东文稿》第 11 卷，中央文献出版社 1996 年版，第 214 页。

国社会的发展和进步。通过历史与现实的比较，人们可以清楚地看到：经过新中国成立 60 多年，尤其是改革开放 30 多年的发展，中国之所以有今天这样的局面，归结起来就是确立和不断完善了中国特色社会主义制度。新中国成立 60 多年的辉煌成就，就是中国特色社会主义制度优势的生动体现。

社会主义实践表明，社会主义制度作为一种崭新的社会制度，自其产生以来，在以下几个方面充分显示了它的优越性：其一，社会主义制度以解放和发展生产力为根本任务，极大地解放了生产力。它不是建立在私有制的基础上，而是在公有制的基础上发展生产力，从根本上解决了生产的社会化与生产资料私人占有之间的矛盾，从而为生产力的发展开辟了广阔的道路。其二，社会主义制度以实现共同富裕为目标，最大限度地体现了社会公平。它建立了以按劳分配为主体的分配方式，不断扩大社会福利，实现社会平等，从而避免了资本主义条件下的两极分化。其三，社会主义制度的建立，彻底改变了人民群众受压迫受剥削的社会地位，广大无产阶级和劳动人民成为国家的主人，从根本上保证了工人、农民、知识分子和一切爱国人士管理国家、社会事务的权力和他们的民主权利。其四，社会主义显示出比资本主义更强的凝聚力。它不像资本主义制度把自身的发展建立在对内剥削、对外掠夺的基础上，而是依靠社会主义的制度优势，充分调动广大人民群众的积极性、主动性、创造性，自力更生、艰苦奋斗，实行对内改革、对外开放，通过充分利用本土资源，不断完善和发展自己。

（三）必须正确认识社会主义制度实践探索进程中的经验与教训

在马克思主义经典作家那里，社会主义制度的优越性是科学的预测，是一种应然状态。而现实社会主义制度的优越性在实践中的体现才是实然状态。[①] 历史经验表明，应然与实然之间总是存在着或大或小的差距。现实社会主义制度在其实践过程中，已初步显示了它的优越性，但社会主义制度优越性的实然表现与应然之间仍然存在着较大的差距，这又在一定程度上增加了概括提炼社会主义制度优越性的难度。

不可否认，社会主义在实践中确实出现过许多问题，比如苏联的肃反扩大化、中国的"文化大革命"，都曾暴露出社会主义制度中存在的问题。针对苏联社会主义建设中的失误，邓小平曾指出：斯大林严重破坏社会主

---

① 参见牛先锋《在应然和实然之间的社会主义优越性》，《人民论坛》2010 年第 3 期。

义法制，"这样的事件在英、法、美这样的西方国家不可能发生"①。针对中国社会主义建设中的曲折，邓小平指出："党和国家现行的一些具体制度中，还存在不少的弊端，妨碍甚至严重妨碍社会主义优越性的发挥。"②正因为如此，改革开放以来，我们党一直强调要加强党和国家领导制度的改革，通过改革来完善社会主义制度。这也表明，社会主义制度的建立，并不等于社会主义制度的优越性会自动表现出来。我们只能用相对的眼光来看待社会主义制度的优越性，不能因为社会主义制度不够完善而否定社会主义制度的优越性。

同样不可否认的是，现实社会主义在发展中还存在着许多问题，如在当今中国，贫富收入差距较大，地区发展不平衡严重，公共权力的腐败现象突出，民众的政治参与渠道不畅通，思想道德领域内也暴露出不少的问题。"社会主义的中国在经济、技术、文化等方面现在还不如发达的资本主义国家，这是事实。但是这不是社会主义制度造成的，从根本上说，是解放以前的历史造成的，是帝国主义和封建主义造成的。"③ 因此，我们在概括社会主义制度的优越性时，还必须弄清楚，现实社会主义发展中存在的问题，到底哪些与制度有关？哪些是因为制度不完善造成的？哪些又是因为社会主义制度优越性的发挥不够充分造成的？我们要以发展的眼光看待社会主义制度的优越性，不能因为现实社会主义还存在着这样那样的问题，而否定社会主义制度的优越性。

总之，当我们理性地认识社会主义制度的优越性时，既不能因为社会主义曾经取得过辉煌成绩而夸大社会主义制度的优越性，也不能因为苏联东欧发生剧变、社会主义在实践中出现错误、现实社会主义在发展中还面临着诸多复杂问题，而否认社会主义制度的优越性。关于社会主义制度的优越性，我们不仅应该从理论上概括，更应该从社会主义发展的实践经验中提炼。要相信："我们的制度将一天天完善起来，它将吸收我们可以从世界各国吸收的进步因素，成为世界上最好的制度。这是资本主义所绝对不可能做到的。"④

---

① 《邓小平文选》第 2 卷，人民出版社 1994 年版，第 322 页。
② 同上书，第 327 页。
③ 《邓小平文选》第 2 卷，人民出版社 1994 年版，第 166 页。
④ 同上书，第 337 页。

（原载《中国特色社会主义研究》2012 年第 4 期）

当代资本主义政治制度的危机分析

辛向阳

我们现在打开报纸或者互联网，就会看到诸如此类的标题：《债务危机或致欧洲民主制度崩溃》（《德国金融时报》网站 2012 年 6 月 12 日）、《西方式政党正走向衰亡》（西班牙《起义报》2012 年 5 月 30 日）、《美国："自由"的代价》（阿根廷《南南》网站 2012 年 4 月 9 日）、《资本主义与西方民主发生冲突》（美国《华盛顿邮报》2011 年 11 月 25 日），等等。这些文章反映出西方民主制度正在走向衰败。

这种衰败不是偶然的，是资本主义基本矛盾激化在政治上的反映。资本主义的基本矛盾是生产社会化与资本主义生产资料私有制之间的矛盾。反映在政治上就是政治的社会化与政权的资本性之间的矛盾。它有两大表现：政治活动的社会化与人民群众没有条件实质参与政治活动的矛盾，少数垄断企业深度干预和左右国家政治与国家的社会管理职能之间的矛盾。这一基本政治矛盾和它的两大表现形式，决定了当代资本主义政治制度的危机是深重的。其政治制度的危机主要表现在以下几个方面。

一 民主政治正在演变成利益集团政治，并扼制了其政治制度的活力

由资本主义政治制度的本质所决定，当代西方国家积聚了众多高度关注自身特殊利益的游说集团。2012 年年初，美国学者斯蒂夫·科尔出版了一本题为《私人帝国：埃克森美孚公司和美国力量》的著作。书中描述了埃克森美孚公司富可敌国的财富势力，以及公司对美国政府的影响力。埃克森美孚公司的院外游说活动规模在华盛顿名列前茅，不仅在 K 街设有一个人员众多的办事处，而且还与大约 20 名前参议员、众议员、议员助手

和其他一些人签有合同。说到 K 街，它是美国首都华盛顿的一个街区，又称为"游说一条街"，云集了大批智库、游说集团、民间组织、公关公司、国际总部等机构。在华盛顿注册、在 K 街工作的人员超过 3.5 万人。这些说客利用各种方式就法律、法规和政府政策的制定、修改和执行等，与政府官员或国会议员作口头或书面的交流，从而影响政府的决策，为特殊利益集团服务。默多克的新闻集团也是 K 街上的骨干，它也是通过游说以及大规模捐款等手段极力影响美国联邦政府的决策。2001—2011 年 10 年中，该集团花了 5000 万美元游说议员、政府组织等，不让美国的媒体监管机构以反垄断为名阻止它的媒体帝国在美国扩张。

政府政策为大资本这些特殊利益集团服务，这是由西方民主政治的阶级本性决定的。这一点，恩格斯在 1891 年就指出："正是在美国，同任何其他国家相比，'政治家们'构成了国民中一个更为特殊的更加富有权势的部分。在这个国家里，轮流执政的两大政党中的每一个政党，又是由这样一些人操纵的。这些人把政治变成一种生意，拿联邦国会和各州议会的议席来投机牟利，或是以替本党鼓动为生，在本党胜利后取得职位作为报酬。大家知道，美国人在最近 30 年来千方百计地想要摆脱这种已难忍受的桎梏，可是却在这个腐败的泥沼中越陷越深……我们在那里却看到两大帮政治投机家，他们轮流执掌政权，以最肮脏的手段用之于最肮脏的目的，而国民却无力对付这两大政客集团，这些人表面上是替国民服务，实际上却是对国民进行统治和掠夺。"① 这种情形在当代变得越发明显、越发令民众不可忍受。今年 5 月 20 日，美国《纽约时报》网站发表该报专栏作家托马斯·L. 弗里德曼题为《美国越来越不民主》的文章。他强调，美国正从一个防止权力过度集中的民主政体演变成一个权力过于分散而无法作出重要决定的"否决政体"，特殊利益集团游说和贿赂的扰乱令政治制度丧失活力。不仅是弗里德曼，越来越多的西方学者正在达成共识：西方的民主制度已经利益集团化，完全被资本绑架了，民主正在变成资本之主。

---

① 《马克思恩格斯选集》第 3 卷，人民出版社 1995 年版，第 12 页。

二 民主制度的野蛮化和军事化，变得更加傲慢和具有危险性

资产阶级民主制为了维护资本的根本利益，在资本利益受到挑战的地方，其野蛮的本性就会暴露出来。对资本主义民主的野蛮本性，马克思在《法兰西内战》中清晰地指出："每当资产阶级秩序的奴隶和被压迫者起来反对主人的时候，这种秩序的文明和正义就显示出自己的凶残面目。那时，这种文明和正义就是赤裸裸的野蛮和无法无天的报复。占有者和生产者之间的阶级斗争中的每一次新危机，都越来越明显地证明这一事实。和1871年的无法形容的罪恶比起来，甚至资产阶级的1848年6月的暴行也要相形见绌。"[①] 100多年后的资产阶级民主本性是否改变了呢？其根本利益决定了不可能改变。西班牙《起义报》2012年1月10日刊发了题为《美国从"民主独裁"走向军事集权国家》的文章。指出，"一些知名观察家——其中不乏美国的观察家——都认为，在第三个千年开始的时候，美国将成为'民主独裁'国家。但乔苏多夫斯基（加拿大全球化研究中心主任）的观点更为激烈，他认为美国成为一个'披着民权外衣的军事集权国家'的趋势越来越明显"。

"披着民权外衣的军事集权国家"的一个明显特征，就是向他国输出所谓民主人权，这似乎是当代西方国家的一个嗜好。冷战结束后的一些西方政要都相信输出民主人权是西方国家义不容辞的责任。有的霸权国家明确把维护国家安全、发展经济、在国外促进"民主"作为国家战略的三大目标，进而提出寻求并支持世界各国和各种文化背景下成长的民主运动，寻求并支持各国民主的制度化。有的政要则提出，"这是我们国家的历史：不管是为了人民的繁荣还是国民的平等，我们对全球传递美国价值观的承诺不变"。西方国家为什么如此热衷于输出民主人权呢？因为他们相信，输出了民主人权，就会使世界上的人们认可西方国家的经济政治制度，就像亨廷顿所言，"民主规范的普及性在很大程度上依赖于对那些世界上最强大国家规范的认同"。这样一来，西方国家就会便利地把自己的利益置于

---

① 《马克思恩格斯选集》第3卷，人民出版社1995年版，第74页。

他国人民的利益之上，民主人权输送的正是垄断资本的利益。

"披着民权外衣的军事集权国家"在输出民主人权时运用的往往是军事打击手段，用呼啸的炸弹来输送自由民主。托马斯·弗里德曼在 1999 年 3 月 28 日《纽约时报》发表了《世界的宣言》一文，文章中讲道："如果离开看不见的拳头，市场这只看不见的手是绝不会发生作用的。麦当劳的兴盛离不开麦道（F15 战斗机生产商），为硅谷科技开路的看得见的拳头，叫做美国陆军、空军、海军和海军陆战队。"同样，我们看到，微软、谷歌、麦当劳的兴盛既离不开美国陆军、空军、海军和海军陆战队，也离不开诸如普世价值、人权高于主权之类的理论宣传。民主人权开路、巡航导弹开炸、垄断企业开业，几乎成为新殖民主义三位一体的新战略。1999 年，为了发动科索沃战争，西方打出了"人权高于主权"的牌。结果呢？正如有的学者所讲：到 2000 年年底，在东欧银行业，外资控股比例最高的达 97%，最低的也超过 50%，所谓社会转型不过是西方的 Bank 取代苏联的 Tank，美国的 M（McdDonald's）代替苏联的 M（Missiles）。人民不仅失去了原来的社会福利，而且还忍受着西方资本的多重盘剥。

西方国家一直坚持的理念是，民主只能是西方制度的产物，是启蒙时期将人类从黑暗中解放出来的结果。这一理念导致的结果就是民主的傲慢；而民主傲慢导致的就是种族的灭绝或者把一个国家"炸回到石器时代"。祖籍尼日利亚、曾经获得过大英帝国勋章的黑人艺术家因卡·索尼巴尔对此曾经讲过一番肺腑之言："启蒙时期是将人类从中世纪的黑暗中解放出来的一个时代，我们的关于民主的传统观念，在这个时期内得到了重新定义，和自由主义的理想一起，在启蒙时代里浮现出来。但是，这恰恰是自由民主的傲慢，经常被用做一系列战争——最近一次即伊拉克战争——的合法化借口。""正如莎剧《暴风雨》中凶残丑陋的奴隶，他们拒绝被教化，因此我们就要用枪炮将民主强加在他们的头上。这样的行为其本身就是非理性的：自由民主的傲慢已经导致了最不理性的种族灭绝行为。"① 自由民主傲慢导致的种族灭绝举不胜举。据黑人著名历史学家 W.E.B. 杜波依斯估计，被殖民主义从非洲贩卖到美洲大陆的黑人奴隶，16 世纪为 90 万人，17 世纪为 275 万人，18 世纪为 700 万人，19 世纪为

---

① 中国国家博物馆编：《启蒙的艺术》，中国社会科学出版社 2011 年版，第 95 页。

400 万人，共计约 1500 万人。这只是活着到达美洲大陆的奴隶人数，在运输过程中被折磨致死的人数更是达到活着的人数的数倍，很多学者认为奴隶贸易使非洲损失了 1.5 亿人口。美国白人踏上北美大陆不久，就以自由民主的名义开始屠杀印第安人。新英格兰的清教徒在 1703 年的立法会议上决定，每剥一张印第安人的头盖皮和每俘获一个红种人都给赏金 40 镑；1720 年，每张头盖皮的赏金提高到 100 镑；1744 年马萨诸塞湾的一个部落被宣布为叛匪以后，立法会议规定了这样的赏格："每剥一个 12 岁以上男子的头盖皮得新币 100 镑……每剥一个妇女或儿童的头盖皮得 50 镑！"整个 19 世纪，美国联邦军队的主要任务之一就是驱逐和屠杀印第安人，于是在 17 世纪初期 2000 万的印第安人，到 19 世纪末就只剩下 20 多万人了。进入 21 世纪，自由民主带来的种族屠杀并没有绝迹。2010 年 10 月泄露的维基解密报告表明，美国发动的伊拉克战争到 2010 年 9 月底造成了10.9 万人丧生，其中 63％是伊拉克平民。

三 金融资本的无限贪婪侵蚀着民主的制度基础，效忠金融资本的政治体制正在形成

金融资本的特性决定了它是无限贪婪的，它要到处掠夺各国人民的财富，包括发展中国家，也包括发达国家中的一些弱国。西方国家一方面高喊自由平等，另一方面一旦遇到金融资本，就束手无策。西班牙知名记者、经济学家和畅销书作家洛蕾塔·纳波莱奥尼在 2011 年 9 月接受记者采访时指出，过去 20 年，西方民主一直在为金融寡头服务，而不是为人民服务，这就是西方民主不起作用的原因。21 世纪初希腊加入欧元区时曾遇到了一些小麻烦，主要是希腊的财政赤字没有达到欧元区规定的标准，高盛就乘虚而入，以小利诱惑希腊落入金融陷阱。高盛利用金融衍生品造假，帮助希腊隐瞒了数十亿美元主权债务。在那次交易之后，高盛还做了大量手脚，购买希腊无法偿还债务的信用违约衍生品类巨额保险。之后，它指使美国的三大信用评级机构点燃了信用危机火种，促使希腊的火灾隐患在狂风中转瞬就燃烧成熊熊烈焰，西方金融财团借助利率市场化操纵希腊债券利率飙升，转瞬变成了大规模掠夺希腊社会财富的高利贷债务枷锁。2012 年 3 月，政府公然违法挪用了 70％的公共机构的银行存款偿还西方债务，包括希腊供电、水等公用事业企业、大学、医院，等等，严重

影响了医疗保障、居民生活和学校的正常运行。当前希腊处理危机应对的官员都与高盛有着紧密关系，他们恰恰就是当年希腊落入债务危机陷阱的始作俑者，对希腊民众的抗议活动始终置之不理，冷漠无情。在西方国家，希腊并不是个案。美国《旗帜周刊》高级主编克里斯托弗·考德威尔认为，美国政治早已被华尔街巨头牢牢绑住，民主党比共和党人甚至更加依赖华尔街金融寡头的资助，政客们对金融寡头的效忠正变得体制化。这一局面使得在这种体制下进行的金融监管改革必然先天不足，甚至可能使监管变成一纸空文。

　　除了高盛公司外，还有标准普尔。2003年年底，中国银行业谋求到海外上市。就在此时，标准普尔将中国13家商业银行的信用级别都评为"垃圾级"；但同时，它高调肯定境外投资者参股中国商业银行的行为，为国际垄断资本攫取中国的国有资产造势。美国《华盛顿邮报》2011年11月25日发表专栏作家哈罗德·迈耶森的文章，题为《当资本主义与民主发生冲突》。其一，资本主义令民主栽了大跟头。他说："一年来，资本主义完完全全令民主栽了跟头。这种情况在欧洲最为明显。"19世纪初被美国杰克逊派民主党人废除的必须拥有财产才能投票的要求，被势力强大的金融机构和它们的政治盟友复兴。其二，资本主义与民主的冲突是一种制度性冲突。虽然"我们的经济制度和政治制度存在冲突的想法令人难以接受"，但现实就是如此。"拿破仑无法征服整个欧洲，但标准普尔也许可以。资本主义和民主的冲突正在各地爆发。"① 标准普尔征服的不仅仅是欧洲，它征服的是西方的民主制度。法学者黑弥·艾海哈于2011年10月13日在中国台湾地区的成功大学的演讲中，谈到了政治的"金粉化"：整个金融的操作，其数目极其庞大，手段极其复杂，已经超过人类所能想象的程度。那些天文数字，那些迷宫一般的操作手腕，已经到了匪夷所思的地步，因此，对我们而言，是没有意义的。但是这么庞大的金额和操作机器，却只落在极少数的几个头身上。有时候，我们称之为"十五人集团"。就是这些跨国银行的寡头在操控着地球，这些寡头大部分都在美国，譬如说摩根士丹利集团、高盛集团，就是这些机构在玩弄整个金融体系的衍生性商品。他们利用控制的金融体系来控制世界的政治和各国的政府。

---

① ［美］哈罗德·迈耶森：《当资本主义与民主发生冲突》，《参考消息》2011年12月1日。

四　西方民主政治在国际范围内遭遇
危机,而新的更加先进的政治制度
正在社会主义的中国发展起来

首先,我们看到在发展中国家实行所谓的西方民主政治带来的结果就是:政治混乱、民族仇恨和国家动荡。例如,美国和欧盟一直把马里列为良治和民主的典范。20多年来,马里搞了多党制,大量国际社会援助纷至沓来。但是,这些并没有转化为经济社会发展的动力,马里始终没有摘掉非洲最贫困国家的帽子。2010年,马里人均国内生产总值只有600美元。今年3月21日,马里部分军人发动政变,使这个西非国家陷入困境。这是对西方民主制度一记响亮的耳光。美国宾州大学教授爱德华·曼兹菲尔德和哥伦比亚大学教授杰克·史奈德出版了一本题为《从选举到纷争:为什么正在出现的民主国家走向战争》的著作。他们指出,走向西方民主模式的过程就是引起内部冲突或外部战争的过程,因为政客们只要打"民粹"牌就容易得到选票。而在选票拿到之后,承诺难以兑现,不同的"民粹"之音就浮现出来,形成激烈的冲突。事实上,20世纪90年代以来,许多国家举行自由选举后,便立即进入战争状态:亚美尼亚和阿塞拜疆开打、厄瓜多尔和秘鲁开打,埃塞俄比亚和厄立特里亚开打,还有布隆迪—卢旺达的大屠杀,导致100多万人丧生。西方自由民主制度带给发展中国家人民的不是繁荣稳定的幸福生活,而是贫困动乱的政局。

其次,我们看到,中国特色社会主义政治发展道路的形成,使中国政治体制具有的优越性和先进性逐步呈现出来。国内外少数人说中国的政治体制改革是滞后的,说中国的政治体制是落后的。比如,2004年8月,时任美国参议院外委会主席的小约瑟夫·拜登在复旦大学与学生对话时讲过这样一段话:"你们都是20多岁的青年,就已经忍受20多年的共产党专制统治。今天,我们举行对话,就是要让你们想一想:中国这样的政治体制,可以说是最落后的政治体制。这种政治体制必须予以改变。"[①]这种对历史的无知及自大,已经到了十分疯狂的地步。中国的政治体制不仅不是

---

① 转引自孙哲《崛起与扩张:美国政治与中美关系》(自序),法律出版社2004年版。

最落后，相反，是先进的政治体制。

中国的政治制度为什么先进？因为我们坚持的是人民民主专政制度。在我们的政治制度体系中，国家的领导制度形成了"集体选择、自觉培养制度"。这一制度的特点是：第一，领导人是选择出来的，这种选择既有群众的选择，也有中央领导集体的选择；第二，领导人是培养出来的，是在社会主义建设的实践中锻炼出来的，也由各级领导集体进行了各个层面的培育；第三，领导人的选择是长期的，经过了多个岗位的磨炼。这种制度不同于家族政治制度，也不同于西方单一票选制度，更不同于所谓的威权政治制度。这一制度既避免了西方单一票选制度带来的民主弊端，也能够避免威权政治制度、家族政治制度带来的制度弊端。这一制度既是民主性制度，又是人民性制度，是一种先进的制度。

近几年来，欧洲债务危机愈演愈烈，政府财政赤字和债务以天文数字在上升，这种危机的形成与资本主义的代议制选举民主制紧密相连，它不仅是一种经济危机和财政危机，也是一种政治危机。资本主义代议选举民主制建立在私有产权制度基础之上，私有产权制度的危机造成了政治上的危机，而政治上的危机又加深了经济的危机。

（原载《国外社会科学》2012 年第 5 期）

经典著作研读

科学的经典　真理的旗帜
——读《共产党宣言》

侯惠勤

整个共产主义世界观和理论体系是由马克思、恩格斯奠基的，《共产党宣言》（以下简称《宣言》）就是体现这一奠基作用的标志性著作。该著作问世 160 多年来，至今已译成 200 种语言出版，版本达几千个，可见其影响之大。但是读《宣言》，读什么？怎么读？至今见仁见智。列宁的下述观点可以为我们提供指导：我们应该像马克思、恩格斯那样称自己为共产党。"我们应该重复说，我们是马克思主义者，我们是以《共产党宣言》为依据的。"① 以共产主义为真谛，以《宣言》的基本思想为依据，是我们把握马克思主义基本原理的可靠路径。

一　确立马克思主义基本原理的文本依据

《宣言》有七个序言，其中 1883 年恩格斯单独写的德文版序言，完整地概述了《宣言》的基本思想。他和马克思在 1872 年写的序言中也谈到这个基本思想。《宣言》给我们提供了什么确认马克思主义基本原理的依据呢？那就是："贯穿《宣言》的基本思想：每一历史时代的经济生产以及必然由此产生的社会结构，是该时代政治的和精神的历史的基础；因此（从原始土地公有制解体以来）全部历史都是阶级斗争的历史，即社会发展各个阶段上被剥削阶级和剥削阶级之间、被统治阶级和统治阶级之间斗争的历史；而这个斗争现在已经达到这样一个阶段，即被剥削被压迫的阶

---

① 《列宁全集》第 29 卷，人民出版社 1985 年版，第 178 页。

级（无产阶级），如果不同时使整个社会永远摆脱剥削、压迫和阶级斗争，就不再能使自己从剥削它压迫它的那个阶级（资产阶级）下解放出来。"①同时马克思、恩格斯一贯强调，这些原理的实际运用，正如《宣言》中所说的，随时随地都要以当时的历史条件为转移。这一基本思想的概括，指明了马克思主义唯物史观的精髓，即经济生产方式的历史基础地位、阶级斗争的历史主线地位和无产阶级专政的历史方向地位，从而完整地构成了原始社会解体以来人类社会发展的客观历史规律。我们的任务，就是把它创造性地运用到当代中国的实践中来，并结合实际进行科学阐发。

1.《宣言》基本思想的精神实质

首先需要准确领会基本思想的精神实质：第一，关于"每一历史时代的经济生产以及必然由此产生的社会结构，是该时代政治的和精神的历史的基础"，必须指出，这一概括既反映了马克思主义的社会结构理论，也反映了马克思主义的社会过程理论。说它是社会结构，因为它反映了经济基础和上层建筑的关系。经济生产所形成的社会结构就是经济基础，它所决定的该时代的政治的、精神的历史，就是上层建筑，这就是基本的社会结构。说它是社会过程，因为有"历史"两字，政治、精神的上层建筑不是静止的，而是历史变化的过程，社会结构也是在相互作用中变化的过程。所以这一思想既是结构性的又是过程性的，不能把它仅仅理解为建筑学意义上的静态"房屋"说。正因为如此，这一概括才表达了马克思主义关于历史基础的思想。

第二，"因此，（从原始土地公有制解体以来）全部历史都是阶级斗争的历史"，这一概括从原著的叙述上看是关于上一思想原理的逻辑演绎，但把社会结构、社会动力和阶级斗争有机地联系在一起，对于今天的人们来说却并不是顺理成章的事。这样，我们首先就要弄清为什么在马克思、恩格斯看来这是不言而喻、合乎逻辑的。概括起来，他们认为：（1）原始社会解体以来的任何社会形态都是由特定的阶级来统治、来代表的，所以我们就可以把这些社会形态依次命名为奴隶社会、封建社会、资本主义社会、社会主义社会，其特定阶级代表则依次是奴隶主阶级、地主阶级、资产阶级和现代无产阶级。（2）任何社会形态的更替都要通过阶级斗争，都

①　《马克思恩格斯选集》第 1 卷，人民出版社 1995 年版，第 252 页。

要经过社会革命来实现。资产阶级取代封建地主阶级是一场革命，封建地主阶级取代奴隶主阶级也是一场革命，社会主义取代资本主义更是一场革命。每个社会的革命阶级都代表了新的生产关系，体现了新的生产力的发展要求，如果没有这样的革命阶级及其进行的阶级斗争，社会形态是不可能变更的。（3）任何社会形态的内部调整和变革都和阶级斗争状况密切联系。邓小平把生产关系对生产力的作用概括成两种：一种叫作解放生产力，一种叫作保护和发展生产力。解放生产力就是生产关系的更替，保护和发展生产力就是生产关系的自我调整。这个调整在阶级社会里直接地和社会的阶级组成、各阶级状况、各阶级力量之间的对比紧密联系在一起。

以资本主义社会工人的工资为例。马克思之所以批判拉萨尔的观点，是因为拉萨尔认为工人的工资是由人口数量自然决定的，是由劳动力的供求关系、市场关系决定的。拉萨尔的观点是站不住的：一方面，资本主义社会始终保持着失业大军，不存在劳动力绝对缺乏的局面，另一方面，等到市场上找不到劳动力的时候再去鼓励生育，还来得及吗？因此，"拉萨尔并不懂得什么是工资，而是跟着资产阶级经济学家把事物的外表当做事物的本质"①。在马克思看来，"雇佣劳动制度就是奴隶制度"，它决定了工人被残酷剥削的命运，但直接决定工人报酬波动的就是劳资关系、就是无产阶级的组织程度及其可能对于资产阶级施加的压力。这说明在阶级社会里面，阶级力量对比和阶级斗争对生产关系的调整具有直接的作用。因此，这一概括表达了马克思主义关于阶级社会发展的历史主线思想。

第三，"这个斗争现在已经达到这样一个阶段，即被剥削被压迫的阶级（无产阶级），如果不同时使整个社会永远摆脱剥削、压迫和阶级斗争，就不再能使自己从剥削它压迫它的那个阶级（资产阶级）下解放出来"，这就清楚地表明，无产阶级如果不能消灭一切阶级和剥削，自己就不能得到最后的解放。必须指出，这一表述虽然是从需要的角度加以论断的，但其蕴涵着可能的前提，即无产阶级不仅需要，而且可能自己解放自己。所以无产阶级的阶级意识就是消灭阶级，它是无产阶级对自己历史地位和历史使命的自觉表达。共产主义革命的基本任务就是通过无产阶级专政创造出消灭阶级、进入无阶级社会的历史前提。因此，无产阶级专政是引领实

---

① 《马克思恩格斯文集》第3卷，人民出版社2009年版，第441页。

现共产主义的政治形式，体现了当代人类文明的趋势和方向。无疑，这一概括表达了马克思主义关于历史方向的思想。

从今天的情况看，除了经济生产方式的基础地位表面上争议不大外，其他两条则存在着公开的分歧。由于社会主义国家在其实践中发生过阶级斗争扩大化的错误，因而阶级斗争的历史主线地位就必然是首先遭受否定和攻击的基本理论。一些人从阶级斗争已经不是今天我国的主要矛盾，推广到阶级斗争从来就不是人类社会发展的主要矛盾，而偏离这一主线去"重写历史"已经成为一种时髦。科学地阐明马克思主义阶级斗争学说的当代价值，已经刻不容缓。

2. 马克思主义阶级斗争学说的当代价值

从今天的情况看，对于马克思主义阶级斗争理论的价值，是否能够作以下三点阐发：第一，从历史叙述看，它是我们分析有文字记载以来历史的基本方法和根本性话语。历史领域历来充斥着无数相互冲突的意志、无数杂乱无章的事实、无数堆积如山的史料，只有寻找到其变化绵延的客观依据，历史才能成为科学。如果说唯物史观开创了历史科学的航道，那么其阶级斗争理论就是这一航道上的航标灯。正如列宁指出的："某一社会中一些成员的意向同另一些成员的意向相抵触；社会生活充满着矛盾；我们在历史上看到各民族之间，各社会之间，以及各民族、各社会内部的斗争，还看到革命和反动、和平和战争、停滞和迅速发展或衰落等不同时期的更迭……这些都是人所共知的事实。马克思主义提供了一条指导性的线索，使我们能在这种看来扑朔迷离、一团混乱的状态中发现规律性。这条线索就是阶级斗争的理论。"[①] 由于我们今天远远没有超越阶级社会的历史，因此，历史的叙述必须以社会经济形态为依据，以阶级斗争为主线展开，而不能用某些局部的、例外的情况来模糊以致根本否定这一叙事方式。

第二，从当今现实看，运用马克思主义的阶级斗争理论必须内外有别。就我国大陆今天的社会现实而言，阶级斗争已经不是主要矛盾，但阶级斗争在一定范围内还将长期存在，如果处理不当，还有重新激化的可能性；就当代世界的整体格局而言，不是所谓"文明的冲突"、或所谓"全

---

① 《列宁选集》第 2 卷，人民出版社 1995 年版，第 425—426 页。

球性问题"决定历史的方向,而是社会主义和资本主义两条道路、两种社会制度的斗争依然决定着当代人类的命运和出路,因而依然是当代世界的主要矛盾。现在几乎可以肯定,西方资本主义将长期陷入经济和社会危机,表明当代资本主义的寄生性、腐朽性在增加,蕴涵的冒险性和侵略性在积累和上升。马克思主义关于帝国主义本性的判断依然是我们观察当代世界变动的锐利思想武器。

第三,从我国实际的运用上,必须着眼于坚持和丰富中国特色社会主义理论体系。作为马克思主义中国化第二次历史性飞跃的理论成果,中国特色社会主义理论体系运用马克思主义的基本原理,创造性地回答了在中国这样一个十几亿人口的发展中大国如何摆脱贫困、加快实现现代化、巩固和发展社会主义的一系列重大问题,是指导党和人民沿着中国特色社会主义道路不断前进,不断巩固、改革和完善中国特色社会主义基本制度的正确理论。马克思主义的阶级斗争理论在这一理论体系中的实际运用,至少表现在以下方面:一是从剥削阶级作为一个阶级在我国已不复存在的国情出发,在慎提慎用"剥削阶级"以及"剥削"、"压迫"一类提法的同时,不仅不能削弱而且要强化工人阶级的领导地位及其阶级意识,在不断扩大中国共产党的群众基础的同时,不断强化其作为中国工人阶级先锋队的阶级基础;二是从阶级斗争已经不是我国主要矛盾的实际出发,在强调具体矛盾具体分析、着眼于化解人民内部矛盾、慎将社会矛盾上纲为"阶级斗争"的同时,在重大社会矛盾(例如防腐倡廉建设)的观察分析上,不放弃马克思主义的阶级分析方法;三是从坚持和推进中国特色社会主义的大局出发,牢牢把握社会主义现代化的政治方向,在不断推进改革开放、允许一部分人先富起来、不轻言贫富差距过大或存在分配不公现象为"两极分化"、"阶级分化"的同时,坚定不移地防止两极分化、贯彻共同富裕方针,不断实践社会主义的本质、体现社会主义制度的优越性。

二　提升马克思主义理论自觉的生动范本

我们对于共产主义的信仰,不仅在于其美好,而首先在于其科学。读《宣言》之所以能够帮助我们坚定共产主义理想,就在于这一经典著作通过三大科学成果有力地支撑起共产主义思想体系:一是对于资本主义的科学批判；二是对于现代无产阶级的科学分析；三是对于共产党的科学定位。西方意识形态对于马克思主义的攻击和消解，主要就集中在这三个问题上，最典型的就是所谓马克思对资本主义批判的"浪漫"论、对现代无产阶级分析的"神化"论和对共产党定位的"威权"论。

1. 驳斥马克思对于资本主义批判的所谓"浪漫"论观点，自觉树立共产主义的信念

写《非共产党宣言》的罗斯托认为，马克思、恩格斯在写《宣言》的时候，只有英国一国完成了工业革命，经济处于起飞阶段，而其他国家还都是处在经济起飞的准备阶段，马克思在这个时候就得出了否定资本主义的结论，显然其依据不是事实、不是科学，而是一种道德浪漫情绪。在他看来，马克思没有考虑到，任何经济起飞都要付出社会和经济成本，任何国家的经济起飞都会出现社会贫富分化，就像一个马鞍形，分化到一定程度就会回落。马克思没有看到这点，所以错了。在我们看来，马克思主义的科学性和真理性，首先表现在他对资本主义的批判方式并不是简单依据当时的一些贫富分化事实，更不是道德愤慨的情绪宣泄，而是立足于揭示资本主义的客观本性。

其一，从人类历史发展的客观规律出发批判分析资本主义。与空想社会主义不同，马克思不是从"邪恶"而是从"革命作用"上分析资本主义，从而把批判建立在对资本主义否定封建主义历史规律的准确把握上。这就是说，马克思把对于资本主义的否定，建立在历史的客观必然性而不是人类理性的所谓"迷误"上。资本主义通过对生产工具以及相应的生产关系的革命变革促进了生产力的迅猛发展，通过开拓世界市场促进了社会交往的世界化，通过城市化聚集扩大了财富的生产。"资产阶级在它的不到一百年的阶级统治中所创造的生产力，比过去一切时代创造的全部生产力还要多，还要大。"这是资本主义能够取代封建主义的最根本的原因。资本主义对于封建主义不可遏止的胜利，证明了生产关系一定要适应生产力的历史发展规律。而资本主义的被否定，不过是封建主义被否定的这一历史规律的再表现。"资产阶级的生产关系和交换关系，资产阶级的所有制关系，这个曾经仿佛用法术创造了如此庞大的生产资料和交换手段的现代资产阶级社会，现在像一个魔法师一样不能再支配自己用法术呼唤出来的魔鬼了。几十年来的工业和商业的历史，只不过是现代生产力反抗现代生产关系、反抗作为资产阶级及其统治的存在条件的所有制关系的历史。只

要指出在周期性的重复中越来越危及整个资产阶级社会生存的商业危机就够了。"资产阶级用来推翻封建制度的武器，现在却对准资产阶级自己了。"①

马克思批判资本主义所依据的人类社会发展的客观规律表明，任何生产关系都只具有历史的合理性，而不具有永恒的合理性，因而随着生产力的发展，新的生产关系取代原来的生产关系就具有历史的必然性。资本主义的辩护者把资本主义生产关系看成是自然的、永恒的社会秩序，而马克思则把其视为人类历史发展的一个必然要被超越的阶段。这是马克思批判资本主义的根本科学依据。

其二，资本主义设定了自身的发展极限，表现为自我否定的过程。马克思批判资本主义的又一个原则，是内在否定原则，即自我否定。内在矛盾是事物变化的根据，资本主义的最终否定力量来自资本本身。《宣言》中有这样一个判断："资产阶级除非对生产工具，从而对生产关系，从而对全部社会关系不断地进行革命，否则就不能生存下去。"② 马克思后来在《资本论》中进一步发挥了这一观点，指出资本的本性和生命力就在于，通过追逐超额利润而获取最大值的剩余价值，因而需要永不停步地自我扩张，而使其止步的不可逾越的界限却又恰恰就是资本自身。

一是资本设定了有限的市场容量。本来，资本的无限扩张需要无限的市场，借此资本才能保持活力。正如《宣言》所描述的那样，由于扩大产品销路的需要，"驱使资产阶级奔走于全球各地。它必须到处落户，到处开发，到处建立联系"③。资本促使世界市场的形成，并需要其具有无限拓展的空间。它需要无限容量的市场、不断地扩大财源、不断开拓创新的源泉，以便获取最大限度的剩余价值。但另一方面，资本自己设定了市场的有限的容量。这个市场有限容量就是在剥夺无产阶级、剥夺广大人民过程中而造成的市场萎缩。当今就是实行所谓福利资本主义的国家，也仍然存在财富上的人口 99% 和 1% 的矛盾对立，所以大众不能形成有效需求，又何谈市场的无限容量？大众不是没有需求，而是没有满足这个需求的购买力，所以就不是有效需求，不是市场容量。今天西方有很多市场不正常现象，商品经常打折。圣诞节打折，商店门一开人们一哄而入都跑去抢便宜

---

① 《马克思恩格斯选集》第 1 卷，人民出版社 1995 年版，第 276—278 页。
② 《马克思恩格斯选集》第 1 卷，人民出版社 1995 年版，第 275 页。
③ 同上书，第 276 页。

的商品。这说明什么？有需求，没有购买力。这是资本主义永远解决不了的一个问题，是自己给自己设定了有限的市场容量，在不可能无限地扩大市场的同时也窒息了生产的发展空间。"资本的发展程度越高，它就越是成为生产的界限，从而也越是成为消费的界限，至于使资本成为生产和交往的棘手的界限的其他矛盾就不用谈了。"①

二是资本设定了有限的创新主体。本来，资本无限发展的另一可能就是通过不断的创新获取超额利润。马克思揭示出利润是资本的活力，但资本是不满足于获得平均利润的，而是通过各种手段来获得超额利润。但利润有平均化的规律和趋势，而一旦达到平均利润的时候，资本就没有活力了，资本的活力在于获得超额利润。"资产阶级除非对生产工具，从而对生产关系，从而对全部社会关系不断地进行革命，否则就不能生存下去。"② 有趣的是，奥地利经济学家熊彼特以另一种方式表达了类似的意思。他认为，资本主义是建立在一种毁灭性创新基础上的经济，要不断地通过生产要素的重新组合以及技术创新才能得以发展，而当创新"均衡化"后，资本主义将走向毁灭。但资本主义要创新，就需要能够创新的人。而真正具有无限创新能力的人，应该是全面发展的人。资本主义面临的又一个危机就是人的片面化对资本主义发展造成的限制。矛盾在于，资本主义一方面要了解人，要开发人性化的产品；但另一方面，资本主义又造成了人的单面化、异化。所以人的片面化是限制资本主义发展的又一个界限。从这一点来说，资本主义是不能长久引领创新的，因为它无力造就具有无限创造力和健康需求的人。

三是资本设定了有限的发展空间。资本的无限扩张的趋势需要人与自然的真正和谐，以此才能提供不断扩展的发展空间和发展领域。但是，资本由于其获利的本性，导致对自然和其他空间的开发带有掠夺和占有的性质，在造成生态危机的同时，也扼杀了自身的发展空间。马克思在《宣言》中通过"消灭城乡差别"、《1844 年经济学哲学手稿》中通过"自然和人相异化"指出，资本对自然界的基本态度是掠夺和占有，是纯功利地对待自然界，这注定了它不可能真正地开拓人类发展所必需的自然空间，导致了自然和人道的对立，造成了自然的破坏和人自身的贫乏。这是资本为

① 《马克思恩格斯全集》第 30 卷，人民出版社 1995 年版，第 397 页。
② 《马克思恩格斯选集》第 1 卷，人民出版社 1995 年版，第 275 页。

自己设置的又一个界限。马克思从资本自己给自己设定了发展的历史界限，得出了资本自我否定的结论。资本不可能突破这个历史界限，因而必然要被取代。"资本不可遏止地追求的普遍性，在资本本身的性质上遇到了限制，这些限制在资本发展到一定阶段时，会使人们认识到资本本身就是这种趋势的最大限制，因而驱使人们利用资本本身来消灭资本。"①

其三，马克思依据当时资本主义暴露的典型事实，揭示了资本主义发展的基本规律和基本矛盾。首先是经济危机这一典型事实。自1825年英国爆发了资本主义第一次经济危机，以后每经过七八年，就爆发一次。马克思通过研究这一周期性的经济危机现象，揭示出资本主义所固有的社会化生产和私人占有之间的基本矛盾。第二个典型事实是当时发生在英、法、德的三大工人反抗运动。马克思从中不仅看到了工人阶级和资产阶级的对抗，而且发现了工人阶级逐渐联合及其阶级斗争日渐趋向自觉的发展趋势，从而揭示了资本主义"首先生产的是它自身的掘墓人"即工人阶级这一历史规律。第三个典型事实是"雇佣劳动"这一基本事实。资本主义是一种以雇佣劳动为基础的社会制度，这是一个在"自由买卖、自由交易"形式下的现代奴隶制，它使得"资本具有独立性和个性，而活动着的个人却没有独立性和个性"。因此，"共产主义并不剥夺任何人占有社会产品的权力，它只剥夺利用这种占有去奴役他人劳动的权力"②。马克思对雇佣劳动的深入分析，揭示了超越资本主义的历史必然性，指明了共产主义的光明前景："代替那存在着阶级和阶级对立的资产阶级旧社会的，将是这样一个联合体，在那里，每个人的自由发展是一切人的自由发展的条件。"③

现在我们党面临的最主要的危险是后共产主义现象。什么叫后共产主义？用这一用语发明者布热津斯基的话就是："那些声称共产主义理论是他们的政权（……）之本的共产党人，那些口头上说实践共产主义理论而实际上却在背离其实质的共产党人，那些毫无顾忌地公开否定共产主义理论的共产党人，所有这些自称'共产党人'的人，都不再认真地将共产主

---

① 《马克思恩格斯全集》第30卷，人民出版社1995年版，第390页。
② 《马克思恩格斯选集》第1卷，人民出版社1995年版，第287—288页。
③ 同上书，第294页。

义的理论作为指导社会政策的方针。这些就是后共产主义体系中的现象。"① 这里包括两种人，一种是表面上讲共产主义，实际上不信的共产党人；另一种是公开否定共产主义，但可能还自称为马克思主义者的共产党人。后共产主义现象使得我们不能不指出，在今天如果仅仅承认马克思主义、社会主义而不承认共产主义，或者仅仅口头上承认共产主义，那还不是真正的马克思主义，真正的共产党人必须努力实践共产主义。后共产主义从理论上割裂马克思主义和共产主义的内在统一，从学风上倡导言行不一的两面人格，其危害性极大。我们现在的主要危险不是教条主义，而是后共产主义的心态。

要在马克思主义理论的信仰和学习上做到口心一致、言行一致，首先要从理论上弄清什么是马克思主义、什么是共产主义。邓小平关于共产主义有个很简单的解释，即"马克思主义的另一个名词就是共产主义"②。这个解释虽然简单但非常准确，抓住了马克思主义的实质。所以共产主义信仰就是马克思主义的信仰，信仰共产主义就是信仰马克思主义。而信仰马克思主义，首先要信仰马克思主义的思想体系，信仰马克思主义这个真理体系，信仰马克思主义的基本原理是真理。马克思主义是唯一的科学批判和超越资本主义思想体系与制度的思想体系。

2. 驳斥马克思对于现代无产阶级的所谓"神化"论观点，自觉站稳工人阶级立场

对"无产阶级"这一概念有很多误解：一是把"一无所有"视为其根本特征，因而以"有恒产者有恒心"为由指认现代无产阶级只具破坏性、不可能担负"建设新世界"的使命，以致人们在使用"无产阶级"这一术语时往往有所顾忌。实际上，在马克思那里，无产阶级和工人阶级是通用的，现代无产阶级本身是一个科学的概念，有着充分的历史和学理依据，有着明晰的理论界定。二是局限于目前某些工人群体的状况断言无产阶级不先进，从而否定工人阶级的历史使命。实际上，马克思关于现代无产阶级分析的基本方法论，就是要突破主观性评价，即不仅不以其他阶级、阶层和个人的评价为依据，甚至也不以无产者当下的自我感受为依据，而是

---

① ［美］布热津斯基：《大失败》，军事科学院外国军事研究部译，军事科学出版社 1989 年版，第 298 页。

② 《邓小平文选》第 3 卷，人民出版社 1993 年版，第 173 页。

从人类历史发展的客观过程中来定位现代无产阶级，从资本主义社会的矛盾体系中来客观地确定无产阶级的历史地位。马克思在《神圣家族》中回答对于现代无产阶级的质疑时说："问题不在于某个无产者或者甚至整个无产阶级暂时提出什么样的目标，问题在于无产阶级究竟是什么，无产阶级由于其身为无产阶级而不得不在历史上有什么作为。"① 因此，马克思关于现代无产阶级的分析首先是一个世界观、方法论问题，西方关于"神化无产阶级"论也因此而起。

最为极端和普遍的攻击是将马克思的分析归结为"上帝的选民"说及"犹太幻想"："马克思的历史的必然性作为全能的上帝来代替耶和华，以近代西方世界内部的无产阶级来代替犹太人。无产阶级的专政就是弥赛亚的王国。"② 然而这些判断似乎忘记了，宗教是不需要论证的，而马克思主义注重的恰恰是科学论证。马克思精辟地指认资本主义的劳动方式为"雇佣劳动"，受制于这种劳动的工人不能不成为作为资本人格化的机器及产品的附属物，不能不成为资本增殖的工具。"这些雇佣工人不得不把自己的劳动力转化为日益增长的资本的日益增大的增殖力，并且由此把他们对自己所生产的、但已人格化为资本家的产品的从属关系永久化。"③ 更为重要的是，这种"现代奴隶制"披着"自由、公平"的外衣，让实际上处于奴隶状态的人们浑然不觉。"在雇佣劳动下，甚至剩余劳动或无酬劳动也表现为有酬劳动。在奴隶劳动下，所有权关系掩盖了奴隶为自己的劳动，而在雇佣劳动下，货币关系掩盖了雇佣工人的无偿劳动。"④ 把一种历史地产生的剥削关系转化为"永恒的自然关系"，使得资本主义生产关系对于社会化大生产的破坏必然以强积压的方式猛烈地爆发，造成空前深重的灾难，同时也决定了工人阶级的觉悟必定建立在对于历史规律的高度自觉上。

马克思学说的科学性还在于科学论证了关于工人阶级阶级意识的形成上。在西方意识形态看来，这是一个真正的两难推理：如果坚持唯物主义

---

① 《马克思恩格斯文集》第 1 卷，人民出版社 2009 年版，第 262 页。
② ［英］汤因比：《历史研究》，转引自［英］卡尔·波普尔《开放社会及其敌人》，台北桂冠图书公司 1986 年版，第 1010 页。
③ 《马克思恩格斯文集》第 5 卷，人民出版社 2009 年版，第 710 页。
④ 《马克思恩格斯选集》第 2 卷，人民出版社 1995 年版，第 224 页。

反映论，处在"物化"状态中的无产阶级就不可能产生"当家作主"的统治意识和实践；如果坚持无产阶级能够产生自觉的阶级意识就必须承认这其中的思辨性和神秘性。但是，问题在于，资本主义社会的两极化趋势及其造成的阶级对立究竟是马克思的主观臆造还是资本在自身的增殖、积累和集中过程中必然形成的？马克思一再强调工人阶级不同于其他劳动阶级之处的两个重要方面（即从资产阶级那里获得了教育和文化手段，与先进的社会化大生产相联系）究竟是不是事实？无产阶级与资产阶级的最大区别在于，资产者由于垄断生产资料而形成了狭隘的既得利益，而无产者由于完全丧失了与生产资料的直接联系而在根本利益上与社会化大生产保持一致，这又是不是事实？如果这些都是事实，那么起码就要承认工人阶级具有认识历史发展规律的客观条件，加上形成以先进理论武装的政党这一主观条件，它就能够从自在阶级成为具有自觉阶级意识的自为阶级。

3. 驳斥马克思对于共产党的所谓"威权"论观点，自觉坚持共产党的领导地位

《宣言》为我们提供了坚持共产党领导的充分理论依据，这是其遭受对手诟病的重要原因，因而也是我们需重点加以研读的问题。该著作对于共产党的论述突出地强调了三点：第一，共产党的阶级性及其道义性。共产党没有自己特殊的利益诉求，不是独立的利益主体，原因就在于"共产党人不是同其他工人政党相对立的特殊政党。他们没有任何同整个无产阶级的利益不同的利益"。共产党是以工人阶级的历史追求为追求，以工人阶级所代表的绝大多数人的利益为自己奋斗的利益。而工人阶级的阶级利益之所以代表绝大多数人，就在于存在阶级剥削和压迫的社会，总是大多数人受奴役的社会，因而"消灭阶级"这一工人阶级的要求就表达了大多数人的根本利益。由此可以断言："过去的一切运动都是少数人的或者为少数人谋利益的运动。无产阶级的运动是绝大多数人的、为绝大多数人谋利益的独立的运动。"在新的历史条件下，强调共产党没有自己的利益，强调共产党的阶级性和人民性的一致性十分重要。如果共产党有了其自身的利益，就不但不能够代表绝大多数人，而且必然脱离广大人民群众并与之对立；如果工人阶级利益和广大人民利益不一致，那么向全社会开放的执政党就必须放弃自己的阶级基础。在这两种情况下，共产党都要改旗易帜，搞多党制就是不以人的意志为转移的必然选择。可见，共产党的道义性来自其阶级性，从根本上说，越是工人阶级的就越是人民大众的。坚持

党的工人阶级性质不能动摇。

第二，共产党的理论优势及其先进性。在阶级社会，不仅存在着严重对抗的阶级利益，而且被压迫阶级本身的利益也是分化的。马克思发现，共产党的力量就在于能够始终代表广大劳动者的利益，成为全体人民团结一致的核心。值得注意的是，共产党之所以能够在实践中代表最广大人民的利益，始终站在无产阶级解放运动的前列，推动运动前进，就因为"它了解运动的进程、条件和结果"。就是说，实践中的先进性来源于思想理论上的科学性、先进性。这也就构成了后来中国共产党的建党第一原则，即坚持思想建党，始终把思想理论建设摆在党的建设的首位。

从现实针对性来看，党在今天所面临的四大危险，根子都在于思想理论上。一些人精神懈怠，理想信念不坚定，对中国特色社会主义没有信心，根子在理论不彻底、不成熟；在实践中能力不足、办法不多、不思进取，甚至高高在上、养尊处优、脱离人民，首先是思想的僵化、腐化；在行动上不顾大局、各行其是，甚至阳奉阴违、另搞一套，盖源于思想上的离心离德。无数事实表明，"没有革命的理论，就没有革命的运动"，只有用先进理论武装的党，才能成为进步事业的领导者和组织者。从这个意义上说，思想领导权是实现党的领导作用的根本保证。

第三，共产党的阶级性及其统一性。共产党只能有一个，不能有多个，根本原因是只有一个无产阶级。不仅某个国家的无产阶级只有一个，而且全世界的无产阶级都是统一的。无产阶级不仅代表了民族的统一，还代表了走向未来的全人类的统一，这就是消灭阶级、消灭私有制，最终实现共产主义。《宣言》关于"工人没有祖国"，"全世界无产者联合起来"的思想只能从这一角度解读，而不能视为工人阶级不能同时是民族的。归根到底，共产党只能有一个，不能搞多个，不能分裂工人阶级，也不能分裂共产党。虽然从今天的情况看，工人阶级的民族性还是明显的，但阶级性不但和人民性而且和民族性还是可以统一的。从历史发展长远趋势看，工人阶级的国际性、世界性会日益显现，共产主义这一"国际的理想"一定会实现。中国共产党的显著特点和力量源泉就在于从其诞生的那天起，就始终肩负着双重使命：一是中华民族伟大复兴的使命，另一是人类解放、实现共产主义的使命。作为中国工人阶级先锋队的阶级性，不仅没有妨碍而且支撑着中国共产党成为民族复兴的领导核心；反过来，领导中华民族的伟大复兴，也不仅没有阻碍而且有力地促进了人类文明向共产主义方向坚实地迈进。

三　培育马克思主义理论自信的红色经典

《宣言》中有两个"必然"（即"资产阶级的灭亡和无产阶级的胜利是同样不可避免的"）、两个"彻底决裂"（即"共产主义革命就是同传统的所有制关系实行最彻底的决裂；毫不奇怪，它在自己的发展进程中要同传统的观念实行最彻底的决裂"）的论述，是我们理解该著作基本精神的一个非常重要的着眼点。再加上 1858 年马克思在《〈政治经济学批判〉序言》里面讲的两个"决不会"，即"无论哪一个社会形态，在它所能容纳的全部生产力发挥出来以前，是决不会灭亡的；而新的更高的生产关系，在它的物质存在条件在旧社会的胎胞里成熟以前，是决不会出现的"，它们共同构成了马克思主义关于历史未来的完整判断，成为我们坚定共产主义理想信念的理论支点。

今天，往往有人用两个"决不会"去否定两个"必然"和两个"彻底决裂"，并借以否定十月革命及其开创的社会主义道路，鼓吹资本主义不可超越，否定共产主义的光明前景，因此，我们必须对两个"必然"、两个"决不会"和两个"彻底决裂"三者间的关系有一个透彻的理论把握。我认为，两个"必然"是马克思主义的战略思想，也就是说，从战略上、从历史的发展规律和当今历史的总趋势上，资本主义的灭亡和社会主义的胜利的确同样是不可避免的。这是一个战略分析，表明了历史不可逆转的大潮流、大趋势。两个"决不会"是一个战术思想，就具体的国家或地区以及具体的历史发展阶段而言，资本主义不但还有自我调整的空间，而且在科技和经济上的优势地位也不会立即丧失。社会主义还需要走艰难的道路，社会主义取代资本主义需要经历一个较漫长的历史过程，不能指望速战速决，要有应对困难的充分准备，这是必须遵循的战术原则。

但是，需要指出，战略管全局、大势、本质和结局，因而是我们信念的依据；而战术管局部、现状、细节和过程，因而是我们行动的依据。战略和战术从一定意义上看也是"务虚"和"务实"的关系。务虚不是空谈，而是看清大形势、理清大思路、把握大方向、奠定大依据，达到提高信心的目的，因而是实事求是、求真务实的重要组成部分。我们党在重大的战略转折关口，总要进行理论务虚，充分证明了其重要性。与之相对的务实，并非求真务实的大务实，而是具体组织实施的行动方案，因而必须充分依据当下的主客观条件，必须充分认识当前的艰难险阻，必须善于处理发展和收缩、坚持和妥协、优势和劣势的关系，以达到不断有所改善、有所突破、有所进展的目的，争取现有条件下的最好结果。

两者不能错位。如同毛泽东所讲，在战略上要藐视敌人，在战术上要重视敌人。我们在战略上一定要有共产主义的胜利和资本主义的灭亡是必然的信心，借以确立我们的战略目标和理想信念。但是在具体的实践中我们必须重视对手，要看到资本主义在今天还有较大的调节空间，在今天和今后的一个时期还具有优势地位，战胜资本主义是一个很长的历史过程。如果把战略变成了战术，就可能犯超越历史阶段的错误；而如果将战术变成战略，则可能犯迷失方向、悲观失望的错误。用"两个决不会"去否定"两个必然"，就是犯了用战术思想取代战略思想的错误。

关于两个"彻底决裂"的思想，我认为这是无产阶级政党如何掌握和实现自己的领导权的理论依据，因而是关于领导权的思想。任何阶级要成为统治阶级，必须具备两个条件：一是掌握国家经济命脉，另一是掌握社会的精神生产，即思想领导权。为什么？根据一，从马克思主义的观点看，国家政权属于上层建筑，它依托于一定的经济基础，同时也通过保护和发展相应的经济基础发挥自身的服务功能，没有巩固的经济基础的政治权力是脆弱的。根据二，精神生产服从服务于物质生产，因此，物质生产和再生产在生产物质资料的同时，也不断生产和再生产着人们的社会关系和思想观念。"思想的历史除了证明精神生产随着物质生产的改造而改造，还证明了什么呢？任何一个时代的统治思想始终都不过是统治阶级的思想。"①

这样，一般说来，要推翻一个政权，建立新的阶级统治，除了必须瓦解旧经济基础、建立新经济基础外，还必须破除旧观念、形成新思想。特殊地说，共产主义革命由于其社会变革的空前深刻，在所有制和思想观念上实行两个"彻底决裂"就在所必然。领导这一变革的工人阶级及其政党，只有在两个"彻底决裂"的过程中才能发挥自己的领导作用。就今天而言，我们要不断推进中国特色社会主义建设，确保以工人阶级为领导、

---

① 《马克思恩格斯选集》第 1 卷，人民出版社 1995 年版，第 292 页。

工农联盟为基础的国家性质，就必须坚持和发展以公有制为主体、多种所有制经济共同发展的基本经济制度，坚持和发展以马克思主义为指导、以共产党为领导核心的人民代表大会制度这一根本政治制度。毛泽东在新中国成立初期就讲过，领导我们事业的核心力量是中国共产党，指导我们思想的理论基础是马克思列宁主义。这就是领导权和领导作用。因此，贯彻两个"彻底决裂"就是要思考无产阶级政党如何实现领导作用的问题，在今天就是把中国共产党建设成坚持和发展中国特色社会主义的坚强领导核心。

　　总之，"两个必然"侧重战略，"两个决不会"侧重于战术，上述两条都是着眼于党所领导的事业，而"两个决裂"侧重于党的作用，着眼于党自身的建设。在推进党所领导的事业中同时推进党自身的伟大建设工程，就是中国共产党对于以上三条创造性的当代解读。

（原载《马克思主义研究》2012 年第 12 期）

唯物史观、剩余价值理论和科学社会主义学说

——读恩格斯的《社会主义从空想到科学的发展》（节选二、三部分）

梅荣政

《社会主义从空想到科学的发展》是 1880 年恩格斯应保·拉法格的请求，根据《反杜林论》中的《引论》第一章、第三编第一章和第二章、第三章内容改编而成。改编时对原书的相关内容作了补充和修改。保·拉法格将该著译成法文，恩格斯亲自校阅后，先以《空想社会主义和科学社会主义》为题发表在法国社会主义杂志《社会主义评论》1880 年第 3—5 期上，同年出版了单行本。马克思为法文版写了前言，称这本册子中摘录了《反杜林论》理论部分最重要的部分，"是科学社会主义的入门"。《社会主义从空想到科学的发展》后来译成欧洲多种文字，广泛传播于工人运动，对宣传马克思主义起了巨大作用。本文节选其中的二、三部分进行研读。

恩格斯在第一部分概述社会主义思想的历史发展，评述三大空想社会主义者的理论贡献和历史局限性，在其结尾处指出："为了使社会主义变为科学，就必须首先把它置于现实的基础之上"[①]，这个科学论断蕴涵着实现社会主义从空想飞跃到科学的根本条件，蕴涵着唯物史观、剩余价值理论和科学社会主义学说之间深刻的内在联系和转化关系。社会主义"现实的基础"，即人类历史发展规律，资本主义生产方式内部的运动规律以及以此为基础的无产阶级对资产阶级的阶级斗争及其规律。而要揭示这三大规律，前提是要有科学的理论基础，即实现历史观和经济学领域的革命变

---

① 《马克思恩格斯文集》第 3 卷，人民出版社 2009 年版，第 537 页。

革，创立唯物史观和剩余价值理论，而这必须借助于辩证法。

一 唯物辩证法的创立及在历史观上
引起的决定性的转变

恩格斯指出：科学社会主义的产生"必须有德国的辩证法"，[①] 因为"唯物主义历史观及其在现代的无产阶级和资产阶级之间的阶级斗争的特别应用，只有借助于辩证法才有可能"[②]。或者说"只有在英国和法国所产生的经济和政治状态受到德国辩证法的批判以后，才能得出确实的结论"[③]。因此，科学社会主义的产生首先要通过哲学理论的变革，创立唯物辩证法，以为它提供考察自然界或人类历史的正确的世界观和方法论。正是这样，恩格斯在第二部分历史地考察和阐述了人类哲学思维方式的发展过程，即辩证法发展的三种历史形态，即从古代自然的辩证法，到唯心主义辩证法，再到唯物辩证法的历史发展；并从辩证思维方法和形而上学思维方法的比较中，说明只有以辩证的思维方法为前提，才能对人类社会历史作出唯物主义的科学解释。

1. 古代的朴素辩证法与近代的形而上学思维方式

古代的朴素辩证法是辩证法的第一种历史形态。恩格斯指出，古希腊的哲学家是自发的辩证论者。他们认为世界是一幅由种种联系和相互作用无穷无尽地交织起来的画面，其中的一切都在运动、变化、生成和消逝。其杰出代表赫拉克利特（前 540—前 480）最先明白表述出来的是：一切都存在而又不存在，因为一切都在流动，都在不断地变化，不断地生成和消逝。所谓"人不能两次踏入同一条河流"。这种古希腊哲学的世界观是一种"原始的、素朴的、但实质上正确的世界观"[④]。但是这种观点也有局限性。它"虽然正确地把握了现象的总画面的一般性质，却不足以说明构成这幅总画面的各个细节；而我们要是不知道这些细节，就看不清总画

---

① 《马克思恩格斯文集》第 3 卷，人民出版社 2009 年版，第 495 页。
② 同上书，第 495—496 页。
③ 同上。
④ 同上书，第 538 页。

面"①。为了认识这些细节，就要把它们从自然的或历史的联系中抽出来，从其特性、特殊的原因和结果等方面来分别加以研究。这首先是自然科学和历史研究的任务。比如，把自然界分解为各个部分，把各种自然过程和自然对象分成一定的门类，而后进行分别的研究。

把自然界、自然过程和自然对象分解为各个部分、门类，进行分门别类的研究，这是认识自然界一般规律的基础或必要条件。从 15 世纪下半叶以来近代自然科学获得了日益迅速的进展。但是，这种做法也"给我们留下了一种习惯：把各种自然物和自然过程孤立起来，撇开宏大的总的联系去进行考察"。② 不仅如此，这种考察方式被培根和洛克从自然科学中移植到哲学中，这"就造成了最近几个世纪所特有的局限性，即形而上学的思维方式"，③ 并在思维方式中占据了统治地位。

形而上学思维方法的特点是，把事物看作是孤立、静止、片面的，而不是从其联系、联结、运动、产生和消逝方面去考察。这种思维方法在常识范围内似乎极为可信，但它具有很大的局限性，因为从根本上说，这是与自然界和人类社会本身的发展的实际情况相违背的，自然界的一切是辩证地而不是形而上学地运行的。为了正确地描绘自然界、人类社会的发展，以及这些发展在人们头脑中的反映，我们必须用辩证的方法。

2. 黑格尔唯心主义辩证法的巨大功绩及其局限性

社会实践和自然科学的发展越来越要求人们突破形而上学的狭隘眼界。近代德国哲学家黑格尔（1770—1831）恢复了辩证法这一最高的思维形式，形成了它的第二种历史形态——唯心主义辩证法。恩格斯指出，黑格尔的巨大功绩是，他第一次"把整个自然的、历史的和精神的世界描写为一个过程，即把它描写为处在不断的运动、变化、转变和发展中，并企图揭示这种运动和发展的内在联系"。④ 依照黑格尔的观点，人类的历史不是乱七八糟的暴力行为，"而是人类本身的发展过程，而思维的任务现在就是要透过一切迷乱现象探索这一过程的逐步发展的阶段，并且透过一切表面的偶然性揭示这一过程的内在规律性"⑤。

---

① 同上。
② 《马克思恩格斯文集》第 3 卷，人民出版社 2009 年版，第 539 页。
③ 同上。
④ 同上书，第 542 页。
⑤ 同上。

但是，黑格尔是唯心主义者。在他看来，"事物及其发展只是在世界出现以前已经以某种方式存在着的'观念'的现实化的反映。这样，一切都被头足倒置了。世界的现实联系完全被颠倒了"①。黑格尔体系作为体系来说，还包含着一个无法解决的内在矛盾：一方面，它以历史的观点作为基本前提，另一方面，它又硬说它自己就是这种绝对真理的化身，是最终完成的认识体系。辩证方法的革命精神被其保守封闭的哲学体系闷死了。黑格尔虽然把历史观从形而上学中解放出来，使它成为辩证的，人类历史被视为一个有规律的过程。但是，他的历史观本质上是唯心主义的。在他看来人类历史的发展只不过是"绝对精神"的实现过程，这又是完全荒谬的。

恩格斯指出："一旦了解到以往的德国唯心主义是完全荒谬的，那就必然导致唯物主义。"② 费尔巴哈打破了黑格尔的体系，使唯物主义重新登上王座。但是，他简单地把黑格尔的体系抛在一旁，而不是从它的本来意义上"扬弃"它，即批判地消灭它的形式，救出通过这个形式获得的新内容。恩格斯批评说："费尔巴哈打破了黑格尔的体系，简单地把它抛在一旁。但是简单地宣布一种哲学是错误的，还制服不了这种哲学。像对民族的精神发展有过如此巨大影响的黑格尔哲学这样的伟大创作，是不能用干脆置之不理的办法来消除的。"③

3. 马克思、恩格斯创立了唯物辩证法

马克思和恩格斯从德国唯心主义哲学中拯救了自觉的辩证法，并把它运用于唯物主义的自然观和历史观，即创立了辩证法的第三种历史形态——唯物辩证法。

马克思、恩格斯认为："现代唯物主义把历史看做人类的发展过程，而它的任务就在于发现这个过程的运动规律……现代唯物主义本质上都是辩证的。"④ 这样一来，任何凌驾于其他科学之上的哲学，就不再是需要的了。历史学，应当成为关于历史的实证科学。这是在历史观上发生的决定性的转变。

---

① 《马克思恩格斯文集》第 3 卷，人民出版社 2009 年版，第 542 页。
② 《马克思恩格斯文集》第 4 卷，人民出版社 2009 年版，第 543 页。
③ 同上书，第 276 页。
④ 《马克思恩格斯文集》第 3 卷，人民出版社 2009 年版，第 545 页。

二　唯物主义历史观的创立对科学
社会主义产生的意义

1. 唯物主义历史观的创立和唯心主义在历史观中被驱逐

以往，唯心主义历史观把理性即概念、判断、推理等思维形式和思维活动，作为衡量历史发展的标准和动力，根本不知道在人们的思想动机背后支配着人们行动的物质利益以及基于物质利益的阶级斗争在人类历史中的重要作用；生产和一切经济关系只是当作"文化史"的从属因素被顺便提一下而已。

然而，唯心主义历史观同历史事实是相违背的。19 世纪三四十年代所发生的历史事实引起了历史观上的决定性转变。这就是 1831 年在里昂发生的第一次工人起义，1838—1842 年英国第一次全国性的工人运动，即英国的宪章派运动。这些历史事实说明："无产阶级和资产阶级之间的阶级斗争一方面随着大工业的发展，另一方面随着资产阶级新近取得的政治统治的发展，在欧洲最先进的国家的历史中升到了重要地位"，而阶级斗争的根源正是不同阶级在社会经济关系中所处的不同地位及其物质利益的对立。这些社会的基本事实，是以往的唯心主义历史观根本不知道，也从来没有说明过的。然而，所有这些事实日益令人信服地证明，资产阶级经济学关于资本和劳动的利益一致，关于自由竞争必将带来普遍和谐和人们对普遍福利的学说完全是撒谎。

不过问题还在于：在资本主义社会中，基于物质利益的阶级斗争具有如此重要的作用，那么在其他社会中，情况是不是也这样呢？这个"新的事实迫使人们对以往的全部历史作一番新的研究"。①

马克思、恩格斯应时代的要求研究了以往的全部历史。结果发现：第一，"以往的全部历史，除原始状态外，都是阶级斗争的历史"。② 人类的全部历史运动，除原始社会外，都是在阶级对立和阶级斗争的状态中发展的。

第二，"这些互相斗争的阶级在任何时候都是生产关系和交换关系的

---

① 《马克思恩格斯文集》第 3 卷，人民出版社 2009 年版，第 544 页。
② 同上。

产物，一句话，都是自己时代的经济关系的产物"。① 阶级斗争归根结底是代表新的生产力进一步发展要求的先进阶级，同束缚它发展的、代表旧生产关系的反动阶级之间的斗争。阶级的产生及阶级斗争不可调和的原因正存在于一个时代的生产关系和交换关系即经济关系中。因此，人们必须从生产力和生产关系的矛盾冲突去理解阶级斗争史。

第三，"每一时代的社会经济结构形成现实基础，每一个历史时期的由法的设施和政治设施以及宗教的、哲学的和其他的观念形式所构成的全部上层建筑，归根到底都应由这个基础来说明"。②

这些发现，使一种崭新的"唯物主义历史观就被提出来了，用人们的存在说明他们的意识，而不是像以往那样用人们的意识说明他们的存在这样一条道路已经找到了"。③ 即为人们开辟了一条科学地研究和认识人类社会及其历史的新道路。

如果说，费尔巴哈使唯物主义重新登上了王座，主要是指的对自然界的认识，那么，在历史观方面，情况就远不是这样的了。在这个领域中，唯心主义仍然占据着支配的地位。费尔巴哈本人，也不过是一个"半截子"的唯物主义者。而随着唯物主义历史观的提出，情况就发生了根本性的变化："唯心主义从它的最后的避难所即历史观中被驱逐出去了。"④

2. 新历史观使社会主义越出了乌托邦的荒野

唯物史观的创立，"历史破天荒第一次被置于它的真正基础上"。⑤ 人们从社会的生产和经济关系中找到历史发展的动因，社会历史发展的规律被清晰地揭示出来。这种新的历史观，对于社会主义的观点有极其重要的意义。先前空想社会主义基于唯心史观，只看到资本主义生产方式所造成的社会后果不合理、不正义，应在道义上加以谴责和反对，"但是，它不能说明这个生产方式，因而也就不能对付这个生产方式"，⑥ 找不到消灭这种剥削制度，实现无产阶级解放的路径。现在新的历史观证明了：至今的全部历史都是在阶级对立和阶级斗争中发展的；统治阶级和被统治阶级，

---

① 《马克思恩格斯文集》第 3 卷，人民出版社 2009 年版，第 544 页。
② 同上。
③ 同上书，第 545 页。
④ 同上。
⑤ 同上书，第 459 页。
⑥ 同上书，第 545 页。

剥削阶级和被剥削阶级是一直存在的；大多数人总是注定要从事艰苦的劳动而很少能得到享受。这是因为在人类发展的以前一切阶段上，生产还很不发达，以致历史的发展只能在这种对立形式中进行，历史的进步整个说来只是成了极少数特权者的事，广大群众则注定要终生从事劳动，为自己生产微薄的必要生活资料，同时还要为特权者生产日益丰富的生活资料。现在不同了，"由于现实生产力如此巨大的发展，就连把人分成统治者和被统治者、剥削者和被剥削者的最后一个借口，至少在最先进的国家里也已经消失了；居于统治阶级的大资产阶级已经完成了它的历史使命，它不但不能再领导社会，甚至变成了生产发展的障碍，如各国的商业危机，尤其是最近的一次大崩溃以及工业不振的状态就是证明：历史的领导权已经转到无产阶级手中，而无产阶级由于自己的整个社会地位，只有完全消灭一切统治，一切奴役和一切剥削，才能解放自己；社会生产力已经发展到资产阶级不能控制的程度，只等待联合起来的无产阶级去掌握它，以便建立这样一种制度，使社会的每一成员不仅有可能参加社会财富的生产，而且有可能参加社会财富的分配和管理，并通过有计划地经营全部生产，使社会生产力及其成果不断增长，足以保证每个人的一切合理的需要在越来越大的程度上得到满足"。新历史观作出的这些证明，使社会主义不再被看作某个天才头脑的偶然发现，而被看作两个历史地产生的阶级即无产阶级和资产阶级之间斗争的必然产物。它的任务不再是构想出一个尽可能完善的社会制度，而是研究必然产生这两个阶级及其互相斗争的那种历史的经济的过程；并在由此造成的经济状况中找出解决冲突的手段。这就从根本上越出了空想社会主义的理论立场和视野。

三 剩余价值学说的发现及对科学社会主义产生的意义

马克思、恩格斯运用唯物史观的基本原理，发现了剩余价值理论，从而揭示了现代资本主义生产方式和它所产生的资产阶级社会的特殊的运动规律。先前，无论是资产阶级经济学家还是社会主义批评家，在这个方面所做的一切研究，都只是在黑暗中摸索，因为他们并未说明资本主义生产方式及其后果，不能明白地指出资本主义剥削是怎么回事，它是怎样产生的。剩余价值的发现就豁然开朗了。它对于科学社会主义创立的意义，如恩格斯所说："这个问题的解决使明亮的阳光照进了经济学的各个领域，而在这些领域中，从前社会主义者也曾像资产阶级经济学家一样在深沉的黑暗中摸索。科学社会主义就是以这个问题的解决为起点，并以此为中心的。"① 这是因为，剩余价值学说彻底弄清了资本和劳动的关系，即揭示了在资本主义生产方式下，资本家对工人的剥削是怎么回事，它是怎样产生的，怎样进行的。这一方面说明了资本主义生产方式的历史联系和它在一定历史时期存在的必然性，从而说明了它灭亡的必然性；另一方面，揭露了这种生产方式的一直还隐蔽着的内在性质。它证明，无偿劳动的占有是资本主义生产方式和通过这种生产方式对工人进行的剥削的基本形式，剩余价值构成了有产阶级手中日益增加的资本量由以积累起来的价值量。这样，就说明了资本主义生产和资本生产过程。

剩余价值的发现不是偶然的。古典政治经济学对剩余价值也曾作过探讨，有不少合理的思想，如：肯定了剩余价值的存在，并探讨了它的具体形式（如配第的地租理论讲的就是剩余价值的理论形式）；探讨了剩余价值的起源。认为剩余价值是劳动创造的（如亚当·斯密把利润归结为对无酬的别人劳动的占有，马克思称他认识到了剩余价值的真正起源）；探讨了剩余价值的含义。认为剩余价值就是生产资料的占有者所无偿占有的那部分劳动产品的价值（如李嘉图坚信，由工人创造的全部劳动产品的价值是社会各个剥削阶级一切收入的源泉。资本家无偿占有劳动产品扣除工资后的余额）；研究了产品在工人和生产资料占有者之间的分配比例（如李嘉图和亚当·斯密等人把产品划分为工资、利润和地租。李嘉图还专门探讨了工资、利润和地租分别在工人、资本家和地主之间的分配比例问题，这就在一定程度上揭示了三个阶级之间矛盾的经济根源）。这表明，马克思的剩余价值学说是以先前的优秀经济思想——古典经济学家剩余价值探讨中的合理因素为理论前提的。但古典经济学并未建立起科学的剩余价值理论。因为古典经济学家只讨论了如地租、利润等剩余价值的特殊形式，而没有深入研究剩余价值的纯粹形式、剩余价值本身的内容。他们这种零碎的、不系统的关于剩余价值内容的见解，只局限于剩余价值的外部形态，没有揭示出剩余价值的内在本质和规律；古典经济学家混淆而没有区

---

① 《马克思恩格斯文集》第 9 卷，人民出版社 2009 年版，第 212 页。

分劳动和劳动力两个概念，这就造成了认识上的一系列混乱（如按照劳动价值学说，同资本进行交换的是劳动，这就产生了一个不可解决的矛盾：承认了劳动创造价值就否定了资本能带来利润；承认了资本能带来利润就否定了劳动创造价值）。事实上，用"劳动的价值"取代"劳动力的价值"，在理论上必定说不清利润、地租等剩余价值的来源，必定不能理解剩余价值的实质（如亚当·斯密）。因而不能建立科学的劳动价值学说。

马克思在批判继承前人合理思想的基础上，把剩余价值作为一个专门的范畴来探讨。他分析了货币向资本的转化，认为货币是资本的最初表现形式，资本总是要表现为一定数量的货币。但货币并不一定就是资本，货币变为资本的条件是货币的增殖。货币有两个表现，一是作为流通媒介的表现，这种形式表现的货币不会带来货币的增殖；二是作为增殖手段的表现，即资本流通的表现形式，资本家用货币去进行交换，目的是为了获得更多的货币。即资本家经过买卖活动，最后获得大于他原先所支付的货币额的货币额。这样，货币带来了增殖，变成了资本，这个增殖额就是剩余价值。

马克思还指出，货币的增殖不会在流通领域产生，因为流通过程是按等价交换的原则进行的。剩余价值来源于生产过程。即，资本家从市场上购买了劳动力这种特殊商品，它不但能够创造价值，而且能创造大于它本身价值的价值。他将劳动力投入到生产中加以使用，而"劳动力的价值和劳动力在劳动过程中实现的价值，是两个不同的量"。[①] 劳动力的使用过程所创造的价值要大于劳动力本身的价值，即工人的劳动过程由两部分时间组成，在必要劳动时间内工人就可创造出补偿其生活费用的价值，而此外的剩余劳动时间则是为资本家无偿劳动。工人劳动过程的结果，资本家就不仅能够收回他购买劳动力所支付的货币，而且能获得更多的货币，即剩余价值。这说明，剩余价值完全来源于资本家对工人劳动的剥削。这就揭示了资本主义生产方式的本质和剩余价值的来源，揭露了资本家剥削的秘密。这也就为科学社会主义的产生奠定了客观基础。因为它清楚地说明了资本家和雇佣工人之间阶级对立的经济根源。指出了无产阶级和资产阶级的关系，是剥削和被剥削的关系。两大阶级对抗性的矛盾不可调和。从

---

① 《马克思恩格斯文集》第 9 卷，人民出版社 2009 年版，第 213 页。

此，社会主义再不是什么绝对真理、理性和正义的体现，而是无产阶级对资产阶级斗争的必然结果，是资本主义生产方式固有矛盾发展的必然产物。这样，社会主义就被奠定在无产阶级对资产阶级斗争的现实基础之上；不仅如此，剩余价值学说还指出了实现社会主义的依靠力量。剩余价值学说揭示出雇佣劳动阶级是受剥削、受压迫最深的阶级。随着资本主义生产方式的发展，资本家对剩余价值的贪婪占有，必然带来两极分化的加剧，这必将使无产阶级日益陷入贫困化的境地，迫使它进行彻底革命，推翻资本主义制度，以实现自身的解放。剩余价值学说对无产阶级历史地位和历史使命的揭示，不仅使社会主义找到了依靠的力量，而且还指明了实现目标追求的正确途径。因为它证明：资本主义生产方式的本质就是追求剩余价值，在这种生产方式下，无产阶级同资产阶级的矛盾绝对不可调和，亦不可能在资本主义制度本身内得到解决。幻想通过宣传、示范的和平改良来改变资本主义是行不通的。并且，资产阶级对剩余价值的占有，使它具有镇压无产阶级任何反抗的雄厚物质力量。这就决定了，要改变资本主义制度，只能用物质的、革命的手段。即通过暴力革命，推翻资产阶级专政，建立无产阶级政权，才是实现社会主义的唯一正确途径。

综上所述，唯物史观的发现，揭示了人类历史发展的一般规律，科学说明了社会历史的发展是由社会基本矛盾运动引起的由低级到高级的发展过程，这就使社会主义从理性、天才人物的发现等唯心主义观点的束缚下解放出来，走向了它的物质和经济的现实基础。而剩余价值学说的创立，则揭示了资本主义社会矛盾运动的规律，找到了实现社会主义的依靠力量和正确途径。这样，科学社会主义产生的两大理论基石就牢固地奠立起来。如恩格斯所说：由于这两大发现，"社会主义已经变成了科学"①。现在需要做的是对科学社会主义这门科学本身作进一步探讨。

四　科学社会主义学说的理论说明

1. 科学社会主义的理论基础

科学社会主义是怎样的一门科学？恩格斯在（三）的开篇，先简要地

_____

① 《马克思恩格斯文集》第 3 卷，人民出版社 2009 年版，第 546 页。

概括了它的理论基础，即唯物主义历史观的原理。他指出："唯物主义历史观从下述原理出发：生产以及随生产而来的产品交换是一切社会制度的基础；在每个历史地出现的社会中，产品分配以及和它相伴随的社会之划分为阶级或等级，是由生产什么、怎样生产以及怎样交换产品来决定的。"① 这里恩格斯讲了两个基本点：一是唯物史观的出发点：生产以及随之而来的交换是一切社会制度的基础。人类的实践活动包含广泛的方面，其中物质资料的生产实践是最基本的，它决定着人类其他一切形式的社会实践。因此它是人类社会生存和发展的首要前提和物质保证。如马克思所说："任何一个民族，如果停止劳动，不用说一年，就是几个星期，也要灭亡，这是每一个小孩都知道的。"② 二是产品分配和阶级划分，取决于生产什么、怎样生产和怎样交换。生产什么、怎样生产和怎样交换讲的是生产方式和交换方式。生产方式是生产力和生产关系的统一体，它决定交换方式和人类其他一切活动，决定着社会的结构、性质和面貌，是整个社会大厦的基础。一个社会有什么样的生产力就有什么样的生产关系，随之也就有为之服务的相应的政治法律制度和社会意识形态。如马克思所说："物质生活的生产方式制约着整个社会生活、政治生活和精神生活的过程。"③ 自然也就决定着阶级的划分和产品的分配形式。因为，阶级作为一个经济范畴，表明的是人们在生产过程中的相互地位和相互关系。人们这种地位和关系，首先直接决定于生产资料所有制形式。人们对生产资料的关系不同，在生产中的地位及相互关系就不同。占有生产资料的集团处于主导和支配的地位，它凭借这种优势占有另一个集团的劳动，从而产生了不同的阶级。很清楚，阶级的划分，完全是由生产什么、怎样生产和怎样交换所决定的。恩格斯对这个问题讲得十分透彻："这些互相斗争的社会阶级在任何时候都是生产关系和交换关系的产物，一句话，都是自己时代的经济关系的产物。"④

产品的分配形式也一样。人们之间之所以会出现不同的分配方式和取得不同的收入数量，正是由于人们对生产资料的关系不同以及由此所决定

---

① 《马克思恩格斯文集》第 3 卷，人民出版社 2009 年版，第 547 页。
② 《马克思恩格斯选集》第 4 卷，人民出版社 2009 年版，第 580 页。
③ 《马克思恩格斯文集》第 2 卷，人民出版社 2009 年版，第 597 页。
④ 《马克思恩格斯文集》第 9 卷，人民出版社 2009 年版，第 29 页。

的在生产中的地位和作用的不同。产品分配方式不过是生产方式的一种反映而已。

根据上述原理，恩格斯认为，探索一切社会变迁和政治变革的终极原因，"应当到生产方式和交换方式的变更中去寻找；不应当到有关时代的哲学中去寻找，而应当到有关时代的经济中去寻找"[1]。因为，决定整个社会历史变化、社会形态更替、推动人类社会由低级向高级发展的根本动力，正存在于生产方式和交换方式的变更中，即正是生产方式的矛盾运动。在生产方式的统一体中，生产力是最活跃、最革命的因素，又是决定性的因素，它决定着生产关系的性质和生产关系的变革。马克思曾概括这种情形说："社会的物质生产力发展到一定阶段，便同它们一直在其中运动的现存生产关系或财产关系（这只是生产关系的法律用语）发生矛盾。于是这些关系便由生产力的发展形式变成生产力的桎梏。那时社会革命的时代就到来了。随着经济基础的变更，全部庞大的上层建筑也或慢或快地发生变革。"[2] 这是很精辟的。

生产的物质事实作为推动人类社会由低级向高级发展的根本动力，内含着用来消除已经发现的现存生产关系弊病的手段（如人们对经济运动规律和发展趋势、对旧制度的不合理性和不公平性的日益清楚的认识，对现存制度的不满和变革现存制度的愿望以及解决问题的方法和途径的把握，等等）。这些手段以或多或少发展了的形式存在于已经发生变化的生产关系本身中。因此我们能够通过头脑从生产的现成物质事实中去发现它。

科学社会主义从上述历史唯物主义原理出发，就从根本上划清了同空想社会主义的界限，为科学分析资本主义必然灭亡、社会主义必然胜利的原因奠定了深刻的历史哲学基础。

2. 科学社会主义的内涵

恩格斯指出，科学社会主义是人类历史合乎规律发展的结果，是从资本主义生产方式的矛盾冲突中产生出来的。"现在的社会制度是由现在的统治阶级即资产阶级创立的。资产阶级所固有的生产方式，是同封建制度的地方特权、等级特权以及相互的人身束缚不相容的；资产阶级摧毁了封建制度，并且在它的废墟上建立了资产阶级的社会制度，建立了自由竞

---

① 《马克思恩格斯文集》第 3 卷，人民出版社 2009 年版，第 547 页。
② 《马克思恩格斯文集》第 2 卷，人民出版社 2009 年版，第 591 页。

争、自由迁徙、商品所有者平等的王国，以及资产阶级的一切美妙东西。资本主义生产方式现在可以自由发展了。自从蒸汽机和新的工具机把旧的工场手工业变成大工业以后，在资产阶级领导下造成的生产力，就以前所未闻的速度和前所未闻的规模发展起来了。"① 这说明，资本主义生产方式代替封建制度，是历史规律发生作用的不可避免的结果。资本主义制度取代封建制度是人类历史的巨大进步。

然而，人类历史总是按照自身的矛盾运动有规律的向前发展的，它不会停止在某一点上。随着资本主义生产力的巨大发展又导致了同它运行于其中的生产关系的矛盾冲突。"正如从前工场手工业以及在它影响下进一步发展了的手工业同封建行会桎梏发生冲突一样，大工业得到比较充分的发展时就同资本主义生产方式对它的种种限制发生冲突了。新的生产力已经超过了这种生产力的资产阶级利用形式。"② 生产力和生产方式之间的这种冲突，不是产生于人们头脑中，而是实际地、客观地在我们之外，甚至不依赖于引起冲突的那些人的意志或行动而存在着。科学社会主义正是这种实际冲突在思想上的反映，首先是在那个直接吃到它的苦头的工人阶级头脑中的观念上的反映。

恩格斯指出生产力和生产方式之间的这种冲突具体表现为两大冲突：

其一，生产的社会化同生产资料私人占有制的冲突。生产的社会化和生产资料的社会性使用，要求生产资料适应生产越来越社会化的趋势，为社会所占有、管理和支配。但是，资本主义生产关系却不能适应这一趋势，依然是私人占有生产资料，这种形式就同生产的社会化发生了尖锐对立。其突出表现是个别企业生产的有组织性和整个社会生产的无政府状态的矛盾。这种矛盾导致经济危机的周期性发生，造成生产力的巨大破坏。这表明资本主义生产资料私人占有制已容纳不下生产力的发展，不再适应生产的社会化趋势。

其二，无产阶级和资产阶级的矛盾冲突。在资本主义生产方式下，生产的本质是追求剩余价值。无产阶级创造了大量财富，但这个物质生产的主体，在资产阶级的残酷剥削和压迫下却日益贫穷。日益社会化的生产过程，没有改善工人的生活和劳动条件，反而加重了工人的苦难。机器的广

---

① 《马克思恩格斯文集》第 3 卷，人民出版社 2009 年版，第 547—548 页。
② 同上书，第 548 页。

泛使用，使大批工人被排挤、遭到失业，造成失业大军，进一步导致工人购买力的下降，从而加剧了生产过剩的经济危机。经济危机中工厂倒闭，失业人数暴增，工人的生活更是苦不堪言。这就迫使饥寒交迫的奴隶们起而反抗。

资本主义社会基本矛盾运动要经历一个的发展过程。恩格斯对此作了具体分析。

首先分析了资本主义生产社会化的形成。

在中世纪的封建社会，普遍地存在着以劳动者对他的生产资料的私人占有为基础的小生产：小农的即自由农或依附农的农业和城市的手工业。由于社会分工的发展，使封建社会小生产的产品也带有商品的形式。这是以个体劳动为基础的简单商品生产，以后在个体劳动旁边出现了社会化的生产，即采取协作和有计划生产形式的大作坊和手工工场。其生产效率要比个体劳动高得多，它的产品在同一市场上出卖，比分散的小生产者制造的便宜。致使个体生产在一切部门遭到失败，全部旧的生产方式实现革命化，使资本主义的商品经济代替了小生产的简单商品经济。

资本主义的商品生产把分散的小的生产资料加以集中和扩大，使之变成现代生产的强有力的杠杆。从 15 世纪起，资本主义生产经过简单协作、工场手工业和大工业三个阶段，到 18 世纪 70 年代—19 世纪中叶完成产业革命，在欧洲先进国家基本实现了生产社会化。这包括生产资料使用的社会化（由大批人共同使用的生产资料）、生产本身的社会化（生产本身从一系列的个人行动变成一系列的社会行动过程）、产品的社会化（产品由个人的劳动成果变成了社会的劳动成果），使生产力得到空前的发展。

在资本主义私人占有的基础上实现的生产社会化，生产资料的使用、生产的过程和劳动产品都已经社会化了，但简单商品生产的私人占有形式并没有被触动，仍然起着作用。"这些社会化的生产资料和产品还像从前一样被当做个人的生产资料和产品来处理。"① 这就使社会化的生产同私人占有制发生了尖锐的对立。简单商品生产以私人生产为前提，占有的是自己的劳动产品，故没有这种矛盾；资本主义的私人占有则是以社会化的生产力前提，在这种条件下，"现在按社会化方式生产的产品已经不归那些

---

① 《马克思恩格斯文集》第 3 卷，人民出版社 2009 年版，第 550 页。

真正使用生产资料和真正生产这些产品的人占有，而是归资本家占有"①。资本家占有的并不是自己的劳动成果，而是他人的劳动成果。这就是说，新的生产方式虽然已经消灭了私人占有形式的前提，但是它仍然服从于这一占有形式。这就赋予了新的生产方式以资本主义性质的矛盾，这种矛盾已经包含着现代一切冲突的萌芽。资本主义生产方式越是发展，"社会化生产和资本主义占有的不相容性，也必然愈加鲜明地表现出来"②。

社会化生产和资本主义占有的不相容性具体表现为上述两大对立。恩格斯具体而深入地论述了这两大对立及其必然导致的经济危机。他通过对经济危机发生的起因、性质、机理和后果的透辟分析，说明资本主义生产方式已没有出路，资本主义制度最终不可避免地会导致灭亡。进而恩格斯指出，猛烈增长着的生产力对它的资本属性的反抗，要求承认它的社会本性的这种日益增长的必要性，迫使资本家在资本关系内部一切可能的限度内，愈来愈把生产力当作社会生产力看待。于是，相应地出现了股份公司、托拉斯、资本主义国有化等垄断形式。但是，"无论向股份公司和托拉斯的转变，还是向国家财产的转变，都没有消除生产力的资本属性"。③因为"现代国家，不管它的形式如何，本质上都是资本主义的机器，资本家的国家，理想的总资本家。它越是把更多的生产力据为己有，就越是成为真正的总资本家，越是剥削更多的公民"④。资本主义的垄断组织并不能真正解决生产的社会化和生产资料的资本主义占有方式之间的矛盾，相反，反而把矛盾推到了顶点。因为在垄断形式下，工人仍然是雇佣劳动者，无产者。而资本家则完全成了多余的，他们的全部社会职能都由雇佣的职员来执行了，他们成了寄生虫，除了吃红利、持有剪息票、进行投机以外，再没有任何其他的社会活动。资本主义大生产开始排挤资本家，像对待工人那样把他们赶到过剩人口中去。恩格斯说："在这里剥削变得这样明显，以致它必然会被废除。任何一个民族都不会容忍由托拉斯领导的生产，不会容忍由一小撮专靠剪息票为生的人对全社会进行如此露骨的剥削。"⑤ 无产阶级和资产阶级的矛盾更加尖锐了，正像资本主义的灭亡不可

---

① 同上。
② 《马克思恩格斯文集》第 3 卷，人民出版社 2009 年版，第 551 页。
③ 同上书，第 559 页。
④ 同上。
⑤ 同上书，第 558 页。

避免一样，社会主义的胜利也是历史发展的必然趋势。

历史发展的必然趋势同远景的实现有内在联系，但不是等同的事。恩格斯认为，资本主义的矛盾和冲突的解决，只能是在事实上承认现代生产力的社会本性，因而也就是使生产、占有和交换的方式同生产资料的社会性相适应。而要实现这一点，只有把它转到"联合起来的生产者手中"，"让位于那种以现代生产资料的本性为基础的产品占有方式：一方面由社会直接占有，作为维持和扩大生产的资料；另一方面由个人直接占有，作为生活资料和享受资料"①。即把生产资料变为公共财产，以为每个社会成员造福。

恩格斯论证了社会占有生产力的实现，只能通过无产阶级的社会主义革命来完成。无产阶级由其阶级地位所决定，是社会主义革命的依靠力量。因为它是资本主义生产方式本身所造成的一种"在死亡的威胁下不得不去完成这个变革的力量"②。实现社会主义革命的途径是，"无产阶级将取得国家政权，并且首先把生产资料变为国家财产"③。即通过暴力夺取政权的道路，推翻资产阶级的统治，建立无产阶级专政，从而把生产资料转变为公共财产。这样一来，它就消灭了作为无产阶级的自身，消灭了一切阶级差别和阶级对立，它就消灭了作为国家的国家。

然而，消灭阶级和消灭国家，是一个非常复杂的历史过程。为了使无产阶级清楚地了解和把握这一过程，恩格斯用大量篇幅细致地阐述了国家的起因、性质、职能、国家消亡的条件。恩格斯指出：在阶级对立中运动着的社会，都需要有国家，即需要一个剥削阶级的组织，以便维护这个社会的外部生产条件，特别是用暴力把被剥削阶级控制在当时的生产方式所决定的那些压迫条件下。说国家是整个社会的正式代表，这仅仅是说，它是当时独自代表整个社会的那个阶级的国家。当国家终于成为整个社会的代表时，它就使自己成为多余的了。"国家真正作为整个社会的代表所采取的第一个行动，即以社会的名义占有生产资料，同时也是它作为国家所采取的最后一个独立行动。那时，国家政权对社会关系的干预在各个领域中将先后成为多余的事情而自行停止下来。那时，对人的统治将由对物的

---

① 《马克思恩格斯文集》第3卷，人民出版社2009年版，第561页。
② 同上。
③ 同上。

管理和对生产过程的领导所代替。国家不是被废除的，它是自行消亡的。"① 恩格斯这一段论述深刻地阐明了马克思主义国家观同机会主义、无政府主义国家观的根本界限。

消灭国家是同消灭阶级紧密相连的问题。为此，恩格斯进一步阐述了消灭阶级的经济条件。恩格斯具体分析了阶级的产生和存在是同生产发展的一定历史阶段相联系的。"社会分裂为剥削阶级和被剥削阶级、统治阶级和被压迫阶级，是以前生产不大发展的必然结果。"② 阶级的划分是以生产的不足为基础的，它将被现代生产力的充分发展所消灭。"社会阶级的消灭是以生产高度发展的阶段为前提的。"③ 当生产资料的扩张力撑破资本主义生产方式，转为社会所有，造成生产力不断加速发展、生产实际无限增长的唯一条件，又消除了经济危机和统治阶级及其政治代表的挥霍浪费时，生产必定会得到高度发展。在社会发展的这种阶段上，社会化生产"不仅可能保证一切社会成员有富足的和一天比一天充裕的物质生活，而且还可能保证他们的体力和智力获得充分的自由的发展和运用"。④ 这时，不仅某个特定的统治阶级而且任何统治阶级的存在，从而阶级差别本身的存在，都将成为时代的错误，成为过时的现象。

接下来恩格斯论述了人类由必然王国向自由王国的飞跃。他指出：一旦社会占有了生产资料，商品生产、产品对人的统治、社会生产内部的无政府状态都将被消除，社会生产将有计划地进行。个体生存斗争停止。这意味着人在一定意义上最终脱离了动物界，从动物的生存条件进入了真正人的生存条件。人们因已成为自身的社会结合的主人，也第一次成为自然界的自觉的和真正的主人。人们因掌握了社会规律和自然规律，其自身的社会结合变成自由行动。以往一直统治着历史的客观的异己力量，现在都处在人们的控制之下，"只是从这时起，人们才完全自觉地自己创造自己的历史；只是从这时起，由人们使之起作用的社会原因才大部分并且越来越多地达到他们所预期的结果。这是人类从必然王国进入自由王国的飞跃"⑤。

---

① 同上书，第562页。
② 《马克思恩格斯文集》第3卷，人民出版社2009年版，第563页。
③ 同上。
④ 同上书，第563—564页。
⑤ 同上书，第564—565页。

最后，恩格斯阐明了科学社会主义的任务。他指出，实现共产主义和解放全人类，这是无产阶级的历史使命。而科学社会主义的任务则是从理论上去说明完成这一解放世界事业的历史条件和性质，并用以武装无产阶级，使之"认识到自己的行动的条件和性质"，[①] 起来自觉地完成自己的历史使命。

五　读后的感悟

读完这部著作感悟甚多，简要地表述几点：

第一，恩格斯（无疑包括马克思）具有无与伦比的理论穿透力。上述恩格斯对资本主义生产方式内部矛盾的精辟分析迄今已经一百多年了，在这漫长的时间里，资产阶级和一切剥削阶级的代言人无时无刻不在千方百计地诋毁它，诅咒它，但是不仅没能摧毁它，而且社会生活日益强烈地鲜明地证明它的真理性。由金融危机引起，于 2011 年 9 月 17 日拉开帷幕的"占领华尔街"运动，标志着当代资本主义陷入了更加深刻的矛盾与危机，同时也生动地表明，当今时代历史正以不可抗拒的力量按照马克思主义关于"两个必然"的预见加速行进。

第二，恩格斯透彻地说明了唯物史观、剩余价值理论与科学社会主义内在联系与转化关系。马克思主义作为工人阶级的科学世界观和方法论，是一个逻辑十分严密的整体。把握马克思主义理论的整体性，对于准确把握和科学应用马克思主义立场、观点和方法极为重要。如何领会和把握马克思主义理论的整体性？精读恩格斯这部著作，我们定会豁然开朗。

第三，恩格斯为实现马克思主义通俗化树立了光辉典范。推进马克思主义通俗化是马克思主义理论工作者的不可推卸的责任。什么是通俗化？通俗化与媚俗化、庸俗化的区别在哪里？如何才能实现通俗化，精读恩格斯这部著作，我们也会豁然开朗。

第四，恩格斯在《社会主义从空想到科学的发展》中，处处都把理论分析与历史的、现实的事实紧密联系起来，提供了理论联系实际的光辉范例。该书在对资本主义生产方式的批判分析中揭明了未来社会的发展趋

---

① 同上书，第 566—567 页。

势，但没有描述任何束缚后人手脚的细节，包括消除商品生产，他没有具体说未来社会究竟发展到什么阶段才消除，也没有说像中国这样经济落后的国家在无产阶级取得政权，处于社会主义初级阶段的条件下应不应该发展商品生产，相反恩格斯（无疑包括马克思）强调他们的理论只是供进一步研究的出发点，而不是教义。要求各国无产阶级及其政党在运用他们理论的时候，要结合各国具体的经济政治条件，即同本国的实际相结合。今天学习恩格斯的这部著作，我们更要很好地把握把马克思主义的普遍真理同时代的特点、各国的实际情况相结合这一精髓，以用于建设中国特色社会主义的伟大事业。

［原载《思想理论教育导刊》2013 年第 2 期（总第 170 期）］

唯物史观与《资本论》的创作过程

张雷声

《资本论》是马克思耗费毕生精力完成的一部经久不衰的传世之作，是马克思探索资本主义生产方式运动规律的一部宏伟巨著，是一部最能反映马克思主义理论整体性的著作。这不仅从它在对资本主义生产方式运动规律的探索中把唯物史观与剩余价值理论有机地结合在一起上得到充分反映，而且还从它的创作过程与唯物史观的创立及运用的紧密联系方面得到充分反映。

一 政治经济学的研究与唯物史观的创立

从马克思思想发展的逻辑进程来看，《资本论》的创作是从政治经济学的研究开始的，它经历了政治经济学研究对象和方法的确定、理论体系的构建，最后明确为写作《资本论》"四卷结构"的过程。在马克思的思想历程中，虽然马克思对哲学的研究先于对政治经济学的研究，但是，这并不是说，唯物史观的创立就先于政治经济学的研究。马克思在大学期间主修法律，研究兴趣是历史和哲学，特别是哲学。当时，马克思把哲学的研究作为法学研究的重要基础。马克思在对哲学的研究中虽然始终把哲学与现实世界联系起来，不断寻求唯物史观的创立，但是，马克思当时在对哲学的研究中并未创立唯物史观。1843年马克思开始研究政治经济学，正是在这一研究过程中，马克思创立了唯物史观。可以认为，对政治经济学研究的过程，是马克思创立唯物史观并论证其科学性的过程。

1842年4月到1843年3月，马克思在《莱茵报》工作期间，遇到了有关林木盗窃事件、关于自由贸易和保护关税的辩论，以及德国摩塞尔河地区酿造葡萄酒的农民贫困破产问题，需要他为农民的物质利益辩护，需要他去探索物质利益中的社会经济关系的本质和内涵，这成为马克思研究政治经济学的最初动因。1843 年 3 月，马克思退出社会舞台回到书房。在对社会历史问题的研究中搞清楚了国家与市民社会之间的关系，马克思认为，黑格尔关于"国家决定市民社会，国家是理性的表现，是一种现实的理念，市民社会是由这种现实的理念产生的"的看法是错误的，他颠倒了国家与市民社会的关系。马克思在研读了大量的历史著作，做了大量的笔记，进行了研究之后，得出了与黑格尔相反的结论。1843 年 10—12 月，马克思完成了他的第一部著作《黑格尔法哲学批判》。后来，他在《〈政治经济学批判〉序言》中对此作了回顾："为了解决使我苦恼的疑问，我写的第一部著作是对黑格尔法哲学的批判性的分析，这部著作的导言曾发表在 1844 年巴黎出版的《德法年鉴》上。我的研究得出这样一个结果：法的关系正像国家的形式一样，既不能从它们本身来理解，也不能从所谓人类精神的一般发展来理解，相反，它们根源于物质的生活关系，这种物质的生活关系的总和，黑格尔按照 18 世纪的英国人和法国人的先例，概括为'市民社会'，而对市民社会的解剖应该到政治经济学中去寻求。"[1]　显然，马克思当时已经认识到，对政治经济学的研究成为理解"市民社会"，进而理解包括国家和法的关系在内的整个资本主义社会结构的出发点，成为揭示资本主义生产方式运动规律的出发点。马克思在解决了国家与市民社会的关系问题以后，打算进一步去解剖市民社会。这不仅成为他揭示资本主义生产方式奥秘的出发点，而且这些研究也成为马克思能够创立唯物史观的关键。可见，从政治经济学研究一开始，马克思就把唯物史观的研究与政治经济学的研究紧紧地联系在一起。

从 1843 年 10 月开始，马克思在巴黎研究政治经济学。到 1845 年 1 月，马克思离开巴黎时，已写了 7 本涉及政治经济学原理、政治经济学史、经济史和现实经济问题的笔记。这些笔记被统称为《巴黎笔记》。1849 年 8 月底，马克思来到伦敦。到 1853 年年底，马克思写了包括 24 个笔记本的读书笔记。这些笔记统称为《伦敦笔记》。这一研究过程既是马克思为《资本论》的创作做研究准备的过程，同时也是马克思创立并运用唯物史观的过程。

---

① 《马克思恩格斯文集》第 2 卷，人民出版社 2009 年版，第 591 页。

《1844 年经济学哲学手稿》是马克思在巴黎期间研究政治经济学的最初成果。它既是马克思转向政治经济学研究以后所写的第一部经济学著作，也是马克思对唯物史观的最初理论探索，因而它体现了马克思把哲学研究同政治经济学研究结合起来的特征。在这部手稿中，马克思从"当前的国民经济的事实"出发对资本主义经济制度进行了解剖。他认为，在资本主义社会，"劳动所生产的对象，即劳动的产品，作为一种异己的存在物，作为不依赖于生产者的力量，同劳动相对立。劳动的产品是固定在某个对象中的、物化的劳动，这就是劳动的对象化。劳动的现实化就是劳动的对象化。在国民经济的实际状况中，劳动的这种现实化表现为工人的非现实化，对象化表现为对象的丧失和被对象奴役，占有表现为异化、外化"。① 异化劳动带来的最直接的后果就是劳动产品与劳动者相异化、劳动本身与劳动者相异化、人的类本质与人相异化、人与人相异化。异化劳动产生的前提和结果则是私有财产，而"私有财产的关系是劳动、资本以及二者的关系"。② 马克思对异化劳动和私有财产的分析，意味着他已将研究深入到资本主义的经济本质中，并以人的本质及人与人之间关系的分析对黑格尔的辩证法和整个哲学进行了批判。但是，马克思当时还正处于向马克思主义者转变的时期，对政治经济学的研究还处于初期阶段，对劳动价值论持完全否定的态度，这使他还未能建立起科学的唯物史观。

从《1844 年经济学哲学手稿》的写作到《哲学的贫困》的完成，其间经历了马克思与恩格斯共同完成的著作《神圣家族》和《德意志意识形态》。如果说 1844 年 9—11 月完成的《神圣家族》对唯物史观的阐述还受到费尔巴哈人本主义的影响，唯物史观还处于形成的前夜，那么，在 1846 年 5 月完成的《德意志意识形态》中，马克思、恩格斯就已通过对费尔巴哈的全面批判和清算，系统地阐述了历史唯物主义的基本原理。马克思、恩格斯认为，"从直接生活的物质生产出发阐述现实的生产过程，把同这种生产方式相联系的、它所生产的交往形式即各个不同阶段上的市民理解为整个历史的基础，从市民社会作为国家的活动描述市民社会，同时从市民社会出发阐明意识的所有各种不同的理论产物和形式，如宗教、哲学、

---

① 《马克思恩格斯文集》第 1 卷，人民出版社 2009 年版，第 156—157 页。

② 同上书，第 177 页。

道德等等，而且追溯它们产生的过程"。^① 这就是马克思、恩格斯在《德意志意识形态》中对唯物史观的初步概括。他们不仅系统地阐述了唯物史观，而且还运用唯物史观对国家的阶级性质、社会的意识形态性质、共产主义的历史必然性作了分析。显然，马克思对唯物史观的创立是和对政治经济学的研究密切相关的，是源于他对揭示资本主义生产方式奥秘的研究的。

马克思、恩格斯在《德意志意识形态》中关于唯物史观的论点，在1847 年上半年马克思写成的《哲学的贫困》和 1848 年 8 月马克思和恩格斯共同完成的《共产党宣言》中得到了阐述和发挥。《哲学的贫困》是马克思批判蒲鲁东的哲学思想和经济思想的论战性著作。在这一著作中，马克思把唯物史观运用于对政治经济学的研究，强调"经济范畴只不过是生产的社会关系的理论表现，即其抽象"，"人们按照自己的物质生产率建立相应的社会关系，正是这些人又按照自己的社会关系创造了相应的原理、观念和范畴"。^② 经济范畴和它们所表现的社会关系一样，不是永恒的，是历史的、暂时的产物，必然会随着社会关系的变化而变化。《共产党宣言》关于资产阶级历史地位、无产阶级历史使命、阶级斗争和无产阶级专政、"两个必然"等的论述更是贯穿和渗透着唯物史观的思想。

在马克思关于政治经济学的研究中，《1857—1858 年经济学手稿》是其 1843 年以来的理论研究结晶。在这部手稿中，马克思对政治经济学的研究对象、方法，以及政治经济学理论体系的结构作了详尽的论述，对劳动价值论、货币理论、剩余价值论和资本主义经济发展趋势等问题作了科学的论述。这些研究不仅标志着马克思主义政治经济学的基本形成，而且也标志着唯物史观与政治经济学理论的结合，说明了马克思的这些论述成为唯物史观创立和运用的证明材料。根据这部手稿的内容，马克思随后不久就出版了《政治经济学批判》第一分册，运用唯物史观专门对商品和货币问题作出了详尽而系统的探讨。在《政治经济学批判》第一分册的"序言"中，马克思通过阐述自己研究政治经济学的过程，对唯物史观作了经典性的表述："人们在自己生活的社会生产中发生一定的、必然的、不以他们的意志为转移的关系，即同他们的物质生产力的一定发展阶段相适合的生产关系。这些生产关系的总和构成社会的经济结构，即有法律的和政

---

① 同上书，第 544 页。
② 《马克思恩格斯文集》第 1 卷，人民出版社 2009 年版，第 602、603 页。

治的上层建筑竖立其上并有一定的社会意识形式与之相适应的现实基础。物质生活的生产方式制约着整个社会生活、政治生活和精神生活的过程。不是人们的意识决定人们的存在，相反，是人们的社会存在决定人们的意识。社会的物质生产力发展到一定阶段，便同它们一直在其中运动的现存生产关系或财产关系（这只是生产关系的法律用语）发生矛盾。于是这些关系便由生产力的发展形式变成生产力的桎梏。那时社会革命的时代就到来了。随着经济基础的变更，全部庞大的上层建筑也或快或慢地发生变革。"① 唯物史观与政治经济学在马克思的这一阐述中已达到了高度统一。

由此我们可以看到，唯物史观的创立及运用与政治经济学的研究过程是分不开的。马克思对政治经济学的研究促使他创立了唯物史观，唯物史观的创立及运用又使政治经济学的研究具有科学性；政治经济学的研究进一步丰富了唯物史观的内容，也进一步论证了唯物史观的正确性。

二　唯物史观的运用与《资本论》"四卷结构"的形成

马克思步入政治经济学的研究过程是《资本论》创作过程的重要前奏。唯物史观的创立及运用，使马克思在对政治经济学理论体系的结构研究中，逐步明确了《资本论》的研究任务，《资本论》"四卷结构"的形成是政治经济学理论体系的结构整体拓展的重要方面。

从《资本论》的创作过程来看，在《1844年经济学哲学手稿》中，马克思第一次作出了建立政治经济学理论体系的最初构想。这个构想主要表现在两个方面：第一，从"整体的联系"上把握政治经济学的理论体系。也就是说，马克思"打算用不同的、独立的小册子来相继批判法、道德、政治等等，最后再以一本专门的著作来说明整体的联系、各部分的关系，并对这一切材料的思辨加工进行批判"。② "整体的联系"就是把单独的批判性部分作为对资产阶级社会整体批判的有机组成部分。第二，从"当前的国民经济的事实"出发建立政治经济学的理论体系。资本主义"当前的国民经济的事实"就是异化劳动。马克思认为，要搞清楚资本主义社会中

① 《马克思恩格斯文集》第2卷，人民出版社2009年版，第591页。
② 《马克思恩格斯文集》第1卷，人民出版社2009年版，第111页。

私有财产、劳动、资本、地产、垄断、竞争、货币等范畴及各范畴之间的本质联系，就必须从异化劳动范畴出发，从对异化劳动的分析中推导出私有财产范畴，再借助这两个范畴阐明政治经济学的一切范畴。按马克思当时的理解，异化劳动之所以成为政治经济学批判的出发点，主要基于两方面的原因：一是因为资本主义经济关系中的"每一个范畴，例如买卖、竞争、资本、货币"，不过是异化劳动范畴的"特定的、展开了的表现而已"①，就是说，异化劳动是其他一切范畴的一般的、潜在的本质规定；二是因为异化劳动表现为人们经验所能感觉到的现实存在，是实际存在的"一个国民经济事实"②。与《1844年经济学哲学手稿》反映的是马克思不完全成熟的思想相适应，马克思关于政治经济学理论体系的这个最初构想也是不成熟的。《德意志意识形态》关于历史唯物主义基本原理的系统阐述，为马克思进行《资本论》的创作奠定了重要的理论基础，同时也使唯物史观得到了进一步的丰富和发展。首先表现在《1857—1858年经济学手稿》关于政治经济学理论体系的"五篇结构计划"的设计上。1856年上半年，英国面临着一场以金融货币危机为特征的严重的经济危机。马克思估计在新的危机之后必将会导致无产阶级革命的到来，为了迎接危机之后的无产阶级革命，马克思打算在革命到来之前就把一些基本问题搞清楚，以便能够用社会发展的经济规律的知识去武装工人阶级。基于此想法，马克思开始通宵达旦地对他1843年到1856年间的政治经济学研究成果进行总结。后来，危机之后并没有爆发马克思所预计的革命，但是，从1857年7月到1858年5月，仅仅不到一年的时间里，马克思写了一系列的经济学手稿，在经济学领域进行了一场革命。这就是《1857—1858年经济学手稿》。在这部手稿中，马克思为政治经济学原理部分的理论体系设计了著名的"五篇结构计划"。这就是："（1）一般的抽象的规定，因此它们或多或少属于一切社会形式……（2）……资本、雇佣劳动、土地所有制。它们的相互关系。城市和乡村。三大社会阶级。它们之间的交换。流通。信用事业（私人的）。（3）资产阶级社会在国家形式上的概括。就它本身来考察。'非生产'阶级。税。国债。公共信用。人口。殖民地。向国外移民。（4）

---

① 《马克思恩格斯文集》第1卷，人民出版社2009年版，第167页。
② 同上书，第164页。

生产的国际关系。国际分工。国际交换。输出和输入。汇率。（5）世界市场和危机。"① 政治经济学理论体系的"五篇结构计划"既表现为经济范畴的从抽象上升到具体，也表现为一国资本主义生产关系的研究上升到世界范围的资本主义生产关系的研究，既反映了经济范畴对资本主义生产关系的理论抽象，也把生产力决定生产关系、经济基础决定上层建筑的思想贯穿体系始终。

　　其次表现在《政治经济学批判》第一分册"序言"公开宣布的"六册结构计划"上。《1857—1858 年经济学手稿》完成后，马克思打算分册出版自己的政治经济学著作。1859 年 6 月出版了《政治经济学批判》第一分册。在《政治经济学批判》第一分册的"序言"中，马克思第一次公开宣布了他的"六册结构计划"，即"我考察资产阶级经济制度是按照以下的顺序：资本、土地所有制、雇佣劳动、国家、对外贸易、世界市场"。② 把唯物史观运用于"六册结构计划"的设计，其一表现了"六册结构计划"的内在逻辑联系：从社会经济活动的资源所有者的角度来看，资本家拥有资本、土地所有者拥有土地、雇佣劳动者拥有劳动力，是当时社会生产的三个基本的条件和主要的经济关系，或者说是反映当时社会的三大阶级之间的关系；在对三方面内容分别作出详尽研究的基础上，针对当时资本主义经济发展的现实，进一步从政治经济学的视角研究国家问题，即研究"资产阶级社会在国家形式上的概括"；然后，再进一步去研究国家的对外贸易，或者说国家对外的问题；最后去研究涵盖了各国经济关系在内的世界市场问题。其二反映了"六册结构计划"以"五篇结构计划"为基础并对其作了两个重要修改：一是把"五篇结构计划"中的第一篇一般的抽象的规定囊括在"六册结构计划"的第一册资本中；二是"六册结构计划"对"五篇结构计划"的第二篇作了扩展，把资本、雇佣劳动、土地所有制扩展为三册的内容。在"六册结构计划"中，第一册资本包括了四个方面的内容：一是资本一般；二是竞争（许多资本）；三是信用；四是股份资本。资本一般中又主要包括商品和货币的内容，没有对资本部分的内容作出探讨。也就是说，马克思把商品和货币的内容写成了《政治经济学批判》第一分册，而资本部分的内容，马克思打算把它们写成第二分册。

---

① 《马克思恩格斯文集》第 8 卷，人民出版社 2009 年版，第 32—33 页。
② 《马克思恩格斯文集》第 2 卷，人民出版社 2009 年版，第 588 页。

《政治经济学批判》第一分册对商品和货币问题所作的详尽而系统的探讨，使马克思对他和恩格斯共同创立的唯物史观有了更加深刻而丰富的发展，并在该分册的"序言"中作了完备而经典的表述。

再次，表现在《资本论》"四卷结构"上。从政治经济学理论体系的"六册结构计划"到《资本论》的"四卷结构"，经历了一个发展过程，而这个发展过程同样是唯物史观的运用过程。《政治经济学批判》第一分册出版后不久，马克思即在家中给几十个经过挑选的工人讲解政治经济学，希望使政治经济学科学理论尽早地为工人阶级所掌握。同时，马克思也着手《政治经济学批判》第二分册的写作。从 1861 年 8 月开始，马克思开始按计划写作。马克思在编写《资本章》的写作提纲中，明确地把《资本章》分为"资本的生产过程"、"资本的流通过程"和"资本和利润"三个部分，以及以理论史为主要内容的第四部分。到 1863 年 7 月，马克思实际完成的并不是论"资本"的小册子，而是一部包括 23 个笔记本的近1400 页的卷帙浩繁的手稿，其内容大大超出了原先计划写作的内容。这部手稿现在被称为《1861—1863 年经济学手稿》。在《1861—1863 年经济学手稿》的写作过程中，马克思对"六册结构计划"作了两个方面的重要改动：一是决定以《资本论》为标题出版政治经济学著作，把原先的"政治经济学批判"标题作为《资本论》的副标题。《资本论》只包含"六册结构计划"中《资本》册第一篇"资本一般"第三章"资本"的内容。二是把准备以《资本论》为标题出版的部分分为三篇：第一篇"资本的生产过程"；第二篇"资本的流通过程"；第三篇"资本和利润"。从 1863 年 8 月到1865 年年底，马克思开始正式以《资本论》为标题进行写作。他结合当时资本主义发展的动态，在研究大量经济学文献和技术文献，以及收集大量的统计资料、议会文件、工业中的童工劳动和工人生活状况的官方报告的基础上，撰写了有关资本的生产过程、资本的流通过程和总过程的各种形式的一系列手稿。在写作手稿过程中，马克思提出了《资本论》"四卷结构"的计划，即第一卷资本的生产过程，第二卷资本的流通过程，第三卷总过程的各种形式，第四卷理论史。这样"六册结构计划"中《资本》册第一篇"资本一般"，就转变为《资本论》的"四卷结构"。《资本论》"四卷结构"是在"六册结构计划"基础上形成和发展起来的，马克思一直是把"六册结构计划"中第一册《资本》第一篇"资本一般"以后各篇以及第一册《资本》以后的其他各册，作为《资本论》的"可能的续篇"看待的。但是，《资本论》"四卷结构"对资本本质规定性的论述，标志着马克思对资本主义生产关系的揭示具有完整的理论体系。

从"五篇结构计划"到"六册结构计划"，再到《资本论》"四卷结构"，基本上反映了马克思《资本论》的创作过程，而这一过程也基本上反映了唯物史观的运用过程，反映了政治经济学理论体系的整体拓展过程。

三　唯物史观的创立及运用与《资本论》创作的前提

马克思从研究政治经济学到研究《资本论》，确定研究对象和方法是重要前提。19 世纪 40 年代初，马克思开始研究政治经济学时，首先把政治经济学的研究对象与资本主义私有制结合起来，力图把对资本主义私有制关系的剖析作为政治经济学研究的主题。这实际表明，马克思已经意识到政治经济学这门科学包含着强烈的社会性质。直到 19 世纪 40 年代后期，唯物史观的创立才使马克思逐步明确了政治经济学的研究对象是社会生产关系。在《哲学的贫困》中，马克思明确认识到社会关系实质上就是社会生产关系，资本主义私有制实质上就是资产阶级生产的全部社会关系。到 19 世纪 50 年代，在《〈政治经济学批判〉导言》和《〈政治经济学批判〉序言》中，马克思对研究对象主要作了两个方面的探讨。

第一，对社会生产关系的内在结构，即社会生产关系运动中生产和分配、交换、消费之间的辩证关系作了深入分析。马克思认为政治经济学所研究的物质生产都是"一定社会性质的生产"，也即不同社会形态的生产有某些"共同标志"、"共同规定"，即都表现为劳动者通过有目的的活动，改变自然界的物质形式，以适合人们某种需要的过程，即物质资料的生产过程；但在任何条件下，生产又都是社会的生产，人们只有结成一定的经济关系，才能同自然界进行斗争。[①] 生产和分配、交换、消费之间存在着辩证关系。生产是社会经济运行过程中的决定性因素。在任何社会生产中，劳动者的劳动总是通过劳动资料作用于劳动对象，生产出能够满足人

---

① 《马克思恩格斯文集》第 8 卷，人民出版社 2009 年版，第 5—9 页。

们需要的劳动产品。分配是社会产品分归社会或国家、社会集团和社会成员的活动，它包括作为生产条件的生产资料和劳动力的分配，以及作为生产结果的产品的分配。交换是人们相互交换活动或交换劳动产品的过程，它包括人们在生产中发生的各种活动和能力的交换，以及一般产品和商品的交换。消费是人们使用物质资料以满足生产和生活需要的过程，它包括生产消费和个人消费。"一定的生产决定一定的消费、分配、交换和这些不同要素相互间的一定关系。"① 就生产和消费的关系而言，生产消费作为生产要素的耗费，与生产是同一的；在个人消费上则是生产决定消费。生产创造出消费的物质对象、消费方式和消费结构，创造出消费的动力。消费对生产的反作用表现在：消费再生产出从事生产活动的劳动者；生产过程结果的产品在消费中成为现实的产品，生产得以完成；消费创造出新的需要，在观念上提供了生产的对象，从而成为生产发展的内在动机。就生产和分配的关系而言，作为生产前提的生产资料和劳动力的分配决定生产，在产品分配上，生产决定分配；在分配方式上，人们在生产过程中的地位决定了他们在分配中所处的地位，他们参与生产的方式也决定了他们参与分配的方式。产品分配对生产的反作用表现在促进或延缓生产的发展。就生产和交换的关系而言，一方面表现为生产与直接生产过程中各种活动和能力的交换之间的关系，另一方面表现为生产与产品和商品的交换之间的关系。生产决定着交换的性质，生产发展的程度决定着交换发展的程度。交换对生产的反作用，就是随着交换的发展、市场的扩大，用于交换的产品的需求就会增长，这些产品的生产活动也就能得到进一步发展。因此，生产、分配、交换、消费这四个环节"构成一个总体的各个环节，一个统一体内部的差别"②。

第二，对社会运动整体的系统关系，即社会生产关系与生产力、经济基础与上层建筑之间的相互制约关系作了阐述。马克思认为，在社会运动整体的系统关系中，生产力和生产关系是"原生"关系，国家形式、法的关系和家庭关系等是"非原生"，或者"第二级和第三级"的关系。物质生产决定艺术生产的发展，决定文化、宗教和政治的发展，等等。但是，物质生产在社会生活中的决定作用并不排除艺术和文学这样一些上层建筑

---

① 《马克思恩格斯文集》第 8 卷，人民出版社 2009 年版，第 23 页。
② 同上。

要素的相对独立性。生产力与生产关系、经济基础与上层建筑之间的相互制约关系表现在：生产力决定生产关系，生产关系一定要适应生产力的发展要求。生产关系的总和构成社会的经济结构，上层建筑与之相适应。物质生活的生产方式制约着整个社会生活、政治生活和精神生活的过程。社会的物质生产力发展到一定阶段，就会和生产关系发生矛盾。一旦生产关系变成生产力发展的桎梏时，社会革命的时代就会到来。但是，任何一种社会形态，在它所能容纳的全部生产力还没有发挥出来以前，是不会灭亡的；而新的更高级的社会生产关系，在它的物质存在条件还没有在旧的社会形态中成熟以前，也是不会产生的。因此，政治经济学对社会生产关系的研究，必须以生产力与生产关系、经济基础与上层建筑的矛盾运动为基础。

19 世纪 60 年代以后，马克思对政治经济学研究对象的内涵日益清晰。1865 年年初，马克思在写作《论蒲鲁东》一文中对政治经济学的研究对象作了明确的论述，政治经济学"对财产关系的总和，不是从它们的法律表现上即作为意志关系来把握，而是从它们的现实形态上即作为生产关系来把握"①。马克思关于政治经济学研究对象的论述最后在《资本论》的研究中得到了充分运用。在《资本论》第 1 卷德文第 1 版"序言"中，他明确提出："我要在本书研究的，是资本主义生产方式以及和它相适应的生产关系和交换关系。"② 这里所说的"生产方式"，实际上就是指劳动者与生产资料的结合方式和方法。由于在不同的社会形态下，实行劳动者与生产资料的结合方式和方法具有特殊性，社会结构必然被区分为各个不同的经济时期。《资本论》是以劳动者和它的生产资料相分离为既定出发点，来研究二者在资本家手中怎样结合和在什么条件下结合的问题的。劳动者和生产资料以雇佣劳动者和资本形式相结合的特殊的生产方式，构成了资本主义经济关系的本质。《资本论》所研究的正是资本主义经济特有的雇佣劳动和资本结合的特殊生产方式，以及与这一方式相适应的生产关系和交换关系。资本主义生产关系和交换关系反映的是，资本主义直接生产过程和交换过程中资本主义雇佣劳动和资本的特殊结合的性质。因此，《资本论》的研究对象实质上就是资本主义经济关系，是反映资本主义经济全过

---

① 《马克思恩格斯文集》第 3 卷，人民出版社 2009 年版，第 18 页。
② 《马克思恩格斯文集》第 5 卷，人民出版社 2009 年版，第 8 页。

程的生产关系。

　　与研究对象相关，《资本论》的方法就是唯物辩证法、抽象上升到具体的方法、研究方法和叙述方法等。《资本论》的方法正是唯物史观的充分运用。唯物辩证法作为关于自然、社会和思维的一般规律的学说，它强调的是从客观的社会经济现象和社会经济过程出发，研究一种关系所包含的两个相互关联的方面，即矛盾的方面。《资本论》对资本主义生产关系的研究，正是从对商品内部矛盾的分析入手，揭示出资本主义社会一切矛盾或一切矛盾的萌芽，进而揭示出这些矛盾的自始至终的发展。唯物辩证法从根本上不同于黑格尔的辩证法，而且还和它正相反对。黑格尔的辩证法是唯心主义的辩证法，它颠倒了思维与存在、精神与客体之间的关系，认为外界存在的东西都是观念的产物。马克思唯物辩证法的精髓则在于：辩证法在对现存事物的肯定的理解中同时包含对现存事物的否定的理解，即对现存事物的必然灭亡的理解；辩证法对每一种既成的形式都是从不断的运动中，因而也是从它的暂时性质方面去理解；辩证法不崇拜任何东西，按其本质来说，它是批判的和革命的。运用唯物辩证法探索资本主义生产方式运动规律可以看到，资本主义社会的发展同样是一个辩证的运动过程，在对资本主义社会肯定的理解中，也同时包含着对它否定的理解。资本主义社会的内在矛盾导致周期性经济危机的爆发，必然导致资本主义走向灭亡。

　　抽象上升到具体的方法是马克思在对资本主义生产关系的研究中建立理论体系的方法。抽象上升到具体的方法是在理论的逻辑结构中再现现实经济运动的方法，也即运用经济范畴、概念建立理论体系的方法。在《资本论》理论体系的建立过程中，抽象是起点，是最简单的经济范畴，具体则是结果，是在简单的经济范畴转化过程中展开的复杂的经济范畴，"是许多规定的综合，因而是多样性的统一"；抽象和具体之间的关系反映的是生产关系方面的各个经济范畴之间的关系，是经济范畴的简单规定性和复杂规定性之间的关系；抽象上升到具体则是由简单的经济范畴上升到复杂的经济范畴的逻辑发展过程，"只是思维用来掌握具体、把它当做一个精神上的具体再现出来的方式"。① 《资本论》从商品上升到货币、从货币

---

① 《马克思恩格斯文集》第 8 卷，人民出版社 2009 年版，第 25 页。

上升到资本，从剩余价值上升到利润、从利润上升到平均利润、从平均利润上升到各种具体形式的利润，从价值上升到生产价格等逻辑过程的考察，就是运用抽象上升到具体方法的充分体现。

研究方法和叙述方法也是《资本论》研究中的科学方法。研究方法即从具体上升到抽象，再从抽象上升到具体，也就是在占有大量的经济生活实际资料基础上，运用人脑的抽象思维能力排除各种外在的、非本质的东西，抽取某种共同的、本质的东西，即去粗取精、去伪存真、由此及彼、由表及里，揭示出经济过程发展变化的必然性和规律性；然后通过抽象的规定去把握思维中的具体。揭示事物的内在本质，对资本主义生产关系的研究，"既不能用显微镜，也不能用化学试剂。二者都必须用抽象力来代替"。① 研究方法中的前一个"具体"是独立于人们意识之外的感性的具体，而后一个"具体"则是对前一个"具体"的螺旋式上升，它意味着人们在思维中掌握了具体。"在形式上，叙述方法必须与研究方法不同。研究必须充分地占有材料，分析它的各种发展形式，探寻这些形式的内在联系。只有这项工作完成以后，现实的运动才能适当地叙述出来。"② 因此，叙述是把研究的结果用一定的方法在理论上再现出来，即抽象上升到具体。这里的"抽象"作为起点，是最简单的经济范畴，"具体"则是在简单的经济范畴的转化过程中展开的经济范畴。从抽象上升到具体，实质表现为经济范畴之间简单规定性与复杂规定性的转换关系。正是这种经济范畴由简单规定性上升到复杂规定性的过程，体现了抽象的规定在思维行程中导致具体的再现。马克思对错综复杂的资本主义经济现象背后的本质的研究，以及以《资本论》理论体系的形式对资本主义经济结构及其运动规律的揭示，正是研究方法和叙述方法的运用。

由此可见，唯物史观的创立，使马克思对社会生产关系的认识逐步走向深化；唯物史观在经济领域的运用，使马克思在《资本论》"四卷结构"的形成中逐步明确了研究对象，并把对社会生产关系的分析放到了社会矛盾运动的整体中。《资本论》的方法更是体现了唯物史观的运用。

（原载《学术界》2012 年第 3 期）

---

① 《马克思恩格斯文集》第 5 卷，人民出版社 2009 年版，第 8 页。
② 同上书，第 21—22 页。

重新审视《共产党宣言》的
当代意义

陈学明

　　不知从什么时候起，国内吹起了一股否定《共产党宣言》的风。一些人或明或暗地宣扬贯穿于《共产党宣言》的是一种革命理论，而我们处于社会主义建设时期，所以不能用《共产党宣言》的思想来指导当代中国；还有人甚至提出即使作为一种无产阶级获取政权的理论，《共产党宣言》也没有普遍意义，因为实际上《共产党宣言》所推崇的是"布朗基主义"式的暴力革命，而当今真正现实的道路是改良主义。按照这些人的逻辑，今天的中国人民完全可以对《共产党宣言》不屑一顾，弃之如"敝屣"。中国共产党连作为其原初的也是最重要的纲领性文件的《共产党宣言》也完全可以不需要了。

　　事实上，当今中国人民比以往任何时候都需要《共产党宣言》的指引。我国正处于社会主义现代化建设的关键时刻，之所以出现这样那样的问题其中一个重要因素就是背离了《共产党宣言》的基本原则。为了推进建设中国特色社会主义的伟大事业，为了真正实现振兴中华民族的宏伟目标，当今亟须着手做的就是进行《共产党宣言》的启蒙教育。那么，当今中国人民究竟如何以《共产党宣言》为自己的思想武器，从《共产党宣言》中吸取精神力量呢？

一

　　我们正处于社会主义的初级阶段，我们现在所做的一切应当与"社会主义初级阶段"这一历史背景相符合。《共产党宣言》之所以让无产阶级深受鼓舞而使无产阶级的敌人感到恐惧就是因为它庄严地向全人类宣告：

"资产阶级的灭亡和无产阶级的胜利是同样不可避免。"①《共产党宣言》鞭辟入里地揭示出：资本主义一定要灭亡，共产主义一定要胜利，这是人类社会发展的客观规律，是任何力量也阻挡不住的。处于"社会主义初级阶段"的中国人民务必要牢记马克思为人类所揭示的资本主义一定要灭亡、共产主义一定要胜利这一历史发展的客观规律，或者说，一定不能放弃马克思为人类所指引的实现共产主义这一崇高理想。只有这样，才能把目前所做的与"社会主义初级阶段"相符合的事，引向社会主义、共产主义的大方向。只要我们胸中有了《共产党宣言》，我们就会自觉地领悟我们所说的"初级阶段"是"社会主义"的"初级阶段"而不是其他什么社会的"初级阶段"。我们一方面不能超越这一"初级阶段"，把将来要干的事放到现在来做；另一方面我们不能永远停留在这一"初级阶段"，要把现在所做的一切视为进入"高一阶级"的必要准备。尽管共产主义离开我们当前是那么遥远，但共产主义决不是什么虚无缥缈的、可望而不可即的东西。我们当下所做的一切正在一步一步地走向这一目标。我们不应当因为共产主义的真正实现离当今还很遥远从而就否定这一目标的存在，更不应当把眼前所做的与实现这一目标完全割裂开来。

对此，列宁有一个非常生动的比喻。他说，从事无产阶级革命事业，就犹如"我们想攀登一座崎岖险阻、未经勘察、人迹未到的高山"，因此"有时要迂回前进，有时要向后转，放弃已经选定的方向而试探着从不同的方向走"②。他强调，拒绝这样做是愚蠢的，是"左派"幼稚病。最重要的在于，必须明确这样做的目的完全是为了"登上山顶"，而不是放弃"登山"。观察我们目前所做的一些事，在某种意义上而言，实际上我们正在"放弃已经选定的方向而试探着从不同的方向走"，正在"迂回前进"，甚至正在"向后转"，但我们必须如列宁所说的那样明白，我们这样做决不意味着放弃了"登山"，而只是为了通过"迂回"、"向后转"的方法，更好、更快地登上顶峰，即更好、更快地走向共产主义。

现实非常清楚地告诉我们，那些一心想把中国引向资本主义方向，从而使中国重新成为西方资本主义的附庸的人，千方百计地抹杀"初级阶段"的社会主义指向，他们总是把作为社会主义社会的自我完善的"改

---

① 《马克思恩格斯文集》第 2 卷，人民出版社 2009 年版，第 43 页。
② 《列宁选集》第 4 卷，人民出版社 1972 年版，第 225 页。

革"纳入资本主义的轨道,他们总是百般嘲笑历史发展的客观规律和共产主义的信仰。在这种情况下,要使这些人的这种意图不能得逞,唯一的途径就是在坚持共产主义的信仰的前提下来做与"社会主义初级阶段"相符合的事情。实际上,做与"社会主义初级阶段"相符合的事情,有没有社会主义、共产主义这一指向,头脑中有没有历史发展客观规律这一信念,其结果是大相径庭的。如果我们确实是想用马克思主义来指导当下的实际活动,那么我们所要做的最重要的事情是揭示我们目前所做的一切与共产主义目标之间的真实关系。显然,在当今的历史阶段,坚信《共产党宣言》为人类所揭示的历史发展客观规律,坚持《共产党宣言》所树立的共产主义的崇高信仰,实际上比以往任何时候都来得重要和迫切。

二

中国人民把自己的社会主义道路称为"中国特色社会主义"。中国特色社会主义是《共产党宣言》所奠定的科学社会主义原理与当今中国社会现实相结合的产物,是马克思主义中国化,特别是马克思主义的科学社会主义原理中国化的成果。正在领导中国人民沿着中国特色社会主义道路前进的中国共产党的领导人,在各种场合一再强调中国特色社会主义属于科学社会主义的范畴是言之成理的。但是,也有一些人却把中国特色社会主义说成是一种民主社会主义而不是科学社会主义。在他们看来,中国人民选择中国特色社会主义就意味着背弃了科学社会主义而向民主社会主义靠拢。在这种情况下,如何廓清中国特色社会主义与民主社会主义的原则界限,与此同时揭示中国特色社会主义与科学社会主义的内在联系,就成了当务之急。

阶级斗争理论是《共产党宣言》的核心思想,它像一根红线一样贯穿于《共产党宣言》的始终。《共产党宣言》开宗明义作出这样一个判断:"至今一切社会的历史是阶级斗争的历史。"① 马克思主义的科学社会主义的基本原理是把阶级斗争视为社会发展的主要动力。如果中国特色社会主义建立在完全否定这一基本原理的基础上,那么确实很难说中国特色社会

---

① 《马克思恩格斯文集》第 2 卷,人民出版社 2009 年版,第 31 页。

主义与科学社会主义还有什么内在联系。但实际上，中国特色社会主义并不是否定，而是继承、丰富和发展了《共产党宣言》的阶级斗争理论。中国特色社会主义一方面鉴于我国在生产资料所有制社会主义改造基本完成以后，阶级矛盾已不是主要矛盾，明确地宣布再提"以阶级斗争为纲"是错误的；另一方面又针对国内的因素和国际的影响，强调不能忽视阶级矛盾仍在一定范围内存在，在某种条件下还会激化。① 邓小平是这样说的："社会主义社会中的阶级斗争是一个客观存在，不应该缩小，也不应该夸大。实践证明，无论缩小或者是夸大，两者都要犯严重的错误。"② 让我们看看当今中国的社会现实：那种暴风骤雨式的阶级斗争确实已结束了，但所有的其他的斗争形式并没有销声匿迹。当下一个最迫切的问题是如何处理劳资关系的问题，这说明在当代中国资本与雇佣劳动的对立还存在着，而资本与雇佣劳动的关系实际上就是阶级关系。我们当然不能夸大当今中国资本与雇佣劳动的对立，但也总不能抹杀这种对立。我们国内一些人热衷于阶层分析，而实际上阶层分析是马克思主义的阶级分析的一个组成部分，这种阶层分析实际上就是阶级分析，阶级分析内在地包含着阶层分析。如此说来，摆在我们面前的不是还需要不需要《共产党宣言》的阶级斗争的观点和阶级分析的方法的问题，而是如何结合当今中国实际创造性地运用《共产党宣言》的阶级斗争的观点和阶级分析的方法的问题。

《共产党宣言》把消灭传统的所有制，即私有制，建立社会主义公有制当作社会主义区别于其他社会的一个本质特征。马克思和恩格斯写下了这样一句至理名言："从这个意义上说，共产党人可以把自己的理论概括为一句话：消灭私有制。"③《共产党宣言》论述社会主义、共产主义社会的主要特征时完全是着眼于所有制的形式。马克思和恩格斯指出，共产党人在反对现存资本主义社会的所有运动中，"都强调所有制问题是运动的基本问题，不管这个问题的发展程度怎样"④。如果中国特色社会主义像某些人所说的那样，已摆脱了"传统社会主义"的束缚，主张不需要坚持公

① 《〈共产党宣言的当代价值〉——访中国社会科学院马克思主义研究院特聘研究员周新城》，《马克思主义研究》2008年第3期。
② 《邓小平文选》第2卷，人民出版社1994年版，第182页。
③ 《马克思恩格斯文集》第2卷，人民出版社2009年版，第45页。
④ 同上书，第66页。

有制，已用"公平"等价值目标来界定社会主义，取代了用以公有制为核心的"经济制度"来界定社会主义，那么中国特色社会主义确实已离开了科学社会主义而走向了民主社会主义。但实际情况绝非如此，只要我们具体地观察一下中国特色社会主义的理论和实践，可以清楚地看到：其一，中国特色社会主义并没有用"公平"等价值目标，而是用"经济制度"来界定社会主义；其二，中国特色社会主义并没有放弃社会主义公有制的主体地位而代之以私有制。对于中国特色社会主义必须坚持公有制这一点，邓小平是讲得十分清楚的。他说："过去行之有效的东西，我们必须坚持，特别是根本制度，社会主义制度，社会主义公有制，那是不能动摇的。"①党中央、国务院非常明确地规定我国目前是"以公有制为主体多种所有制经济形式共同发展"。这里的意思十分明确：我国目前的所有制仍然是以公有制为主体，与此同时，我国允许包括私有制在内的其他形式的所有制的存在。我国从单一的公有制转变为"以公有制为主体多种所有制经济形式共同发展"，这是顺应客观现实的举措。问题在于，有些人把这一转变简单地理解为是公有制向私有制的转变。那么，当今中国在强调各种所有制形式共存的同时要不要坚持"以公有制为主体"？中国的所有制的发展是否最后以单纯的公有制为归宿？当今中国承认私有制的存在有其某种意义上的合法性与合理性是不是意味着共产党就认可了私有制？公有制与私有制从终极价值取向的意义上究竟孰优孰劣？中国人民在对这些问题作出回答时，应当认真地请教《共产党宣言》。任何人也无法否定，《共产党宣言》在所有制问题上的态度是坚定不移、毫不含糊的。对马克思和恩格斯在《共产党宣言》中以唯物史观为武器对人类社会必然要用公有制来取代私有制的论证，至今读起来还是那么地令人心悦诚服。消灭私有制这一历史使命，共产党人是无论如何不能放弃的。如果不以消灭私有制为己任，还要共产党人干什么，或者说共产党人不以消灭私有制为己任，还称得上是共产党人吗？必须明确，我们今天允许私有制在当今中国的存在，允许它在一定的范围内的发展，在一定意义上是为了创造条件在将来导致其必然灭亡。在改革开放之前，我们坚持公有制这本身并没有过错，错就错在没有认识到用公有制取代私有制是一个漫长的历史过程，并不能一蹴而

---

① 《邓小平文选》第 2 卷，人民出版社 1994 年版，第 133 页。

就，错就错在离开具体国情和生产力的发展状况来谈论消灭私有制。

上面，我们在《共产党宣言》的理论视野下分析了中国特色社会主义在阶级斗争和所有制问题上的理论与实践，仅从这两个方面已足以看出中国特色社会主义是对马克思和恩格斯在《共产党宣言》中所提出的科学社会主义的继承，中国特色社会主义与科学社会主义之间有着不可分割的内在联系。中国特色社会主义按其基本性质是属于科学社会主义范畴。当然，我们借助于《共产党宣言》的科学社会主义原则来观察中国特色社会主义，我们既看到了中国特色社会主义与前者的一脉相承，与此同时又看到了中国特色社会主义对前者的发展、超越和创新。只有把中国特色社会主义的基本性质搞清楚了，只有真正明确了中国特色社会主义从哪里来又将走向何处，我们才能坚定对中国特色社会主义的信念。我们一定要以《共产党宣言》的科学社会主义理论作为思想资源，融入其他各种优秀思想文化，结合当今中国的社会现实，进一步丰富和推进中国特色社会主义理论。中国的希望就在于沿着中国特色社会主义的道路不断前进。

三

在当今中国，确实存在着企图取消中国共产党的领导，改变中国共产党的性质的倾向。而之所以出现这种危险性与中国这30多年的实际历史进程相关。我们总是把中国实施改革开放以来的30多年视为"社会大转型"的时期。纵观在这一时期我们所做的一切，毫无疑问，包含着一系列属于"补资本主义课"的内容，也就是说，我们在中国共产党领导下做了许多"补资本主义课"的事情。正因为如此，一些人力图改变中国共产党的性质，认为中国共产党不再是无产阶级政党，而是代表包括资产阶级在内的整个国民利益的党。在他们看来，只有这样才能与中国共产党目前所做的事情相符合。当然，以中国共产党领导中国人民做了许多资本主义的事情为理由来要求改变中国共产党的性质，是完全站不住脚的。毛泽东曾经在其著名的《新民主主义论》中论证了中国的民主革命何以必须要由作为无产阶级政党的中国共产党来领导。毛泽东并没有因为认定当时中国共产党所从事的是民主革命而要求对中国共产党的性质作出改变。看来当今非常有必要像当年毛泽东那样在理论上说清楚，为什么"补资本主义的课"必须在中国共产党的领导下进行？为什么即使中国共产党在领导中国人民"补资本主义的课"也并不意味着其性质的改变？关键在于，如果"补资本主义的课"就意味着走资本主义道路，就意味着中国重新选择了资本主义，那么中国共产党的确应当从其名称到实质都来个改变。但倘若我们的"补资本主义的课"是为了更好地走社会主义道路，那么中国共产党从名称到实质都不能改。

尽管取消中国共产党的领导、改变中国共产党的性质的理由并不能成立，但事实上这种危险性却在不断增大。看来除了急需在理论上澄清一些模糊认识外，强化中国共产党的自身建设已刻不容缓。导致威胁中国共产党的领导作用的危险性，一方面来自外部的否定与攻击，另一方面也来自其自身内部的机制不健全和腐败。《共产党宣言》之所以成了全世界无产阶级的共同纲领，一个重要原因是它提出了详尽的党建理论。《共产党宣言》作为全世界五大洲各国共产党人公认的总纲，它为各国共产党人提供了完整的党建学说。《共产党宣言》在当今中国的一个重大意义，就在于它能成为中国共产党进行自身建设的强大思想武器。中国共产党在今天要真正开展切实有效的自身建设，就必须回到《共产党宣言》的建党原则上来。

具体地说，在《共产党宣言》的党建思想的指引下，我们可从以下几方面展开中国共产党自身的建设：

其一，抵制和反对一切削弱中国共产党领导的企图与倾向，加强中国共产党在实现民族振兴中的领导作用。马克思和恩格斯在《共产党宣言》里强调无产阶级必须组织自己的政党即共产党。无产阶级要开展革命斗争之所以必须首先组织自己的政党，这是由无产阶级的地位和任务所决定的。无产阶级由于没有自身的生产资料，往往被无政府的竞争所分散，除了组织起来外，没有别的武器。马克思曾经指出："无产阶级在反对有产阶级联合力量的斗争中，只有把自身组织成为与有产阶级建立的一切旧政党不同的、相对立的政党，才能作为一个阶级来行动。""为保证社会革命获得胜利和实现革命的最高目标——消灭阶级，无产阶级这样组织成为政党是必要的。"① 无产阶级必须组织起自己的政党，贯穿于无产阶级完成自己的历史使命的全过程，而不是仅仅在革命的某一个时期才是必要的。马

---

① 《马克思恩格斯选集》第2卷，人民出版社1995年版，第611页。

克思和恩格斯在《共产党宣言》中不仅论述了无产阶级组织起自身的政党的重要性，而且进一步阐述了无产阶级政党即共产党在无产阶级革命斗争中的领导作用是不可替代的。他们强调："在实践方面，共产党人是各国工人政党中最坚决的、始终起推动作用的部分"；"在理论上，他们胜过其余无产阶级群众的地方在于他们了解无产阶级运动的条件、进程和一般结果"①。也就是说，在他们看来，在无产阶级革命运动中，共产党是"最坚决的、始终起推动作用的部分"。按照马克思和恩格斯在《共产党宣言》所提出的这一党建原则，当今中国的无产阶级和广大劳动人民在实现民族振兴的过程中，也必须像当年实现民族解放时那样，组织起自己的政党即共产党，充分展现和发挥中国共产党的不可替代的领导作用。

其二，抵制和反对一切改变中国共产党性质的企图和倾向，坚持把中国共产党作为无产阶级政党加以建设。马克思和恩格斯在《共产党宣言》中特别强调共产党是无产阶级的独立的政党，无论是其目标、纲领，还是其政策，都应当表明它是无产阶级性质的政党。马克思和恩格斯特别反对"全民党"的思想。在《共产党宣言》中他们如此强调共产党只能是无产阶级性质的政党，就是为了防止把共产党误解为除了代表无产阶级利益之外，还要代表其他阶级的利益，甚至代表资产阶级的利益。而在以后的岁月中，他们更是为了捍卫共产党作为无产阶级性质的政党的纯洁性展开了不懈的斗争。例如，当伯恩斯坦提出要把德国共产党由片面的工人政党改变成为"一切富有仁爱精神的人"的全面的党时，他们当即为此发了一封《通告信》，郑重提出建议：不赞成党是无产阶级性质的党的人应当退党，至少也应当放弃他们的显要职位，不这样，那就是党自己出卖自己。② 马克思和恩格斯关于共产党只能是无产阶级性质的政党的思想，对当今中国共产党来说具有特别重要的意义。原因就在于，企图改变中国共产党性质的倾向当今呈越来越强烈的趋势。

其三，让中国共产党真正代表无产阶级和广大劳动人民的利益。马克思和恩格斯在《共产党宣言》中所阐述的党建思想给人留下最深刻印象的是，特别强调共产党人没有任何同整个无产阶级的利益不同的利益。马克

---

① 《马克思恩格斯文集》第 2 卷，人民出版社 2009 年版，第 44 页。
② 《〈共产党宣言的当代价值〉——访中国社会科学院马克思主义研究院特聘研究员周新城》，《马克思主义研究》2008 年第 3 期。

思和恩格斯强调的是："他们不提出任何特殊的原则，用以塑造无产阶级的运动。"① 也就是说，他们强调的是除了忠实地代表无产阶级的利益之外，共产党没有什么自身"特殊的利益"。重温马克思和恩格斯的这一党建思想，对当今的中国共产党人来说大有益处。中国共产党当今所面临的最大的问题，可能正在于是否真正代表无产阶级和广大劳动人民的利益，除了无产阶级和广大劳动人民的利益之外是否还存在着自己的"特殊利益"。人民群众对中国共产党的某些人的不满可能也就在这里。尽管中国共产党的一些高层会议反复告诫共产党员，特别是中国共产党的高级干部必须与无产阶级和广大劳动人民的利益相一致，但实际上一些共产党员，特别是一些中国共产党的高级干部搞特权、腐败还是越来越触目惊心。如果照此下去，中国共产党会与无产阶级和广大劳动人民走向对立，它的无产阶级性质会彻底改变。在这种情况下，中国共产党确实特别需要用《共产党宣言》中关于共产党只能代表无产阶级利益，在无产阶级利益之外没有自身"特殊利益"的思想，认真地审视自己。当今的中国共产党的广大党员，特别是中国共产党的高级领导，一定要把《共产党宣言》中的下述告诫牢记在心："过去的一切运动都是少数人的，或者为少数人谋利益的运动。无产阶级的运动是绝大多数人的，为绝大多数人谋利益的独立的运动。"②

其四，让中国共产党不仅代表无产阶级和广大劳动人民在"社会主义初级阶段"的"眼前利益"，而且代表无产阶级和广大劳动人民的长远、整体的利益。《共产党宣言》中两次讲到共产党不仅代表无产阶级革命运动某一阶段、某一时期的利益，而且始终代表无产阶级整个革命运动的利益，讲到共产党人为工人阶级的最近的目的和利益而斗争，但是他们在当前的运动中同时代表运动的未来。他们这样说道："共产党人同其他无产阶级政党不同的地方只是：一方面，在无产者不同的民族的斗争中，共产党人强调和坚持整个无产阶级共同的不分民族的利益；另一方面，在无产阶级和资产阶级的斗争所经历的各个发展阶段上，共产党人始终代表整个运动的利益。"③"共产党人为工人阶级的最近的目的和利益而斗争，但是

---

① 《马克思恩格斯文集》第 2 卷，人民出版社 2009 年版，第 44 页。
② 《马克思恩格斯文集》第 2 卷，人民出版社 2009 年版，第 42 页。
③ 同上书，第 44 页。

他们在当前的运动中同时代表运动的未来。"① 马克思和恩格斯的这一思想对当今中国共产党来说，很有针对性。我们知道，当今中国共产党正在带领中国人民做与"社会主义初级阶段"相符合的事情，中国的无产阶级和广大劳动人民在这一历史阶段有着与这一历史阶段相符的利益，当然中国共产党代表着中国无产阶级和广大劳动人民在这一历史阶段上的利益。问题在于，有些人基于此就把无产阶级和广大劳动人民的眼前利益与长远利益割裂开来，千方百计地促使中国共产党为了无产阶级和广大劳动人民的眼前利益而不顾他们的长远的、整体的利益。伯恩斯坦有句名言：运动就是一切，目标是没有的。当年的伯恩斯坦曾经力图使工人运动只为争取眼前的利益而斗争，而根本不要去谈论什么远大的目标。他的这一修正主义路线也确实造成了严重的不良后果。一定意义上，在今天的中国，出现了当年伯恩斯坦所期望的那种局面。只讲手段不讲目标，只讲眼前不讲长远，是今天的中国共产党必须解决的一个重大问题。《共产党宣言》所阐述的党建思想在这方面有着巨大的启迪作用。我们一定要在《共产党宣言》的相关思想的指引下，使中国共产党把"当前的运动"与"运动的未来"有机地结合在一起。

四

德国诗人海涅说过：每一时代都有它的重大课题，解决了它就把人类社会向前推进一步。那么人类跨入了 21 世纪以后它所面临的最大的课题是什么呢？有人说是发展的问题，即人类社会究竟应当如何发展。我认为，还有着比发展更深层的问题，这就是人类究竟如何生活，应当选择什么样的生活方式。实际上，人类社会究竟如何发展取决于究竟如何生活。发展道路的选择实际上是生活方式的选择，一定的生活方式决定了一定的发展模式。

当今世界许多有识之士都指出，人类不能像现在这样生活下去，人类必须换一种活法。这是基于对当今人类的生活方式的深刻反思所得出的结论。20 世纪后半叶以来，整个世界的生活方式开始趋同，大家都过着一种生活，我们可以将它概括为五方面的主义：消费主义、个人主义、现实主

---

① 同上书，第 65 页。

义、享受主义、科学主义。人类在这五个主义的价值观念下生活。问题在于，其一，这样的生活并不是我们真正所期望的生活，因为人这样生活表面上是很安乐、幸福，其实依然在痛苦中生活，或者不那么幸福；其二，退一步说，即使这样的生活确实给人类带来了无穷的幸福，但这样的生活是以消耗大量的资源、能源为前提的，我们已经快达到了地球生态容量的底线，从而我们也不可能再这样生活下去。唯一的出路就在于改变目前人的生活方式，创建一种新的存在状态。人类文明的发展确实已到了一个历史的转折点上，如果不对正处于危机之中的那种人类存在方式展开革命，如果不真正创建出真正属人的生存状态，那么前景堪忧。

中国能否在 21 世纪成为全世界标志性的国家，主要看中国在 21 世纪能否在自己古老的大地上，率先创建出一种新的生活方式和存在状态。中国能否成为 21 世纪全世界标志性的国家，主要取决于人类文明当今主要面临什么样的问题，而中国是否对破解人类文明的这一难题作出了决定性的贡献。显然，当今人类文明所面临的挑战主要不是如何进一步增加 GDP 的问题，而是如何改变发展方式，如何改变人的生活方式的问题，在这种情况下，如果把中国对人类文明的贡献，仅仅归结为使中国成为世界第二大经济体乃至第一大经济体，那么对这种贡献的意义的认识肯定是肤浅的。当今世界对中国的渴求不简单是 GDP，而主要是开创出一种新的发展方式和人的生活方式。我们现在经常谈论所谓"中国模式"，而所谓"中国模式"的实质就是出现在中国古老大地上的一种新的发展模式，而在这种新的发展模式的背后是一种新的存在方式，两者结合起来就是一种新的文明样态。

中国人民必须承担起创建新的生活方式的历史重任。问题在于，如何创建？创建新的生活方式需要有正确的理论的导引，那么这种理论究竟在哪里？现存的就有，那就是马克思主义，特别是作为马克思主义形成的标志的《共产党宣言》。原先人们只是将《共产党宣言》视为批判资本主义、宣布资本主义必然走向灭亡的著作，实际上《共产党宣言》在批判资本主义的同时，为人类构建了一个意义世界。马克思和恩格斯正是根据他们头脑中的那个理想的人类意义世界作为价值评判标准，来对资本主义作出裁决的。马克思和恩格斯在批判资本主义的过程中向人类指明了一个前进的目标，告诉了人类究竟应当走向何处。我们不能忽视《共产党宣言》作为指引人类前进的指路明灯的巨大功能。尽管马克思主义学说的其他内容因遭到这样那样的指责而显得暗淡，但马克思对人类生存的意义的探讨，对人类"意义世界"、对人类的正确的价值观念的构建，依然闪耀着熠熠生辉的真理的光芒。尽管人们对马克思主义学说的其他内容提出了铺天盖地的批评，但对马克思主义的这一方面的理论依然持敬畏态度（包括那些对马克思主义抱有各种偏见的人）。确实，当今中国人民在创建新的生活方式的征途上只有凭借马克思所揭示的"意义世界"，才能在"一堆乱麻"中理出一个思路，找到自己真正应当通往的方向，知道自己的目标之所在以及为了实现这一目标眼下究竟应该做些什么和如何去做。

《共产党宣言》中对人类应当如何生活，什么样的生活对人类来说才是有意义，作出下述著名论断："代替那存在着阶级和阶级对立的资产阶级旧社会的，将是这样一个联合体，在那里，每个人的自由发展是一切人的自由发展的条件。"[①] 在这里强调的一是人类社会必须组织成"自由人的联合体"，二是在这个联合体中"每个人的自由发展是一切人的自由发展的条件"。恩格斯后来特别指出，"再也找不出"比这更合适的用以表述"代替那存在着阶级和阶级对立的资产阶级旧社会"的新社会的主要特征。

当今中国人民创建新的生活方式必须紧紧地围绕着马克思和恩格斯的这一基本思路展开。具体地说，必须抓住若干要点：其一，人应当全面地发展自己，而不是只从某一方面，如仅仅从满足物质需求的方面片面地发展自己。无论是考察《共产党宣言》还是探究马克思和恩格斯的其他著作，都可以知道马克思和恩格斯谈及人究竟如何生活、如何发展时都把重心放在"全面"两字上。不管他们从什么样的角度规定人的本质，我们所看到的人都是具有无限丰富性的总体的人。这就是说，按照马克思和恩格斯的要求，我们今天创建新的生活时首先要做到的是使人的各个方面、各个层次兼容并包地、相互协调地得以发展。其二，人必须充分地享受自由，但这种自由只有通过"联合体"才能实现。马克思和恩格斯提出了"自由人的联合体"的概念，这是一个对人的未来存在模式的总体设计。我们应当用马克思和恩格斯所提出的这一概念的内涵来规范人的自由。一方面，我们不能使联合体吞没个人的自由，联合体是"自由人"的联合体，也就是说，联合体的基点是自由的、现实的个人；另一方面，我们要

---

① 《马克思恩格斯文集》第 2 卷，人民出版社 2009 年版，第 53 页。

让个人的自由融入到联合体之中，让个人的自由通过联合体来实现。正如马克思所说的："只有在集体中，个人才能获得全面发展其才能的手段，也就是说，只有在集体中才可能有个人的自由。"① 其三，让"每个人的自由发展"成为"一切人的自由发展"的条件与前提。要把握马克思和恩格斯在《共产党宣言》中对人的生命真正获得意义的存在模式的论述，最重要的就是要牢记他们的"每个人的自由发展是一切人的自由发展的条件"这句至理名言。我们一定要像他们所说的那样去做，使每个人的自由发展成为"前提"，而让一切人的自由发展只是个"结果"，永远把实现个人的自由发展视为一切工作的出发点。

创建新的生活方式不仅包括改变原先的人与人、人与社会之间的那种对立关系，建立起和谐的新型的人与人、人与社会之间的关系，而且也包括重建人与自然之间的关系，使人与自然之间的相互对立变为相互协调，这就是说，创建人的新的生活方式不仅要在人与人、人与社会之间关系的层面展开，而且也必须在人与自然之间关系的层面进行。不建立起一种完全新型的人与自然之间相互协调关系，人仍然处于与自然的相互对立之中，就不能说一种新的人的生活方式已经形成。在人与自然之间的关系究竟应当是怎样的，以及这种关系究竟如何建立的问题上，《共产党宣言》也为我们提供了明显的启迪作用。《共产党宣言》对未来的真正属人的生活方式的设计，不限于人与人、人与社会的关系的方面，也包括人与自然的关系的方面。《共产党宣言》既揭示了资本主义的资本扩张，也揭示了资本主义的生态扩张；既批判了资本主义的阶级剥削，又批判了资本主义的生态剥削；既抨击了资本主义的经济危机，也抨击了资本主义的生态危机。与此相应，他们在论述共产主义社会的终极目的时既强调了"人与人的和解"，也强调了"人与自然的和解"。他们所说的实现社会和人的全面自由发展，包含着双重的理想，即体现了以实现和谐的社会关系为特征的"社会正义"和"生态正义"的有机统一。② 正如生态马克思主义者 J. B. 福斯特所指出的，正是在《共产党宣言》中，马克思和恩格斯已经把关于建立与自然的可持续性关系的思考作为"关于共产主义建设论证的一个重

① 《马克思恩格斯文集》第 1 卷，人民出版社 1972 年版，第 82 页。
② 王建明等：《红色经典的绿色视野——〈共产党宣言〉中的社会正义与生态正义》，《苏州大学学报》（哲学社会科学版）2008 年第 5 期。

要组成部分"①。实际上，只要认真地阅读一下《共产党宣言》的第二部分，特别是第二部分结尾处关于建立新社会的十点建议，就不难领会马克思和恩格斯当年是如何思考在人与自然之间建立和谐关系的。他们所提出的"把农业与工业结合起来"、"把教育同物质生产结合起来"② 等种种措施中，就体现了他们对建立良性的"人类与自然的新陈代谢"，即建立和谐的人与自然之间关系的追求。当今中国人民已经踏上了建设生态文明的征途，已把建设生态文明、实现人与自然之间的和谐纳入构建一种新的生活方式的伟大实践。无疑，在这方面，《共产党宣言》同样是指引我们胜利前进的旗帜。

上面，我们列举了当今前进在中国特色社会主义大道上的中国人民，如何以《共产党宣言》作为思想武器指引自己的若干方面。当今中国一心想振兴自己的国家和民族的人民大众，是决不可以也不可能离开《共产党宣言》的。《共产党宣言》对于当今中国人民来说，是一时一刻也不能离开的治国安邦的真理。我们一定要坚定不移地坚持《共产党宣言》的基本原理，与此同时又结合我国的国情作出自己的思考。完全可以这样说，我们的前途和命运正依据于此。

（原载《探索与争鸣》2012 年第 11 期）

---

① J. B. Foster, *Marx's Ecology*: *Materialism and Nature*, Monthly Review Press, 2000：140.
② 《马克思恩格斯文集》第 2 卷，人民出版社 2009 年版，第 53 页。

马克思晚年东方社会发展
道路新思想的实质

——"人类学笔记"和《历史学笔记》再研究

姚顺良

马克思晚年对东方社会发展道路的探索及其得出的一系列新思想，集中体现在他写于 19 世纪 70 年代末至 80 年代初的"人类学笔记"、《历史学笔记》以及关于俄国农村公社命运问题的论述中。对此，国外在 20 世纪 60—70 年代、国内在 80 年代后半期都曾出现过研究的热潮，对马克思进行这一研究的动因和目的、其得出的新结论的实质和意义作出了极为不同的诠释。我认为，这些研究并没有真正抓住问题的实质，仍然有进一步深化的必要。

一

对马克思晚年写作"人类学笔记"和《历史学笔记》的原因，存在着一种流行的看法，认为这是马克思研究方向的重大转变。他放弃了《资本论》的写作，转向科学人类学和实证历史学的研究，因此将其一生划分为"哲学人类学—政治经济学—科学人类学和实证历史学"三个阶段。有人甚至进一步将其说成马克思理论立场的根本转变，放弃了"经济决定论"，回到了"哲学人类学"的早期立场。我们认为这些看法都是错误的：在晚年马克思那里，不仅不存在所谓理论立场的根本转变，其研究方向在根本上也是一致的。所谓从经济学向人类学或历史学的转变，不过是后人将现代实证科学分类的观点强加给马克思罢了。马克思向人类学或历史学研究的拓展（不是转变），特别是对农村公社和世界历史进行再研究的真实原因，可以归纳为以下三个方面。

　　首先，马克思在"人类学笔记"中对农村公社问题进行再研究，是出于写作《资本论》续卷，完善对资本主义生产方式理论批判的需要。土地私有权是资本主义生产方式的基本前提之一，而农村公社表明，土地所有权的最初形式并非私有制，而是公有制。研究农村公社问题，揭示土地所有权的历史演变，对于揭示资本主义生产前提的生成、把握资本主义生产方式的本质和发展趋势具有重大的理论意义。因此，早在 1853 年给《纽约每日论坛报》所写的文章中，马克思就谈到过俄国农村公社问题。在《1857—1858 年经济学手稿》中的"资本主义生产以前的各种形式"部分，马克思围绕"生产的原始条件"问题，依据当时所能找到的相关材料，开始系统地研究作为"原始共产主义最后阶段"的农业公社，在那里马克思详细地考察了"亚细亚的所有制形式"、"古代的所有制形式"和"日耳曼的所有制形式"。在《资本论》第一卷出版之后的第二年，即 1868 年年底，马克思继续研究有关地租和土地所有制关系的文献。1876 年 6 月，马克思对毛勒的《马尔克制度、农户制度、乡村制度、城市制度和公共政权的历史概论》、《德国的马尔克制度史》等著作作了详细的摘录。马克思认为："他的书是非常有意义的。不仅是原始时代，就是后来的帝国自由民、享有特权的地主、国家权力以及自由农民和农奴之间的斗争的全部发展，都获得了崭新的说明。"[①] 并为在德国发现马尔克村社制度感到高兴。同年 12 月，马克思阅读了汉森、德默里奇、乌提舍诺维奇、卡尔德纳斯关于农村公社在塞尔维亚、西班牙等国演变情况的著作。到了 70 年代末 80 年代初，在《资本论》第二卷的整理基本完成，需要进一步加工第三卷、完善地租理论时，马克思在"人类学笔记"中把主要的注意力放到农村公社的研究上，着力厘清土地所有制的历史演化，正是上述理论批判要求的继续。

　　其次，是指导欧洲工人阶级的现实斗争，论证"土地国有化"的需要。1869 年 9 月，在马克思的直接参与和推动下，第一国际巴塞尔代表大会通过了有关"土地国有化"的原则，并对土地由私人所有向集体占有过渡的经济必然性作了深入的说明与论证。但是，德国资产阶级经济学家却掀起了一场反对巴塞尔大会决议的运动。其代表之一瓦格纳在其《土地私有制的废除》一书中，还专门引证了俄国法律史学家波·尼·契切林关于俄

---

　　① 《马克思恩格斯全集》第 32 卷，人民出版社 1974 年版，第 51 页。

国公社土地占有制历史演变的观点。契切林认为，农村公社与农奴制有着不可分割的联系，正是农奴制的废除引发了农村公社的瓦解。这种观点同马克思是完全对立的，这也促使马克思对俄国农村公社进行更为深入的研究。

最后，更为直接也是具有决定意义的是回应俄国革命者的内部争论，探索东方社会发展道路的需要。这不仅是马克思重新系统研究农村公社的直接实践背景，也是他对世界史进行再研究的重要原因。1847—1852年，德国历史学家奥·哈克斯特豪森在游历俄国后出版了《对俄国的内部关系、人民生活特别是农村设施的考察》（Ⅰ—Ⅲ册），在书中介绍了俄国的农村公社。他认为："俄国的公社组织，对于俄国，尤其是现时，在国家制度方面说，是无限重要的。西欧的所有国家现在都患有一种病，想把这病治好，至今仍是一个不能解决的任务——这种病就是赤贫状况和无产阶级化。俄国就不知道有这种灾难；因为公社的组织使它免于灾难。"[1]哈克斯特豪森的发现使赫尔岑和车尔尼雪夫斯基等人把农村公社看作解决俄国社会问题的希望之光，提出俄国可以在公社的基础上直接进入社会主义，绕过资本主义发展阶段。在他们的影响下，19世纪60年代以后形成了有名的俄国民粹主义运动。与此相反，俄国自由派资产阶级经济学家则认为，俄国只能走同西欧一样的道路，"首先摧毁农村公社以过渡到资本主义制度"。1872年《资本论》俄文版出版以后，马克思关于"资本主义原始积累的历史概述"也成了他们中的某些人论证自己观点的重要论据。1877年俄国民粹派理论家尼·康·米海洛夫斯基发表在《祖国纪事》杂志上的《卡尔·马克思在尤·茹柯夫斯基的法庭上》一文，就是针对这一现象写的。到了80年代初，甚至在俄国革命者中都出现了上述两种观点之间的论争。查苏利奇1881年2月16日写信给马克思说："最近我们经常可以听到这样的见解，认为农村公社是一种古老的形式，历史、科学社会主义，——总之，一切不容争辩的东西，——使它注定要灭亡。鼓吹这一点的人都自称是你的真正的学生，'马克思主义者'。"并请马克思对此明确表示意见，强调"假如你能说明你对我国农村公社可能的命运的看法和对世界各国由于历史的必然性都应经过资本主义生产各阶段的理论的看

---

[1] 转引自《普列汉诺夫哲学著作选集》第1卷，人民出版社1986年版，第19页。

法，给我们的帮助会是多么大"①。

　　同时，巴黎公社失败后，西欧资本主义进入和平发展时期，而东方开始酝酿着新的危机和革命，这种革命风暴首先在俄国开始形成。1861 年俄国农奴制改革和 1877—1878 年的俄土战争，极大地推动着俄国革命的形势。因此，马克思密切关注俄国社会的动向和俄国革命问题的争论。早在看到米海洛夫斯基的文章之后他就写下了一封《给〈祖国纪事〉杂志编辑部的信》，表示要"直截了当地说"出自己的意见。② 不过这封信后来并未发出。在接到查苏利奇的信以后，马克思又极为认真地写了复信，共写了四稿（最后一稿与正式复信一致，前三稿是草稿）。可以说，马克思在"人类学笔记"中对农村公社和《历史学笔记》中对世界历史的再研究，正是以此为直接背景的。

　　马克思对农村公社的再研究，主要体现在"人类学笔记"中的《马·柯瓦列夫斯基〈公社土地占有制〉一书摘要》和《约·布·菲尔〈印度和锡兰的雅利安人村庄〉一书摘要》中，在《亨利·萨姆纳·梅恩〈古代法制史讲演录〉一书摘要》中也有涉及。

　　1879 年 10 月至 1880 年 10 月，马克思对柯瓦列夫斯基的书作了详细的摘要和评注，篇幅超过原书的一半。柯瓦列夫斯基的书在空间上包括了美洲、亚洲和非洲的材料，在时间上涉及 16 世纪至 19 世纪末的漫长历史时期。他对印第安人、墨西哥、秘鲁、印度和阿尔及利亚等地作为原始社会遗迹的农村公社制度，从历史演变和相互对比中进行了广泛的研究。这些材料使马克思能够在整个世界历史的范围内更为全面地考察农业公社现象，探索农业公社的本质和发展趋势。1881 年马克思还对菲尔的书作了摘要。菲尔描述了 19 世纪的印度特别是孟加拉以及锡兰（今斯里兰卡）农民的农业、村社和家庭状况，也描述了农民同地主、高利贷者，同政府捐税、司法机关的关系。马克思在摘录中重视的是有关农村公社的问题。值得注意的是，马克思在对柯瓦列夫斯基、菲尔以及梅恩著作的摘录过程中，不仅将主要注意力集中在农村公社本身的历史和现状上，还十分重视研究资本主义殖民者的统治、掠夺和相关经济政策对农村公社的影响。这

---

　　①　查苏利奇 1881 年 2 月 16 日给马克思的信。转引自《马克思恩格斯全集》第 19 卷，人民出版社 1963 年版，第 637 页。

　　②　《马克思恩格斯全集》第 19 卷，人民出版社 1963 年版，第 129 页。

实际上是考察农村公社和探索东方社会发展道路这同一个问题的相互联系的两个方面。

　　大体在同一时期，马克思还写下了《历史学笔记》，共有四个笔记本。其中按年代顺序摘录了公元前 1 世纪初至公元 17 世纪中叶世界各国特别是欧洲各国的历史事件。马克思的《历史学笔记》题材极为广泛，时间上涉及原始社会之后的整个前资本主义社会，空间上也涉及西欧以外的地区如俄国和巴尔干国家，第一册更是包括了广大亚非拉地区。从内容上说，主要是政治事件，但也涉及经济和文化领域，特别是从资本主义产生和形成的角度对意大利的社会制度、尼德兰革命、英国社会演变和原始积累以及文艺复兴、宗教改革、自然科学和哲学发展状况都给予了充分的重视。与《历史学笔记》同时，马克思还写下了关于各民族经济史的笔记。① 这是马克思继早年在《克罗兹纳赫笔记》中对格·亨利希《法国史》、蒲菲斯特《德国史》和林加德《罗马人第一次入侵以来的英国史》等包括古代史在内的通史研究②之后的又一次全面的世界历史再研究。关于这一研究的动因和目的，学界有不同的推测。我们认为，正如在"人类学笔记"中考察农村公社的演变和命运离不开对资本主义殖民者影响的考察一样，马克思对世界历史的再研究，也同他对农村公社的再研究和东方社会发展道路的新探索有着内在关联：既要从对农村公社的再研究中得出的新的思想视角重新审视世界历史包括西欧资本主义形成史，又要从对世界历史的再研究中深化了的新的理论高度重新审视东方社会发展的未来道路。

二

　　马克思晚年通过对农村公社和世界历史的再研究，获得了一系列新的思想和观点。这些思想和观点除了可以从马克思的相关研究笔记中显露出来以外，最为明显和直接地体现在他对俄国农村公社命运问题所"直截了当地说"出的结论中。为此，我们需要将马克思、恩格斯有关这一问题的一些主要的文本联系起来加以考察。这些文本按照时间顺序为：1875 年恩格斯的《流亡者文献》之五《论俄国的社会问题》，1877 年马克思写下但

---

① 参见马克思《历史学笔记》，红旗出版社 1992 年版，"前言"第 1 页。

② 参见《马恩列斯研究资料汇编》(1981)，书目文献出版社 1985 年版，第 8—20 页。

未寄出的《给〈祖国纪事〉杂志编辑部的信》（1884 年 3 月 6 日恩格斯将其抄本寄给了查苏利奇①），1881 年马克思《给维·伊·查苏利奇的信》及该信的前三份草稿，1882 年马克思、恩格斯为《共产党宣言》俄文第二版所写的《序言》以及 1892 年 3 月 15 日、6 月 18 日和 1893 年 10 月 17 日恩格斯给尼·弗·丹尼尔逊的三封信，1894 年恩格斯的《"论俄国社会问题"跋》，1895 年 2 月 26 日恩格斯给普列汉诺夫的信等。从上述文本中，我们可以清楚地看出，从 1877 年以后到 80 年代初，马克思在俄国农村公社命运和俄国社会发展道路问题上形成了一系列新的思想。

如何理解马克思的这些新的思想，国内外学界的观点大体可以归结为以下两种。

一种是带有传统色彩的观点，认为这些新思想涉及的仅仅是关于个别国家发展道路问题上的具体结论的改变。马克思在这里强调的是世界历史发展规律的普遍性与特定民族、特定国家发展道路的特殊性之间的辩证关系。俄国当时的自由派经济学家和马克思去世后出现的"合法马克思主义者"，把唯物史观关于社会形态演进的系列绝对化，甚至把《资本论》中关于西欧资本主义起源的历史概述"彻底变成一般发展道路的历史哲学理论，一切民族，不管他们所处的历史环境如何，都注定要走这条道路"，以此来论证俄国应当"首先摧毁农村公社以过渡到资本主义制度"。而在马克思看来，唯物史观是指导历史研究的科学方法论，而不是取代历史研究的"一般历史哲学理论"。"极为相似的事情，但在不同的历史环境中出现就引起了完全不同的结果。"因此，尽管从世界历史来看，社会形态的演进必须遵循"原始社会—奴隶社会—封建社会—资本主义社会—共产主义社会"的发展顺序，但就某个特定民族或国家来说，则由于历史条件和历史环境的不同，可以跨越其中的某一具体的社会形态。马克思关于俄国农村公社跨越"卡夫丁峡谷"可能性的结论，正体现了历史普遍性和历史特殊性的辩证法。

另一种则是带有"创新"色彩的观点，认为这些新思想涉及马克思历史理论的根本改变。它表明马克思晚年将唯物史观的社会形态演进理论仅仅看作一种纯粹的"西方社会理论"，完全不适用于东方。这种观点在 20

---

① 参见《马克思恩格斯全集》第 36 卷，人民出版社 1974 年版，第 123 页。

世纪 60—70 年代一度十分流行，其中以意大利学者翁贝托·梅洛蒂最为典型。他提出马克思在历史发展问题上存在从"单线论"到"多线论"的转变。他认为，马克思原来主张"单线论"，即认为人类社会发展必然经过"原始社会—奴隶社会—封建社会—资本主义社会—共产主义社会"五个阶段。但到了晚年，马克思改变了观点，提出了"多线论"，即认为历史可以不遵循上述五个阶段的依次演进，向两个甚至多个不同的方向发展。① 这种观点在国内 20 世纪 80 年代后半期的反映，就是有的学者提出了马克思晚年形成了新的"东方社会理论"的观点。

我认为，上述两种观点都是错误的。实际上，马克思对"一般历史哲学理论"的批判既不是将唯物史观的社会形态演进理论当作纯粹的"西方社会理论"加以抛弃，从所谓"单线论"转向"多线论"；也不是仅仅一般地确认社会形态演进的统一性和多样性，局限于指认一个民族在发展过程中基于某些历史条件可以跨越某个特定的社会发展阶段。这里涉及的是对作为唯物史观基本内容之一的"世界历史"理论的深化和发展问题。

按照马克思的"世界历史"理论，前资本主义社会形态作为"地域性历史"是在各自孤立的地点上发展起来的，只是资本主义开创了"世界历史"，整个世界的发展才逐渐成为统一的过程。就前资本主义发展阶段来说，马克思从来没有把社会经济形态演进的历史序列绝对化，在《资本论》第一卷比较工厂主和领主"对剩余劳动的贪欲"时，就指出"在多瑙河各公国"，农奴制关系就是通过徭役直接从原始的"公社所有制"的基础上发展而来的。② 在"人类学笔记"中，马克思也讲过："现代家庭在萌芽时，不仅包含着奴隶制（servitus），而且也包含着农奴制，因为它从一开始就是同田野耕作的劳役有关的。它以缩影的形式包含了一切后来在社会及其国家中广泛发展起来的对立。"③ 因此在这一阶段，甚至从某种意义上可以说"多线"发展是"世界历史"理论的题中应有之义。不过与梅洛蒂不同，这是"多"中有"一"、"多"趋向"一"：即无论是由原始社会经过奴隶制发展到封建制，还是由原始社会直接过渡到封建制，也无论这种封建制是"领主—农奴"形式还是"地主—农民"形式，其共同特征都是

① 参见翁贝托·梅洛蒂《马克思与第三世界》，商务印书馆 1981 年版，第 17—36 页。
② 《马克思恩格斯全集》第 23 卷，人民出版社 1972 年版，第 265 页。
③ 《马克思恩格斯全集》第 45 卷，人民出版社 1985 年版，第 366 页。

直接的"人的依赖关系",其发展趋势都是从"或多或少由自然形成的共同体"趋向"以物的依赖性为基础的人的独立性"。

而在资本主义登上历史舞台以后,人类历史日益发展为世界历史,情况就发生了根本的变化。这里,不仅作为整个人类历史来说资本主义历史阶段是不可逾越的,而且某一民族在自身发展过程中能否跨越资本主义阶段的问题,也呈现出复杂的情况。因为这不仅要自身具备一定的条件,要以发达民族资本主义已经存在和发展为前提,更为重要的是要以整个世界历史发展的程度从而以资本主义的全球统治能力、以资本主义自身是否已造成了向更高阶段过渡的历史条件为前提。这一切表明,俄国农村公社的命运从而俄国社会发展道路问题绝非一个孤立的问题,而是涉及"世界历史"理论的重大问题。而上述两种对马克思晚年关于东方社会发展道路新思想的解读都离开了这一关键问题。

马克思晚年对"世界历史"理论的这一重大突破,主要表现在以下三个方面。

一是世界历史的形态发生了根本的变化。资本主义是世界历史的最初动力,但不再是世界历史的实现形式。在最初提出"世界历史"理论的《德意志意识形态》中,马克思、恩格斯说,人们的世界历史性存在随着生产力的发展必然成为经验的事实,"各个相互影响的活动范围在这个发展进程中越是扩大,各民族的原始封闭状态由于日益完善的生产方式、交往以及因交往而自然形成的不同民族之间的分工消灭得越是彻底,历史也就越是成为世界历史"①。从那时起直到 19 世纪 70 年代中期,他们一直强调世界历史的形成过程就是资本主义自身发展的过程,大工业"首次开创了世界历史"。因而,不仅世界历史的最初推动力来自资本主义,而且世界历史本身也只能首先在资本主义世界体系的形式下形成。当然,资本主义世界体系的形成不过是将其不可解决的内在矛盾扩展到全世界,因而世界历史的进一步发展最终将摆脱资本主义形式,但那是世界历史发展的第二阶段。现在,马克思关于世界历史的看法不同了:尽管世界历史的最初动因仍然源自资本主义,但由于资本主义自身已经走向危机和衰落,它已经无法容纳在自身形式下发展起来的世界历史进程了。正像资本主义不能

---

① 马克思、恩格斯:《德意志意识形态》(节选本),人民出版社 2003 年版,第 32—33 页。

实现人类的彻底解放而只能为其创造条件一样，资本主义同样不能造成真正的世界历史而只能为其创造条件。世界历史只有突破资本主义的狭隘关系才能得以最终形成，它从一开始就是在共产主义的形式下实现的。

二是东方社会在世界历史形成过程中的作用发生了根本的变化，不再是纯粹被动的，而是成为推动世界历史形成的主动力量。直到 70 年代中期以前，马克思、恩格斯一直都把世界历史形成的过程看作是资本主义向全球的单纯空间拓展，把世界历史形成的动力单向度地归结于西方社会。"正像它使乡村从属于城市一样，它使未开化或半开化的国家从属于文明的国家，使农民的民族从属于资产阶级的民族，使东方从属于西方。"[①] 东方社会在他们看来已经完全丧失了生命力，不过是世界历史形成的被动对象。正是从这种认识出发，他们在无情地揭露资本主义殖民活动的暴力、掠夺等兽行的同时，充分肯定其客观的历史进步意义。这一点在马克思 50年代对中国和印度的相关时事评述，特别是在《不列颠在印度的统治》和《不列颠在印度统治的未来结果》等文章中表现得尤为明确。他认为印度的村社制度"始终是东方专制主义的牢固基础；它们使人的头脑局限在极小的范围内，成为迷信的驯服工具，成为传统规则的奴隶，表现不出任何伟大和任何历史首创精神"。其遭到破坏和趋于毁灭"与其说是由于不列颠的收税官和不列颠的兵士粗暴干涉，还不如说是英国的蒸汽机和英国的自由贸易造成的结果"。"不过是在大范围内显示目前正在每个文明城市起着作用的政治经济学本身的内在规律罢了。"英国对农村公社从而对印度社会的破坏，"在亚洲造成了一场最大的、老实说也是亚洲历来仅有的一次社会革命"，"充当了历史的不自觉的工具"。[②]

现在则完全不同了：马克思强调农村公社具有强大的生命力。首先，原始公社本身具有比各种私有制形式更为强大的生命力。马克思认为："（1）原始公社的生命力比闪族社会、希腊社会、罗马社会以及其他社会，尤其是资本主义社会的生命力要强得多；（2）它们解体的原因，是那些阻碍它们通过一定发展阶段的经济条件，是和现代俄国公社的历史环境毫无相似之处的历史环境。"[③] 其次，原始公社的天赋生命力还表现在，有的公

① 《马克思恩格斯选集》第 1 卷，人民出版社 1972 年版，第 255 页。

② 《马克思恩格斯选集》第 2 卷，人民出版社 1972 年版，第 67、75、67、68 页。

③ 《马克思恩格斯全集》第 19 卷，人民出版社 1963 年版，第 432—433 页。

社经历了中世纪的一切波折，依然保持到今天；即使是在其被替代的地方，它的各种特征也仍然非常清晰地存在于取代它的公社里面。最后，特别是当时存留在世界上广大地区的农村公社，作为原始公社的最后阶段，较之古代类型的公社有了新的特征：（1）冲破了血缘的狭隘联系，（2）房屋及园地已经成为私有财产，（3）耕地仍归公社所有，但定期重分，产品归己。这种公有制成分和私有制因素并存的二重性构成了农村公社强大生命力的源泉：一方面公有制及其所造成的各种社会关系，使公社基础稳固；同时，私有制的出现，又使个人获得发展，而这种个人发展和较古的公社的条件是不相容的。由此出发，马克思认为公社的瓦解并非由经济必然性所致，而是"死于暴力之下"。他告诫说："我们在阅读资产阶级作者所写的原始公社历史时必须有所警惕。他们是不惜伪造的。例如，亨利·梅恩爵士本来是英国政府用暴力破坏印度公社的热心帮手，但他却伪善地要我们相信：政府维护这些公社的一切善意的努力，碰到经济规律的自发力量都失败了。"[①] 相应地，马克思对资本主义殖民统治者在落后国家摧残农村公社的评价，也发生了根本的改变。他说："至于比如说东印度，那末，大概除了亨利·梅恩爵士及其同流人物之外，谁都知道，那里的土地公社所有制是由于英国的野蛮行为才消灭的，这种行为不是使当地人们前进，而是使他们后退。"[②] "英国政府利用（已由法律批准的）'抵押'和'出让'，极力在印度西北各省和旁遮普瓦解农民的集体所有制，彻底剥夺他们，使公社土地变成高利贷者的私有财产。"并且指出，"阿尔及利亚存在高利贷的类似活动，在那里，国税重担是他们手中的进攻武器"。[③] 这样一来，世界历史的最终形成，就不再是资本主义在世界上的单纯拓展，而是东西方相互作用的结果，甚至主要是东方人民反抗资本主义殖民统治、实现公社再生和社会复兴的结果。

三是实现世界历史的阶级力量发生了根本的转变，不再是资产阶级，而是无产阶级和东方农民民族的联盟。在《共产党宣言》中，马克思、恩格斯指出，资产阶级由于一切生产工具的迅速改进，由于交通的极其便利，把一切民族甚至野蛮民族都卷到文明中来了。它迫使一切民族（如果

---

① 《马克思恩格斯全集》第 19 卷，人民出版社 1963 年版，第 433 页。

② 同上书，第 448 页。

③ 《马克思恩格斯全集》第 45 卷，人民出版社 1985 年版，第 324 页。

它们不想灭亡的话）采用资产阶级的生产方式；它迫使它们在自己那里推行所谓文明制度，即变成资产者。一句话，它按照自己的面貌为自己创造出一个世界。可以说，直到 19 世纪 70 年代中期，开创世界历史都被看作是资产阶级的历史使命。可是现在，在马克思看来，由于资本主义已经自身难保，"资本主义是处于危机状态，这种危机只能随着资本主义的消灭、现代社会的回复到'古代'类型的公有制而结束"，因此资产阶级已经无力完成这一历史使命了。世界历史的最终形成只能由无产阶级，由西方无产阶级和东方农民阶级的联合，由西方社会主义革命和东方民族革命的"互相补充"来实现了。今天看来，马克思过低估计了资本主义的生命力，过高估计了农村公社的生命力和实现社会主义条件的成熟程度。但是，这并不能抹杀马克思关于"世界历史"理论的上述新思想的价值。实际上，20 世纪东方民族解放和帝国主义殖民体系的崩溃，表明马克思对东方社会发展潜力的肯定和东方民族复兴前景的预言，已经以另一种方式得到了实现。特别是体现在上述新思想中的超越"欧洲中心论"的真正世界历史眼光和深刻的历史辩证法精神，更是保持着强大的生命力。

三

只有理解了马克思晚年新思想的实质在于对"世界历史"理论的突破，才能准确理解马克思晚年在俄国农村公社问题上的观点演变，并合理解释马克思与恩格斯在俄国跨越"卡夫丁峡谷"问题上的观点差异。

首先，马克思在俄国农村公社命运问题上的观点演变，正是源于其 19 世纪 70 年代末至 80 年代初在人类学和历史学方面的研究。70 年代中期以前，马克思对俄国农村公社的前景并不看好。1870 年他在谈到弗列罗夫斯基的《俄国工人阶级的状况》一书时明确表示："对于这种共产主义的黄金国，我从来不抱乐观的看法。"[①] 在 1875 年 2—3 月间马克思还建议恩格斯"写点东西出来"批判俄国民粹主义者特卡乔夫的观点。恩格斯先写了《流亡者文献》之四，紧接着又写了"之五"即《论俄国的社会问题》。在后一篇中，恩格斯明确指出："俄国的公社所有制早已度过了它的

---

① 《马克思恩格斯全集》第 32 卷，人民出版社 1974 年版，第 421 页。

繁荣时代，看样子正在趋于瓦解……如果有什么东西还能挽救俄国的农村公社所有制，使它有可能变成确实富有生命力的新形式，那末这正是西欧的无产阶级革命。"① 直到 1877 年 11 月《给"祖国纪事"杂志编辑部的信》中，马克思得出的结论仍然是一种"有条件的否定"："如果俄国继续走它在 1861 年所开始走的道路，那它将会失去当时历史所能提供给一个民族的最好的机会，而遭受资本主义制度所带来的一切极端不幸的灾难。"②

但是，通过 19 世纪 70 年代末到 80 年代初对农村公社和世界历史的再研究，马克思的观点发生了重大转变。在写于 1881 年 3 月 8 日《给维·伊·查苏利奇的信》中，他的看法已经转变为"有条件的肯定"了，他说："我深信：这种农村公社是俄国社会新生的支点；可是要使它能发挥这种作用，首先必须肃清各方面向它袭来的破坏性影响，然后保证它具备自由发展所必需的正常条件。"③ 1882 年 1 月他同恩格斯共同署名的《共产党宣言》俄文第二版"序言"，进一步表述了这种"有条件的肯定"立场。

从这一新立场出发，马克思论证了俄国公社跨越资本主义"卡夫丁峡谷"的理论可能性。在《给维·伊·查苏利奇的信》的前三份草稿中，马克思主要是从以下两个方面论述的。

一是俄国农村公社的非资本主义发展既符合时代发展的历史方向，也符合俄国社会的总的运动方向。在马克思看来，"欧洲和美洲的一些资本主义生产最发达的民族，正力求打碎它的枷锁，以合作生产来代替资本主义生产，以古代类型的所有制最高形式即共产主义所有制来代替资本主义所有制"④。俄国农村公社的非资本主义发展"是符合我们时代历史发展的方向的"。同时，他认为这也和俄国社会总的运动一致。俄国当时除国有土地外，掌握着将近一半土地且都是优等地的土地所有制是和公社所有制对立的，这种状况使俄国的农业深陷于绝境之中。因此，甚至从纯经济的观点来看，俄国也只能通过本国农村公社的发展来摆脱它的农业现在所处的绝境；用英国式的资本主义租佃制来摆脱这种绝境的尝试，是徒劳无功

---

① 《马克思恩格斯选集》第 2 卷，人民出版社 1972 年版，第 625—626 页。
② 《马克思恩格斯全集》第 19 卷，人民出版社 1963 年版，第 129 页。
③ 同上书，第 269 页。
④ 同上书，第 443—444 页。

的，因为这种制度是与俄国国内整个农业条件相抵触的。①

二是俄国的农村公社本身具有强大的生命力。马克思不仅如前所述，一般地指出了各种原始公社都比私有制更有生命力，农村公社比较早类型的原始公社具有更为强大的生命力，而且特别强调俄国的农村公社又有着一般的农村公社所不具备的优势。在欧洲，只有俄国农村公社不是像稀有的现象和罕见的怪事那样零星地保存下来，不是以不久前在西方还有的那种原始形式保存下来，而几乎是作为巨大帝国疆土上人民生活的统治形式保存了下来的。土地公有制是俄国农村公社的集体占有制的基础，它使公社能够直接地、逐步地把已经出现的小土地个体耕作变为集体耕作，而俄国土地的天然地势又非常有利于大规模地使用机器。此外，俄国农民习惯于劳动组合关系，而且在没有分配的草地上、在排水工程和其他关系到共同利益的事业方面，已经在一定程度上实行集体经营了，这些都有助于他们从小土地经济过渡到集体经济。

当然，马克思也承认俄国的农村公社的一些弱势。首先是公社兼有公有制与私有制两种所有制形式，既构成了其强大生命力的源泉，也可能转而成为公社解体的根源。他指出："农业公社天生的二重性使得它只可能是下面两种情况之一：或者是私有原则在公社中战胜集体原则，或者是后者战胜前者。一切都取决于它所处的历史环境。"② 其次是农村公社的孤立性，容易成为比较集权的专制制度矗立其上的社会基础。不过马克思认为，"在今天，这一缺点是很容易消除的"。

在论述俄国公社跨越"卡夫丁峡谷"的可能性时，马克思反复强调，他说的是"理论上的可能性"。所谓"理论上的可能性"，包括两层意思：一是以"正常状态"为前提。"从纯理论观点，即假定以永远正常的生活条件为前提，来判断农村公社可能有的命运。"③ 二是包含着相互对立的全部可能性。例如农村公社的二重性的最终结局，"a priori〔先验地〕说，二种结局都是可能的，但是，对于其中任何一种，显然都必须有完全不同的历史环境"④。

在论述了俄国公社跨越"卡夫丁峡谷"的理论可能性后，马克思进一

① 同上书，第 437 页。
② 《马克思恩格斯全集》第 19 卷，人民出版社 1963 年版，第 450—451 页。
③ 同上书，第 434 页。
④ 同上书，第 435 页。

步提出了实现这种理论可能性的历史条件。

就俄国农村公社本身来说，它在经济上要有非资本主义发展的需要，在物质上要有实现这种发展的条件。马克思深信，"只要把'农村公社'放在正常条件，就是说，只要把压在它肩上的重担除掉，只要它获得正常数量的耕地，那末它本身就立刻会感到有这种必要。俄国农业只要求有土地和用比较原始的工具装备起来的小土地农民的时期，已经过去了。对农民的压迫耗尽了地力，使土地贫瘠，这种情况使这个时期过去得很快。现在，农民需要的是大规模组织起来的合作劳动"①。同时，俄国农村公社的非资本主义发展在物质上也具备了实现的条件。如果俄国是脱离世界而孤立存在着的，如果它只靠自己的力量来取得西欧通过长期进化（从原始公社到它的目前状态）才取得的那些经济成就，那末公社便注定会随着社会的发展而灭亡。但是俄国农村公社不仅和资本主义生产是同时代的东西，而且度过了资本主义制度没有被触动的时期。俄国农村公社比同一类型的古代公社大大优越的地方正是在这里。一旦资本主义由于整个社会"回复到'古代'类型的公有制"而宣告结束，俄国的农村公社就可以从与它并存的资本主义取得进行集体劳动的一切条件，不通过资本主义制度的"卡夫丁峡谷"而享用资本主义制度的一切肯定成果。而在此情况下，俄国社会也有义务支付集体劳动所需要的最初创办费用。

更为重要的是外部条件，即需要俄国革命，需要俄国革命和西方无产阶级革命的互相补充。在《给维·伊·查苏利奇的信》的"初稿"中，马克思指出，农村公社目前正处于危险境地，这是由于沙皇国家帮助那些吮吸着农村公社本来已经涸竭的血液的新资本主义寄生虫去发财致富。破坏性影响的这种结合，只要没有被强大的反作用击破，就必然会导致农村公社的灭亡。他强调，要挽救俄国公社，就必须有俄国革命。如果革命在适当的时刻发生，如果它能把自己的一切力量集中起来以保证农村公社的自由发展，那末，农村公社就会很快地变为俄国社会复兴的因素，变为使俄国比其他还处在资本主义制度压迫下的国家优越的因素。

毋庸讳言，仅仅就俄国农村公社以至整个俄国社会的非资本主义发展道路来说，马克思的预言并未实现。但其中所蕴涵的落后国家有可能不经

①《马克思恩格斯全集》第19卷，人民出版社1963年版，第438页。

过西欧资本主义曾经不得不经历的大部分苦难和斗争，而利用自己的"落后优势"，吸收资本主义制度下的一切肯定的成果的思想，仍然具有普遍意义。从这个意义上说，不仅俄国社会后来的发展仍然带有这种特点，而且正如恩格斯后来所说："这不仅适用于俄国，而且适用于处在资本主义以前的发展阶段的一切国家。"①

　　其次，明确了马克思晚年新思想的实质，才能合理地解释马克思、恩格斯在跨越"卡夫丁峡谷"问题上的观点差异。只要对前面我们列举的马克思和恩格斯关于俄国农村公社问题的一系列文本作不带偏见的解读，我们就不难看出，两者的观点存在着一定的差异。与马克思的观点在 70 年代末至 80 年代初出现了突破性的转变不同，恩格斯的观点更为始终如一；与马克思强调俄国农村公社自身的生命力和俄国本身的革命相比，恩格斯更为强调的是："对俄国的公社进行这种改造的首创因素只能来自西方的工业无产阶级，而不是来自公社本身"和"西欧无产阶级对资产阶级的胜利"。② 这里当然有论述的背景和条件不同的历史原因，即马克思提出自己新观点的时候，革命民粹派活动处于高峰；正是在马克思给查苏利奇写复信的 1881 年 3 月，沙皇亚历山大二世被暗杀。恩格斯后来也指明了这一背景。但是，我认为，更为根本的原因在于马克思在"世界历史理论"上形成的新的思想突破。当然，这并不意味着两人的观点是根本对立的。一年后，马克思和恩格斯在《共产党宣言》1882 年俄文第二版"序言"中进一步强调："对于这个问题，目前唯一可能的答复是：假如俄国革命将成为西方无产阶级革命的信号而双方互相补充的话，那末现今的俄国土地公有制便能成为共产主义发展的起点。"③ 从后来东方国家社会发展的实践来看，马克思和恩格斯的观点与其说是对立的，不如说是互为补充的。完整地准确地把握他们的思想，不仅对于理解唯物史观的"世界历史"理论，而且对于指导我国社会主义初级阶段的实践，都有着十分重大的意义。

（原载《江海学刊》2012 年第 3 期）

---

①　《马克思恩格斯全集》第 22 卷，人民出版社 1965 年版，第 502—503 页。
②　《马克思恩格斯全集》第 22 卷，人民出版社 1965 年版，第 500 页。
③　《马克思恩格斯选集》第 1 卷，人民出版社 1995 年版，第 251 页。

"马克思—恩格斯思想关系"再辨析

——以《德意志意识形态》为例

聂锦芳

近年来，我对《德意志意识形态》进行了详尽的文献疏证、内容解读和思想阐释，发表过近 40 篇研究论文。在对这一文本各个章节的研究中，除了关涉"真正的社会主义"预言、《反克利盖的通告》和《诗歌和散文中的德国社会主义》部分外，绝大多数情况下我都是把"马克思、恩格斯"的名字连在一起使用的，这表明，我把这一著述看作是他们共同的创作，认为其观点表述与具体论证也是一起完成的。但是，这不意味着我无视已引起学界关注的"马克思—恩格斯思想关系"的争论、否认对这种关系的细节进行甄别和辨析的必要性。相反，从加深对马克思主义理论复杂内涵的理解的角度考量，我认为，尽管由于现在留存下来的原始手稿复杂而特殊，进行技术性还原的困难相当大，甚至可以预料仅凭现有的文献材料大概不可能彻底厘清原始状况；但在研读这一文本时始终有一个问题是存在的：在整部《德意志意识形态》中，谁的思想更占主导地位？

在本文中，我特别明确地申说一下自己的看法：恩格斯只是这项理论建构工作的参与者、绝大多数文稿的誊写者，而马克思才是其核心思想的主导者和首创者。在对本书的文献考证和内容解读中，我已经分散地叙述过一些证据，在这里我再集中地展示一下：

其一，从恩格斯与施蒂纳的关系和对施蒂纳思想的理解看，他不大可能起草这部手稿中篇幅最大的《圣麦克斯》章，并且以那样苛刻、挖苦乃至嘲弄的口吻来批判施蒂纳。

就个人之间的关系看，施蒂纳毕生与马克思从未见过面，但早在 1842 年，他就结识了恩格斯，并给后者留下了很好的印象，认为他在"自由人"当中"显然是最有才能、最富独立性和最勤奋的人"①。更值得深思的是，这种印象并没有因撰写《德意志意识形态》这部极其详尽地研究施蒂纳的思想并给予了不折不扣的"痛斥"的著述而改变，直到晚年恩格斯都回忆说："我同施蒂纳很熟，我们是好朋友。他是一个善良的人。"② 而充分表达施蒂纳观点的《唯一者及其所有物》写完之后，在全书排出校样还未正式出版时，恩格斯就得以先睹为快，并马上作出反应。1844 年 11 月 19 日他写信给马克思，说对于此书"我们不应当把它丢在一旁，而是要把它当做现存的荒谬事物的最充分的表现加以利用，在我们把它颠倒过来之后，在它上面继续进行建设"③。这表明，恩格斯并没有把施蒂纳的思想看作是一种与马克思所主张的观照和把握世界的不同方式，因而低估了回应施蒂纳思想的艰难程度。更有甚者，他还告诉马克思，施蒂纳思想"原则上正确的东西，我们也必须吸收"④。在恩格斯信的引导下，同月马克思就读了《唯一者及其所有物》。但他读后并不赞同恩格斯信中的见解，于是答应在《前进报》上发表评论文章，同时给恩格斯写了回信，陈述自己与恩格斯11 月 19 日信中的分析不同的看法。1845 年 1 月 20 日恩格斯又给马克思写了一封信，特别指出："我完全同意你的看法。我以前给你写信的时候，还太多地拘泥于该书给我的直接印象，而在我把它放在一边，能更深入地思考之后，我也发现了你所发现的问题。"⑤

其二，《圣布鲁诺》章与《神圣家族》的内容相衔接，是马克思了断其与鲍威尔思想关系的终结之作。如果把这两种著述进行对照，从文体、写法和论证方式看，马克思一脉相承的风格是非常明显的，而恩格斯虽然参与了《神圣家族》的写作，但明确标出其执笔的部分则是另外一种写法。

从文本的结构看，《神圣家族》是针对《文学总汇报》上刊登的一些文章的论点而展开论述的，因此各个章节之间的逻辑联系显得比较松散，

---

①　恩格斯：《致马克思的信（1844 年 11 月 19 日）》，《马克思恩格斯文集》第 10 卷，人民出版社 2009 年版，第 26 页。

②　恩格斯：《致麦·希尔德布兰德（1889 年 10 月 22 日）》，《马克思恩格斯全集》第 37 卷，人民出版社 1972 年版，第 286 页。

③　恩格斯：《致马克思的信（1844 年 11 月 19 日）》，《马克思恩格斯文集》第 10 卷，人民出版社 2009 年版，第 24 页。

④　同上书，第 24—25 页。

⑤　恩格斯：《致马克思的信（1845 年 1 月 20 日）》，《马克思恩格斯全集》第 47 卷，人民出版社 2004 年版，第 334 页。

可以说几乎每一章节都包含了很多思想，但各章阐发的思想交叠重合，而且篇幅很不均衡。这一著作的前三章、第四章的第一、二部分、第六章第二部分 a 小节和第七章第二部分 b 小节是由恩格斯执笔完成的。这些部分的篇幅都很短。我们知道，到这时为止恩格斯思考问题的方式仍与其从商的经历密切相关，他所执笔的这些部分的思想阐释也反映出这一特点，即就事论事地将具体事件或话题归结到现实经济状况甚至是经济政策，以驳斥青年黑格尔派的致思路向。

马克思执笔的部分则成了《神圣家族》的主体。在写作此书之前，马克思已经在克罗茨纳赫研读过大量历史、哲学和政治学文献，来巴黎后又开始了系统的政治经济学研究，因此在写作这一著作时他有效地利用了后来被称为《克罗茨纳赫笔记》、《巴黎笔记》等材料和成果，这样，《神圣家族》的内容就涉及政治经济学、历史和哲学等很多方面，使文本的篇幅比原先设想的扩大了很多，而且马克思对具体事件的分析均能上升到历史哲学的高度，进行本质性的透视和批判。第四章主要是针对埃德加尔·鲍威尔对蒲鲁东《什么是财产》一书的评论进行的反批评。蒲鲁东此书原是法文，埃德加尔·鲍威尔通过被马克思称为"赋予特征的翻译"和"批判性的评注"两种手段来曲解蒲鲁东对财产关系所作的分析，马克思认为这种述评脱离了具体的政治经济学领域，使其失去了原本内容丰富的社会性质和意义，从而也就不能真正解释诸如财产关系这些复杂的社会现象。第五章和第八章评述的是施里加对欧仁·苏的长篇小说《巴黎的秘密》的批判，其中蕴涵着马克思很多重要的思想，比如对自我意识的"思辨哲学"、国家与法的理论以及抽象"道德观念"、抽象宗教学说等进行的深刻的分析。第六章是内容最丰富、最集中的一章，谈论到的重要问题有：能否从精神出发来理解历史现实和群众运动、宗教解放的最终根源在哪里、法国革命的特征及其哲学基础何在，等等。第七章专门论述群众问题，布鲁诺·鲍威尔对群众的作用作了种种诋毁，而马克思则通过分析阐释了历史唯物主义的群众观点。最后，马克思用文学性的拟喻写了很短的第九章《批判的末日的审判》，并且用一句"我们以后知道，灭亡的不是世界，而是批判的《文学报》"[1] 作为《历史的结语》结束全书。

---

① 马克思、恩格斯：《神圣家族》，《马克思恩格斯全集》第 2 卷，人民出版社 1957 年版，第268 页。

这些议题与《德意志意识形态》的内容都有不同程度的承接。

其三，恩格斯对"费尔巴哈"章标题的修改，表明他并没有完全理解马克思超越旧哲学所有派别、实现哲学变革的深刻意蕴。

长期以来马克思主义哲学被理解为一种与观念论完全对立的、把观念看作是物质世界的演绎的"强唯物论"，而且这种观点也很容易从恩格斯对"费尔巴哈"章标题所作的修改中得到佐证；然而这恰恰是值得甄别和分析的。

我们知道，在这一章的手稿中，原来的标题只是"一、费尔巴哈"。马克思去世后，恩格斯在整理其遗稿翻阅到《德意志意识形态》手稿时，在其结尾处加了这样的修正："一、费尔巴哈。唯物主义观点和唯心主义观点的对立"。这样，以后在各个版本中尽管这一章的具体段落的编排方案各式各样，但无论哪一个版本都把恩格斯的修改作为此章的正式标题。这样，恩格斯所加的"唯物主义观点和唯心主义观点的对立"对人们把握全章的主旨思想进而把握马克思哲学的实质就起到了一个提示和引导作用。在实际的理解中，恩格斯的这一提示和引导给人们造成的普遍印象是：马克思主义哲学只是一种唯物主义形态，是与唯心主义完全对立、异质、不相容的哲学。把马克思主义哲学归属到唯物主义谱系，在一定意义上说没错，但是，不够，特别是把它混同于以往的一般唯物主义就错了。通过对全书内容的解读，我们不难发现，仅仅把马克思主义哲学理解为一种唯物主义，尤其是把其意义和内容限定于以还原论方式唯物主义地处理世界本原问题，即使在历史观上达到唯物主义的水准，实际上也并没有把握马克思主义哲学区别于其他哲学的特征、它在思想史上所实现的革命性变革的实质，相反大大收缩了马克思主义哲学展宽的现实视域和深邃的历史厚度，极容易造成对它简单化、教条化和庸俗化的理解。而就马克思主义哲学与唯心主义哲学的关系而言，其实不仅仅是对立关系，更是扬弃和超越的关系；的确，马克思对唯心主义的一些派别（诸如我们所着重分析过的青年黑格尔派）进行过淋漓尽致的挖苦、讽刺甚至痛斥，但这些只是对其哲学前提的荒谬性的揭示和批判，而另一方面，必须看到，马克思在新的基点上也注意到了唯心主义哲学对人的主体性思想的重视、探索和发挥（而过去的唯物主义哲学在这方面的研究却乏善可陈或成果有限），因此马克思主义哲学中实际上也保留或继承了这一方面的有益因素或成分，特别是德国古典哲学中的主体性思想（当然是经过改造的），是这一哲学形态的进一步发展和更高阶段的超越。

最后，我必须说，提出上述论据绝不意味着我们要走到另一个极端，即认同所谓"马克思—恩格斯思想关系"是根本对立的观点。对立就不可能构成合作，更何况恩格斯对《德意志意识形态》的贡献是马克思之外无人替代的。概而言之，其一，《德意志意识形态》第一卷的留存稿绝大部分笔迹是恩格斯的，不仅是正文誊抄，还有眉批、加注、增删，等等，这说明他不是像魏德迈、燕妮那样只是单纯的抄写员，虽然我们猜测这些思想未必是他首先提出或主导论证的，但显然他已经接受了，乃至参与了对它们进一步的深化、拓展和发挥。因此，可以说，离开恩格斯，马克思的这些理论建构工作是不可能完成的。其二，至于《德意志意识形态》第二卷对"真正的社会主义"的批判，恩格斯更是居功至伟，现在留存的部分使我们无法看到当时这项工作的全貌，但随后由 7 人署名、恩格斯居首的《反克利盖的通告》、他独立撰写并发表的《诗歌和散文中的德国社会主义》和《"真正的社会主义"》使这一工作得以完满结束。这些功绩都是不能抹杀的。

那么，我们为什么还要作上述细节甄别和梳理呢？鲁迅说：凡事须得研究，才会明白。这一工作的意义就在于深化对"马克思—恩格斯思想关系"复杂性的认识，且有两方面的现实针对性。

其一，改变过去国内学界存在的过于宏观和笼统的毛病，提升马克思主义研究的专业化水准。

"马克思—恩格斯思想关系"是国内近年学界讨论比较多的一个话题。但过去它并未成为一个突出的问题，原因是长期以来我们基本上认为这是不需要多加讨论的，作为马克思主义经典作家，马克思、恩格斯是联为一体、完全一致的，他们的著述、思想和观点可以不分彼此或者相互替代。现在看来，这种观点和方式值得反省。长期以来我们的马克思主义专业研究成果之所以相当有限，与这种大而化之、不求甚解、缺少细节考证和个案支撑的方式绝对有关。特别是对于专业研究者来说，必须改变那种只根据教科书的体系、只从原理和教条出发、单凭纯粹的信仰和热情来领会和掌握经典作家及其思想的"反专业"、"非专业"途径和方式。而随着文本研究的深入，这一问题的理解才会更加全面、客观。

其二，矫正西方学界有的学者过于纠缠细节和个案而出现的"只见树木，不见森林"的情形，注重实证，但又不"唯实证论"。

"马克思—恩格斯思想关系"是随着西方马克思学成果的引介而凸显

出来的。与我们的情况不同，在西方，不在少数的学者用大量的文献甄别和理论论证，试图表明恩格斯与马克思思想是有相当大的差异乃至是根本对立的，从马克思到恩格斯的思想发展过程标志着马克思主义的"倒退"和"衰落"。这甚至给国内学界造成了一种印象，即"马恩对立论"是西方马克思学的代表性观点或基本取向。

我认为，对西方马克思学成果和观点的这种理解，是一种典型的以偏概全的倾向。在此，我必须再次指出，西方马克思学不是一个学派或思潮，而是一种独特的研究马克思主义的态度或方式，即基于马克思思想理解中存在的各种意识形态纷争，致力于经典作家原始文献、文本的编辑和考证，希望以此为基础来还原他们的原始思想及其表述、论证过程。其中有的学者为了避免"先入为主"的解读，甚至放弃了对这些文献、文本中思想的提炼、概括和评判，使马克思主义研究成为一种纯粹的"版本考证学"、"文献校勘学"。而即便是那些关注思想的学者，在其研究中也相当重视文献的基础意义，注重从实证材料中引申出论断。

但是，由于马克思、恩格斯著述卷帙浩繁，不同时期的著述所表述的思想、观点及其论证难免有差异甚至相互矛盾，这就使那些纠缠于细节、个案的讨论往往会出现"只见树木，不见森林"的情形，根据实证材料作出的结论好像很"客观"，但不同的实证材料引申出的观点彼此间却差别很大甚至正好相反。就"马克思—恩格斯思想关系"而言，我之所以判定"我们在对西方马克思学成果和观点的理解上存在着以偏概全的倾向"，指的就是我们只注意到诸如吕贝尔、诺曼·莱文、卡弗等人的观点，而把那些研究方式完全相同但坚持认为马克思与恩格斯思想一致甚至恩格斯高于马克思的论者及其著述撇开了，实际上在西方马克思研究界，后一类的情形也是非常引人注目的，比如，针对诺曼·莱文在《悲剧性的骗局：马克思与恩格斯的对立》[1] 一书中提出的"对立论"，克里斯多弗·亚瑟编辑的《今日恩格斯：百年之际的评价》[2]、约斯特·科尔茨和迈克尔·洛易编辑

---

[1] Norman Levine, *The Tragic Deception*: *Marx contra Engels*, Santa Barbara, Califomia: Clio, 1975.

[2] Christopher Arthur (editor), *Engels Today*: *A Centenary Appreciation*, Basingstoke: Macmillan, and New York: St Martin's Press, 1996.

的《弗里德里希·恩格斯专刊：百年之际的批判性评价》① 等都给予了针锋相对的反驳。此外，亨德森所著的《弗里德里希·恩格斯的生平》（2 卷本）② 和编辑的《马克思恩格斯与英国工人阶级及其他文集》③，史蒂文·马库斯所著的《恩格斯、曼彻斯特与工人阶级》④，珍妮特·塞耶斯、玛丽·埃文斯和南科·莱德克里夫特编辑的《重访恩格斯：新女权主义文集》⑤，亨勒所著的《弗里德里希·恩格斯的生平和思想：一种再评价》⑥，卢比所著的《恩格斯与马克思主义的形成：历史、辩证法与革命》⑦ 以及曼弗雷德·史丹格和特雷尔·卡弗编辑的《马克思之后的恩格斯》⑧ 等都从特定角度、运用大量文献资料，说明恩格斯不仅仅是"马克思的思想助手和信徒"，他本人思想具有高度的"原创性和个性"，强调"对立论"的论证毫无意义，呼吁"通过读出最好的而不是最坏的恩格斯"使恩格斯进入"主流的历史编纂学"之中。⑨

为什么相同的研究方式会导致完全不同的结论呢？这就牵涉到实证方式的局限性了。两种对立的情况表明，对"马克思—恩格斯思想关系"的判定既需要考证和梳理文献、文本，更需要从宏观和整体上进行把握和理解。研究这一问题的方法应该是注重实证但又不"唯实证论"。单个看来，"对立论"与"一致论"者都持有真实而可靠的文献依据，推论上也大都符合逻辑，然而综合地看，这些不同的文献是需要对比、鉴别的，是需要

---

① Kircz, Joost and Michael Loewy (editor), "special issue on 'Friedrich Engels: A Critical Centenary Appreciation'", *Science and Society*, 62／1（1998）.

② W. O. Henderson, *The Life of Friedrich Engels*, 2vols, London: Cass, 1976.

③ W. O. Henderson (editor), *Marx and Engels and the English Workers and Other Essays*, London: Cass, 1989.

④ Steven Marcus, *Engels, Manchester and the Working Class*, NewYork: Random House and London: Weidenfeld and Nicolson, 1974.

⑤ Janet Sayers, Mary Evans and Nanneke Redclift (editors): *Engels Revisited: New Feminist Essays*, London: Tavistock, 1987.

⑥ J. D. Hunley, *The Life and thought of Friedrich Engels: A Reinterpretation*, NewHaven, Connecticut: Yale University Press, 1991.

⑦ S. H. Rigby, *Engels and the Formation of Marxism: History, Dialectics, and Revolution*, Manchester: Manchester University Press, 1992.

⑧ Manfred Steger and Terrell Carver (editors), *Engels after Marx*, Manchester: Manchester University Press, and University Park: Pennsylvania State University Press, 1999.

⑨ Manfred Steger and Terrell Carver (editors), *Engels after Marx*, Manchester: Manchester University Press, and University Park: Pennsylvania State University Press, 1999, p. 356.

从总体上判定其是否具有代表性、典型性和本质性的。论者不能预设前提，不能按照一种既有的观点、从自己特有的角度，只关注、选择那些与其有关的、有利于说明、证实和论证这些观点的文献，进而作出超越实际情况的论断。因此，我认为，一方面，我们需要牢记，恩格斯作为"第二小提琴手"，参与了马克思思想的创造，在思路上也不排除他启发过马克思；而就具体文本的写作看，在为国际共产主义运动和工人组织所起草的文件、撰写的大量书信之外，他与马克思合作的重要的思想性著述包括了《神圣家族》、《德意志意识形态》和《共产党宣言》等，他本人思想的发展和著述的撰写，某种程度上又与马克思构成一种互补、关联和完善的关系，这些使他们之间的思想有时很难截然分开，可以说，马克思主义是他们共同的创造。

然而，另一方面，我们又必须说，在思想的容量、视野的扩展、思维的推进、逻辑的力量和思考的深刻等方面，二人又有比较大的差别。就以前文所指出的《德意志意识形态》中"费尔巴哈"章的修改看，明明已经有了"圣布鲁诺"和"圣麦克斯"章的铺垫，马克思是在什么意义上不满极端主体论的主张的？是不是意味着他要倒向另一极端、完全拥抱一般唯物主义、仍然认同费尔巴哈呢？答案是很明显的，但恩格斯的修改硬是使深刻的问题变得简单进而容易造成误解了。

再扩大些范围，恩格斯熟悉马克思写作《德意志意识形态》之前的著述及其思想发展，他本应该明白：《黑格尔法哲学批判》及其《导言》对"市民社会"与国家关系的颠倒、对政治解放与人的解放关系的阐发，意旨不在于表明这一问题上的唯物主义立场，而在于索解"《莱茵报》时期"使马克思感到困惑的"社会结构之谜"和人的解放之路；《神圣家族》中对唯物主义史的梳理，也不是要回归唯物主义哲学传统，而是这时的马克思已经意识到，他将要建构的"新哲学"体系，即使在特定的意义上可以归属唯物主义主义谱系，但它是唯物主义的现代形态，是一种"新唯物主义"，因此梳理和总结是为了超越；而《关于费尔巴哈的提纲》则再清楚不过地表明，既往哲学形态中的"纯粹唯物主义"、"直观唯物主义"与客观唯心主义、主观唯心主义一样，都是人类思维发展中一个重要的环节，就是说，都有或曾经有过合理的价值和意义，但从更高的角度看都存在各自不可克服的局限和症结。这些是马克思实现哲学变革特别用心之所在，但我们看到，恩格斯恰恰是没有理解这一点，在把《关于费尔巴哈的提纲》作为"附录"发表的《路德维希·费尔巴哈和德国古典哲学的终结》以及《反杜林论》、《自然辩证法》和《家庭、私有制和国家的起源》中，他构筑了"自然—社会"的"世界模式论"、辩证法"本质论"和"规律论"以及家庭、所有制和国家的"人类起源论"等，按照知性方式、一般自然科学的理念和规律来认识和处理人与自然、人与社会、人与他人、理性与非理性等复杂关系，这些与马克思"实践"地把握、观照和变革世界的方式是有一定的差别的。

（原载《社会科学辑刊》2012 年第 2 期）

论文札记

论民主与社会主义民主

——关于民主问题的札记

王伟光

一 民主政治有鲜明的政治性

民主，无论是在我国社会主义政治生活领域，还是在国际社会政治生活领域，都是一个极其重大而又敏感的理论与现实问题。一般来说，民主可以有三种不同的内涵：

一是作为国家政治制度层面的民主，就是通常所说的民主政治。民主就是政治，民主带有鲜明的阶级性、政治性、意识形态性。社会主义民主与资本主义民主是两种根本不同的政治制度，属于上层建筑领域。社会主义民主政治为社会主义经济基础服务，资本主义民主政治为资本主义经济基础服务。我国作为社会主义制度的国家，实行人民民主专政，对人民实行最广泛的民主，对少数敌对分子实行强有力的专政。全国人民代表大会制度是我国的根本政治制度，中国共产党领导的多党合作和政治协商制度、民族区域自治制度以及基层群众自治制度等都是基本政治制度。从这个意义上来说，民主是指国家政治制度。

二是作为具体组织形式、机构、机制、操作层面的民主，就是通常所说的民主政治的具体组织形式、运行体制、机构、机制和具体运作程序、原则、规则。它是为一定的国家制度、一定的政治、一定的阶级服务的，为什么服务，就从属什么，就具有什么性质。一般说来，它本身没有特定的政治性、阶级性和意识形态性。例如，是议会还是人民代表大会，是总统还是国家主席，并不能说明国家制度的性质。再如，少数服从多数的原则是民主的通常规则，本身不具有明确的政治性、阶级性和意识形态性。

三是作为民主价值观、民主思想、民主作风的民主。如对民主的价值追求、价值判断等价值观，关于民主的理论、观点、认识等思想，密切联系群众、多听不同意见的民主作风。这些作为观念形态的民主，是有意识形态性、阶级性的。同样的民主理论，可以是资产阶级的民主观，也可以是工人阶级的民主观。

三种不同的民主相互联系，相辅相成，相得益彰。比如社会主义民主，必然实行民主集中制的原则。实行民主集中制，坚持社会主义民主政治，必然要求领导干部具有"公仆意识"、"取消一切特权"等优良的民主作风和民主思想。三者也是相互区别的，第一种、第三种民主的政治属性不能混淆，而第二种的民主则可借鉴，如民主政治的一些具体组织形式、机构、体制、机制，操作原则、程序和规则，既可以为社会主义民主制度所采用，也可以为资本主义民主制度所采用。

作为国家政治制度的民主政治，是具体的、历史的、变化的，从来就没有抽象的、超阶级的、超历史的、永恒的、普世的民主政治。在人类社会发展史上，原始社会是无阶级社会，在原始社会晚期，人们创造了原始的民主议事制度以及相应的组织形式、机制。可以说，这是由原始社会公有制所决定的原始公社内部的民主政治，是原始公社内部最广泛的民主制度。奴隶社会是人类历史上的第一个阶级社会，奴隶社会制度带有极其鲜明的阶级性，奴隶社会的国家政治制度是少数人对多数人的专制统治，奴隶主阶级对奴隶阶级拥有绝对的统治权、剥削权，奴隶社会不可能有什么民主政治。但是，在奴隶制的希腊城邦社会，也产生了一种城邦民主政治，无疑该民主也只是奴隶主统治阶级内部的民主，只是少数人的民主，是少数人对多数人专政的民主。封建社会是专制制度，是与民主政治根本对立的封建政治制度。中国长达几千年的封建社会建立了与民主政治根本不同的封建君主专制政治制度。在半封建半殖民地的中国，实行的仍然是黑暗的专制独裁制度。

资产阶级是在专制的封建社会内部产生的新生阶级，代表新的生产力发展方向，资产阶级要建立资本主义生产关系，解放和发展受封建生产关系束缚的生产力，必然要冲破封建地主阶级的专制政治，建立与私有制市场经济发展要求相适应的资产阶级民主政治，从根本制度上保证资产阶级的利益要求，这就发生了以民主制度来代替专制制度的资产阶级民主革命。应该说，与资本主义市场经济发展需求相适应，资产阶级创造了适应人类历史进步的资产阶级民主政治。资产阶级民主在资本主义上升期是具有进步性和革命性的。

然而，资本主义民主同时具有两重性、两面性。一方面，相对于封建主义来说，有其进步性和革命性，但其进步性和革命性是暂时的、历史的、有局限性的；另一方面，相对于工人阶级来说，又有其欺骗性、反动性的一面。资产阶级民主从一开始就是少数人的民主，是以少数人对多数人的统治为前提的民主，是以保护资产阶级私有制经济利益为条件的民主，因而资产阶级民主在资本主义上升时具有进步性和革命性的同时，就具有局限性、有限性、反动性、虚伪性和欺骗性。对无产阶级和劳动人民来说，它实行的并不是真正的民主，以表面的全民性作为伪装，掩盖其对多数人实行统治、压迫的阶级实质。随着资产阶级革命的成功和资本主义制度的确立，资本主义民主逐渐丧失其进步性和革命性。

当今时代是作为新生事物的社会主义力量与资本主义力量博弈的时代，显现出两种历史趋势、前途和命运的反复较量。资产阶级革命成功的同时，资产阶级民主的虚伪性、反动性也愈益显现。资本主义在以社会制度的形式确立下来的同时，资产阶级就造就了它的对立面——工人阶级，资本主义社会内部开始孕育否定、替代资本主义制度的社会主义因素。当社会主义作为最终战胜资本主义的力量，以社会制度的形式诞生以后，就一直遭到资本主义运用经济的、政治的、意识形态的乃至军事的力量的围攻。

资产阶级在其革命时期，民主、人权、自由、平等、博爱等是它战胜封建势力的思想政治武器，它所追求的民主、人权、自由、平等、博爱的思想政治武器的确比封建专制主义的思想武器强，这些思想政治武器一度成为向封建专制主义开展斗争的舆论工具。但随着资产阶级上升期的结束，资产阶级在运用民主巩固其经济基础，运用民主、人权、自由、平等、博爱等思想武器为其存在保驾护航的同时，也运用民主、人权、自由、平等、博爱等思想武器向社会主义国家发起意识形态的进攻，企图西化、分化社会主义国家。社会主义制度实行广泛的人民民主，是建立在社会主义公有制基础上的民主制度。当然，社会主义是新生事物，社会主义民主也有一个逐步完善的过程，作为新型民主，它还有很多缺憾和不足。在当今时代对民主的选择上，必然表现为社会主义与资本主义两种民主政治的生死博弈。

二 民主是具体的、历史的，表现为一个过程

2008 年爆发的由美国次贷危机引发的全球金融风暴，刮起了欧债危机狂潮。政治是经济的集中表现，由此引发了西方发达资本主义国家的"占领华尔街"运动乃至"占领伦敦"运动，导致了此起彼伏的罢工、示威、游行活动。经济危机转化为社会危机，继而转化为意识形态危机。生活在西方的许多人，上至一些政治家和理论家，下至不少平民百姓，站在不同的立场上，从不同的角度，开始反思西方资本主义制度，质疑西方资本主义民主政治。美国前国家安全顾问、著名国际问题专家布热津斯基说："今天的问题是，在失控和可能仅为少数人自私地谋取好处的金融体系下，在缺乏任何有效框架来给予我们更大、更雄心勃勃的目标的情况下，民主是否还能繁荣，这还真是一个问题。"① 对现行西方民主提出严重质疑，"西方民主真是一个问题"，这不啻对鼓吹西方民主具有"普世价值"的说法的一记重棒。

民主是具体的、历史的，表现为一个一个具体的、特殊的过程，没有抽象的、超历史、超时空、超国情、永恒、静止、普世的民主。所谓民主是具体的，就是说民主是一个一个特殊的、具体的客观社会存在，如中国特色社会主义民主政治、美式资产阶级民主政治、英式资产阶级民主政治等，没有离开具体民主而单独存在的抽象的、普世的民主。所谓历史的，就是说民主是一定历史条件下的产物，是随着时代的发展、历史的变迁、实践的推移而不断变化发展的，民主表现为一个历史过程，没有永恒的、固定的、不变的、绝对的民主。民主，作为政治制度的民主政治，作为观念形态的民主思想，作为从属于民主政治制度的具体形式、程序和规则，都是一定历史时代、一定特殊国情、一定具体条件的产物，它是历史地形成的，有一个生成、完善的过程，是与某一具体国家、具体政党、具体阶级、具体人群相伴随的。

每一种具体的民主政治、民主思想、民主形式、程序和规则，都具有其内在的、与其他民主相比较而共同具有的属性。民主是有其共性、一般

---

① 参见《参考消息》2012 年 4 月 3 日第 10 版《西方民主还真是一个问题》。

性和普遍性的，但现实生活中并没有离开具体民主而单独存在的抽象的、超历史、超时空、普世的民主，这就是民主的个性与共性、特殊与一般、个别与普遍的辩证关系问题，我们可以统称之为民主特殊与民主一般。民主特殊，就是指现实生活中存在的个别的、具体的、历史的民主，如中国共产党的党内民主、西方资产阶级的政党民主等；民主一般，就是指寓于民主特殊之中的民主的共同属性。民主一般只是存在于民主特殊之中，是一个一个具体的民主相比较而体现出来的共同的属性，是具体民主的一般表现。从哲学认识论上来讲，民主特殊与民主一般就是"个性"与"共性"、"特殊"与"一般"、"个别"与"普遍"的关系问题。所谓民主政治、民主思想、民主规则，都存在于具体的国家、具体的阶级、具体的政党、具体的人群乃至具体的个人之中，离开具体的国家、具体的阶级、具体的政党、具体的人群、具体的个人的所谓民主一般是不单独存在的。这就好比离开活生生的具体的个人的所谓灵魂是根本不存在的一样。

当然，不能因为民主的具体性、特殊性、个别性和历史性而否认不同民主的共性、一般性和普遍性。我们只是反对把民主一般说成是脱离民主特殊的所谓超历史的、超阶级的、普世的民主，并不反对说每个具体的民主都具有共性、一般性和普遍性。

如果离开具体的历史条件、时空环境、发展过程，而把某一历史阶段的民主制度作为适用于一切历史阶段的民主，把某一国家的民主制度作为适用一切国家的民主，是不现实的。普遍适用于一切历史时代、一切国度、一切阶级、一切政党、一切群众的民主制度是不存在的。"橘生淮南则为橘，生于淮北则为枳"，离开了具体土壤、具体的环境、具体的条件、具体的过程，橘就不是橘，而为枳了。美式民主是根据美国国情、美国资本主义发展需要和美国资产阶级要求，以及美国人民可接受程度，在美国民族解放和独立战争以来所逐步形成的以两党议会制为特点的民主，不要说它与社会主义国家的民主不同，就连与同是资本主义的英式民主也不同。英式民主是君主立宪式民主政治，是英国资产阶级不彻底革命的妥协的历史产物。英式民主政治与美式民主政治同样是资产阶级民主，但由于历史条件不同，它们也是不尽相同的。当然，无论美式民主与英式民主，它们都具有资本主义民主政治的共性。所以，把某一特定条件下的民主说成是完全绝对的东西，是一成不变的永恒的东西，适用于一切社会，是不现实的。任何特定条件下的民主都有其产生和存在的必然性，同时也有其历史条件的局限性和需要在新的历史实践中不断加以完善的必要性。

如果把具体民主抽象成一般民主原则套用一切、剪裁一切，不过是玩弄抽象的民主概念，把自家民主强加于别国而已。一些西方政治家、理论家把美式民主、西式民主说成具有普世价值的民主，拿着民主大棒，在全世界到处挥舞。在美国政客看来，美式民主是世界上最好的民主，具有普世价值，是全世界的样板，在全世界到处推销，企图把它硬套给一些它认为不满意的国家，当作打人的狼牙棒到处敲打与他们不同的国家。看谁不顺眼，就采取双重标准，凡是它不满意的国家，它就给人家扣上"专制"、"独裁"、"邪恶"的帽子，必欲除之而后快。比如，对俄罗斯的大选，他们竭力捣乱破坏，对普京当选，他们怒火燃烧。而对自己任意干涉别国内政，蛮横地制裁、勒索他国，甚至武装入侵他国的暴力行为，则披上输入"普世民主"的外衣。

实际上，这次金融风暴已经让许多西方人开始觉醒，开始反思西方民主的虚伪性。有人就形象地把西方民主称为金钱民主，认为"金钱是民主的母乳"，一语道破了西方民主的实质。据埃菲社 2012 年 1 月 27 日报道，参加世界社会论坛的一些知名学者认为："欧洲民主已经被贪婪的金融市场绑架，而且这个没有底线的市场现在已经威胁到了人权和政治权。"葡萄牙社会学家阿·德·桑托斯说："欧洲的民主和宪法都不合格，现在主宰它们的是高盛公司。"目前的危机让人"有理由认为资本主义是反民主的"。法国著名经济学家保罗·若里翁 2011 年 12 月对法国《论坛报》记者说："选举改变不了什么。……在这个逐渐衰落的制度面前，政客们已经没有任何回旋余地。无论身在哪个阵营，他们唯一能做的是假装还控制着局面。解决问题的希望只可能来自那些明白问题本质的人。"[1] 在这里，思考的人们提出了一个深刻的问题：西方民主有什么弊端？西方民主是不是像有人所鼓吹的那样是"普世的、完美的、永恒的民主"？只让少数人发大财而带不来大多数人的幸福，这种民主是人们所需要的吗？可见，具体到被称为具有"普世价值"的西式民主，也是一个势必退出历史舞台的历史产物。

---

① 参见《参考消息》2012 年 4 月 3 日第 10 版《西方民主还真是一个问题》。

三　人民民主是社会主义民主的本质要求

社会主义民主是在本质上完全不同于资本主义民主的最广泛的人民民主。资产阶级创造了人类历史上不同于封建专制的，优于历史上其他阶级政体形式的资产阶级民主。该民主的特点，一是结束了人类社会历史上封建专制统治，带有鲜明的反对封建专制的特性；二是适应资本主义市场经济的需要，对资本主义经济社会发展起到了促进作用；三是相对奴隶社会、封建社会等以往阶级社会形态来说，赋予社会各阶级、各阶层以较多的自由、平等、人权，如承认每一位公民的选举权与被选举权，但这只是在资产阶级所容许的范围和限度内；四是形成了与其民主政治相适应的资产阶级民主思想、民主理论，以及一整套比人类历史上以往任何民主政治都要成熟的民主形式、程序、规则，为今后更先进、更合理、更高级的社会主义民主思想、理论、形式、程序、规则提供了前提和资以借鉴的经验……这些都是资本主义民主的长处。然而，任何历史阶段的民主、任何剥削阶级的民主，都有其历史的和剥削阶级的局限性。利益起决定性作用。任何时代的剥削阶级都是少数人，该剥削阶级所创造的民主必然首先服从于并服务于该少数阶级的利益，是少数阶级的民主，这是毋庸置疑的铁定事实。当然，在满足、维护资产阶级少数人利益的同时，为了保证该阶级少数人的整体利益和长远利益，也会兼顾其他阶级、阶层的利益需求，相比它之前的剥削阶级来说，会给予其他阶级、阶层以较多宽限和较为广泛的民主。资产阶级在实施民主的同时，从来没有忘记并丢弃专政。民主与专政是一对孪生兄弟，有民主就有专政，强化民主的同时也要强化专政，资本主义国家为了保护资本主义的民主，就要建立和保持强大的专政工具，资本主义民主是在强力专政基础上实现的民主。

资本主义民主在资产阶级革命时期具有强烈的革命性和进步性。为了能够团结工人阶级、农民阶级、小资产阶级以及其他阶级阶层，资产阶级更需要借助民主的大旗，把他们所主张的民主说成是全民民主、普世民主，给其他阶级许诺更多的民主、自由、平等的权利，在资本主义国家建立的早期也是如此。资产阶级民主具有革命性的同时，亦带有极大的虚伪性和欺骗性。资产阶级民主自我标榜为全民民主，但其实质和最终目的是为少数剥削阶级的民主，披着民主外衣，打出普世的标牌，在形式上做更多的民主文章，有很强的两面性。当然，资本主义民主也不完全都是骗人的，的确较以往的剥削阶级来说，会给予其他阶级较多的民主要求，满足较多的民主诉求。然而，资本主义民主的进步性会随着资本主义的发展、没落而越来越少，欺骗性越来越大，形式上的民主越来越多会增加其反动性。

社会主义民主与资本主义民主有三个重要区别：一是社会主义民主是历史上真正多数人的民主，是被压迫、被剥削、被统治阶级多数人的民主；二是社会主义民主在实行民主的同时亦实现专政，科学社会主义经典作家称之为无产阶级专政，在我国即人民民主专政；三是社会主义民主公开宣称自己是绝大多数人的人民民主，不排除对极少数人的专政，而不像资产阶级那样把自己的民主伪称为"全民的"、"普世的"民主。

孙中山领导的旧民主主义辛亥革命，采用资产阶级上升期反对封建专制统治的民主理论武器，试图建立资产阶级民主共和国，从而推动中国走向独立、解放、富强的强国之路。孙中山领导的资产阶级民主革命是进步的，其资产阶级民主理论武器唤起了多少仁人志士为此前赴后继。然而，中国的半殖民地半封建社会的国情、世界已经进入帝国主义时代、列强已将世界殖民地分割完毕的世界格局，不允许中国独立自主地走资本主义民主强国之路。中国软弱的民族资产阶级也不可能像革命时期的西方资产阶级那样领导资产阶级民主革命成功，结果是孙中山领导的旧民主主义革命在中外反动势力的围攻下半途而废。蒋介石集团自称是孙中山的继承者，但他所推行的独裁统治使半殖民地半封建社会的中国愈加国之不国、民不聊生，把旧中国进一步引向内战与黑暗，中国人民的悲惨命运并没有改变。中国共产党人继承和发展了孙中山的民主主义革命理想和思想，以马克思主义为武器，提出适合中国国情的新民主主义民主纲领，展开新民主主义革命。新民主主义革命是在中国共产党领导下的新型的资产阶级民主革命，它与旧民主主义革命不同：首先，它是工人阶级及其政党领导的，而不是资产阶级及其政党领导的；其次，它是以工农联合为基础，包括资产阶级及一切爱国人士在内的最广泛的民主革命统一战线；三是新民主主义革命成功之后，要不间断地过渡到社会主义革命，建立社会主义制度。

中国共产党领导的新民主主义革命要建立新民主主义经济、政治、文化，而新民主主义政治就是新民主主义民主。新民主主义民主不是旧式的资产阶级民主，而是中国共产党领导的以工农联盟为基础的最广泛的民主。新民主主义民主政治还要过渡到社会主义民主政治，建立具有中国特色的社会主义民主政治。

中国共产党的民主主张是适合中国国情的，是迄今为止中国历史上最先进的民主思想。中国共产党提出的新民主主义民主主张既继承了孙中山的旧民主主义思想，又超越和发展了孙中山旧民主主义思想；今天的社会主义民主既是对新民主主义民主的继承，又是新民主主义民主的发展。

新民主主义民主是中国共产党人从中国国情出发提出并设计的，是符合中国国情需要的，它有机地包括两个方面：对人民实行最广泛的民主，对少数人民的敌人实行最有效的专政，新民主主义民主的实质就是实行人民民主专政。毛泽东同志在《新民主主义论》中全面论述了新民主主义的民主政治的制度、体制、程序和规则，构成了毛泽东思想关于民主问题的马克思主义创新观点。新民主主义民主与我们党进一步要实行的社会主义民主是不可分割的。新民主主义民主是社会主义民主的前提和准备，社会主义民主是新民主主义民主的继续和进步。

我国社会主义制度的建立，为社会主义民主的建立提供了根本制度保证。中国共产党人为社会主义民主政治建设进行了艰苦卓绝的探索，主张社会主义民主必须坚持中国共产党的指导，坚持马克思主义指导的社会主义方向；必须有助于巩固生产资料公有制制度和人民民主专政政治制度；必须实行民主集中制，实现广泛民主与集中领导的统一；必须建立和实行一整套适合中国国情的民主体制、民主法治、民主形式、民主规则和程序；以执政党党内民主建设来推进社会主义民主建设。在社会主义民主政治建设实践中，党成功地领导建立了人民代表大会制度、民族区域自治制度、共产党领导的多党合作制度和政治协商制度……这些理论和实践的探索，成功地开创了我国社会主义民主制度的新局面，为中国特色社会主义民主政治建设奠定了理论和实践基础。

社会主义民主应当是比资本主义民主更广泛、更先进的民主，但由于社会主义民主政治建设并无现成模式可供借鉴，中国如何建设社会主义民主，我们党也经过了一个认识、实践、再认识、再实践的过程。我国目前实行的民主政治还有待于进一步发展和完善。同时，中国又是一个封建主义遗毒深远的国家。我国社会主义民主政治建设一度也走过一段弯路，如"文化大革命"对民主与法制的破坏。

1978年党的十一届三中全会以来，我国进入改革开放新时期，党恢复了实事求是的思想路线，确立了"一个中心、两个基本点"的正确路线，形成了中国特色社会主义理论体系，开创了中国特色社会主义的正确道路。与社会主义市场经济体制改革和确立相一致，党领导人民致力于中国特色社会主义民主政治的建设。

中国特色社会主义民主政治，要批判地继承人类社会一切优秀的民主成果，包括资本主义民主所创造的积极成果，抛弃资产阶级民主的糟粕，继承新民主主义民主的优秀传统，总结国际共产主义运动社会主义各国民主政治建设的经验教训，总结新中国成立以来党领导的社会主义民主政治建设的经验教训，创造出具有中国特色的社会主义民主。

中国特色社会主义民主首先是社会主义性质的民主，是未来向社会主义更高阶段直至共产主义社会过渡的民主；是适合中国目前正处于社会主义初级阶段国情的民主，是与该阶段公有制为主体、多种所有制并存，按劳分配为主、多种分配形式并存的经济基础相适应的民主；是以工人阶级为领导的，以工人、农民、知识分子为主体的，包括一切爱国的阶级、阶层在内的最广泛的人民民主；是以中国特殊历史形成的坚持中国共产党领导的多党合作和政治协商制度为基本特征的民主；是对多数人实行民主、对少数人实行专政的民主。由于现阶段的中国是从半封建半殖民地转变来的，发扬人民民主、肃清封建主义影响格外重要；又由于中国正处于成熟的西方资本主义民主影响下，一方面防止西方民主的侵入，另一方面也有向西方民主学习的任务；中国特色社会主义民主是一个过程，是一个逐步建立、逐步完善、逐步成熟的历史过程。

新中国成立以来，党领导人民已经创造了一整套适合中国国情的民主政治，但距离应实现的目标尚很远，需要共同努力。实现中国特色社会主义民主既不要一切照抄照搬西方民主政治的做法，又不要脱离现阶段国情而超越时代，不能认为社会主义民主的发展是一个长远的过程，而放弃一步一步扎扎实实的努力，不能因为今天我们的民主尚待完善而自我否定、自我矮化，更不能把资产阶级民主说成是千年文明而主张全盘接受，实行民主西方化。当然，也不能放弃中国特色社会主义民主的不断推进、不断完善。须知，资本主义的民主发展至今已经经历了几百年的构造，而中国特色社会主义民主才刚刚开始，刚刚开始的新生事物尽管不完美，但它的未来永远是光明的、美好的。

（原载《红旗文稿》2012 年第 12 期）

马克思主义哲学我们时代的真理和良心

——纪念马克思逝世 130 周年

袁贵仁　　杨耕

一个伟大的哲学家、思想家逝世之后，对他的观点、思想和学说进行持续性研究在人类思想史不乏先例。但是，像马克思主义哲学这样在世界范围内引起如此广泛、深入而持久的研究却是罕见的。更重要的是，每当出现重大历史事件，每当历史处于转折关头，人们都不由自主地把目光转向马克思，并对马克思主义哲学进行新的研究。当然，我们注意到，在对马克思主义哲学不同维度、不同层次的研究中，基础理论研究具有根本性和方向性。基础理论研究从根本上制约着马克思主义哲学研究的广度、深度和维度，制约着对马克思主义哲学的理论主题、理论内容、理论特征和理论职能的理解。在这次马克思主义哲学基础理论研究的过程中，我们认识到：马克思主义哲学是无产阶级解放和人类解放的高度统一，它使哲学的理论主题从"世界何以可能"转向"人类解放何以可能"；马克思主义哲学是形而上学批判、意识形态批判和资本批判的高度统一，这三种批判的高度统一是马克思主义哲学独特的思维方式和存在方式；马克思主义哲学是实践唯物主义、辩证唯物主义和历史唯物主义的高度统一，是以改造世界为宗旨的新唯物主义。

一　马克思主义哲学是无产阶级解放和人类解放的高度统一

马克思主义哲学是在批判资本主义的过程中产生的。在资本主义世界，生产社会化与生产资料私有制之间的矛盾导致人的活动、人的关系和人的世界都异化了，人的生存状态成为一种异化的状态；这是一个"颠倒的世界"。具体地说，在资本主义世界中，"活动的社会性，正如产品的社会形式以及个人对生产的参与，在这里表现为对于个人是异己的东西，表现为物的东西"。① 人与人的关系体现为物与物的关系，不是人支配物，而是物统治人。"物的世界的增值同人的世界的贬值成正比"②，物的异化与人的自我异化是同一个过程的两个方面。在这种异化状态中，资本具有支配一切的权利，"资本具有独立性和个性，而活动着的个人却没有独立性和个性"。③ 人的个性被消解了，个人成为一种"孤立的人"，国家也不过是"虚幻的共同体"，"不过是管理整个资产阶级的共同事务的委员会"。④

资本主义社会是一个由资本关系所造成的人的生存状态全面异化的社会，揭露并消除这种异化因此成为"为历史服务的哲学的迫切任务"。⑤ 可是，西方传统哲学包括德国古典哲学无法完成这一"迫切任务"。这是因为从总体上看，西方传统哲学在"寻求最高原因"的过程中把本体同人的活动分离开来，同人类面临的种种紧迫的生存问题分离开来，从而使存在成为一种抽象的存在，物质成为一种"抽象的物质"，本体则是同现实的人及其活动无关的抽象的本体。从这种抽象的本体出发无法认识现实的人和人的现实。以形而上学为存在形态的西方传统哲学向人们展示的实际上是却抽象的真与善：它似乎在给人们提供某种希望，实际上却是在掩饰现实的苦难，抚慰被压迫的生灵，因而无法消除人的生存的异化状态，将现实的人带出现实的生存的困境。因此，马克思认为，随着自然科学的独立化并"给自己划定了单独的活动范围"，随着社会实践的发展"把人们的全部注意力集中到自己身上"⑥，哲学应该从"天上"来到"人间"，关注人的生存的异化状态的消除，关注人类解放。

但是，马克思不是心怀济世的救世主，而是无产阶级革命家；马克思主义哲学不是抽象的人道主义，而是"和人道主义相吻合的唯物主义"⑦；马克思主义哲学关注的不是抽象的人，而是现实的人及其历史发展。用抽

---

① 《马克思恩格斯全集》第 46 卷（上册），人民出版社 1979 年版，第 103 页。
② 《马克思恩格斯选集》第 1 卷，人民出版社 1995 年版，第 40 页。
③ 同上书，第 287 页。
④ 同上书，第 274 页。
⑤ 同上书，第 2 页。
⑥ 《马克思恩格斯全集》第 2 卷（上册），人民出版社 1957 年版，第 159—160 页。
⑦ 同上。

象的人道主义的"爱"的词句拼凑起来的甜言蜜语，并不能给予劳动者真正的温暖。"卖火柴的女孩"手中的火柴可以带来微弱的光和热，但不是照亮人类解放道路的火炬。马克思发现，如果不能给工人、劳动者这些占人口绝大多数的被压迫的人们以真实的利益和自由，如果没有找到人的解放的现实主体、现实条件和现实道路，人类解放就是空话，甚至沦为一种欺骗。无疑，马克思怀有对处于异化状态中的工人、劳动者最真挚的同情和关爱，但他并不以此作为立论的依据：正像妙手回春的圣医不以对病人的同情代替诊断一样，马克思所要"诊断"的是人类解放的现实主体、现实条件和现实道路。

所以，马克思提出了超越"政治革命"的"彻底革命、全人类解放"的问题，并认为能够完成这一历史使命、担当"解放者"这一历史角色的只能是无产阶级。按照马克思的观点，在同资产阶级对立的一切阶级中，只有无产阶级是真正革命的阶级：作为现代工业的产物，无产阶级本身就是一个需要解放自己的阶级，在他身上"表明人的完全丧失"；同时，无产阶级又是一个"只有通过人的完全回复才能回复自己本身"的阶级，是一个只有解放全人类才能最后解放自己的阶级。换言之，无产阶级解放和人类解放是统一的过程。

在人类解放过程中，哲学把无产阶级当作自己的"物质武器"，无产阶级则把哲学当作自己的"精神武器"；如果说无产阶级是人类解放的"心脏"，那么哲学就是人类解放的"头脑"。① "头脑"不清，就不可能确立人类解放的真实目标，不可能理解人类解放的真正内涵。因此，联系经济学的研究和历史学的考察，从哲学上探讨人类解放的现实主体、现实条件和现实道路，成为马克思的首要工作。这一工作的成果就是马克思主义哲学的创立。从根本上说，马克思主义哲学就是关于无产阶级和人类解放的学说：它使哲学的理论主题发生根本转换，即从"世界何以可能"转向"人类解放何以可能"。

为了解答"人类解放何以可能"，马克思主义哲学必须探讨人的存在方式和生存本体，并使哲学的聚焦点从宇宙本体转向人的生存本体。

按照马克思的观点，人类历史的"第一个前提"是"有生命的个人"

---

① 《马克思恩格斯选集》第 1 卷，人民出版社 1995 年版，第 15、16 页。

的存在；"有生命的个人"要存在，首先就要进行物质生产活动，生产物质
生活本身。物质生产活动是人类生存的"第一个前提"，是人的"第一个
历史活动"。从根本上说，人是在物质生产活动中自我塑造、自我改变、
自我发展的。"一当人开始生产自己的生活资料的时候……人本身就开始
把自己和动物区别开来。"人是什么样的，"这同他们的生产是一致的——
既和他们生产什么一致，又和他们怎样生产一致"。① 人不仅是自然存在
物，而且是社会存在物。换句话说，人是自然存在物和社会存在物的统
一，而这种统一恰恰是在实践活动中完成的；直接决定人的本质的社会关
系也是在实践活动中生成的。人通过实践创造了自己的社会关系、社会存
在。换言之，人是实践中的存在，实践构成了人的存在方式，或者说构成
了人的生存本体。

正因为实践构成了人的存在方式和生存本体，所以人的生存状态不是
凝固不变的，而是处在不断的建构和改变之中。人的生存状态的异化及其
扬弃也是在实践活动中发生和完成的，"异化借以实现的手段本身就是实
践的"。② 在资本主义社会，劳动这种人的生命活动的异化使人与人的关系
体现为物与物的关系，不是人支配物，而是物统治人，人本身的活动对人
来说成为一种异己的、同他对立的力量。马克思主义哲学正是通过对资本
主义私有制的批判，揭示出被物的自然属性掩蔽着的人的社会属性，揭示
出被物与物的关系掩蔽着的人与人的关系，并力图付诸"革命的实践"消
除人的生存的异化状态，"确立有个性的个人"。如果说无产阶级和人类解
放是马克思主义哲学的理论主题，那么，"确立有个性的个人"、实现人的
自由而全面发展就是马克思主义哲学的最高命题。

为了解答"人类解放何以可能"，马克思主义哲学必须探讨现实世界
或现存世界，并使哲学的聚焦点从解释世界转向改变世界。

按照马克思的观点，"人就是人的世界"，现实的人总是生存于"自己
时代的现实世界"中，而现存世界是人化自然与人类社会、社会的自然与
自然的社会所构成的世界。现存世界生成于人的实践活动中：实践犹如一
个转换器，通过实践社会在自然中贯注了自己的目的，使之成为社会的自
然；同时，自然又进入社会，转化为社会中的一个恒定的因素，使社会成

---

① 《马克思恩格斯选集》第 1 卷，人民出版社 1995 年版，第 67、68 页。
② 《马克思恩格斯全集》第 42 卷（上册），人民出版社 1979 年版，第 99 页。

为自然的社会，现存世界中的自然与社会是在人的实践活动中融为一体的。实践活动是现存世界得以存在的根据和基础，在现存世界的运动中具有导向作用，即人通过自己的实践活动"为天地立心"，在物质实践的基础上重建世界。实践"这种活动、这种连续不断的感性劳动和创造、这种生产，正是整个现存的感性世界的基础"。① 实践构成了现存世界的本体。这是一方面。

另一方面，现存世界一经形成又反过来制约甚至决定现实的人及其活动。现存世界的状况如何，现实的人的状态就如何，故要改变资本主义社会中的人及其异化状态，首先就要改变资本主义社会。因此，"对实践的唯物主义者即共产主义者来说，全部问题都在于使现存世界革命化，实际地反对并改变现存的事物"。② 正是在这个意义上，马克思认为哲学家们只是用不同的方式解释世界，而问题在于改变世界。

"环境的改变和人的活动或自我改变的一致，只能被看做是并合理地理解为革命的实践。"③ 在马克思主义哲学中，实践不仅是人的生存的本体，而且是现存世界的本体，是改变现存世界、消除人的异化的现实途径，是"确立有个性的个人"这一人的生存和发展的终极状态的现实途径。马克思主义哲学力图通过对资本主义私有制条件下人对物的占有关系的改变来改变人与人的关系，从而实现无产阶级和人类解放。这样，马克思主义哲学就实现了对人的现实关怀和终极关怀的统一。这是一种双重关怀，是全部哲学史上对人的生存和价值的最激动人心的关怀。

实现无产阶级和人类解放，"确立有个性的个人"，这一目标让马克思一生魂牵梦萦，从精神上和方向上决定了马克思一生的理论活动。在《1844年经济学哲学手稿》中，马克思提出，共产主义就是私有财产即人的自我异化的积极扬弃，是通过人并且为了人而对人的本质的真正占有，或者说，人以一种"全面的方式"，作为一个"完整的人"，占有自己的"全面的本质"。在《德意志意识形态》中，马克思提出，要消除"个人力量转化为物的力量"，人本身的活动对人来说成为一种异己的力量的现象，从而"确立有个性的个人"，使"各个人在自己的联合中并通过这种联合

---

① 《马克思恩格斯选集》第1卷，人民出版社1995年版，第77页。
② 同上书，第75页。
③ 同上书，第55页。

获得自己的自由"。在《共产党宣言》中，马克思又提出，共产主义社会将是一个"联合体"，在那里，每个人的自由发展是一切人的自由发展的条件。在《资本论》中，马克思再次重申，共产主义社会就是要确立人的"自由个性"，实现人的自由而全面发展。

可以看出，无论是所谓的"不成熟"时期，还是所谓的"成熟"时期，马克思关注的都是消除人的生存的异化状况，实现人类解放。无产阶级和人类解放构成了马克思主义哲学的理论主题；在马克思主义哲学体系中，无产阶级解放和人类解放是高度统一的。

二 马克思主义哲学是形而上学批判、意识形态批判和资本批判的高度统一

"形而上学就是一种超出存在者之外的追问，以求回过头来获得对存在者之为存在者以及存在者整体的理解。"① "形而上学是包含人类认识所把握的东西之最基本根据的科学。"② 海德格尔的这一见解正确而深刻。形而上学形成之初，研究的就是"存在的存在"，力图把握的就是整个世界或宇宙的"最基本根据"和"不变动的本体"。

从历史上看，形而上学在对世界终极存在的探究中确立了一种严格的逻辑规则，即从公理、定理出发，按照推理规则得出必然结论。这无疑具有积极意义，标志着作为理论形态的哲学的形成。然而，哲学家们又把形而上学中的存在日益引向脱离了现实的人及其活动的存在，成为一种抽象的存在。无论是近代唯心主义哲学中的"绝对理念"，还是近代唯物主义哲学中的"抽象物质"，从根本上说都是一种与现实的人和现实的社会无关的抽象本体。

因此，马克思明确提出："反对一切形而上学"③，并认为拒斥形而上学之后，哲学应趋向现存世界和人的存在，对人的异化了的生存状态给予深刻批判，对人的解放和全面发展给予深切关注。对于马克思主义哲学来说，重要的不是所谓的世界的终极存在，而是"对象、现实、感性"何以

---

① 海德格尔：《路标》，商务印书馆 2001 年版，第 137 页。
② 海德格尔：《海德格尔选集》上卷，上海三联书店 1996 年版，第 84 页。
③ 《马克思恩格斯全集》第 2 卷，人民出版社 1957 年版，第 162、151、159 页。

成为这样的存在，人的存在何以异化为这样的状态。这样，马克思便使哲学从抽象的宇宙本体转向人的生存的本体。换言之，马克思主义哲学对本体论的变革与重建，是同对形而上学的批判密切相关、融为一体的。

马克思对形而上学的批判没有停留在"纯粹哲学"的层面上，而是将这种批判同意识形态批判结合了起来。在马克思那里，形而上学批判与意识形态批判同样是密切相关、融为一体的。

按照马克思的观点，就意识形态表现为自在的存在、"独立性的外观"而言，它是虚假的；就意识形态与现实社会生活的必然关联而言，它又是真实的。在资本主义社会，形而上学就是资产阶级的意识形态，或者说，是以意识形态的方式发挥其政治功能，从而为统治阶级的政治统治辩护和服务的。因此，"真理的彼岸世界消逝以后，历史的任务就是确立此岸世界的真理。人的自我异化的神圣形象被揭穿以后，揭露具有非神圣形象的自我异化，就成了为历史服务的哲学的迫切任务。于是，对天国的批判变成对尘世的批判，对宗教的批判变成对法的批判，对神学的批判变成对政治的批判"。①

形而上学之所以成为资产阶级意识形态，是因为形而上学中的抽象存在与资本主义社会中的"抽象统治"具有同一性："个人现在受抽象统治，而他们以前是互相依赖的。但是，抽象或观念，无非是那些统治个人的物质关系的理论表现。"②"统治阶级的思想在每一时代都是占统治地位的思想。这就是说，一个阶级是社会上占统治地位的物质力量，同时也是社会上占统治地位的精神力量。支配着物质生产资料的阶级，同时也支配着精神生产资料……占统治地位的思想不过是占统治地位的物质关系在观念上的表现，不过是以思想的形式表现出来的占统治地位的物质关系；因而，这就是那些使某一个阶级成为统治阶级的关系在观念上的表现，因而这也就是这个阶级的统治的思想。"③

这就说明，现实社会中抽象关系的统治与形而上学中抽象存在的统治具有必然关联性及其同一性。用阿多诺的话来说就是，形而上学的同一性原则与现实社会生活中的同一性原则不仅对应，而且同源：正是在商品交

---

① 《马克思恩格斯选集》第 1 卷，人民出版社 1995 年版，第 2 页。

② 《马克思恩格斯全集》第 46 卷（上册），人民出版社 1979 年版，第 111 页。

③ 《马克思恩格斯选集》第 1 卷，人民出版社 1995 年版，第 98 页。

换中，同一性原则获得了它的社会形式；离开了同一性原则，这种社会形式便不能存在。所以，形而上学的同一性就是资产阶级意识形态；或者说，形而上学的同一性以意识形态的方式在资本主义社会发挥其政治功能。

哲学总是以抽象的概念体系反映着特定的社会关系，体现着特定阶级的利益和价值诉求。哲学既是知识体系，又是意识形态；追求的既是真理，又是某种信念。马克思自觉地意识到这一点，所以在马克思那里，形而上学批判进行到一定程度后必然展开意识形态批判。在这种双重批判中建立起来的马克思主义哲学，不仅是客观认知某种规律的知识体系，更重要的是批判资本主义的意识形态。我们不能从西方传统哲学、"学院哲学"的视角去理解马克思主义哲学，而应从形而上学批判与意识形态批判双重批判的视野，从无产阶级和人类解放这一新的实践出发去理解马克思主义哲学。"马克思留给（后来的）马克思主义哲学家的任务就是去创造新的哲学介入的形式，以加速资产阶级意识形态霸权的终结。"①

马克思的形而上学批判、意识形态批判又是与资本批判密切相关、融为一体的。在马克思看来，无论是对形而上学的批判还是对意识形态的批判，都应延伸到对现实生活过程的批判。这是因为，"意识在任何时候都只能是被意识到了的存在，而人们的存在就是他们的现实生活过程。如果在全部意识形态中，人们和他们的关系就像在照相机中一样是倒立呈像的，那么这种现象也是从人们生活的历史过程中产生的，正如物体在视网膜上的倒影是直接从人们生活的生理过程中产生的一样"②。在马克思的时代，对现实生活过程的批判首先就是对资本主义生产方式的批判，即资本批判。这是其一。

其二，历史已经过去，在认识历史的活动中，认识主体无法直接面对认识客体；同时，历史中的各种关系又以"遗物"或"残片"的形式、"萎缩"或"发展"的形式存在于现实社会中。所以，认识历史只能"从事后开始"，"从发展过程的完成的结果开始"。③ 在马克思的时代，这种"发展过程的完成的结果"就是资本主义社会。"资产阶级社会是历史上最发达的和最多样性的生产组织。因此，那些表现它的各种关系的范畴以及对于它

---

① 阿尔都塞：《哲学的改造》，载《视界》2002年第6辑，第168—169页。
② 《马克思恩格斯选集》第1卷，人民出版社1995年版，第72页。
③ 《马克思恩格斯全集》第23卷，人民出版社1972年版，第92页。

的结构的理解，同时也能使我们透视一切已经覆灭的社会形式的结构和生产关系。"① 所以，要真正认识历史，把握人类历史运动的一般规律，就必须对资本主义的生产方式进行批判，即对资本展开批判。"基督教只有在它的自我批判在一定程度上，可说是在可能范围内准备好时，才有助于对早期神话作客观的理解。同样，资产阶级经济只有在资产阶级社会的自我批判已经开始时，才能理解封建的、古代的和东方的经济。"②

在资产阶级经济学家的视野中，"资本被理解为物，而没有被理解为关系"，而在马克思的视野中，"资本显然是关系，而且只能是生产关系"。③"资本不是物，而是一定的、社会的、属于一定历史社会形态的生产关系，它体现在一个物上，并赋予这个物以特有的社会性质。"④ 资本本质上是人与人之间的关系，但它却"采取了一种物的形式，以致人和人在他们的劳动中的关系倒表现为物与物彼此之间的和物与人的关系"。⑤ 这就是说，资本不是物本身，不是物与物的关系，但又是通过物而存在，并表现为物与物和物与人的关系。同时，作为一种特定的社会生产关系，资本赋予物以特有的社会性质。

在资本主义社会，资本是最基本和最高的社会存在物；它自在自为地运动着，创造了一个不同于传统社会的现代社会："在土地所有制处于支配地位的一切社会形式中，自然联系还占优势。在资本处于支配地位的社会形式中，社会、历史所创造的因素占优势。""如果说以资本为基础的生产，一方面创造出一个普遍的劳动体系，——即剩余劳动，创造价值的劳动，——那么，另一方面也创造出一个普遍利用自然属性和人的属性的体系，创造出一个普遍有用性的体系，甚至科学也同人的一切物质的和精神的属性一样，表现为这个普遍有用性体系的体现者，而再也没有什么东西在这个社会生产和交换的范围之外表现为自在的更高的东西，表现为自为的合理的东西。因此，只有资本才创造出资产阶级社会，并创造出社会成员对自然界和社会联系本身的普遍占有。由此产生了资本的伟大的文明作用；它创造了这样一个社会阶段，与这个社会阶段相比，以前的一切社会

---

① 《马克思恩格斯全集》第46卷（上册），人民出版社1979年版，第43页。
② 《马克思恩格斯全集》第46卷（上册），人民出版社1979年版，第44页。
③ 同上书，第212、518页。
④ 《马克思恩格斯全集》第25卷，人民出版社1974年版，第920页。
⑤ 《马克思恩格斯全集》第13卷，人民出版社1962年版，第23页。

阶段都只表现为人类的地方性发展和对自然的崇拜。只有在资本主义制度下自然界才不过是人的对象，不过是有用物；它不再被认为是自为的力量；而对自然界的独立规律的理论认识本身不过表现为狡猾，其目的是使自然界（不管是作为消费品，还是作为生产资料）服从人的需要。资本按照自己的这种趋势，既要克服民族界限和民族偏见，又要克服把自然神化的现象，克服流传下来的、在一定界限内闭关自守地满足于现有需要和重复旧生活方式的状况。资本破坏这一切并使之不断革命化，摧毁一切阻碍发展生产力、扩大需要、使生产多样化、利用和交换自然力量和精神力量的限制。"①

资本是一个不断自我建构和自我扩张的自组织过程，在这个过程中，资本不仅改变了人与自然的关系，而且改变了人与人的关系；资本家不过是资本的人格化，而雇佣工人只是资本自我增值的工具。资本不仅改变了与人相关的自然界的存在属性，而且改变了人类社会的存在形态，创造了"社会因素占优势"的资本主义社会。"这种有机体制本身作为一个总体有自己的各种前提，而它向总体的发展过程就在于：使社会的一切要素从属于自己，或者把自己还缺乏的器官从社会中创造出来。"② 这就是说，正是资本使资本主义社会总体化了。在资本主义社会，资本具有支配一切的权利，资本本身就是一种独特的社会存在，就是现代社会的根本规定、存在形式和建构原则，构成了资本主义社会的基本建制。

因此，马克思以商品为起点范畴、以资本为核心范畴展开的对资本主义社会的批判，本质上是一种存在论意义上的批判。换言之，马克思主义哲学对本体论的重建、对形而上学的批判是通过资本批判实现的。正是在这种批判过程中，马克思主义哲学扬弃了抽象的存在，发现了现实的社会存在，发现了资本主义社会存在的秘密，并由此"透视出一切已经覆灭的社会形式的结构"；发现了人与人的关系以物化方式而存在的秘密，并透视出人的自我异化的逻辑，从而把本体论与人间的苦难和幸福结合起来，开辟了"从本体论认识现实的道路"，使无产阶级和人类解放得到了本体论证明。

这表明，马克思的资本批判理论不仅具有重大的经济学意义，而且具

---

① 《马克思恩格斯全集》第 46 卷（上册），人民出版社 1979 年版，第 45、392—393 页。
② 同上书，第 235—236 页。

有重大的哲学意义。同时，马克思的资本批判不仅存在着哲学的维度，而且意味着"政治经济学理论的严格表述所不可缺少的理论（哲学）概念的产生"。① 我们既不能从西方传统哲学、"学院哲学"的视角去认识马克思的资本批判，也不能从西方传统经济学、"学院经济学"的视角去认识马克思的资本批判。实际上，马克思的资本批判已经超出了经济学的边界，越过了政治学的领土，而到达了哲学的"首府"——存在论或本体论。马克思主义哲学的意义只有在同马克思的资本批判的关联中才能显示出来；反之，马克思的资本批判只有在马克思主义哲学这一更大的背景下才能得到真正理解，只有在无产阶级和人类解放这一更大的意识形态背景下才能得到真正理解。"就这种批判代表一个阶级而论，它能代表的只是这样一个阶级，这个阶级的历史使命是推翻资本主义生产方式和最后消灭阶级。这个阶级就是无产阶级。"② 形而上学批判、意识形态批判和资本批判融为一体，这是马克思独特的思维方式，是马克思主义哲学独特的存在方式。

三 马克思主义哲学是实践唯物主义、辩证唯物主义和历史唯物主义的高度统一

马克思主义哲学是新唯物主义，是在对旧唯物主义和唯心主义的批判中形成和发展起来的。要真正理解马克思主义哲学的理论特征，就要了解旧唯物主义以及唯心主义的主要缺点。

旧唯物主义包括费尔巴哈的人本唯物主义不理解实践是人的存在方式，"没有把感性世界理解为构成这一世界的个人的全部活生生的感性活动"③，因而"只是从客体的形式"，没有"从主体方面"去理解"对象、现实、感性"，从而忽视了人的能动性、创造性和主体性。造成这种状况的主要原因，就是旧唯物主义不了解现实的实践活动及其意义。唯心主义肯定了主体意识的能动性，论证了人在认识活动中是通过自身的性质和状况去把握外部对象的，但唯心主义却否定了能动的意识活动的唯物主义基础，因而只是"抽象地发展了"人的"能动的方面"。造成这种状况的主要

---

① 阿尔都塞：《读〈资本论〉》，中央编译出版社 2001 年版，第 215 页。
② 《马克思恩格斯全集》第 23 卷，人民出版社 1972 年版，第 18 页。
③ 同上书，第 78 页。

原因，就是唯心主义也不理解现实的实践活动及其意义。

可见，旧唯物主义与唯心主义虽然各执一端，但又有共同的主要缺点，这就是都不理解人类实践活动及其意义。正是由于这一缺点，在近代哲学中造成了唯物论和辩证法的分离；在旧唯物主义哲学中又形成了"唯物主义和历史彼此完全脱离"，即形成了唯物主义自然观和唯心主义历史观的对立。

旧唯物主义与唯心主义的主要缺点惊人地一致，这促使马克思深入而全面地探讨了人类实践活动及其意义，并把马克思主义哲学规定为"实践的唯物主义"。"实践的唯物主义"这一概念所要表明的不仅仅是一种要把理论付诸行动的哲学态度，更重要的是指，实践的观点是马克思主义哲学首要的和基本的观点，实践原则是马克思主义哲学体系的建构原则。换言之，实践唯物主义构成了马克思主义哲学的第一个基本特征。

按照马克思的观点，实践首先是人以自身的活动来引起、调整和控制人与自然之间物质变换的过程；在这个过程中，人与人之间又必然要结成一定的关系并互换其活动。正是通过实践，人们不仅改造自然存在，而且自身也进入到自然存在之中，并赋予自然存在以新的尺度——社会性；正是通过实践，自然与社会相互作用、相互制约、相互渗透，自然成为"社会的自然"或"历史的自然"，社会成为"自然的社会"，历史成为"自然的历史"。现存世界是自然与社会"二位一体"的世界，而这个"二位一体"的基础就是人的实践活动。实践内在地包含着人与自然的关系和人与社会的关系以及社会与自然的关系，构成了现存世界的本体。

可以说，实践以缩影的形式映现着现存世界，蕴涵着现存世界的全部秘密，是人类所面临的一切现实矛盾的总根源。正因为如此，马克思主义哲学把"对象、现实、感性"，"当作实践去理解"，从实践出发去反观、透视和理解现存世界，并认为"全部问题都在于使现存世界革命化"。

实践不仅构成了现有世界的本体，而且构成了人的生存的本体和存在方式。按照马克思的观点，人最初来自自然界，"人的存在是有机生命所经历的前一个过程的结果。只是在这个过程的一定阶段上，人才成为人。但是一旦人已经存在，人，作为人类历史的经常前提，也是人类历史的经常的产物和结果。而人只有作为自己本身的产物和结果才成为前提"。① 这就是说，人是通过自己的活动自我创造、自我塑造的结果。动物是以自身对环境的消极适应获得与自然的统一，维持自己的生存的，所以动物只能成为自然界的一部分。与此不同，人是以自身对环境的积极改造获得与自然的统一，维持自己的生存并不断发展自己的，所以人自成一类，构成了独特的人类存在。人不仅是自然存在物，而且是社会存在物；人类进化不仅仅是生物学意义上的遗传与变异，而且是历史学意义上的延续与创新。无论是前者的统一还是后者的统一，都是在实践活动中完成的。实践因此构成了人的生存本体和存在方式。

在实践中，人是以物的方式去活动并同自然发生关系的，得到的却是自然或物以人的方式而存在，从而使人成为主体，自然成为客体。"整个所谓世界历史不外是人通过人的劳动而诞生的过程，是自然界对人说来的生成过程。"② 这表明，实践使人与自然的关系成为"为我而存在"的关系。③ 这种"为我而存在"的关系是一种否定性的矛盾关系，即人类要维持自身的存在、肯定自身，就要对自然界进行否定性的活动，改变自然界的原生态，使之成为"人化自然"、"为我之物"。与动物不同，人总是在不断制造与自然的对立关系中去获得与自然的统一关系的，对自然客体的否定正是对主体自身的肯定。这种肯定、否定的辩证法使主体与客体处于双向运动中。实践不断地改造、创造着现存世界，同时又不断地改造、创造着人本身。作为人的存在方式，实践当然体现着人的内在尺度以及对现存世界的批判性，包含着人的自我发展在其中。

可以看出，人与自然之间的这种"为我而存在"的否定性关系是最深刻、最复杂的矛盾关系。这种矛盾关系构成了马克思之前众多哲学大师的"滑铁卢"，致使唯物主义对人的主体性"望洋兴叹"，唯物论和辩证法遥遥相对。马克思主义哲学高出一筹的地方就在于，通过对人的实践活动及其意义的深入而全面的剖析，使唯物主义与人的主体性统一了起来，唯物论和辩证法因此也结合了起来。辩证唯物主义因此构成了马克思主义哲学的第二个基本特征。

---

① 《马克思恩格斯全集》第 26 卷第 3 册，人民出版社 1974 年版，第 545 页。
② 《马克思恩格斯全集》第 42 卷，人民出版社 1979 年版，第 131 页。
③ 《马克思恩格斯选集》第 1 卷，人民出版社 1995 年版，第 81 页。

当马克思主义哲学以科学的实践观为基础把唯物主义和人的主体性、唯物论和辩证法结合起来的同时，也就实现了唯物主义自然观和历史观的统一。按照马克思的观点，人们为了创造历史，必须能够生活；为了能够生活，必须进行物质实践，实现人与自然之间的物质变换；为了实现人与自然之间的物质变换，人与人之间必须互换其活动，并必然结成一定的社会关系。社会关系"不过是他们的物质的和个体的活动所借以实现的必然形式"①，即使社会生产力本质上也是在人们改造自然的实践活动中形成的人的实践能力。实践是全部社会关系的发源地和全部社会生活的本质，历史本质上是人的实践活动在时间中的展开。从根本上说，社会历史就是在人与自然之间的物质变换中形成和发展起来的。在实践过程进行的人与自然之间的物质变换形成了社会存在和发展的"永恒的自然必然性"。

正因为如此，以往的哲学家包括旧唯物主义者把人对自然的实践关系从历史中排除出去后，只能走向唯心主义历史观；而马克思从物质实践这一现实基础出发去理解社会以及社会与自然的关系，则创立了唯物主义历史观，从而消除了物质的自然与精神的历史对立的神话，实现了唯物主义自然观和历史观的统一。人类是从自然研究领域开始自己的唯物主义历程的，但在马克思之前，在历史研究领域却是唯心主义一统天下两千年。从空间上看，唯物主义自然观与唯物主义历史观似乎相距很近，近在咫尺；但从时间上看，唯物主义自然观与唯物主义历史观则相距遥远，从前者的形成到后者的创立，人类整整走了两千多年的心路历程，可谓咫尺天涯。

唯物主义历史观始终站在现实历史的基础上，"从物质实践出发来解释观念的形成"，并发现"人创造环境，同时，环境也创造人"，发现人的实践活动"是整个现存的感性世界的基础"。② 因此，唯物主义历史观的创立，从根本上科学地解答了思维与存在、主观与客观、主体与客体的关系，科学地解答了人与自然的关系和人与社会的关系，即人与世界的关系。在这个意义上，唯物主义历史观又是唯物主义世界观，一种"真正批判的世界观"。"自从历史也得到唯物主义的解释以后，一条新的发展道路也在这里开辟出来了。"③ 离开了历史唯物主义，就不可能产生辩证唯物主

---

① 《马克思恩格斯选集》第 4 卷，人民出版社 1995 年版，第 532 页。
② 《马克思恩格斯选集》第 1 卷，人民出版社 1995 年版，第 92、77 页。
③ 《马克思恩格斯选集》第 4 卷，人民出版社 1995 年版，第 228 页。

义。历史唯物主义因此构成了马克思主义哲学的第三个基本特征。

由此可见，实践的观点的确是马克思主义哲学首要的和基本的观点。在哲学史上，马克思第一次把实践提升为哲学的根本原则，转化为哲学的思维方式，从而创立了实践、辩证、历史的唯物主义。实践唯物主义、辩证唯物主义、历史唯物主义不是"三个主义"或"两个主义"，而是同一个"主义"，即马克思的新唯物主义的不同表述。用"实践唯物主义"称谓马克思主义哲学，是为了凸显马克思主义哲学所内含的实践维度及其首要性和基本性，因为"对实践的唯物主义者即共产主义者来说，全部问题都在于使现存世界革命化，实际地反对并改变现存的事物"①；用"辩证唯物主义"称谓马克思主义哲学，是为了凸显马克思主义哲学所内含的辩证法维度及其批判性和革命性，因为"辩证法在对现存事物的肯定的理解中同时包含对现存事物的否定的理解……按其本质来说，它是批判的和革命的"②；用"历史唯物主义"称谓马克思主义哲学，是为了凸显马克思主义哲学所内含的历史维度及其彻底性和完备性，因为马克思唯物主义的彻底性和完备性集中体现在历史唯物主义中。

从根本上说，理论上的任何一种重新解读、重新研究、重新建构都是由现实的实践所激发的。对马克思主义哲学基础理论的研究也是如此。对于我们来说，正是当代中国的改革开放和现代化建设，尤其是社会主义市场经济的实践促使我们重新研究马克思主义哲学基础理论的。正是在社会主义市场经济的实践中，我们真正理解了"物质生活的生产方式制约着整个社会生活、政治生活和精神生活的过程"，真正理解了市场经济是"以物的依赖性为基础的人的独立性"的时代，真正理解了"重建个人所有制"和"确立有个性的个人"的真正含义，真正理解了促进人的全面发展以及以人为本的极端重要性……一句话，马克思主义哲学仍具有"令人震撼的空间感"。在当代，无论是用实证主义、结构主义、新托马斯主义，还是用存在主义、弗洛伊德主义、解构主义乃至现代新儒学来对抗马克思主义哲学，都注定是苍白无力的。

一个伟大的哲学家、思想家逝世之后被神化在历史上是常见的。释迦牟尼不用说，即使孔子也被请进太庙，像神一样被供奉起来，享受春秋二

---

① 《马克思恩格斯选集》第 1 卷，人民出版社 1995 年版，第 75 页。

② 《马克思恩格斯选集》第 2 卷，人民出版社 1995 年版，第 112 页。

祭。马克思不同于历史上的任何哲学家、思想家，但他的思想同样存在着被"神化"或"钝化"的危险。在这次马克思主义哲学基础理论研究的过程中，我们深刻地认识到：不能把马克思主义哲学"神化"即教条化，把马克思主义哲学变成一个无所不在、无所不包、无所不能的绝对真理体系。自诩为包含一切问题答案的学说，不是科学而是神学。历史已经证明，凡是以绝对真理自诩的思想体系，如同希图万世一系的封建王朝一样，无一不走向没落；同时，也不能把马克思主义哲学"钝化"，即磨掉马克思主义哲学的批判性和革命性的锋芒，将其变成一个"价值中立"、无任何立场的"讲坛哲学"、"论坛哲学"、"知识体系"，这实际上是把马克思主义哲学"贵族化"。我们必须明白，马克思主义哲学是一种批判哲学、实践哲学，其宗旨就是通过"革命的、实践批判的活动"改变世界，实现无产阶级和人类解放，实现人的自由而全面发展。抽去这一点，也就抽掉了马克思主义哲学的"根"与"魂"。无论是"神化"，还是"钝化"、"贵族化"，实质上都是对马克思主义哲学的抽象化，都同马克思主义哲学的本性格格不入。

1883 年 3 月 17 日，恩格斯在悼念亡友马克思的演说中指出："正像达尔文发现有机界的发展规律一样，马克思发现了人类历史的发展规律"，"不仅如此，马克思还发现了现代资本主义生产方式和它所产生的资产阶级社会的特殊的运动规律"。马克思是一个科学家，但"马克思首先是一个革命家。他毕生的真正使命，就是以这种方式或那种方式参加推翻资本主义社会及其所建立的国家设施的事业，参加现代无产阶级的解放事业，正是他第一次使现代无产阶级意识到自身的地位和需要，意识到自身解放的条件"。[①] 恩格斯的这一评价极其公正而准确。我们应当明白，马克思是科学家和革命家的完美统一，马克思的"两大发现"以及哲学批判与资本批判具有内在的关联，马克思主义哲学是无产阶级的自我意识。马克思主义哲学批判的是资本主义，关注的是人的生存的异化状态的消除，以实现无产阶级和人类解放。只要资本主义存在着，只要人的生存的异化状态没有被消除，马克思主义哲学就必然存在着，并以强劲的姿态参与且推进着人类历史进程。在这次马克思主义哲学基础理论的研究过程中，我们深深

---

① 《马克思恩格斯选集》第 3 卷，人民出版社 1995 年版，第 776、777 页。

地体会到什么是"死而不亡"：马克思"死而不亡"，马克思主义哲学仍然是我们时代的真理和良心。

谨以此文纪念马克思逝世 130 周年！

（原载《哲学研究》2013 年第 1 期）

学习马克思主义经典作家
治学立论的基本功

庄福龄

马克思主义博大精深。为创立这一惠及人类解放的革命科学和理论科学而献出毕生心血的马克思、恩格斯和列宁，为马克思主义中国化而贡献出两大理论成果的毛泽东和邓小平，他们都是在极端困难和生死考验中写出了不朽的传世之作，留下了大量有实践价值的历史文献。他们的思想理论不愧为时代精神的精华，不愧为人类优秀文化和历史经验的智慧结晶。

学习经典作家的思想和理论，首先要学习他们的理论基础、基本原理和思想方法，学习他们认识问题、解决问题的立场观点和方法，学习他们一切从客观事实出发、尊重实践、重视历史的启示，坚持论从史出，做一个不断追求真理、把唯物论贯彻到底的理论家。真理的发展是永无止境的，要把追求真理的工夫像经典作家那样，下在学习上、工作上和事业上。

一 论从史出的基础

马克思主义诞生于 19 世纪中叶，在社会革命的风云变幻中经历了19 世纪和 20 世纪，当前正在一个动荡多变的 21 世纪中破浪前进，以自己的理论"书写"着自己的"历史"。这就是马克思主义发展史。从建党治国的方略看，它是治国安邦的指导思想，人类解放的科学理论；从理论上看，它是科学的世界观和方法论，是揭示自然、历史、人类社会发展规律的科学，是认识世界和改造世界的工具；从学科建设和培养人才来看，它是集众多学科群而形成的一级学科，主要包括马克思主义基本原理、马克思主义发展史、马克思主义中国化研究、中国近现代史基本问题研究、国外马克思主义研究和思想政治教育等各类分支学科。马克思主义学科拥有如此重要的地位和作用，不是偶然的。它既是马克思主义历经 160 多年历史验证的结果，是当代世界资本主义危机和国际风云变幻的反映。在这种情况下，我们党对历史经验的重视已经成为建设学习型政党不可或缺的重要内容，也深得国内外有识之士的支持和赞同。特别值得重视的是，马克思、恩格斯在没有掌握政权的情况下留下的极其珍贵的理论财富，他们以半个世纪的艰辛奋斗和忘我精神所塑造的光辉形象和举世无双的科学理论，不论从广度和深度来看，都是需要一代又一代革命者永远传承和反复学习的理论经典，其中像《共产党宣言》、《关于费尔巴哈的提纲》、《1848年至 1850 年的法兰西阶级斗争》、《〈政治经济学批判〉序言》、《资本论》、《法兰西内战》、《在马克思墓前的讲话》、《家庭、私有制和国家的起源》、《反杜林论》、《路德维希·费尔巴哈和德国古典哲学的终结》，等等，均可称为人类智慧的结晶，是理论成熟的著作。

人们也把上述著作和相关著作称为马克思主义的原著，因为它们体现了马克思、恩格斯终生不渝、始终坚持的理想信念，是宣传和阐述马克思主义理论基础和基本原理最正确、最权威的著作，是需要下苦功反复学习、反复阅读、反复思考的经典著作。

列宁和毛泽东也是在极为艰难困苦、史无先例的条件下开创革命新局面的。前有十月革命的新道路，后有以农村包围城市夺取全国胜利的独创性经验，这些全新的理论和实践，都不是从书本里、从前人的经验里得来的，而是从实际出发，在创造性地运用马克思主义理论基础和基本原理的实践中得来的。马克思主义基础的东西是哲学，哲学是它的基本原理，马克思主义哲学指的就是辩证唯物论和历史唯物论；正像列宁要求的那样，读恩格斯关于国家问题的著作，应当坚信其中的每一句话都是可以相信的，都不是凭空说的，而是根据大量史料和政治材料写成的，要学会用其中的方法来观察问题和解决问题，等等。

二　值得重视的历史经验

学习历史，其中重要部分就是要学习历史的经验。恩格斯在晚年还是念念不忘费尔巴哈脱离历史的经验教训。从唯物主义观点考察，科学的原则或规律只有在适合于自然界和历史的情况下才是正确的。这不论对人、对事、对任何问题都是适用的。但马克思以前的唯物主义却不然，它片面地强调人是环境和教育的产物，而看不到人的实践能够改变环境，能够验证思维的真理性，对此费尔巴哈虽然高举唯物主义旗帜，却半途而废地把黑格尔所创造的庞大的哲学体系抛在一边，未能摆脱唯心主义的通病，他离开实践而空谈自然界和人，未能找到从抽象的经院哲学王国通向活生生的现实世界的道路，他和现实世界的分离，退入了孤寂闭塞的生活，由此而落得悲惨的结局。

上述一段历史的描述，清楚地剖析了德国古典哲学的解体和终结，阐明了费尔巴哈哲学的悲剧。马克思主义哲学是怎样形成的？它的基本观点同德国古典哲学的根本区别又在哪里？为什么说马克思主义哲学的产生是哲学史上的革命变革？"欲知大道，必先为史。"不认真阅读恩格斯的著作《路德维希·费尔巴哈和德国古典哲学的终结》（简称为《费尔巴哈论》），怎么能够理解马克思主义的基本原理？又如何把握马克思主义哲学的精髓实质？可以说，《费尔巴哈论》这本经典著作是马克思主义哲学形成史的基础性读本，是对马克思主义哲学来源史和形成史的经典阐述。"大道"就在这里，"大道"蕴藏于这段历史之中，下工夫读懂这本书，才能真正掌握马克思主义哲学形成的精髓。

三　史论结合的完整体系

实践出真知，实践为认识真理开辟了道路，实践改变世界，实践赋予理论以活力、使理论与时俱进。对实践和实践唯物主义的阐发，意味着马克思主义哲学创始人为人类书写了一段漫长的从猿到人的劳动发展史和随之而来的全部社会史，包括其中的从无阶级社会到阶级社会的变革史。历史的发展变化总是充斥时空、贯穿日月的。马克思、恩格斯又总是用他们新发现的历史观考察历史，重视历史，还历史以本来面貌，举凡马克思、恩格斯的经典著作，从青年时期的评说，到晚年的研究笔记和有关论断，他们从不放过对有关历史的关注，由史立论，史论结合，把研究资本主义同研究资本积累的历史结合起来，同发现剩余价值学说的历史结合起来，同阶级社会形成和社会主义发展的必然性结合起来，从而形成了一系列独创性的关于资本主义的理论体系，突出反映了他们严谨的科学态度和一丝不苟的学风，他们由史立论、史论结合，科学阐述了资本主义从产生到灭亡的自然历史过程。马克思主义经典作家就是这样做的。

众所周知，马克思毕生两大贡献之一，是发现了唯物主义历史观，揭示了用唯物主义考察历史、分析社会、彻底地不留余地地把唯物史观贯彻到底，充分发挥马克思主义哲学作为世界观方法论的功能和作用。马克思主义的创始人创立的学说和理论，从来都不是靠孤立的研究和分析得来的，不是单纯地阐述或议论某一个观点或某一个具体问题，而是从他们学说的总体上进行思考，从这一理论各部分相互关系的体系上进行思考。列宁说过，马克思主义是一门非常深刻、全面的学问。但是，在反对马克思主义的人们当中，常常有人不了解这一点，只引用马克思的"只言片语"，从而背弃了马克思主义自成科学体系的精神实质，背弃了完整准确地理解经典作家的思想理论体系。

历史观就其实质来说也是世界观。世界从有人存在起，自然史和人类史就是彼此联系、相互制约的。对历史的考察和研究，离不开世界整体、历史整体的高度。不首先提出唯物史观关于社会存在决定社会意识这一最基础最一般的原理，那就排除掉这一历史观的前提和基础；而在社会结构中不全面分析从生产力到生产关系、交换关系，从经济基础到上层建筑的变化，就不可能说明社会形态更替变化的原因，更难以解释各种意识形态的性质和特点；不注意研究社会发展中的矛盾和各种关系的复杂联系，不注意研究人民群众如何创造历史、发现规律，就难以对历史的变化和进步作出清晰的说明，还历史以本来面貌。唯物史观的一般原理、基本概念、基本范畴、基本规律，都是历史演变的反映，也是逻辑分析的结果，体现了历史和逻辑的统一性。这就是马克思主义哲学坚持劳动创造世界，劳动创造人类，彻底的唯物主义一元论的世界观和方法论，而各种唯心主义一元论或多元论哲学坚持割裂自然和历史，它们的命运正如列宁所作的结论那样："在这个由一整块钢铸成的马克思主义哲学中，决不可去掉任何一个基本前提、任何一个重要部分，不然就会离开客观真理，就会落入资产阶级反动谬论的怀抱。"①

创立剩余价值理论也绝不是一项单独的历史事例，它关系到对传统政治经济学的革命变革，关系到劳动力商品的特点，关系到揭示资本主义谋取最大利润和维护工人阶级切身利益的实质和特征，关系到资本主义生产

---

① 《列宁选集》第 2 卷，人民出版社 1995 年版，第 221—222 页。

方式固有的内在矛盾和走向灭亡的必然规律。马克思、恩格斯念念不忘的还是要把理论研究同他们力图建立的体系融为一体。这是一个集总结历史、分析现实、预测未来为一体的科学体系，也是一个涉及全球、涉及人类、涉及众多学科的严密完整的思想体系。

两大理论发现，绝不是对单独历史事例的研究，而是要求多年冷静钻研的科学工作，是发展了一种比从前所有世界观都更加唯物的世界观，这是马克思、恩格斯在革命失败后的低潮时期，又重新赢得研究理论的"宁静"时间，从炮火纷飞的战场再回到博物馆中来，从事一种比"入地狱"更为艰难地去分析资本主义、梳理社会生活的科学工作，他们深入历史的深处，破解社会发展的矛盾，探求阶级斗争的必然和偶然。总之，马克思、恩格斯在理论上不仅要在唯物史观的基础上完善自己的理论体系，也是要为揭示资本主义剥削的秘密，创立剩余价值学说开辟道路。

当然，经典作家的研究不是那种书斋式和沙龙式的"闭门造车"，而是较长时期在白色恐怖下边战斗边研究的典范，特别是马克思在贫病交加、恩格斯在家庭压力下，其艰难困苦的程度可想而知，正如马克思形容的像"入地狱"一样，当时研究和宣传马克思主义随时有舍身就义的危险，而他们却视苦为乐，把革命视为无产者的盛大节日，把阶级斗争视为革命者学习正反两方面历史经验的课堂，坚持在种种恶劣条件下始终不改变其一贯的史论结合的传统，他们的专著既有历史的厚度，又有理论的深度；既有很强的现实指导性，又有很强的历史总结性。《资本论》就是这样把理论转化为行动的宣言和纲领，是把资本主义社会作为活的有机体进行剖析的。它是一部把资本主义历史发展和现实状况结合起来的生动具体的活剧，是一部深刻揭露资产阶级的形象化的具体而尖锐的文艺佳作，也是对工人阶级进行理论武装的历史佳作。160多年的历史验证，《资本论》当之无愧是工人阶级的"圣经"，是当前我们党建设马克思主义学习型政党的必读文件，是所有共产党员的必修课，也是马克思主义史论结合的典范。

像《资本论》一样，总结1848年欧洲风暴和1871年巴黎公社的经验教训，也是马克思主义经典作家史论结合的研究成果。关于打碎资产阶级国家机器的经验总结，关于阶级斗争理论的新贡献，关于革命是历史的火车头，关于从革命失败中吸取教训的思想，关于巴黎公社的原则和无产阶级专政的理论，关于不要把公社神秘化的思想，关于人民公仆的思想，等等，也都是梳理历史、论从史出的理论成果；而对这些成果的发挥与评说，则是史论结合的延伸与发展。一部马克思主义发展史就是这样继往开来和传承创新的。经典作家正是从历史辩证法的高度看待世界的，看待一切社会关系所创造的原理、观念和范畴的，认定它们都是历史的暂时的产物。人类永远不会在一种完美的理想状态中最终结束，完美的社会、完美的国家只是在幻想中才能存在；所谓根本不变的真理除非是一种陈词滥调和老生常谈；列宁在《论策略书》一文中提出，理论是灰色的，而生活之树是常青的，他告诫人们不要死抱住昨天的理论不放。毛泽东认为马克思列宁主义并没有结束真理，而是在实践中不断地开辟认识真理的道路。邓小平在拨乱反正的实践中始终坚持实践第一的原则，认为实事求是是马克思主义、毛泽东思想的精髓。可见，理论和实践结合、历史和现实结合也是我们党一贯坚持的优良传统，是我们建设学习型政党及其对党员学习马克思主义的必然要求。

四　中国化马克思主义是总结经验和理论创新的成果

作为武装全党的中国化马克思主义的一大理论成果——毛泽东思想，其创始人和高举这一思想旗帜的旗手是毛泽东。他习惯性地以大众化的语言说：我是靠总结经验吃饭的。他所说的经验，主要是指对前人的历史的研究，对由历史到现状的研究，尤其是对中国近代史、中国革命史和中国战争史的研究所得到的规律性的东西，他撰写的《中国革命战争的战略问题》、《论持久战》和《新民主主义论》、《〈共产党人〉发刊词》等都是对革命战争经验的总结，也是梳理战争史的理论升华。作为上述文献作者的毛泽东也认为，如果没有近代史上的革命风浪，没有两次革命胜利和两次革命失败的比较，就没有充分的经验，就不可能认识中国革命的规律，就不会产生那样史论结合的文件，当然也不会形成以农村包围城市、夺取全国胜利的独创性道路。历史的启示往往是规律性的反映。中国民主革命的胜利和社会主义制度的建立，使历史展开了新的一页，也对马克思主义中国化提出了新的理论要求。社会主义还有没有矛盾？是什么样的矛盾？社会主义的动力是什么？社会主义靠什么来推动社会的发展和进步？等等。

毛泽东结合现状研究历史，他以对时代进步和新鲜事物特有的博学和敏感，深刻而富有远见地展开对历史的研究，既设想过写一部从辛亥革命到蒋介石登台的大事记，同时也收集和梳理其中有关军阀混战的一段历史，更刻意关注和研究社会主义国家执政的那段情况，把他早在思考和研究的有关社会主义条件下的理论问题，有关新时代"矛盾论"的进一步探索问题提上日程，借以揭示国际共产主义运动发展而又曲折的历史。由于政务繁忙，毛泽东这些通古今而写史研史的宏伟心愿未能完全实现，但他却留下了马克思主义发展史上永垂青史的不朽之作，最突出的有《论十大关系》和《关于正确处理人民内部矛盾的问题》两部富有现实意义和深远意义的理论著作。

纵观马克思主义发展的历史，经典作家对于资本主义和社会主义，不是没有研究过。诚如毛泽东说过的那样，认识世界不是一件容易的事，马克思、恩格斯努力终生，做了许多调查研究工作，列宁、斯大林也同样做了许多调查研究；但是历史在进步，时代在变化，我们还有自己的国情、党情和世情，前人的研究成果必然还会留下许多空白和需要重新认识的地方，我们责无旁贷地要作系统的调查研究，要作由历史到现状的调查研究，要作由国内到国外作比较的调查研究，要总结本国革命和建设的经验。更何况改变世界更是一件艰难而长期的任务，也是关系到建设社会主义、弘扬马列主义学风的一项百年大计。对此毛泽东总是要求全党居安思危而身体力行。从《论十大关系》看，是作者和 34 个部长进行了一个半月座谈的结果，是一次较长时期面对面，有问有答的调查研究。他谦虚地认为这不是我的创造，只是总结了别人的意见。与此同时，他还在解放思想的基础上，创造性地发展了关于社会主义社会的矛盾学说，系统地阐发了列宁关于辩证法的思想，批评了斯大林有关的重要观点，表达了中国特色的社会主义工业化道路和相关的方针政策。他提出的基础理论仍然是社会主义条件下普遍适用的实践论和矛盾论，强调实践第一和矛盾普遍性的观点，认为对立统一规律是根本规律，矛盾是普遍存在的，没有矛盾就没有世界，一万年以后仍然会有矛盾。他从新中国成立后千头万绪的复杂关系中梳理出十大关系，要求把十大矛盾处理好，调动一切积极因素为社会主义事业服务，特别是要吸取苏联的教训，走好适合我国情况的社会主义道路。苏联片面地注重重工业，忽视农业和轻工业，商品不足，货币和物价不稳定，人民生活不便，社会主义优越性发挥不出来；而我们比较好地处理了农、轻、重的关系，一个是只要工业化，不要人民，一个是既要工业化，又要人民。随后，毛泽东又把他长期思考和进一步研究的成果继续发挥出来，更加系统全面地论述了他的社会主义社会的矛盾理论。

在马克思主义哲学史上大胆而明确地提出社会主义社会存在着矛盾，并且作为动力，影响和制约着社会生活的方方面面，这是毛泽东长期思考和研究的结果。他为此而撰写的专题著作《关于正确处理人民内部矛盾的问题》（以下简称为《正处》），对研究社会主义社会开辟了一个新天地，同时也发展了列宁的思想，把马克思主义关于矛盾普遍性的原理坚持到底，把分析矛盾和解决矛盾的思想提到了科学世界观和方法论的高度。他在上述著作的开头就提出，我们的国家现在是统一的，但是，这并不是说在我们的社会里已经没有任何矛盾了，没有矛盾的想法是不符合客观实际的天真想法。有矛盾并不可怕，他批评了某些知名理论家讳言矛盾的消极态度，他认为许多人不敢公开承认我国人民内部还存在着矛盾，正是这些矛盾推动着我们的社会向前发展。许多人不承认社会主义社会还有矛盾，因而使得他们在社会矛盾面前缩手缩脚，处于被动地位；不懂得在不断地正确处理和解决矛盾过程中，将会使社会主义社会内部的统一和团结日益巩固。综上所述，毛泽东一身而二任的高超的领导水平既发挥了社会主义新中国建国元勋的决定性作用，又显示了他应用对立统一规律处理社会发展的理论才华，为全党学习马列主义树立了典范。

关于应用矛盾规律，从社会主义基本矛盾的高度，来解决社会发展问题，不仅经受了新中国成立以后社会主义建设成就的验证，也为后来邓小平的拨乱反正的实践所肯定。邓小平认为这种提法比较妥当，比较适合新中国成立后的国情，同我国不断实行改革开放，调整生产力和生产关系、上层建筑和经济基础之间的矛盾相一致，同矛盾的不断出现，又不断解决，事物发展的辩证规律相一致。毛泽东从辩证规律的高度揭示了生产的发展和社会的进步，这说明学习马列，应用马列，是毛泽东在文化大革命前一贯遵循的发展方针和发展道路，是应当加以传承、发展而不应全盘否定的。毛泽东思想作为长期坚持学习马克思主义、贯彻学用一致的典范是不应当动摇的。我们绝不可因为《正处》这篇文章在后来加上了对阶级形势作出的某些不恰当估计而否定它的整体价值，攻其一点，不及其余的评价是片面的，恰恰是没有看到它在马克思主义发展史上作出的开创性贡献。

从《正处》的整体来看，集中地从三个方面反映了中国共产党人特色的立场观点和方法，也可以说，从实事求是、群众路线和独立自主三方面体现了马克思主义的中国化或中国化的马克思主义。那种脱离中国实际，避开中国现实生活中的具体问题，绝不是真正的马克思主义，而是本本主义的马克思主义。"本本主义的社会科学研究法也同样是最危险的，甚至可能走上反革命的道路，中国有许多专门从书本上讨生活的从事社会科学研究的共产党员不是一批一批地成了反革命吗，就是明显的证据。"① 历史的经验值得注意。毛泽东早就告诫全党"要做系统的由历史到现状的调查研究"。邓小平也反复强调过这一原则："不是靠本本，而是靠实践"②。这当然不是危言耸听，而是靠历史和实践来验证的。马克思主义要与时俱进，《正处》就是这样与时俱进的著作，也是时代的要求与呼唤，毛泽东反复强调要写出时代的《实践论》与《矛盾论》不是偶然的。马克思主义的基础是马克思主义哲学。毛泽东一贯认为，哲学没有学通，就没有共同的语言，没有共同的方法，扯了许多皮，还扯不清楚。为此，他关注辩证唯物论的学习和研究，关注时代的哲学和生活的哲学，从革命干部到工农大众，都成了他下工夫关注和研究的领域。他一直关注着哲学大众化的研究成果，促进《大众哲学》的作者艾思奇早日来延安，为哲学大众化事业效力。

对于广大干部学习马克思主义较普遍的有两个问题，一个是大家忙得很，一个是看不懂。毛泽东是这样回答的：共产党员不学习理论是不对的，有问题就要想法子解决，这才是共产党员的真精神。在忙的中间，想一个法子，用"挤"来对付"忙"，在每天工作、吃饭、休息中间，挤出两小时来学习。再一个问题是看不懂。看不懂也有个办法，叫作"钻"，就用"钻"来对付。在中国，本来读书就叫攻书，读马克思主义就是攻马克思主义的道理，读不懂的东西要当仇人一样地攻它。现在有些人是不取攻势只取守势，那就不对，马克思主义决不会让步，所以不攻是得不到结果的。从前人称"校对"为"校雠"，校对确实很难，对于难，我们要像仇人一样地进攻它，如果我们以"仇人"的态度不讲感情地攻它，一定是攻无不破的，一定可以把它的堡垒攻下来。学习也是一样，正面的东西一时看不懂，就从旁的东西看起，先打下基础，就可以一点一点地搞通正面

---

① 《毛泽东选集》第 1 卷，人民出版社 1991 年版，第 111 页。
② 《邓小平文选》第 3 卷，人民出版社 1993 年版，第 382 页。

的东西。

对于年纪较大一些的干部，他们以为年纪大了学习没有希望，毛泽东以为这个想法是不对的。年纪大一点谁说不行呢？有句古话："人到五十五，才是出山虎"。那么，你若是 54 岁的话，还是青年呢，哪有不可学的道理?!

对于奋战中的延安干部，毛泽东更加强调学习的重要性和普遍性。他强调学习不仅要关注现实，但单通现在是不够的，还要通过去。既要通过去的历史经验，也要通未来的发展方向。延安的人要通古今，全国的人要通古今，全世界的人也要通古今，尤其是我们共产党员，要知道更多的古今。通古今就要学习，不但我们要学习，后人也要学习，所以学习运动也有它的普遍性和永久性。

毛泽东就是这样作为全党学习运动的带头人为马克思主义学用一致、理论和实践一致树立了榜样，在致力于马克思主义中国化的同时，也费尽心血地为马克思主义的时代化和大众化作出了重大的贡献。寄希望于全党，力求把我们的党建设成为认识世界和改造世界的先锋队，成为用马克思主义武装起来的大学校。

五　建设理论创新的学习型政党，要靠理论武装跟进

正如中央关于新中国成立以来党的若干历史问题的决议和邓小平多次讲话指出的那样，不能因为毛泽东晚年犯了错误，就企图否认毛泽东思想的科学价值，否认毛泽东思想对我国革命和建设的指导作用，应当把经过长期历史考验形成科学理论的毛泽东思想同他晚年所犯的错误区别开来。毛泽东的错误在于违反了他自己正确的东西。历史表明，社会主义的中国正是在上述思想指导下跨入了改革开放的新时期，30 多年的奋斗，中国站在一个新的起点上跃升为全球的第二大经济体，人均国内生产总值迈上了4000 美元的新台阶，经济建设、政治建设、文化建设、社会建设以及生态文明建设和党的建设都取得了新成就。

邓小平的远见卓识正在于重新高举毛泽东思想的旗帜来拨乱反正的。他说过，我们必须世世代代用准确的完整的毛泽东思想来指导我们全党、全军和全国人民，把党和社会主义的事业，把国际共产主义运动的事业，

胜利地推向前进；要对毛泽东思想有一个完整的准确的认识，要善于学习、掌握和运用毛泽东思想的体系来指导我们各项工作。他认为不要小看实践是检验真理的唯一标准的讨论。这场争论的意义太大了，它的实质就在于是不是坚持马列主义、毛泽东思想。党的十一届三中全会重申了党的马克思主义思想路线，毛泽东用中国语言概括为实事求是四个大字。我们说重申，就是说把这条马克思主义思想路线恢复起来。一脉相承的思想路线使我们党坚定不移地选择了马列主义、毛泽东思想，选择了中国特色社会主义理论体系，坚持不懈地把改革创新精神贯彻到治党治国治军的各个环节，落实到全体党员和革命干部的头脑中去。

　　邓小平一贯关注党的建设，直到他退出领导核心之际还对党的建设放心不下，念念不忘地提出关键是我们共产党内部要搞好，关键是从严治党，长治久安的关键在人，在马克思主义理论武装起来的人。这也是弘扬党的优良传统的需要。早在土地革命时期，毛泽东就根据中国的国情，在广阔而又闭塞的农村和汪洋大海般的农民中间建党建军，靠的是无产阶级的觉悟，靠的是思想入党，创造了世界罕见的建党奇迹。随着这一独创性理论的展开和深化，邓小平仍然高举毛泽东思想的旗帜，从总结延安整风形成的一整套独创性经验的高度提出了抓整党、维护党的先进性的紧迫要求；而继承邓小平理论所开创的事业，江泽民又以"三个代表"重要思想结合党面临的新形势新任务，提出领导干部要讲学习、讲政治、讲正气，为保持党的先进性和理论创新而奋斗；以胡锦涛为总书记的党中央为加强理论创新而提出理论武装跟进的要求和理论工程建设的战略部署。凡此种种有力地证明党的建设和党的理论均作为系统工程提上了重要日程，它们之间的关系是一脉相承的，又是与时俱新的。

（原载《马克思主义研究》2012 年第 7 期）

马克思是辩证唯物主义奠基人

——写出《辩证法》是马克思毕生哲学创新梦

王　东

对于马克思哲学创新的逻辑起点、生成顺序、内在联系，较流行的有三种看法：

第一，辩证唯物主义推广论。认为先有辩证唯物主义，先有仅限于自然观的辩证唯物主义物质观，然后推广到社会生活领域，再形成历史唯物主义。

第二，历史唯物主义在先论。认为 19 世纪 40 年代马克思、恩格斯先有第一个伟大发现，创立了唯物史观，初始范畴是生产关系范畴，70 年代以后恩格斯在《反杜林论》等著作中初步建构了辩证唯物主义，直到20 世纪 30 年代苏联模式哲学教科书中，辩证唯物主义才构成体系。

第三，仅限于唯物史观论。认为马克思的哲学创造只有唯物史观，初始范畴是人或异化，至于辩证唯物主义世界观，则是苏联模式哲学教科书借助于恩格斯个别论著生造的东西，不过是斯大林主义的哲学，这种似是而非的观点在改革开放新时期颇为流行。

这三种流行看法，一个根本缺陷就是割裂了马克思哲学创新中辩证唯物主义、历史唯物主义的一块整钢。

我们不妨按照"早期—中期—后期"这样一个线索，来搜寻马克思的思想足迹。

一　马克思是新唯物论——辩证唯物主义奠基人

马克思打算写辩证法专著的想法酝酿已久，青年马克思很早就萌发了写出"新逻辑学"——辩证法的最初想法；同时，在早期探索第一个伟大发现——唯物史观的同时，他就深入研究过黑格尔和亚里士多德的辩证法，并以论战形式表述了唯物辩证法的一系列基本原则，在《1844 年经济学哲学手稿》和《关于费尔巴哈的提纲》中，已为新唯物论——辩证唯物主义，奠定了最初的理论基石——实践观、存在观、世界观。

的确，没有留下完整的历史文献来说明马克思早期对辩证法的专门探讨，但是有许多片断的历史文献，如同蛛丝马迹，可以理出一条缕缕不绝的线索，在相当可靠的程度上证实马克思在这一时期就已酝酿着写出辩证法（"新逻辑学"）专著的初步打算和初步尝试。他在 1837 年致父亲的信中写道："我明白了，没有哲学我就不能前进。这样我就必须怀着我的良知重新投入她的怀抱，并写了一个新的形而上学原则的体系。"[①] "我最后的命题原来是黑格尔体系的开端"，"它本来应当是一部新逻辑学"。[②] 这是马克思第一次提到自己应当写出"一部新逻辑学"。只要稍微了解从康德到黑格尔的德国古典哲学传统，就知道这里讲的"新逻辑学"并不是新的形式逻辑，而是辩证法的同义语。青年马克思这个萌芽中的想法，后来并没有泯灭，而是在更高的基础上变得更加牢固。

有些历史文献提供了一些迹象，表明马克思在参加青年黑格尔派的"博士俱乐部"期间，可能对设想中的"新逻辑学"作了一定探讨，或者写出了某些片断。布鲁诺·鲍威尔在 1839 年 12 月 1 日致马克思的信中，谈到了"马克思计划中的逻辑著作"，谈到了马克思的逻辑研究。在 1840 年所作的柏林笔记中，有两本是关于亚里士多德的，从中挖掘辩证法思想是马克思的主导思想。马克思不能同意特伦德伦堡《逻辑研究》一书把亚里士多德看成形式逻辑学家的看法，而把亚里士多德看成辩证法的思想家。他写道："当亚里士多德宣称综合是一切谬误的原因时，这无论如何是正确的，能够表象和反思的思维一般说来就是存在和思维、普遍和单一、现象和本质的综合……"[③] 在马克思看来：亚里士多德的深思熟虑，令人非常惊讶地提出了最细致的思辨问题；他是一个特殊的探宝者，无论在什么地方涌出了通

---

① 《马克思恩格斯全集》第 40 卷，人民出版社 1982 年版，第 13 页。
② 同上书，第 15 页。
③ 《马克思恩格斯全集》第 1 卷下册，柏林马克思恩格斯出版社 1929 年版，第 107 页。

过丛林奔向峡谷的活泉，他的魔棍都会毫不错误地指向这股活泉。^① 这一研究不是孤立的，看来是围绕着写出"新逻辑学"这个主旨进行的哲学探讨的一部分。马克思和列宁一样，都把亚里士多德看成是"古代的黑格尔"，注重的是他的辩证逻辑——辩证法的活的源头。

还可以找到的一些佐证，是当时"博士俱乐部"一些成员的通信。正如科尔纽所说：我们很难确切地断定，马克思在初期青年黑格尔派运动中以及在他们创立批判哲学方面，究竟起了多大的作用，但这个作用无疑是不小的，因为从他当时的朋友们的信中可以明显地看出，他们对他的评价很高。^② 同样，我们也很难确切断定，马克思在探讨"新逻辑学"方面迈出了多大步伐，但是似乎可以有根据地推断，他在这方面已经形成某些发人深省的思想，或写出个别后来未能发表和保存下来的片断。科本曾经在当时致马克思的一封信中写道："你是一座思想的仓库、制造厂，或者按照柏林的说法，思想的牛首。"^③ 赫斯1841年致友人的信中，更为尊崇地写道："你应该准备着去会见一位最伟大的哲学家，也许是当今活着的唯一真正的哲学家……他无论在思想上或在哲学的精神中的发展上都不但超过了施特劳斯，而且超过了费尔巴哈。而这一点总是有意义的。当他开始讲逻辑课的时候，如果我能够在波恩，我一定会是他的极热心的听众……如果把卢梭、伏尔泰、霍尔巴赫、莱亨、海涅和黑格尔合为一人，那么结果就是一个马克思博士。"^④ 从他的评价之高和特别提到开"逻辑课"这一点来看，很可能他不只读过马克思的博士论文，还知悉马克思关于逻辑——辩证法研究的某些新颖见解。

青年马克思走着一条迥然不同于黑格尔、费尔巴哈以及青年黑格尔派的独特道路：哲学与革命的政治实践紧密结合，从唯心主义转向辩证和历史的唯物主义，从革命民主主义转向科学社会主义。他的哲学兴趣首先转向与政治实践直接毗连的唯物史观，构成了19世纪40年代马克思的第一个伟大发现——唯物史观的创立。革命实践和历史时代的紧迫需要，使马

---

① 《马克思恩格斯全集》第1部分第1卷下册（新国际版），柏林狄茨出版社1957年版，第107页。

② ［法］科尔纽：《马克思恩格斯传》第1卷，刘丕坤等译，生活·读书·新知三联书店1963年版，第186页。

③ 《马克思恩格斯全集》第1部分第1卷下册（新国际版），柏林狄茨出版社1957年版，第157页。

④ 同上书，第261页。

克思自觉地改变了自己思想发展的舵轮。这正是马克思之成为马克思的伟大之处。不过，创立一种新逻辑学的初衷，在他转向辩证唯物主义、历史唯物主义立场之后，并没有改变，而且时时有所流露。《1844 年经济学哲学手稿》单独列出一部分——《黑格尔辩证法和一般哲学的批判》，认为"现代的批判同黑格尔哲学，特别是同辩证法的关系问题"，"表面上看来是形式的问题。而实际上是本质的问题"。① 他还极其简要地探讨了人与自然、思维与存在、主体与客体、认识与实践、劳动与异化、肯定与否定、主动与受动的辩证关系。马克思第一部公开发表的成熟著作《哲学的贫困》，同样单独列出一节，专门探讨辩证方法。

概括地说，在 19 世纪 40 年代，马克思主义哲学初创时期，他为新唯物论——辩证唯物主义，先后作出了三次有决定意义的奠基工作：

第一次奠基，《1844 年经济学哲学手稿》新唯物主义实践观成了哲学创新的历史起点与逻辑起点，基本范畴与理论细胞。

第二次奠基，1845 年春天《关于费尔巴哈的提纲》，从新唯物主义实践观这个细胞中，生发出新唯物论——辩证唯物主义的存在论，即新世界观的萌芽。

第三次奠基，从 1845 年到 1846 年写成的《德意志意识形态》，到 1847—1848 年写成发表的《哲学的贫困》、《共产党宣言》，进一步体现了新唯物主义——辩证唯物主义、历史唯物主义哲学世界观的精神实质，以"实事求是"精神，创新哲学，改变世界，解放人类。

马克思哲学文本不仅有单个文本，而且有由一系列文本构成的文本体系。马克思哲学文本体系不是一堆杂乱无章的残篇断简，而是有历史与逻辑内在联系的有机整体。问题是怎样找到一个"线头"、一条引线，解开这个文本体系呢？

与此相应，马克思哲学范畴也不仅仅有单个范畴，而且有单个范畴加上逻辑联系而构成的范畴链条、范畴系列、范畴群乃至范畴体系。这种范畴体系不是毫无秩序的一团乱麻，而是有内在联系的辩证逻辑体系。怎样才能找到初始范畴、基本范畴，进而找到一把钥匙，打开范畴体系的大门呢？

---

① 《马克思恩格斯全集》第 42 卷，人民出版社 1979 年版，第 156 页。

只有首先抓住马克思哲学创新的历史起点与逻辑起点，即《1844年经济学哲学手稿》和《关于费尔巴哈的提纲》作为上下篇，率先生成的新唯物主义实践观，才能通过这个初始概念、基本范畴、理论细胞，正确把握理解马克思哲学整个思想链条与有机整体，乃至各个范畴和范畴体系。

这里试着提出一个新看法：

必须重新评价《1844年经济学哲学手稿》。西方新马克思主义的"顶点论"，苏联哲学模式下提出的"不成熟论"，有的中国学者强调不成熟性占主导方面的"矛盾论"，都是有失偏颇的——这是马克思哲学革命、哲学创新的真正历史起点。

实践观与异化观是《1844年经济学哲学手稿》的正副主题，其中占第一位的正主题，统摄全篇的正主线，首先是新唯物主义实践观，而不是通常所说的异化观。

这里形成的新唯物主义实践观，包括四个基本观点：自然存在前提论—对象化活动论—异化劳动论—人化自然论。

新唯物主义实践观既不是单纯的认识论范畴，也不是单纯的历史观概念，它首先是新唯物主义存在论、世界观基本范畴，同时也是新唯物主义历史观基本范畴、认识论基本范畴。

《1844年经济学哲学手稿》和《关于费尔巴哈的提纲》，是新唯物主义实践观形成的上下篇或内外篇。

新唯物主义的实践观，这是马克思哲学创新的逻辑起点、初始概念、基本范畴、理论细胞，马克思整个哲学体系就是由此生发开来的。因而，只有首先把握新唯物主义实践观，才能找到理解整个马克思哲学的思想枢纽，理解马克思哲学的独特范式。

《关于费尔巴哈的提纲》是马克思为新唯物论——辩证唯物主义作出的第二次重要奠基。在这里，新唯物主义实践观是思想细胞、核心理念，像一条红线那样，贯穿于哲学创新纲要——现代新型存在论、世界观的三个层面之中，一般存在论—社会存在论—应有存在论。

第一层面，一般存在论，把新唯物主义实践观引入存在论，从而开创以主体性与客观性统一为根本原则的现代新型存在论，第一——三条：

第一条，主体性与客观性统一的现代新型存在论；

第二条，思维与存在统一于实践的现代新型真理论、认识论；

第三条，环境、主体活动与自我三者统一的发展论，创新实践论。

第二层面，社会存在论，把新唯物主义实践观引入与人关系最为密切、又最为复杂的社会历史领域，第四——八条：

第四条，世界二重化的异化论；

第五条，从感性直观到感性活动论；

第六条，人的本质与社会关系统一论；

第七条，现实个人与社会形式统一论；

第八条，社会生活本质上的实践论。

第三层面，应有存在论，第九——十一条：

第九条，从直观唯物论到实践活动的唯物论；

第十条，从立足市民社会的旧唯物论到立足人类社会的新唯物论；

第十一条，不仅解释世界，而且改变世界的哲学使命新论。

马克思为新唯物论——辩证唯物主义、历史唯物主义作出的第三重奠基，是把《1844 年经济学哲学手稿》中首先生成的新唯物主义实践观，1845 年春天《关于费尔巴哈的提纲》中形成的新唯物主义存在观、世界观，进一步深入具体地运用于社会历史与时代，从而在《德意志意识形态》中生成了唯物史观原生形态，在《哲学的贫困》乃至《共产党宣言》中，提出了当代世界历史的时代观，并且一以贯之地体现了"实事求是"的思想路线与思想精髓。

对于马克思创立的新唯物论来说，辩证唯物主义是其理论前提、理论基础，历史唯物主义则是其思想重心、独特贡献，两者如一枚金币的两面，合则两存，分则双亡。

二 马克思《辩证法》构想蕴涵在《资本论》逻辑中

在中期，马克思是把辩证法研究和经济学研究交织在一起进行的，在作出第二个伟大发现——写出《资本论》、创立剩余价值学说的同时，就把写出《辩证法》专著重新确定为新的探索的伟大目标，并成为"十年一贯"的夙愿。

1857—1858 年间，马克思在创作《资本论》第一手稿的关键时刻，重新萌发了写出《辩证法》专著的想法。这一时期，不仅是马克思主义政治经济学说史上实现重大突破的关键时刻，而且是马克思主义辩证法史上具有重大意义的关键时刻。从 1857 年 8 月开始，马克思的政治经济学研究开始进入了一个质上的全新阶段：从对前人成果的批判分析、局部问题的具体研究，上升到对自己体、系的总体建构和系统叙述。在这个科学认识进程的重大转折关头，哲学方法论的作用显得特别突出，甚至被提到首位，比具体材料更富于全局性的决定意义。这是决定马克思在经济学研究的关键时刻，重新转向思索、探求哲学方法，以至重提几乎潜伏了 20 多年的哲学夙愿的必然因素。正巧这时，马克思的友人弗莱里格拉特雪里送炭，写来一封短信："敬爱的马克思：由于清理自己的图书室，我找到了几卷原先属于巴枯宁的残缺的黑格尔全集……如果它们对你有用，可以把它们给你带去……"① 这些书中大概包括《逻辑学》、《自然哲学》等。1968 年才第一次公之于世的这个历史文献，帮助我们弄清了，正是这个"偶然的机会"作为直接导因，和上面的必然因素结合到一起，推动马克思重新浏览了黑格尔的《逻辑学》。结果，对于构成《资本论》逻辑体系的总体结构，对于具体材料的逻辑加工，这种辩证的哲学思维起到了巨大的催化作用。在这段时间里，马克思"发狂似地通宵总结自己的经济学研究"，在创立剩余价值学说方面取得了关键性的突破和"很好的进展"。在这一手稿中，尤其是开头的导言、先后拟订的四个计划、对《资本论》三卷结构起了重大影响的第四计划中，深深地留下了马克思改造黑格尔逻辑学，探讨辩证逻辑的印记。由于这种情形，在 1858 年 1 月 14 日致恩格斯的信中，埋藏在马克思心底的哲学夙愿更加明确地表述出来，并且更加清晰地指出了实现这一哲学夙愿的道路——充分利用自己创作"《资本论》逻辑"、改造黑格尔逻辑学的思想成果。

1860—1863 年间，马克思在写作《资本论》第二手稿的间隙中，又穿插着作了黑格尔《小逻辑》的摘要。这个极其珍贵的历史文献，直至 1977 年才由阿姆斯特丹国际社会史研究所公布。② 比较马克思和列宁作出的两个《黑格尔〈逻辑学〉纲要》，就可以看出他们共同的思想主旨和不同的思想特色。马克思的摘要是未完成的，只作了关于存在论的一部分，但是非常详尽。这也许足以说明，他在《资本论》创作过程中，仍然继续琢磨着

---

① 《弗莱里格拉特与马克思恩格斯通信集》第 1 册，柏林狄茨出版社 1968 年版，第 96 页。

② 见阿姆斯特丹国际社会史研究所编：《国际社会史评论》1977 年第 3 期。中译文见《马列著作编译资料》，人民出版社 1980 年第 7 期，顾锦屏译。

改造黑格尔、写出《辩证法》的哲学探索。

1863—1865 年间，马克思在创作《资本论》第三手稿的过程中，和恩格斯频繁通信，推敲整个"《资本论》的逻辑"，尤其是作为王冠的第一章，如何运用辩证法，体观辩证法。1867 年，《资本论》第一卷正式出版，这里凝结着马克思政治经济学研究的全部成果，同时也以独特的形式融会着他关于《辩证法》的伟大构想、哲学探索。

三　马克思晚年仍守望着写出《辩证法》的哲学创新梦

在后期，马克思呕心沥血力图完成"《资本论》逻辑"的艺术整体，但是他始终没有放弃写出《辩证法》专著的宏大志向，这成为他"几十年一贯"的愿望。

最能反映晚年马克思对辩证法的重视的，是 1873 年他精心写作的《资本论》第二版《跋》，画龙点睛地集中阐明了他自己的哲学夙愿、学术理想：

"我的辩证方法，从根本上来说，不仅和黑格尔的辩证方法不同，而且和它截然相反。在黑格尔看来，思维过程，即甚至被他在观念这一名称下转化为独立主体的思维过程，是现事物的创造主，而现实事物只是思维过程的外部表现。我的看法则相反，观念的东西不外是移入人的头脑并在人的头脑中改造过的物质的东西而已。

"……我公开承认我是这位大思想家的学生，并且在关于价值理论的一章中，有些地方我甚至卖弄起黑格尔特有的表达方式。辩证法在黑格尔手中神秘化了，但这决没有妨碍他第一个全面地有意识地叙述了辩证法的一般运动形式。在他那里，辩证法是倒立着的。必须把它倒过来，以便发现神秘外壳中的合理内核。

"……因为辩证法在对现存事物的肯定的理解中同时包含对现存事物的否定的理解，即对现存事物的必然灭亡的理解；辩证法对每一种既成的形式都是从不断的运动中，因而也是从它的暂时性方面去理解；辩证法不崇拜任何东西，按其本质来说，它是批判的和革命的。"①

1883 年 4 月 2 日，恩格斯致拉甫罗夫的信是一个有力佐证。恩格斯写道："明天我才有时间花几个钟头去浏览一下摩尔留给我们的所有手稿。特别使我感兴趣的是他早就想写成的辩证法大纲。但是他总是瞒着我们不讲他的工作情况。他明白：我们要是知道他写好了什么东西，就一定会同他纠缠不休，直到他同意发表为止。"② 当时马克思刚刚逝世不久，恩格斯忙于料理后事刚刚完毕，当他着手清理马克思遗稿时，首先想到的是两大手稿：《资本论》后几卷的手稿和《辩证法大纲》。这有助于我们理解马克思要写的《辩证法》在两位马克思主义创始人心目中的显著地位。看来，恩格斯后来没有找到马克思的《辩证法大纲》。不过，根据这封信来判断，当时也已经 63 岁高龄的恩格斯，恐怕不会仅仅由于 25 年前马克思的一封信（1858 年 5 月 14 日），就这样满怀希望地去找这个大纲。更为可能的情况是，在那之后，在马克思逝世前的一些年间，他还向恩格斯说起自己这个哲学上的宏愿。

据马克思的女婿拉法格讲，马克思常常在散步的时候向他讲起自己内心的想法和未来的打算。在拉法格发表于 1890 年的回忆录中写道："马克思有许多没有实现的计划。他还想写一本关于逻辑学的书和一本哲学史，后者是他早年喜欢研究的。要完成他的整个写作计划，要把他脑海里所保留的那一部分财富完成呈现给世界，他就必须活到一百岁才行！"③ 凡是了解从康德到黑格尔的德国古典哲学传统，了解马克思全部思想的人，不难理解这里所讲的"逻辑学的书"，并非形式逻辑的教科书，而正是指大写字母的逻辑——《辩证法》专著。

写出"新逻辑学"——《辩证法》，不仅是马克思近半个世纪一以贯之的理论抱负，而且是和写出《资本论》、创立唯物史观相提并论的宏大工程。马克思本人常常是把它们连在一起讲的，尤其是把写出《辩证法》看成是将在完成《资本论》基础上实现的宏大目标。恩格斯在得知马克思的这一哲学宏愿之后，在 1859 年公开发表的评论《卡尔·马克思〈政治

① 《马克思恩格斯文集》第 5 卷，人民出版社 2009 年版，第 22 页。
② 《马克思恩格斯〈资本论〉书信集》，人民出版社 1976 年版，第 412 页。
③ 苏共中央马克思列宁主义研究院编：《回忆马克思恩格斯》，胡尧之等译，人民出版社 1957 年版，第 80 页。

经济学批判〉》中，同样是把这三者联系在一起的，并甚至断言："马克思对于政治经济学的批判就是以这个方法作基础的，这个方法的制定，在我们看来是一个其意义不亚于唯物主基本观点的成果。"[①] 由此可见，在一定意义上，也许可以说，写出系统化的《辩证法》，揭示整个自然界、人类社会、思维发展的一般规律，是马克思一生中最伟大的理论抱负之一，是他已在构思之中而未能亲自着手实现的第三个伟大发现。

四　辩证唯物论、历史唯物论、实践唯物论
——三位一体的一块整钢

"新唯物主义"是马克思本人对自己哲学的科学命名，意在强调这里不仅有超越唯心主义的一般唯物主义基本原理，而且更有超越旧唯物主义的重大创新，可视为马克思主义哲学的本名——本来名称。

"辩证唯物主义"、"历史唯物主义"、"实践唯物主义"，则多半是后人给马克思主义哲学起的别名。其中辩证唯物主义是由狄慈根、普列汉诺夫、列宁、德波林等人先后叫起来的；历史唯物主义是由恩格斯、普列汉诺夫、考茨基、拉布里奥拉等人先后叫起来的；"实践唯物主义"则是20世纪下半叶，欧洲、日本及改革开放时期一些中国学者叫起来的。

"新唯物主义"，马克思《关于费尔巴哈的提纲》中的这个科学命名，集中揭示了其哲学创新的精神实质：不仅要求像一般唯物主义那样，从物质存在的实际情况出发，按照事物的本来面目来解释世界，而且更进一步要求诉诸实践，通过人民群众的革命实践来认识世界、改变世界，批判旧世界、创造新世界。

"辩证唯物主义"、"历史唯物主义"、"实践唯物主义"这三个别名，在不同历史条件下，从不同角度，分别揭示了马克思"新唯物主义"究竟新在哪里，就在于它不同于旧唯物主义的三大特征：

"辩证唯物主义"，揭示了"新唯物主义"在方法论上的本质特征，把一般唯物主义基础，同辩证法的活的灵魂结合起来，因而从形而上学唯物主义发展为辩证唯物主义。

---

① 《马克思恩格斯选集》第 2 卷，人民出版社 1995 年版，第 43 页。

　　"历史唯物主义"，揭示了"新唯物主义"在研究对象上的本质特征，从自然领域扩展到人类社会领域，因而从自然唯物主义发展为历史唯物主义。

　　"实践唯物主义"，揭示了"新唯物主义"在理论起点与哲学功能上的本质特征，它以实践观为逻辑起点，不仅要按照本来面目解释现有存在、现存世界，更要通过实践，改造旧世界，创造新世界。

　　在一定意义上应当说，"马克思哲学精神"甚至比"马克思哲学文本"、"马克思哲学理论"，更深刻更重要，更有活生生的普遍意义。

　　这就意味着，我们要真正理解马克思精神实质，不仅要面对马克思文本，而且要面对历史实践、历史时代的"原本"，更重要的是努力做到像马克思那样，面对当代世界、当代实践的"新本"。

　　这才是马克思哲学真精神。这种真精神，要求我们不仅要走进马克思文本，而且要走出马克思文本，不仅要回到马克思，而且要面对新时代、新实践。否则，只在文本上兜圈子，面对当代世界、新鲜实践却熟视无睹，就是买椟还珠，只得皮毛，未得精髓，徒有形似，而无神似。

（原载《毛泽东邓小平理论研究》2012 年第 3 期）

时评集萃

西方"民主人权输出"的背后

侯惠勤　辛向阳　金民卿

1920 年 7 月 19 日，在共产国际第二次代表大会上，列宁作了《关于国际形势和共产国际基本任务的报告》。那时，全世界的人口是 17.5 亿，其中被压迫的殖民地人口是 12.5 亿。列宁讲，殖民主义使世界上大多数人受奴役，"我们懂得，125000 万人依附于一小撮富翁，处于无法生存的境地，这是意味着什么。"意味着"人民群众，首先是 125000 万人，即全世界 70% 的人口的贫困、破产达到了前所未有的程度"。今天的世界又怎样呢？我们看到，一些西方国家正在通过"民主人权输出"等各种新的手段继续干涉、控制、支配广大发展中国家和地区，力图建立以自身利益为核心的、确保其"独家处在整个社会生物链的最高端"的国际秩序。

一　西方"民主人权输出"的历史由来

从历史转向世界历史开始，资本开始了原始积累的过程。资本原始积累的过程就是早期殖民主义兴起的历史。马克思曾经说过："资本来到世间，从头到脚，每个毛孔都滴着血和肮脏的东西。"殖民主义正是这种血和肮脏的东西的产物。为了 1% 人的利益，早期殖民主义者用野蛮的血与火在世界范围内对 99% 的人民进行征服和掠夺。

依靠军事力量，殖民主义者在世界各地进行掠夺。正是凭借着殖民扩张，葡萄牙和西班牙在 16 世纪实现了自己经济的繁荣和霸权。如葡萄牙在 1493—1600 年间，从非洲运回了 27.6 万公斤的黄金；在对巴西 300 年的统治中，又运回了价值 6 亿美元的黄金和 3 亿美元的钻石。葡萄牙对拉美国家 300 年的殖民扩张中，共运回黄金 250 万公斤，白银 1 亿公斤。而西班牙在 1521—1544 年中从美洲运回的黄金，每年平均为 2900 公斤，白

银 30700 公斤；1545—1560 年，则上升到每年黄金 5500 公斤，白银 24.6
万公斤。

依靠军事力量，殖民主义者在非洲贩卖黑人奴隶，上演了人类历史上最
野蛮的暴行。据黑人著名历史学家 W.E.B. 杜波依斯估计，被殖民主义者从
非洲贩卖到美洲大陆的黑人奴隶，16 世纪为 90 万人，17 世纪为 275 万人，
18 世纪为 700 万人，19 世纪为 400 万人，共计约 1500 万人。这只是活着
到达美洲大陆的奴隶人数，在运输过程中被折磨致死的人数更是达到活着
人数的数倍，很多学者认为奴隶贸易使非洲损失了 1.5 亿人口。马克思在
《资本论》中指出："利物浦是靠奴隶贸易发展起来的。奴隶贸易是它进行
原始积累的方法。"

殖民者完成了资本的积累，工业开始发展起来。进一步占领世界市
场、倾销本国商品成为 19 世纪殖民主义的新要求。1818—1836 年，英国
输往印度的棉纱增加了 5200 倍。1850 年，英国对印度的棉纺织品输出占
英国棉纺织品输出总值的 65％。殖民当局规定，英国输入印度的货物只收
极低的税，甚至免税，印度纺织品在本国销售，却要交极高的内地税。在
英国控制下，印度棉织工业急剧衰败，著名纺织业中心达卡，人口从 15 万
减少到 3 万—4 万，无数手工业者因此破产，挣扎在死亡线上。当时的印
度总督本廷克也不得不承认："这种灾难，在商业史上几乎是绝无仅有的。
棉织工人的白骨使印度平原都白成一片了。"英国为了获得中国的茶叶，
从 19 世纪初开始对中国进行鸦片倾销。1800 年，输入中国的鸦片是 2000
箱，1820 年为 5147 箱，1821 年为 7000 箱，1824 年为 12639 箱，1834 年
为 21785 箱，1837 年为 39000 箱，1856 年已经超过 56000 箱（总值 3500
万美元，是英国政府 1856 年财政收入的 1/6）。倾销鸦片给中国带来了巨
大灾难，马克思在《鸦片贸易史》中引用英国人蒙哥马利·马丁的话说：
"不是吗，'奴隶贸易'比起'鸦片贸易'来，都要算是仁慈的。我们没有
毁灭非洲人的肉体，因为我们的直接利益要求保持他们的生命；我们没有
败坏他们的品格、腐蚀他们的思想，也没有毁灭他们的灵魂。"但鸦片贸
易这两点都做到了。

进入 20 世纪，伴随着第一个社会主义国家苏联的建立，拉开了反殖
民主义的民族独立和人民解放斗争的大幕。第二次世界大战后，在欧亚诞
生了一批人民民主国家，形成了社会主义阵营，为战后殖民地半殖民地国
家民族独立迅猛发展创造了有利的国际环境。亚非拉民族解放运动风起云

涌，使得西方殖民主义体系终于土崩瓦解。但是，一些西方国家并不甘心在世界反殖民主义运动中的失败，而是更多地依赖"软实力"大行其道，向外输出西方的文化和价值观念、社会制度、发展模式、生活方式。冷战结束后，一些西方人士宣称冷战的胜利是自由民主的胜利，是"历史的终结"，证明西式的自由、民主、人权是不可抗拒的"普世价值"。

打着所谓"普世价值"的幌子，一些西方国家试图垄断别国的发展思路，控制别国的金融命脉，干涉别国的政治进程，切碎别国的文化传统，干预别国的内政，它们用普世主义的价值观抹杀文化多样化的现实，用经济全球化否定民族独立和国家主权，用西式民主模式冒充"普世民主"，用人权打压国权。它们先是从人类共同追求的价值理想上抽象地宣传自由、民主、人权，而后借助强大的文化软实力和舆论控制力，垄断对自由、民主、人权的解释权，把西方资产阶级的自由人权观和民主制度幻化为全人类共同追求的普世价值观和政治制度模式，诱导人们以西方价值观和政治制度来检视本国价值观和政治制度，发现本国的"差距"和"缺陷"，在质疑和批判本国价值观和政治制度的同时成为西方的"自觉"追随者。

二 "民主人权输出"是为了维护
西方国家对世界的统治

"民主人权输出"输出的首要价值理念就是"人权高于主权"。"人权高于主权"意味着什么？意味着西方国家和垄断资本对世界的统治。因为权利来自国家制定的法律，它反映了作为社会基础的经济关系。一个国家丧失了主权，人民就没有尊严和地位，更谈不上人权。没有主权，就没有安居乐业的环境，更没有充满欢笑的家。家没有了，遮风避雨的茅屋都没有，何谈人权？怎能想象一个没有国家主权的人会有"世界警察"来保障他的人权的实现？削弱了发展中国家的主权，随之而来的就是西方"资本的主权"。1999 年为了发动科索沃战争，西方打出了"人权高于主权"的牌，结果正如有的学者所讲：到 2000 年底，在东欧银行业，外资控股比例最高的达 97％，最低的也超过 50％，所谓社会转型不过是西方的 Bank（银行）取代苏联的 Tank（坦克），美国的 M（Macdonald 麦当劳）代替苏联的 M（Missiles 导弹）。人民不仅失去了原来的社会福利，而且遭受着西方资本的多重盘剥。"人权高于主权"带来的不是什么革命，而是血与火、死亡和泪水；这种"革命"通向的不会是繁荣之路，而是资本奴役之路。

"人权高于主权"的本质就是西方国家及其垄断资本的权利高于发展中国家的主权，这就是霸权主义的逻辑。说"人权高于主权"，那么是谁的人权高于谁的主权？自然是西方国家的"人权"高于发展中国家人民的人权，也高于这些国家的主权。谁在高唱"人权高于主权"的论调？我们看到，它们无一例外都是近几百年来的殖民主义国家、霸权主义国家和强权国家。美国《新闻周刊》文章就说："如果富国认为保护受压迫者而对任何地方实行干预都是正确的，那么怎么能避免被指责为帝国主义呢？上个世纪法国和英国发动殖民战争的部分理由就是要把欧洲之光带到黑暗的非洲和亚洲。"与历史不同的是，"欧洲之光"变成了"普世之光"或者叫"美国之光"。"人权高于主权"的"光明之光"是什么呢？是人格化装束的"资本之光"。

"人权高于主权"是一种霸权逻辑，但为什么还有那么多的人跟着高唱这一论调呢？因为它"新"，所以能够在世界上迷惑很多人。

它借用了"普世价值"这一外衣，把西方民主人权当作是普世的自由价值来歌颂，在自己国家人权并没有解决的时候不断"关注"其他国家的人权。2011 年 4 月 28 日，为期两天的中美人权对话结束后，一位美国政要在当日的记者会上说，美国最资深的政府官员深切关注过去几个月中中国的人权恶化，"保护人权是我们要考虑的一个关键因素，就像在美国一样。"这真的让人想起皇帝的新衣，美国那样认真关注所谓中国的人权，那么怎么不去解决一下"占领华尔街"的那 99％ 的人的人权问题呢？

它借用了经济全球化的浪潮。一些跨国垄断资本为了更好地攫取利益，就用经济全球化来肢解、消解民族国家。与此同时，他们提出所谓的经济全球化就是世界一体化、民族国家的理念是落后的理念、经济全球化终结了民族国家、世界进入了"后民族国家时代"等许多观点。这些理论在实践上造成"冷战"结束后不少民族国家的主权被削弱或者碎片化，出现了一系列势力非常弱小的国家，很多国家的 GDP 甚至不及一些国际跨国公司收入的 1/10 甚至 1/100。弱小国家的存在有利于垄断资本更好地实现自身的利益。

它借用了西方话语体系的隐身衣。西方文化多元主义倡导所谓的"普遍人权",呼吁人权国际化,实际上就是要由西方国家来为其他国家的人权提供所谓"国际保护",干涉他国内政;后现代主义理论也不甘寂寞,提出"人权中心论",认为现代人权观念之所以屡屡触礁,个中原因固然很多,其中主要的是由于"国家主权"概念在作祟,去除了国家主权,就有了"人权的新生"。这里去除的无非是发展中国家的主权,新生的是资本的人权。

它巧用了文化软实力。西方国家利用它在经济科技方面的优势,打造出了以好莱坞文化为代表的文化软实力。他们凭借梦幻般的故事、炫目的技巧、宏大的叙事、动人的情感,把其所谓自由民主博爱的价值观渗透其中。在人们欣赏变幻多端故事的同时,就自觉不自觉地接受了其价值观念。但是所有这一切,都掩盖不了一个基本事实,西方所谓自由民主人权的不断输出,并没有改善接受国人民的生活,而始终不变的只有资本的急剧膨胀,以及财富集聚在只占人口 1% 人手里的现实。

三 "民主人权输出"是没有硝烟的战争

输出民主人权似乎是当代西方国家的一个嗜好。冷战结束后的一些西方政要都相信:输出民主人权是西方国家义不容辞的责任。美国明确把在国外促进"民主"作为国家战略的三大目标之一,进而提出:寻求并支持世界各国和各种文化背景下成长的民主运动,寻求并支持各国民主的制度化。西方国家为什么如此热衷于输出民主人权呢?因为它们相信,输出了民主人权就会使世界上的人们认可西方国家的经济政治制度。这样一来,西方国家就会便利地把自己的利益置于他国人民的利益之上,民主人权输送的正是垄断资本的利益。

输出了这种弊端丛生的所谓民主人权制度和体系带来的是什么呢?

"民主人权输出",输出的是西方的经济与金融掠夺。输出民主人权就是输出用最不平等的手段来获取利益的权利。可以说,"民主人权输出"对资本而言是代价最小、获利最多的途径。打着自由人权民主的旗号,西方国家一直在一些国家推行所谓的"援助"。这些"援助"的背后都隐藏着苛刻的条件,例如实行金融自由化、贸易自由化,等等。2007 年 10 月,美国批准了对蒙古提供 2.85 亿美元的援助,这项公共援助是所谓"世纪挑战"计划的一部分,该计划是小布什政府为鼓励经济自由化、促进人权而提出的动议。有了经济自由化，西方国家的企业和金融机构就可以畅通无阻地进入这些国家的市场，攫取自己的利益。不仅如此，新兴市场国家通过出口得到的美元储备因受到种种限制而无法顺利地在美国实现直接投资和并购美国企业，只好大量购买美国国债、政府机构债券和其他金融产品，这些金融产品往往成为金融危机的牺牲品。

"民主人权输出"，输出的是西方国家的军事存在。借助21世纪初的所谓"颜色革命"，美国等国家在独联体国家和中亚地区建立了军事基地，在吉尔吉斯斯坦首都比什凯克设立过马纳斯空军基地。利用打击恐怖主义和推行大中东民主计划，美国先后军事占领了阿富汗和伊拉克等国家。美国在阿富汗周围多个邻国建立了10多个军事基地。利用"阿拉伯之春"，美国以及其他西方国家已经军事打击了利比亚等国家，并在一些国家进行了新的军事扩张。

"民主人权输出"，输出的是政治混乱、民族仇恨和国家动荡。一些西方国家一直把马里列为良治和民主的典范。20多年来，马里搞了多党制，大量援助资金纷至沓来。但是，这些资金并没有转化为经济社会发展的动力，马里始终没有摘掉非洲最贫困国家的帽子。2010年，马里人均国内生产总值只有600美元。今年3月21日，马里部分军人发动政变，使这个西非国家陷入困境。这是对西方民主制度的一个响亮的耳光。20世纪90年代，许多国家举行自由选举后，便立即进入战争状态：亚美尼亚和阿塞拜疆开打、厄瓜多尔和秘鲁开打、埃塞俄比亚和厄立特里亚开打，还有布隆迪—卢旺达的大屠杀，导致100多万人丧生。这并不是图景的全部，可以说，"民主人权输出"造成的仇杀每天都在世界范围内上演着。20多年来，"民主人权输出"产生的恶果越来越为世界人民所认识，白骨、鲜血、泪水催生着抗击"民主人权输出"运动的发展。

400年前起，在"开拓新疆界"的利益驱动下，西方国家用坚船利炮先后轰开了美洲的阿兹台克神庙和印度的泰姬陵；200年前起，在"自由贸易"的隆隆炮声中，西方国家开始用价格低廉的商品"来摧毁一切万里长城、征服野蛮人最顽强的仇外心理"；20年前起，在"普世价值"烟幕下呼啸而至的制导炸弹硝烟中，西方国家开始用民主人权来占领巴比伦的空中花园、埃及的金字塔。民主人权开路、巡航导弹开炸、垄断企业开业，几乎成为了一些西方国家的新战略。标签在变，口号愈发"动人"，但为达此目的交叉使用的软硬两手不变。对于一出上演了几百年的丑剧，全世界人民早已经不是"看热闹"的外行，而是能够清楚地看出其中"门道"的内行了。

（原载《红旗文稿》2012 年第 10 期）

从国际金融危机看西方新自由主义

胡乐明　刘志明　余　斌

　　由美国次贷危机引爆的国际金融危机，已使许多西方资本主义国家深陷经济、社会和政治的多重危机。在这场经济深度衰退、失业率高企、贫困人口激增、罢工运动和诸如"占领华尔街"等各种游行抗议活动此起彼伏的危机面前，西方资本主义制度饱受诟病，作为其主流意识形态的新自由主义也频遭谴责。透过这场国际金融危机，深入认识西方新自由主义的实质及其危害，对于确保我国改革开放始终沿着社会主义的正确方向前进，具有重要意义。

一　新自由主义泛滥是国际金融危机的根源

　　西方新自由主义产生于 20 世纪 30 年代，由古典自由主义发展而来。20 世纪 70 年代末，新自由主义开始受到英美等西方国家政府的青睐和追捧。随着 1990 年"华盛顿共识"的形成与推行，新自由主义嬗变为国际垄断资本主义的经济范式、政治纲领和政策体系，并泛滥于全球。新自由主义的核心政策主张是"私有化、市场化、自由化"，其实质是一种极端的市场原教旨主义，是一种代表西方垄断资产阶级利益的意识形态，是西方发达国家推行新殖民主义的理论工具。新自由主义的推行，曾使西方发达资本主义国家一度重新焕发活力，继续保持经济、科技、军事等领域相对较强的国际地位。因而，新自由主义被冠以"医治经济痼疾的万应灵丹"的美名。

　　但是，历史的发展有其自身的逻辑。不管西方舆论对新自由主义医治资本主义"经济痼疾"的功能如何赞美，资本主义的经济危机似乎总是不合时宜地袭来。国际货币基金组织的研究报告显示，在 1980—1995 年间，

181 个成员国中有 131 个国家遭受了至少一次包括银行业困境在内的经济危机。美国纽约大学教授威廉·塔布经过多年研究认为，在新自由主义盛行的这些年代，"经济和金融危机已成为流行病"。

当前这场被称为"百年一遇"的源于美国的国际金融危机在世界范围的蔓延，及其以欧洲主权债务危机为标志的深化，更是向世人再一次证明，新自由主义这颗"万应灵丹"不过是一个西方国家自己编造的神话而已。越来越多的人认为，新自由主义是这场国际金融危机的直接诱因，也是其扩展、深化的罪魁祸首。正如日本《每日新闻》所指出的，"危机的元凶"是"上世纪 80 年代初里根与撒切尔推行的新自由主义的经济政策，即市场至上主义"，是"数十年的自由放任这一过度自由主义"。

冰冻三尺，非一日之寒。国际金融危机的发生与蔓延绝非偶然因素所致，而是新自由主义长期泛滥导致资本主义内在矛盾持续激化的必然结果。20 世纪 80 年代以来，随着新自由主义政策主张的广泛实施，西方国家的私有化浪潮不断高涨，社会福利大幅削减，政府管制全面放松，经济金融化和自由化程度持续提高。这样，一方面，进一步加剧了本已十分严重的贫富两极分化，激化了生产无限扩大与劳动人民购买力相对缩小的矛盾。从 1971 年到 2007 年，美国企业平均工资从每小时 17.6 美元下降到 10 美元，而企业高管与普通员工的工资差距则从 40 : 1 扩大到 357 : 1。另一方面，进一步放大了资本主义市场经济的固有缺陷和市场失灵风险，激化了个别企业生产的有组织性与整个社会生产的无政府状态的矛盾。为了缓和矛盾，满足垄断资本的逐利欲望，各类所谓金融创新和金融衍生产品纷纷出笼，普通民众"自由享受"着举债消费的日子，垄断资本自由游走于世界各地，导致虚拟经济与实体经济日益脱节，各种资产泡沫不断累积、膨胀，全球经济运行的风险不断加大。2007 年，美国房地产泡沫的破裂终于造成美国金融危机的爆发，金融衍生产品的风险链条又将金融危机从美国迅速蔓延到世界各地，引发国际金融危机。

寅吃卯粮，无异于饮鸩止渴。国际金融危机爆发之后，为了救市和刺激经济增长，西方主要国家采取了一轮又一轮"量化宽松"的货币政策以及减税等新自由主义的经济政策。然而，"派直升机从头顶上大把抛撒美元"的"美国式自私"，罔顾嘴边的"世界责任"，试图从其他经济体窃取经济增长，不仅没有实现自身的经济复苏，反而引发了日趋严重的货币战争、汇率争端和贸易摩擦；为富人减税的"涓滴计划"不仅没有创造出民众期盼的就业增长，没有增加广大工薪阶层的收入，反而进一步拉大了贫富差距。更为严重的是，上述政策的实施导致西方国家财政赤字和公共债务水平急剧攀升，陷入了金融危机和主权债务危机相互拖累的恶性循环。德国《世界报》2011年8月22日发表的对17位诺贝尔经济学奖得主的问卷调查认为，"主权债务危机正在成为整个西方制度具有划时代意义的难题。政界若无法迅速控制危机，美国和欧洲的经济就将停滞多年"。事实确实如此。谁又能否认增长停滞和通货膨胀不是当今西方国家经济的显著特征呢？

需要指出的是，资本主义产生周期性经济危机的根本原因，在于生产社会化与生产资料私人占有这一资本主义本身无法克服的基本矛盾。这一矛盾决定了经济危机是资本主义的制度病或者说制度性危机。因此，尽管西方资本主义国家采取的包括新自由主义政策在内的各类举措，譬如通过所谓金融创新一时满足购买力不足的劳动人民在住房和其他消费品上的"美国梦"，同时有利于实现过剩商品的"惊险一跃"，可以在一定程度上延缓经济危机的发生，但受维护和巩固资本主义私有制这一根本点的制约，这些政策无法克服新自由主义长期泛滥累积的各种经济社会矛盾。历史经验表明，只要以私有制为基础的资本主义基本经济制度没有改变，只要资本主义基本矛盾没有根除，新自由主义也好，凯恩斯主义也好，都无法从根本上防止经济危机周期性发生。

二 新自由主义实践导致全球发展灾难

新自由主义不仅被西方国家视为"医治经济痼疾的万应灵丹"，也一再被宣称为解决世界发展问题的"救世良方"。仿佛各国只要按照西方新自由主义开出的"私有化、市场化、自由化"这个"良方"行事，就会提高效率、迎来增长，"通向美好未来的彼岸"。

事实果真如此吗？这场新自由主义难辞其咎的国际金融危机爆发后，世界经济急转直下，进入增长"冰河期"。世界银行2010年1月20日发布的《2010年全球经济展望》指出，全球GDP在2009年下降了2.2%。国际劳工组织（ILO）的数据表明，2009年全球失业人口总数高达近2.12亿人，失业率为6.6%，与2007年国际金融危机爆发前相比增加了3400万人。世界银行和国际货币基金组织2010年4月23日联合发布的《2010年全球监测报告：危机之后的千年发展目标进程》研究报告表明，2009 年全球长期处于饥饿状态的人口数量首次突破 10 亿，美国贫困人口在 2009 年达到 4360 万，为 51 年来的最高纪录。而且，随着世界贫富分化日趋严重、失业率居高不下、世界经济动荡加剧，西方国家罢工、游行、骚乱等社会风潮不断涌现，社会矛盾空前激化。这些不争的事实清楚地告诉世界，西方新自由主义根本不是什么解决世界发展问题的"良方"，它给世界发展带来的也绝不是什么救世"福音"，而是实实在在的灾难。

新自由主义的泛滥不仅使西方发达国家深陷危机，也使广大新兴国家和发展中经济体深受其害。在这场国际金融危机之前，亚洲一些国家原本期望通过实施新自由主义的改革收获更大的发展成就，续写所谓"亚洲奇迹"，结果却是在 1997 年的亚洲金融危机后迅速深陷经济严重衰退、通货快速膨胀、失业率不断飙升和政局持续动荡的局面。非洲实施新自由主义"结构调整"方案的结果同样糟糕。在 20 世纪最后 20 年，整个非洲国内生产总值的平均增长率较此前的 20 年几乎下降了一半。20 世纪 90 年代，非洲国家人均国内生产总值更是呈负增长（－0.2%）。拉美在 20 世纪 90 年代实施新自由主义的"华盛顿共识"的结果，是持续的经济低迷、社会形势恶化和社会冲突加剧。1992—2001 年的 10 年中，拉美国家年均经济增长率仅为 1.8%，被称为"失去的 10 年"。苏联解体后，俄罗斯推行新自由主义"休克疗法"式改革，结果导致国民经济和工业生产下降了 50%，综合国力大大削弱。

当然，在实现"发展"方面，新自由主义也有其"成功"之处。新自由主义的全球实践，通过"私有化"名义的巧取豪夺、"市场化"名义的过度剥削和"自由化"名义的对外掠夺，最终形成了"资本流向世界，利润流向西方"这一对西方垄断资本来说相当美好的局面。而且，随着经济自由化和全球化的不断推进，西方垄断资本相对于国内雇佣劳动者的强势地位更加巩固，从而更有可能收获丰厚的利润。美国知名杂志《名利场》2011 年 5 月发表的一篇题为《1% "民有、民治、民享"》的文章这样写道："美国上层 1% 的人现在每年拿走将近 1/4 的国民收入。以财富而不是收入来看，这塔尖的 1% 控制了 40% 的财富。他们人生的财运节节走高，25 年前，这两个数字分别是 12% 和 33%。"这种西方资产阶级讳莫如深的"发展"，才是它们不厌其烦地宣传新自由主义是世界发展"良方"的真正动力。

实施新自由主义给世界发展造成的巨大灾难清楚地告诉世界人民，新自由主义不过是西方垄断资本对世界各国劳动人民进行剥削和掠夺的有力工具，所谓的自由不过是资本的自由而非全体社会成员的自由，所谓的"现代最完美的资本主义制度"既没有提高效率，也没有实现公平，仍然不过是以世界多数人的贫困和不发展为条件去实现少数人发财致富的资本主义旧制度而已。越来越多的人包括西方国家的有识之士清楚地看到，他们在真理观、价值观和发展观方面与垄断资本是根本对立的。"占领华尔街"运动的抗议者们高呼"我们是99％"的口号就很好地说明了这一点。即便希望资本主义制度永世长存的一些西方人士，也开始深刻反思和强烈要求改善资本主义制度。世界经济论坛创始人克劳斯·施瓦布在今年1月29日举行的达沃斯论坛闭幕会议上就提出："我们必须改造资本主义，使之在市场经济的基础上更加负责任，对于社会的需要负责任。"而那些从不相信西方国家关于新自由主义外"别无选择"之类宣传的世界进步人士，则在"另一个世界是可能的"口号的激励下，开始从新的视角进行关于替代、超越新自由主义的深刻思索。

三　坚持社会主义市场经济的正确方向

虽然这场国际金融危机使新自由主义的声誉受到严重损害，但期望新自由主义就此销声匿迹的想法无疑过于天真。新自由主义在后国际金融危机时期仍然为西方垄断资产阶级所顽固坚持，在发展中国家也仍然有一定的市场和影响。

警惕和防止西方新自由主义误导我国改革开放，最重要的就是要坚定地沿着建立和完善社会主义市场经济体制的正确方向前进。社会主义市场经济在确保公有制为主体和多种所有制经济共同发展方面、在"有形之手"和"无形之手"之间的协调方面，具有资本主义无可比拟的巨大优越性。一方面，社会主义市场经济坚持公有制经济为主体、多种所有制经济共同发展。公有制与市场经济的结合，既提高了资源配置效率，又较好地把效率与公平结合起来，有利于保障按劳分配，防止两极分化，不断改善民生和提高社会福利水平，有利于保证国民经济合理布局，促进经济社会均衡发展和城乡、区域协调发展，有利于维护国家金融稳定和经济安全，不断增强我国经济、科技的国际竞争力，也有利于各种所有制经济在市场竞争中全面提高效率，充分发挥各自优势，共同推动社会生产力的大发展；另一方面，社会主义市场经济坚持宏观调控这只"有形之手"和市场调节这只"无形之手"的有机协调，既注重发挥市场的调节作用，又注重发挥政府的宏观调控作用，既有利于克服宏观经济不稳定和社会不公平等问题，创造一个稳定、安全、有序、公正的社会经济环境，又有利于约束市场机制的自发性和盲目性，促进生产和需求的及时协调，不断优化经济结构和发展方式，实现经济社会科学发展。可以说，社会主义市场经济既体现了市场经济的普遍原则，又体现了社会主义制度的基本特征，在人类历史上第一次把社会主义制度与市场经济结合起来，是对传统市场经济理论的重大创新，是中国特色社会主义对人类文明的一大贡献。

改革开放以来，中国经济持续 30 多年高速增长，创造了世界经济发展史上的奇迹。"中国的脱贫人口占发展中国家脱贫人口的 75%，这是一个惊人的事实。"中国成功应对亚洲金融危机和这场国际金融危机的巨大成就，尤其是中国 2009 年对世界经济增长贡献率超过 50%、2010 年经济规模跃居世界第二的事实，有力地证明中国的社会主义市场经济体制具有无可否认的巨大优越性。

在新的历史起点上继续推进改革开放，必须树立高度的理论自觉、理论自信，深化对社会主义市场经济规律的认识，毫不动摇地坚持社会主义市场经济的改革方向，始终坚持公有制为主体、多种所有制经济共同发展的基本经济制度，始终坚持按劳分配为主体、多种分配方式并存的分配制度，进一步提高宏观调控水平，使社会主义市场经济彰显强大生机活力，使中国特色社会主义道路越走越宽广。

（原载《人民日报》2012 年 5 月 17 日）

以高度的理论自觉与理论自信
推进马克思主义理论创新

近日，李长春同志在马克思主义理论研究和建设工程工作会议的讲话中指出，要"从增强理论自觉和理论自信的高度，深刻认识新形势下深入推进马克思主义理论研究和建设工程的重大意义"，"高度的理论自觉和理论自信是党的鲜明特征和根本优势"。这些论述无疑是对党的理论建设问题认识的一次深化。

重视理论建设是中国共产党的重要特征、优良传统和政治优势。作为马克思主义政党，当代中国共产党人的理论自觉与理论自信，集中体现为对新形势下马克思主义理论指导作用的充分认识，对马克思主义理论创新的高度重视；体现为对马克思主义科学性的深刻理解，对马克思主义真理性的坚定信念；体现为自觉把马克思主义理论研究作为自己的责任和使命，不断提高理论研究的能力，在创造性地回答时代提出的新课题中推进马克思主义理论的创新发展。高度的理论自觉与理论自信，是推进马克思主义理论创新的重要前提。

一 高度的理论自觉，体现为在对马克思主义理论深刻理解的基础上，对马克思主义理论指导作用的极端重视

"自觉"，相对于"自发"而言，是主体自身对活动的对象有所认识、有所察觉、有所意识，并且使自身活动具有明确的目的性和计划性。"理论自觉"就是社会主体对理论与实践关系具有正确认识，能够自我意识到理论的重要性，并自觉地在其实践活动中以理论为指导，从而增强理论的觉悟性、主动性、积极性，自觉消除理论失觉和理论矮化。

坚持理论与实践的辩证统一，这正是马克思主义的科学性体现。马克

思主义坚持实践第一的观点，认为"实践高于认识"，但是也从来不轻视和否定理论的作用。实践若不以理论为指南，就会变成盲目的实践。马克思主义政党的理论自觉，就在于深刻认识到马克思主义理论对于党自身建设、对于民族和国家的发展所具有的思想引领、精神旗帜和精神动力作用。马克思主义创始人在其创立理论之初，就表明自己阐述"创立新观点"的目的，不是书斋中的纯粹学术活动，而是要"给许许多多非常愿意干但自己又干不好的一知半解的人以一个必要的支点"。

恩格斯指出："一个民族要站在科学的最高峰，就一刻也不能没有理论思维。"列宁则明确提出无产阶级政党的理论自觉性问题。在《怎么办》一书中，列宁重点强调了社会民主党在理论方面"自觉性"问题，提出了"没有革命的理论，就不会有革命的运动"、"只有以先进理论为指南的党，才能实现先进战士的作用"的著名论断。毛泽东也指出："马克思主义看重理论，正是，也仅仅是因为它能够指导行动。""当着某一件事情（任何事情都是一样）要做，但是还没有方针、方法、计划或政策的时候，确定方针、方法、计划或政策，也就是主要的决定的东西。"这时"革命理论的创立和提倡就起了主要的决定的作用"。

高度的理论自觉和理论自信是党的鲜明特征和根本优势。中国共产党历来重视马克思主义理论对于党和社会主义事业的极端重要性。中国共产党从成立之日起就选择了马克思主义先进理论为指导思想，成为理论自觉的开端。在中国革命、建设、改革中，始终坚持马克思主义理论的学习、研究、运用，在实践中把马克思主义推向新的发展阶段，诞生了毛泽东思想和中国特色社会主义理论体系两大中国化马克思主义理论成果。当今时代，国际形势因经济全球化和世界多极化复杂多变，国内改革发展进入关键阶段，既面临前所未有的机遇，也充满前所未有的挑战，这就更加需要我们党和我们民族具有更高的理论自觉、更坚定的理论自信，自觉运用马克思主义观点分析和解决复杂问题，在破解当代人类发展的困境中、在探索中国特色社会主义的实践中，推进当代中国马克思主义理论创新发展。

二 坚定的理论自信,体现为对马克思主义科学性和真理性的坚定信念,对马克思主义在实践中彰显的生命力的坚定信心

"理论自信",是理性的、清醒的对真理的信仰和执着的追求。中国共产党的理论自信,是对马克思主义科学性的深刻认识,对马克思主义理论价值的充分肯定,对马克思主义在实践中彰显的生命力的坚定信心。这种理论自信,建立在马克思主义理论科学性与真理性基础之上,建立在以实事求是的科学态度对待马克思主义的基础之上,建立在中国革命、建设和改革实践取得的巨大历史性成就之上。

中国共产党的理论自信,是在搞清楚"什么是马克思主义、怎样对待马克思主义"的前提下,在完整准确理解和把握马克思主义实质和精髓的基础上的自信。马克思主义是无产阶级科学的世界观和方法论,是无产阶级和广大人民群众认识世界和改造世界的强大思想武器。因而它不是一般学说、不是单纯的知识体系,而是带有鲜明的阶级性的理论。但它又是具备科学性和真理性的科学理论。马克思主义揭示了世界的本质和规律,揭示了人类社会发展的本质和规律,特别是揭示了资本主义与社会主义的发展规律,是经过100多年国际共产主义运动的历史实践反复证明具有普遍真理性的科学理论。在迄今为止对人类社会、特别是资本主义发展的无数的理论解读中,马克思主义是最具有解释力的理论。

马克思主义最本质的东西是观察和分析问题的立场、观点和方法。理论自信,是要始终旗帜鲜明、毫不动摇地坚持马克思主义这个最基本的东西。"理论自信",还在于以实事求是的科学态度对待马克思主义,无论在什么情况下,采取坚持与发展、继承与创新相结合的态度,坚决防止两种错误倾向,一种是丢掉马克思主义的活的灵魂、把马克思主义当成神圣教义顶礼膜拜、唯书唯上不唯实的教条主义,一种是以发展马克思主义为由离开甚至背叛的马克思主义基本原理的所谓创新和发展。这两种态度和倾向,都不能真正推进马克思主义的创新发展,而且导致在实践上付出巨大代价。

理论自信不仅来自理论自身的科学性与真理性,更重要的是来自理论指导下的实践成就。实践的成就为进一步增强理论自觉、坚定理论自信奠

定了坚实的现实基础。近一个世纪以来，中国共产党带领中国人民战胜各种艰难险阻，走出了一条通向独立富强民主文明的康庄大道，谱写了中华民族自强不息的凯歌。中国人民洗雪百年耻辱，昔日的"东亚病夫"变为"东方巨人"，昔日对中国的否定和轻蔑也转变为肯定和尊重以至于学习借鉴。特别是改革开放以来，我们创造出了举世瞩目的奇迹。在这些成功和奇迹的背后，固然有诸多原因，但以辩证唯物主义的观点和方法，客观公正地、实事求是看待中国的变化，每一个有良心、有正义感的人都会得出这样的结论：是中国共产党将马克思主义基本原理和中国具体实践相结合，探索出一条中国特色社会主义道路，这是中国取得成功的最根本的原因。中国特色社会主义实践的成就，充分彰显了马克思主义的当代价值，这是坚定马克思主义的信念，对马克思主义指导下的实践活动充满信心的现实依据。

三 高度的理论自觉与坚定的理论自信，体现为在创造性地回答当代重大理论与重大现实问题中，推进马克思主义理论的创新发展

中国共产党人在对马克思主义理论的研究与创新上作出了突出的贡献，特别是党的十六大以来，以胡锦涛同志为总书记的党中央，面对新世纪新阶段思想理论战线复杂多变的形势，从推进中国特色社会主义伟大事业全局的高度，作出了实施马克思主义理论研究和建设工程的重大战略决策。这一工程既是一项重大的思想理论建设工程，又是一项重大的学术创新工程，在推进党的思想理论建设、繁荣发展哲学社会科学方面发挥了龙头作用、基础作用和导向作用，为推进马克思主义中国化、时代化、大众化发挥了重要作用。

在高度的理论自觉和理论自信前提下，理论研究不再是个人的爱好和兴趣，而是一种责任和担当。面向现实生活、回答实践课题成为理论的"天职"，运用马克思主义立场、观点、方法来研究新情况、解决新问题、得出新结论，成为当代中国马克思主义学者的学术使命。理论创新需要有问题意识，没有问题意识，自然不会发现问题，更谈不上解决问题，问题意识恰恰是理论自觉的一种表现。马克思主义的创立及其每一次发展都是对时代提出的新课题和实践中出现的重大问题的理论回应。理论自觉与自

信的根本途径是立足现实。当前，以高度的理论自觉和理论自信推进马克思主义理论创新，要求我们创造性地回答一系列重大理论与实践问题。

要进一步深化马克思主义重大理论问题研究，在更加有力地回答马克思主义当代价值的问题中，推进马克思主义理论创新发展。面对当今时代发生的巨大变化，产生于 100 多年前的马克思主义，无疑需要根据时代变化而不断完善和发展。马克思主义曾遭到了前所未有的冷遇，其在当代价值的问题上也遇到了严峻的挑战。"马克思主义还灵不灵？"作为 100 多年前产生的理论，今天是否还有指导意义？对此，我们不能只是得出结论性的话语，而是需要更加具有说服力的理论论证；不仅需要鲜明而坚定的政治立场，而且更加需要基础雄厚、思想深刻、理据充分、逻辑严谨的学术研究。

要创造性地回答当代人类社会发展的重大问题，在解决影响人类发展的根本性问题中，推进马克思主义理论创新发展。当代人类社会发展遇到了史无前例的复杂难题和严峻挑战，面临自然危机、社会危机、人自身的危机。科学技术和生产力的迅猛发展，在给人类创造奇迹、带来福祉的同时，也带来了始料未及的消极后果，人类面临着不可再生资源消耗殆尽、地球生态系统的不可逆转的破坏以及世界核战争等生存危机。不合理的社会关系、社会制度正损害着人类利益，破坏着世界的和谐，威胁着人类的生存和发展。在某种程度上来说，人类使自身的发展失去控制，拜倒在物的脚下，成为自己创造物的奴隶，人丧失自身的尊严和价值，人自身被严重异化，甚至成为"非人"。在追逐物质享受的同时，带来了道德沦丧、人情冷漠、精神失落、信仰迷失，人类正面临着严重的文化危机。我们的理论自觉与自信，就是要以马克思主义基本观点来审视当今时代人类面临的这些紧迫问题，通过对这些问题的分析和解决来推进马克思主义的创新发展。

要加强对中国特色社会主义发展中的重大问题的研究，在卓有实效地回应广大干部群众的思想疑问和理论诉求中，推进马克思主义理论创新发展。当前，国内社会发展面临十分复杂尖锐的问题，在思想层面，突出表现为理想信念动摇和各种错误思潮涌现；在现实层面，突出表现为贫富差距拉大，普通百姓在生活中遇到的由住房、医疗、教育、就业、分配等引发的一系列问题。一些人将这些问题归因于中国特色社会主义道路的实践。因此，当前要把中国特色社会主义旗帜、道路、理论、制度作为研究的重点。要通过我们的理论研究，论证选择"中国特色社会主义道路"的必然性，通过宣传教育，真正让广大人民群众在思想上对这一必然性和重要性有深刻的认识，并认同这条道路是我们改革开放 30 多年取得一切成绩和进步的根本原因，是通向中华民族伟大复兴的希望之路，使广大人民群众增强对党和国家的信心。特别要针对近年来出现的新自由主义、民主社会主义、历史虚无主义等错误思潮和观点，进行深入的剖析，帮助干部群众辨明理论是非、澄清模糊认识。在一定意义上说，理论创新的成果，就是对问题的解决过程的理论表达。正是在令人信服地回应广大干部群众的理论诉求中，马克思主义理论的内容得以丰富发展、时代价值得以彰显。

马克思主义告诉我们，实践是理论创新的最终源泉。实践发展永不停息，理论创新就永无止境。但是马克思主义发展史同样告诉我们，即便是实践上提出了理论创新的要求，如果没有理论自觉和理论自信，理论创新也是不可能实现的。因此，有无理论自觉与理论自信以及程度如何，是决定理论能否创新以及创新结果如何的重要前提。当前，人类社会的发展和中国特色社会主义建设实践的发展，提出了马克思主义理论创新的迫切要求。我们要以更高的理论自觉和更坚定的理论自信，把理论研究作为一种责任和使命，扎实深入地搞好马克思主义理论研究，进一步推动马克思主义理论创新发展。

（原载《光明日报》2012 年 7 月 11 日）